CAMPAGNE
DE RUSSIE

(1812)

Par L. G. F.

> Quel est l'homme qui ne voudrait pas être poignardé à la condition d'avoir été César. Un faible rayon de gloire dédommagerait bien largement d'une mort prématurée.
>
> (NAPOLÉON).

OPÉRATIONS MILITAIRES (20 JUILLET - 31 JUILLET)

VITEBSK

PARIS
LUCIEN GOUGY, LIBRAIRE
5, Quai de Conti
—
1900

CAMPAGNE
DE RUSSIE

DU MÊME AUTEUR :

Campagne de Russie de 1812, par L. G. F. — Opérations militaires 24 Juin-19 Juillet. (Chez GOUGY, Paris). Ouvrage honoré d'une souscription du Ministère de la guerre.......................... **12** fr.

Campagne d'Italie de 1796, par GABRIEL FABRY, lieutenant au 101e régiment d'infanterie. — Tomes I et II. Ouvrage honoré d'une souscription du Ministère de la guerre............................ . **15** fr.

SOUS PRESSE :

Campagne de Russie de 1812. — Opérations militaires du 1er août au 18 août.

Campagne d'Italie de 1796. — Tomes III et IV.

CAMPAGNE DE RUSSIE

(1812)

Par L. G. F.

> Il est toujours trop tôt pour périr..... Un gouvernement qui, écrasé, anéanti par la chute de ses espérances à la suite d'une bataille perdue ne pense qu'à rendre au plus vite les douceurs de la paix à son peuple et ne se sent ni le désir, ni l'énergie de tenter un dernier effort en y consacrant les dernières forces de la nation, commet une grande inconséquence et prouve qu'il n'était pas digne de la victoire, et celle-ci ne lui a peut-être précisément fait défaut que pour cette raison.
>
> (Clausevitz).

OPÉRATIONS MILITAIRES (20 JUILLET – 31 JUILLET)

VITEBSK

PARIS
LUCIEN GOUGY, LIBRAIRE
5, Quai de Conti

1900

A MONSIEUR LE GÉNÉRAL MAILLARD,

Hommage

De mon respectueux dévouement et de ma profonde reconnaissance pour la bienveillance si spontanée qu'il a bien voulu me témoigner.

G. F.

PRÉFACE

Dans ce volume, j'offre à mes camarades les documents relatifs aux opérations de Vitebsk.

Ceux qui s'occupent d'études stratégiques y verront la confirmation des principes posés par le général de Schlichting (1). Ils y reconnaîtront avec lui les éléments primordiaux qui ont modifié la conduite de la guerre de Napoléon au maréchal de Moltke.

Au point de vue historique, il en résulte que dès le 20, l'Empereur ne pouvait espérer forcer les Russes à une bataille; l'initiative leur en était laissée. Lui-même le reconnaîtra ; le 26, il écrira au prince Eugène : « Ou l'ennemi veut se battre ou il ne veut pas se battre. Si l'ennemi veut se battre, c'est très heureux pour nous ».

Deux autres motifs m'ont entraîné à publier ces documents. J'ai voulu étudier sur le fait même la manière dont se créent les conceptions des grands généraux ; à un point de vue plus général, j'ai voulu tenter de saisir les causes qui ont amené l'effondrement de l'armée de Russie.

Certes, ce n'est pas sans une émotion profonde que l'on parcourt les listes d'appel de Koenigsberg au retour de Russie. Cependant, ne plaignons pas nos pères qui ont dormi sous les neiges de Russie leur dernier sommeil.

Loin d'user leur vie à un oisif repos, ils ont vécu l'activité de la lutte. La lutte, cette seule ambition du soldat, ce seul sentiment qui puisse faire battre son cœur, sa seule consolation lorsque toute espérance lui est pour toujours interdite, lorsque tout le reste est brisé.

D'ailleurs qu'importe de vivre ?

.... Pour moi, j'estime qu'une tombe
Est un asile sûr où l'espérance tombe.
Où pour l'éternité l'on croise les deux bras
Et dont les endormis ne se réveillent pas.

G. F.

(1) *Strategische grundsälze der gegenwart*, pages 1-25.

JOURNÉE DU 20 JUILLET

Ordres donnés par l'Empereur

Dès le matin à 6 heures, l'Empereur avait arrêté ses dispositions ; il s'était décidé à déborder l'armée russe en portant l'aile droite de son armée (IVe, VIe corps et la garde) vers Béchenkovitschi. Apprenant, par des rapports de la garde qui nous manquent, que Disna n'était pas encore occupé par nos troupes, il faisait réexpédier ordre à Murat d'y réunir les trois divisions du Ier corps, celles de Montbrun et de Nansouty et le IIIe corps. Cette masse avait pour rôle de rester opposée à l'armée de Barclay, tandis que le IVe corps, la garde et les Bavarois marcheraient sur Béchenkovitschi. Durant l'opération, le IIe corps couvrirait toute la ligne d'opérations entre Vilna et Disna et détruirait le camp de Drissa ; en intermédiaire entre le prince Eugène et Murat, la garde était dirigée sur Ouchatsch, plus à droite, Grouchy continuait à remplir la même mission entre le Vice Roi et Davout. Ces différentes mesures sont contenues dans une série d'ordres.

Berthier au duc de Reggio, Ghloubokoé, (AG) :

« Je vous préviens, monsieur le maréchal, que j'ai envoyé des ordres au roi de Naples, de se porter avec le corps de Nansouty, celui de Montbrun, les trois divisions du Ier corps et avec le IIIe corps sur Disna ; vous avez dû recevoir l'ordre du roi de Naples de faire occuper le camp retranché de Drissa avec votre troisième division et de le faire entièrement démolir. Cette opération faite, vous devez, monsieur le Duc, vous former un corps d'observation pour observer Dinabourg, occuper Disna et couvrir toute la ligne d'opérations de l'armée depuis Disna et ainsi que Vilna et ne souffrant aucun ennemi sur la rive gauche de la Dvina. L'Empereur apprendra ici avec impatience la nouvelle que vous ayiez fait raser le camp de Drissa. Sa Majesté attend avec une égale impatience les nouvelles que vous avez pu tirer de Drouïa.

Berthier au roi de Naples, Ghloubokoé, 6 heures du matin (AG) :

« L'Empereur m'ordonne d'informer votre Majesté que des patrouilles de la garde qui ont eu ordre de se porter sur Disna, annoncent que l'ennemi y était hier soir 19. Le 8e hussards, qui se trouve à Charkovchtchizna, où Sa Majesté le trouve inutile, assure également qu'il n'a pas d'ordres et que l'ennemi est à Disna. L'Empereur vous a écrit depuis longtemps de faire occuper Disna par le corps du général Nansouty et par de l'infanterie. Sa Majesté espère qu'à l'heure qu'il est, vous y serez de votre personne, que vous ferez occuper Disna par de l'infanterie et que vous ferez des dispositions pour menacer l'ennemi d'un passage sur ce point, que vous aurez de l'artillerie sur la rive gauche pour mitrailler ce qu'il y aurait de l'autre côté, enfin, que vous réunirez là les trois divisions d'infanterie du Ier corps, le corps de Monsieur le Maréchal duc d'Elchingen, les corps des généraux Nansouty et Montbrun ; que le corps du Duc de Reggio occupera le camp retranché de Drissa, qu'il fera raser. Sa troisième division sera suffisante pour cela, puisque l'ennemi n'y est plus. Le Maréchal, Duc de Reggio, avec le reste de son corps restera en observation ; il fera occuper Drouïa par de l'infanterie.

Par les rapports du pays, il paraît que le général Sébastiani n'a jamais occupé Drouïa, pas plus que le général Nansouty n'a occupé Disna. Sa Majesté trouve qu'il y a dans l'armée un esprit de légèreté qui est vraiment coupable, car dans l'assurance que nous avez donnée que nous étions à Disna (1), Sa Majesté a manqué de s'y rendre avec une escorte de 100 chevaux. »

Berthier à Mortier, Ghloubokoé, 10 heures du matin (AG) :

« Monsieur le Duc de Trévise, donnez l'ordre à la division du général Laborde de partir sans délai pour se porter à Ouchatsch ; donnez le même ordre à la division du général Roguet. Marchez réunis, faites connaître quand vous arriverez à Ouchatsch ; vous aurez devant vous la brigade bavaroise avec une batterie d'artillerie. »

Berthier à Bessières, Ghloubokoé, 10 heures du matin (AG) :

« Monsieur le Maréchal duc d'Istrie, portez votre quartier général le plus tôt possible à Ouchatsch ; vous aurez sous votre commandement la brigade de cavalerie bavaroise, commandée par Monsieur le général Preysing, et toute la cavalerie de la garde. Le général Lefèvre reste toutefois à Loujki, jusqu'à ce qu'on ait la nouvelle que le général Nansouty occupe Disna. L'Empereur désire que vous vous rendiez chez lui pour prendre des instructions. »

(1) Le texte porte Drisna, peut-être faut-il lire Drissa.

Au maréchal Davout, l'Empereur ne cachait pas son mécontentement sur la conduite qu'il avait tenue. Il ne nous appartient pas d'apprécier le plus ou moins de fondement de ces reproches, ni de discuter ici si l'ordre du 6 relatif au commandement du maréchal avait bien le sens que l'Empereur lui donnait actuellement. Mais il est certain que l'Empereur était en droit de reprocher au maréchal son manque de décision et de n'avoir pas exercé son commandement avec la dernière énergie, dès l'instant où il l'avait pris. A la veille d'exécuter un mouvement décisif contre les Russes, il ignorait où était sa droite.

Napoléon à Berthier, Ghloubokoé, (AG) :

« Mon Cousin, écrivez au prince d'Eckmühl que je ne puis pas être satisfait de la conduite qu'il a tenue envers le roi de Westphalie ; que je ne lui avais donné le commandement que dans le cas où, la réunion ayant eu lieu et les deux armées étant sur le champ de bataille, un commandant eût été nécessaire ; qu'au lieu de cela, il a fait connaitre cet ordre avant que la réunion fut opérée, et lorsqu'à peine il communiquait par quelques postes ; qu'après avoir fait cela et après avoir appris que le roi de Westphalie s'était retiré, il devait conserver la direction et envoyer des ordres au prince Poniatowski ; que je ne sais plus aujourd'hui comment va ma droite ; que je lui avais donné une preuve de la plus grande confiance que j'ai en lui, et qu'il me semble qu'il ne s'en est pas tiré convenablement ; que, puisqu'il avait pris le commandement, il devait le garder, mais qu'il eût mieux fait de ne pas le prendre, puisqu'il n'était pas réuni au Roi ; qu'à présent que je suis très éloigné, j'ignore ce qui se passe sur ma droite, que mes affaires en souffrent, tandis que, s'il avait écrit au prince Poniatovoski que, le Roi ayant quitté le commandement, il lui donnait une direction, mes affaires n'auraient pas souffert ».

A trois heures de l'après-midi, l'Empereur n'avait encore reçu que la dépêche de Davout du 18 à 6 heures.

Il semble qu'à ce moment l'on comptait au quartier général sur l'influence de lettres adressées au roi Jérome, lettres qui nous manquent, pour le faire renoncer à sa détermination de quitter l'armée ; on espérait encore qu'il y reviendrait.

Au cas où sa résolution serait définitive, le prince Poniatowski avait à prendre le commandement de la droite ; ses instructions étaient de tenir le général Reynier à Nesvïj ; de ce point, le corps saxon marcherait au secours du Grand Duché. Quant au IVe corps, il devait se lier par sa gauche au prince d'Eckmühl tout en harcelant Bagration. Ces prescriptions étaient bien difficiles à remplir ;

en fait, nous verrons le prince Poniatowski perdre tout contact avec l'armée russe.

Le VIIIe corps, sans se préoccuper de l'ennemi, passera à la gauche du Ier, contrairement aux intentions de l'Empereur, et deviendra indisponible pendant plusieurs jours pour toute action immédiate.

Quant au prince de Schwarzenberg, l'Empereur le supposait à Nesvïj, il avait à appuyer le prince Poniatowski et au cas où aucun danger n'existerait pour ce corps à marcher sur Minsk.

Napoléon au prince de Neufchâtel, Ghloubokoé (AG) :

« Mon Cousin, il est indispensable d'envoyer un officier de confiance sur la droite, il se rendra d'abord à Minsk et de là auprès du prince Poniatowski. Si le roi de Westphalie est revenu, il lui portera des instructions ; si le roi a continué sa pointe, il portera des ordres au prince Poniatowski pour commander la droite et des instructions. Le général Marchand continuera à être chef d'état-major de la droite. Les instructions du prince Poniatowski et du roi seront de tenir le général Reynier à Nesvïj afin qu'il puisse appuyer sur Pinsk et marcher au secours du Grand Duché, jusqu'au moment où les opérations seront tellement avancées que les troupes russes auront repassé le Borysthène. Le général Reynier formera à Nesvïj un corps d'observation. Le prince Poniatowski, avec les Ve et VIIIe corps et le IVe corps de cavalerie, doit se lier avec le prince d'Eckmühl par sa gauche et cependant harceler Bagration et le suivre. Dans l'éloignement où il se trouve, il doit agir selon les circonstances et avoir pour but d'empêcher Bagration de faire le mal et de tomber sur le prince d'Eckmühl.

Vous enverrez un officier au prince de Schwarzenberg, qui doit être aujourd'hui à Nesvïj, pour qu'il appuie, en cas d'événement, le prince Poniatowski, et pour que, s'il n'y a là aucun danger, il se porte sur Minsk ; pour qu'il fasse connaître quand il y arrivera, afin que je lui envoie des ordres, et pour qu'il forme des colonnes mobiles pour arrêter les traîneurs et les maraudeurs, de quelque nation qu'ils soient. Vous lui ferez connaître que l'ennemi a évacué son camp retranché de Drissa où il avait fait de grands travaux, et formé des magasins qu'il a détruits ; que nous sommes à Drissa, à Orcha, à Mohilev, et qu'on marche sur Vitebsk ».

Les dépêches du maréchal paraissaient attribuer à Bagration le projet de se rabattre sur Mozouir, l'Empereur, au contraire, en se basant sur la situation générale, avait clairement reconnu qu'il marcherait sur Mohilev, afin de se rapprocher de la 1re armée russe.

Dès lors, durant l'exécution du mouvement préparé contre Vitebsk, le maréchal Davout allait remplir le même rôle que Murat vers la Dvina ; il consistait à protéger la masse centrale contre toute attaque de Bagration. A cet effet, le Ier corps viendrait à Mohilev où seraient également appelés les VIIIe et Ve corps et le 4e de cavalerie. Maître de cette ville, on séparait les deux armées russes ; au cas où un corps russe aurait réellement marché sur Orcha, occupant un point central, il était possible de le recevoir et de le battre avant l'arrivée de Bagration.

Napoléon au maréchal Davout, 3 heures de l'après midi, Ghloubokoé (AG) :

« Mon Cousin, je vois par votre lettre du 18, à six heures du soir, que vous êtes aujourd'hui à Kokhanov. Le Vice-Roi est à Pouïchna, il sera demain à Kamen. Le général Nansouty continuera sa route sur la rive gauche jusqu'à Béchenkovitschi, et ainsi vous gardera toute la gauche. Tout porte à penser que le prince Bagration arrivera sous Mohilev. Vous aurez sans doute donné ordre au prince Poniatowski de venir sur Igoumen avec le 4e corps de cavalerie et le Ve et le VIIIe d'infanterie, afin de vous flanquer et de pouvoir vous réunir à Mohilev pour attaquer avec avantage Bagration. Les trois divisions de votre corps d'armée sont aujourd'hui à Disna et filent sur Béchenkovitschi ; mais le Vice-Roi y arrivera beaucoup plus tôt. J'ai fait appuyer le Vice-Roi par la garde. Il sera donc nécessaire, aussitôt que vous serez en communication avec le vice-roi et que votre gauche sera flanquée, que vous soyez en force sur Mohilev, afin de rester maître de cette ville importante et de pouvoir y recevoir Bagration. Il paraît que l'Empereur Alexandre est à Polotsk ; ils ont évacué leur camp retranché de Drissa ; leurs mouvements paraissent bien incertains. Si Doktorof a marché effectivement au secours d'Orcha, il n'aura pas pu arriver avant le 20 ou le 21, vous êtes en mesure de le recevoir et de le bien battre. Il est bien malheureux que dans de pareilles positions, par de fausses mesures, le commandement de ma droite se trouve désorganisé. J'ai fait donner ordre au prince de Schwarzenberg de se rendre à Minsk. Le général Reynier doit rester en colonne d'observation à Nesvïj. Il faut que le Ve et le VIIIe corps d'infanterie et le 4e corps de cavalerie soient sur votre droite. Je vais incessamment porter mon quartier général à Kamen. Cependant continuez à m'adresser vos lettres par Ghloubokoé et, si elles contenaient des choses importantes, vous les adresseriez en double par le canal du Vice-Roi. »

Macdonald était mis au courant de la situation générale par la dépêche suivante :

Berthier à Macdonald, Ghloubokoé, 11 heures du soir (AG) :

« Je vous préviens, Monsieur le Duc, que l'ennemi a évacué son camp retranché de Drissa où il avait fait des ouvrages considérables ; le Duc de Reggio va l'occuper et le faire raser ; il tiendra un corps d'observation vers Dinabourg. L'Empereur est à Ghloubokoé, le Roi de Naples réunit ses forces sur Disna et le Vice-Roi marche sur Vitebsk ; le général Grouchy et le prince d'Eckmühl sont à Orcha et Mohilev. Nous attendons de vos nouvelles.

P.-S. – J'ouvre ma lettre pour vous dire que je reçois votre lettre de Poneviej qui m'est apportée par un officier du génie ; je ne la remettrai que demain matin à l'Empereur. »

Mouvements de l'armée.

Cavalerie de Murat. — Conformément aux ordres reçus le 19 à 3 heures, ordres qui nous manquent, le Ier corps et le IIIe continuent à serrer sur Disna, le mouvement étant couvert vers Léonpol et Drissa par le corps de Montbrun ; du reste, le rapport du maréchal Ney, parvenu le 20 à 3 heures du matin, annonçait que le 16 la dernière colonne russe avait quitté Drouïa se dirigeant sur Polotsk ; tout danger d'une offensive russe sur la rive gauche de la Dvina semblait donc avoir disparu. Quant à la cavalerie, la division Sebastiani va continuer à couvrir vers Drissa, la division Bruyère dépassera Disna, marchant sur Polotsk.

A trois heures du matin, on ignorait encore l'entrée de la brigade Jacquinot à Disna ; la brigade Piré, d'après un rapport de Jacquinot(1) avait un régiment (16e chasseurs) observant vers Disna ; l'autre (8e chasseurs) était à Ghermanovitschi.

De sa personne, le Roi se disposait à partir pour Disna, où il comptait être rendu à 9 heures.

Murat à l'Empereur, Navloki, 3 heures du matin, (AN) :

« Je m'empresse d'adresser à votre Majesté le rapport que je reçois de Monsieur le Duc d'Elchingen (2), j'espère qu'il ne restera plus de doute à Votre Majesté sur la marche de l'ennemi sur Polotsk. Ce matin, le général Montbrun marche en force sur Drissa et Léonpol, afin de jeter sur la rive droite le peu de Cosaques qui avaient encore paru hier de ce côté-ci, il fera faire un croquis des

(1) Voir tome Ier, page 633. Il faut lire à cet endroit Drissa au lieu de Disna.
(2) Voir tome Ier, page 634.

ouvrages abandonnés et s'assurera s'il existe des gués ; enfin il prendra tous les renseignements que Votre Majesté peut désirer sur ce point.

J'ai écrit à Monsieur le Duc de Tarente, conformément à vos intentions ; je suis sûr que la lettre lui parviendra ; c'est la comtesse du château de Belmonte qui s'est chargée de la lui faire porter par un de ses gens.

Je monte à cheval et j'espère être ce matin de très bonne heure à Disna, où l'on m'assure que la Dvina est guéable, même pour l'infanterie ; c'est ce que je m'empresserai de faire reconnaitre à mon arrivée. Dans tous les cas, Votre Majesté sentira sans doute la nécessité de m'envoyer le général Kirgener pour rétablir les ponts sur la Disna.

Des patrouilles dirigées hier sur Drissa traversèrent encore les ouvrages abandonnés, et néanmoins elles rencontrèrent quelques hommes de cavalerie, ce qui prouve qu'il existe un gué. »

En arrivant à Tschères, Murat apprend par un rapport de Nansouty, du 19 à 10 heures, que, dès le 19 à 4 heures, Disna a été occupé par nos troupes.

En le transmettant à l'Empereur, il lui promet de tout mettre en usage pour reconnaître la Dvina : Montbrun opérera de Drissa à Disna, Nansouty vers Polotsk ; en outre, dès que le pont sera rétabli, la division Bruyère interceptera la route de Ghloubokoé à Polotsk. Le corps de Nansouty qui, dès la veille, avait commencé à serrer sur Disna, était donc débarrassé de toute préoccupation vers le nord par la mission confiée au corps de Montbrun.

Murat à l'Empereur, Tschères, 6 heures 1/2 du matin (AN) :

Votre Majesté trouvera ci-joint un rapport du général Nansouty sur l'occupation de Disna qui eut lieu hier à 4 heures de l'après-midi. Il est fâcheux qu'il ait oublié d'y joindre le rapport du général Jacquinot qu'il annonce dans sa lettre. Je serai à 9 heures à Disna, d'où je vous adresserai tous les renseignements que l'on aura pu recueillir sur les mouvements des Russes. Si la Dvina est guéable, comme on l'assure, je tâcherai d'envoyer quelqu'un sur la rive droite pour avoir des nouvelles plus positives.

Je ferai rétablir le pont de la Disna, et ferai intercepter par la division Bruyère la route de Ghloubokoé à Polotsk sur le village de Roudnïa, embranchement des routes de Disna à Ghloubokoé sur cette ville. J'enverrai reconnaître le général Lefebvre sur Loujki et sur Arékhovka.

Je donnerai des ordres à la cavalerie du général Montbrun de parcourir la rivière depuis Drissa jusqu'à Disna, et de faire remonter jusqu'à cette ville tous les radeaux qu'elle pourra rencontrer ; le général Bruyère en fera autant du côté de Polotsk. Enfin tout sera mis en usage pour nous procurer des moyens de passage.

P. S. — Je joins les routes qui aboutissent à Tschères, des points de Drouïa, de Drissa, de Disna, de Navloki, de Ghloubokoé par Poghost avec les noms des villages et leur distance. Votre Majesté se convaincra qu'il est très difficile de voyager avec le seul secours de la carte (1) ».

Les ordres de marche étaient alors donnés ; on n'a conservé que celui de la division Gudin.

Belliard à Gudin, Tschères, 6 heures 1/2 du matin (AG) :

« L'intention du Roi, mon cher général, est que vous vous portiez aujourd'hui, avec votre division, au village de Pazeslovie, sur la route de Disna. La division Friant sera en avant de vous au village de Pohal cabaret, et vous aurez derrière, à Tschères, le corps du duc d'Elchingen.

Votre gauche est couverte par la cavalerie légère du IIe corps, cependant il sera nécessaire, mon cher général, de vous éclairer et bien garder du côté de la Dvina qui paraît avoir plusieurs gués, et dont les ennemis pourraient profiter pour jeter quelques partis sur la rive gauche, afin de vous inquiéter ou de savoir ce qui se passe de ce côté.

Le Roi aura ce soir son quartier général à Disna ; je vous prie d'y envoyer un officier pour prendre les ordres de marche pour demain.

Le général Friant partira à 10 heures du matin. »

A midi, Murat arrivait à Disna ; à la suite de l'ordre direct de l'Empereur, en date du 19, Nansouty y avait déjà pris ses dispositions pour porter la brigade Jacquinot sur Polotsk.

Murat à Napoléon, Disna, midi (AN) :

« J'arrive à l'instant, je trouve le général Nansouty qui annonce à Votre Majesté les dispositions qu'il a faites. Cependant le général

(1) Par ce rapport, Nansouty prévenait qu'il concentrait sur Disna toute la division Bruyère.

Nansouty à Murat, Vianuze, 10 heures du soir (AN) :

J'ai l'honneur de rendre compte à Votre Majesté que le général Bruyère a fait occuper Disna aujourd'hui, à 4 heures après midi. Votre Majesté trouvera ci-joint le rapport du général Jacquinot à ce sujet. Il n'y a qu'un poste de chevau-légers dans la ville, et le reste des deux brigades est en arrière et près de la ville. Les deux régiments qui étaient sur la route de Drissa ont eu l'ordre de faire un mouvement sur leur droite pour se rapprocher du général Bruyère.

Ces deux régiments continuent à éclairer la Disna et les bords de la Dvina, particulièrement le point de Grigharovitschi, où l'on dit qu'il y a un gué. Le

Jacquinot passe la Disna et va intercepter la route de Polotsk à Ghloubokoé ; faire reconnaître les gués et faire ramasser autant de radeaux et de barques qu'il sera possible et les envoyer à Disna. Il y a ici en face quelques centaines de Cosaques que je vais faire fusiller et éloigner d'ici, afin de faire passer des espions sur la rive droite et avoir des nouvelles.

J'écrirai à Votre Majesté aussitôt que j'aurai pris tous les renseignements qu'il me sera possible sur les mouvements de l'ennemi. »

A cette lettre étaient joints les renseignements suivants :

Renseignements fournis sur l'armée russe qui a campé dans les environs d'ici, par un greffier arrêté à Disna (AN) :

« Avant-garde commandée par le comte de Pahlen, général de division, de l'autre côté de la rivière — trois régiments de hussards — mais il ne connaît pas la force, il a seulement entendu, deux bataillons d'infanterie et quinze jusqu'à vingt canons dont douze sur la route de Drissa, trois en face de Disna — et quelques canons sur la route de Polotsk.

Général en chef Doktorof cantonné dans les environs de Disna et Wolhynce (?) (Valéintsouï). Il ne connaît pas la force, mais après lui, devait passer le général Baggowouth ; derrière celui-ci, filait le grand-duc de l'autre côté de Wolhynce, avec les gardes.

général Bruyère se fera joindre par le régiment qui est à Ghermanovitschi en continuant toujours d'éclairer sur la Disna. J'ai envoyé ce matin construire un pont de radeaux à Ghermanovitschi. Je vais m'occuper de faire rétablir le pont de la Disna, mais nous manquons d'ouvriers : on tâchera d'en avoir des régiments, mais il faut des outils ; on fera tout ce qui sera possible. Je me suis établi de ma personne à Vianuze, à deux heures en arrière de Disna, deux régiments en avant de moi et un régiment en arrière ».

Par erreur, le rapport de Jacquinot n'était pas transmis, ainsi que nous l'apprend une lettre postérieure de Nansouty.

Nansouty à Murat, 20 avril (AN) :

« J'ai l'honneur d'adresser à Votre Majesté le rapport du général Jacquinot, relatif à l'occupation de Disna ; je croyais l'avoir envoyé à Votre Majesté. C'est un oubli de ma part et je prie Votre Majesté de vouloir bien excuser cette étourderie. »

Jacquinot à Bruyère, 19 avril (AN) :

« J'ai attaqué, conformément à vos ordres, les troupes ennemies qui occupaient la Disna ; elles ont fait peu de résistance et ont repassé le fleuve, la plus grande partie au gué et le reste sur un pont volant sous la protection du feu de 10 pièces de canon et de 5 à 600 hommes d'infanterie. On leur a tué trois Cosaques et jeté plusieurs de dessus le pont dans l'eau ; l'ennemi doit avoir eu beaucoup de blessés ; il avait environ 300 hommes, Cosaques, dragons et hussards, de ce côté de l'eau. Nous avons eu douze blessés, trois chevaux tués et six blessés. Je ne puis évaluer la force de la cavalerie qui était sur la rive droite, une partie étant masquée. J'ai vu en masses 12.000 hommes, Monsieur le chef d'escadron de Vitru, du régiment de chevau-légers, le maréchal de logis du 7e régiment se sont distingués ; ce dernier a coupé, sous le feu de l'ennemi, la corde du pont volant.

P.-S. — Je fais, conformément à votre intention, occuper Disna par un poste.

Le comte Potocki, colonel aide de camp de l'Empereur russe, est venu le 8 de ce mois à Disna, et donnait des ordres aux caissiers de prendre l'argent et de se retirer à Pskowo (ville du gouvernement), et, le lendemain, il ordonnait de brûler les magasins considérables qui se trouvaient ici ; c'était exécuté.

La troisième journée arrivait avec l'avant-garde le général Palhen, et, hier, il commençait sa retraite ; mais il ne connaît pas la retraite des dernières colonnes des corps sus-mentionnés.

Tout ce que dessus s'est passé la semaine passée, dans laquelle on attendait à Drissa les ambassadeurs d'Angleterre et de Turquie, mais on n'a vu que celui de Suède.

L'Empereur suivait toujours le corps du grand duc, mais il ne sait pas quel jour ils ont quitté Drissa. Toute cette armée, environ 150.000 hommes, se retirait sur Polotsk.

Les officiers russes disaient que l'Empereur ne quitterait pas la position de Dvina, mais cependant on a transporté les magasins avec 5.000 voitures données par le cercle de Drissa, à Opocka, dans le gouvernement de Pskowo. Les derniers Russes ont soutenu qu'on ne défendra pas la Dvina, parce que les Polonais ne sont pas attachés à l'Empereur. Le gouvernement de Pskowo, c'est ancienne Russie. »

Tandis que Jacquinot marchait sur Polotsk, Murat tentait de se procurer des renseignements sur la rive droite de la Dvina ; à cet effet, deux escadrons la passaient à gué presque sans difficulté, les Russes ne nous ayant opposé que quelques Cosaques.

A 6 heures 1/2, Murat exposait à l'Empereur la situation telle qu'elle résultait pour lui des renseignements que l'on s'était procurés. Les uns faisaient suivre à l'armée russe la route de St-Pétersbourg ; d'autres, les plus nombreux, celle de Polotsk ; mais seule, l'avant-garde aux ordres de Pahlen aurait déjà dépassé Disna. Il était bien difficile de faire concorder ce dernier point avec le rapport de Ney, d'après lequel la dernière colonne russe aurait quitté Drouïa le 16 ; comme nous le verrons plus loin, dès le matin, un chef d'escadron de la garde mandait de Disna que, dès le 18, le gros de l'armée russe avait commencé à se replier de Disna sur Polotsk. Comment se fait-il que Murat n'ait pas au moins mentionné ce bruit.

En réalité, depuis le 19, l'armée russe était concentrée à Vitebsk.

L'Empereur voulait-il déboucher sur le flanc de l'armée russe en passant sur la rive droite de la Dvina, ou continuer à remonter la rive gauche; Murat l'informait que cette rivière, ainsi que la Disna, n'était rien à franchir. Le 22, nous verrons pourtant le corps de

Montbrun éprouver de grandes difficultés dans cette opération ; à la vérité, de fortes pluies avaient grossi la Dvina.

A cette heure, les cuirassiers et la division Morand étaient à Disna.

Murat à Napoléon, Disna, 6 heures 1/2 du soir (AN) :

« Je m'empresse de prévenir Votre Majesté qu'aussitôt après mon arrivée, je me suis rendu sur la Dvina en face du gué ; j'ai fait avancer de l'artillerie et un bataillon d'infanterie, et quelques coups de canon et de fusil pour écarter une centaine de Cosaques qui se tenaient cachés derrière les maisons du village opposé. J'ai fait passer sur le champ deux escadrons de lanciers polonais et du 9e des lanciers français ; le gué a été passé aux cris de Vive l'Empereur et ils ont chargé pendant plus d'une lieue les Cosaques qui ne les ont pas attendus. J'ai donné l'ordre de faire intercepter sur le champ la route de Drissa à Polotsk et de m'amener quelqu'un des villages situés sur cette route ; c'est le seul moyen de connaître les mouvements de l'ennemi ; il y en a qui prétendent qu'elle se fait sur Saint-Pétersbourg. On travaille en même temps à construire deux ponts, l'un sur la Dvina et l'autre sur la Disna ; on m'assure qu'ils seront finis dans la nuit.

Le gué sur la Dvina est extrêmement facile, ceux de la Disna ne sont rien.

Le passage de la Dvina est si facile que Votre Majesté peut y faire passer toutes les troupes qui sont sous mes ordres, et il n'y aurait aucune difficulté à y établir une très bonne tête de pont.

Les Cosaques qui étaient en face de Disna se sont retirés par la route de Polotsk. J'écrirai ce soir plus amplement à Votre Majesté. Je n'ai pas voulu perdre une minute pour vous annoncer que la rivière est très guéable ; je n'ai pas encore acquis la certitude qu'elle le fût pour les voitures, mais l'on pourrait dans la journée de demain y avoir trois ponts de radeaux, mais on me rend compte que les cordages manquent pour en faire trois. Le premier but de Votre Majesté est rempli ; certainement l'ennemi doit être convaincu par ce qu'il a vu, que le projet de Votre Majesté était de passer ici la Dvina.

Je ne donne point d'autres rapports à Votre Majesté ; ceux que je lui pourrais donner pour le moment seraient trop hasardés ; je veux au moins lui répondre des miens ; jusqu'à ce moment-ci je ne lui ai fait que ceux des autres. Je vous donnerai cependant comme certain le passage du général Pahlen sur la rive droite de la Dvina, commandant, dit-on, l'avant-garde de Doktorof. Ce sont les seules troupes qui soient encore passées en vue Disna, elles se retirèrent hier au soir en prenant la route de Polotsk. Des paysans de la rive droite assurent qu'il y a beaucoup de troupes sur Valéintsouï, c'est ce que j'espère savoir cette nuit.

Toute la division Morand et la division des cuirassiers de Nansouty sont déjà sur la Dvina. »

A 5 heures, ordre était expédié à la division Gudin de partir le 21 à 5 heures du matin pour se rendre à Disna, la division Friant la précéderait d'une heure.

Belliard à Gudin, 5 heures du soir, Disna (AG) :

« L'intention du Roi, mon cher général, est que vous partiez demain avec votre division à 5 heures du matin pour vous diriger sur Disna, où vous recevrez de nouveaux ordres du Roi. La division Friant marche devant vous, elle part à 4 heures du matin.

Envoyez à l'avance un officier pour recevoir les ordres de Sa Majesté. »

D'après le tableau de l'emplacement des troupes, envoyé à 10 heures 3/4 du soir à l'Empereur, les corps sous les ordres de Murat étaient échelonnés de Braslav à Roudnïa ; avant d'entreprendre une opération quelconque, il était nécessaire de les concentrer. Le 21, Murat avait l'intention de rassembler à Disna les divisions Gudin, Friant, le IIIe corps et le corps de Montbrun ; la cavalerie Nansouty, soutenue par la division Morand, formerait une avant-garde vers Disna, le IIe corps aurait son quartier général à Pérébrodé, sa cavalerie observerait vers Drouïa et Drissa. Certains rapports des partis jetés sur la rive droite signalaient des rassemblements d'infanterie vers Valéintsouï ; sur la rive gauche, ils portaient que les Russes se repliaient sur Polotsk.

Murat à Napoléon, Disna, 10 heures 3/4 du soir (AN) :

« Je m'empresse d'adresser à Votre Majesté le rapport du général Jacquinot (1). Votre Majesté, verra par la date de sa lettre, qu'il aura intercepté ce soir la route de Ghloubokoé à Polotsk, et que l'ennemi continue à remonter la Dvina.

Le commandant des 200 chevaux jetés sur la rive droite a fait dire qu'il voyait devant lui sur la route de Polotsk trois régiments de cavalerie.

J'ai envoyé des espions sur Drissa à Polotsk, et un paysan, parti hier de Drissa, assure n'avoir vu qu'une centaine de Cosaques dans la ville de Drissa.

Demain, le général Nansouty sera sous Polotsk avec sa division légère et la division St-Germain ; il sera appuyé par la division

(1) Ce rapport manque.

Morand qui s'établira à Roudnïa, ainsi les ordres de Votre Majesté seront remplis ; après demain, si je n'ai pas reçu contre-ordre, les deux divisions Friant et Gudin suivront le mouvement du général Nansouty.

Demain, les deux divisions Friant et Gudin, tout le corps Montbrun et celui du Duc d'Elchingen seront pour ainsi dire réunis à Disna; celui du Duc de Reggio sera à Pérébrodé, ayant sa cavalerie légère sur Dinabourg, Drouïa et Drissa. Il recevra les ordres pour après demain; conformément à ses instructions, il sera chargé de détruire les ouvrages de Drissa. Je joins ici la position de l'armée. Si Votre Majesté veut me rendre responsable des événements d'avant-garde, je la prie de m'y envoyer.

Les patrouilles envoyées sur les routes de Drissa ne sont pas rentrées. Tous les renseignements que j'ai reçus s'accordent sur la retraite des Russes sur Polotsk.

Position des corps sous les ordres du roi de Naples (AN) :

« Le quartier du roi, à Disna ;

Deux brigades et le général Bruyère sur Roudnïa ;

Une brigade à Rojmank ;

Un régiment à Oulino, marchant sur Roudnïa ;

La division St-Germain, à Disna ;

La division Morand, à Disna ;

La division Friant moitié chemin de Tschères, à Pohal cabaret;

La division Gudin, à Przeslowie ;

La 2e division de cavalerie légère, à Tscherkaïa ;

Les 2e et 4e divisions de cuirassiers, à Mioroui ;

Le IIIe corps, à Tschères ;

Le IIe corps, à Braslav, Slobodka, Drouïa. »

Corps de Nansouty. — L'ordre de l'Empereur du 19, prescrivant à Nansouty de marcher sur Polotsk, lui parvenait à 9 heures. Il ordonnait alors à la division légère de franchir la rivière et appelait à Disna la division Morand et les cuirassiers.

Nansouty à Berthier, près Disna, 9 heures du matin (AN) :

« Je reçois les ordres de Votre Altesse Sérénissime d'envoyer la division Bruyère vis-à-vis Polotsk, et de me mettre en mouvement pour la soutenir. Le général Bruyère occupe Disna depuis hier. Il y aura beaucoup de difficultés à passer la Disna, attendu qu'il n'y a qu'un pont volant ou un bac à Disna. Je fais reconnaître s'il y a un gué dans les environs.

La division Bruyère occupe Disna et en arrière et près de la ville.

La 1re division de cuirassiers est à deux lieues en arrière.

La division Morand est en arrière de (*illisible*).

Je vais mander au général Morand de se porter à Disna.

Corps de Nansouty. — Les renseignements que Nansouty recueillit à Disna, lui signalaient encore de nombreuses troupes sur la rive droite ; des rapports de cavalerie portaient que le camp de Drissa n'était pas encore évacué le 19 au soir ; d'autre part, la Dvina offrait de nombreux gués au-dessus de Drissa et à Ghrigharovitschi. Dans cet état de choses, il lui sembla dangereux de se porter sur Polotsk sans occuper solidement Disna, et d'abandonner la surveillance de la Dvina. La division Morand reçut donc ordre de s'établir à Disna avec une brigade de cavalerie légère et les cuirassiers, une brigade de cavalerie légère dut éclairer entre Drissa et Disna, la brigade Jacquinot se porter sur Polotsk ; à sa droite, le 8e de hussards s'avancerait de Ghermanovitschi sur Novoé. Ces dispositions furent approuvées par Murat à son arrivée.

Nansouty à Napoléon, 11 heures 3/4, Disna (AN) :

« Je viens de recevoir l'ordre du prince de Neufchâtel d'envoyer la division Bruyère vis-à-vis de Polotsk et de me mettre en mouvement pour la soutenir, et ordonner à la division Morand de se rendre en toute diligence à Disna. Le prince me prescrit de mettre des postes de cavalerie depuis vis-à-vis Polotsk jusqu'à Disna, afin de correspondre rapidement avec le quartier impérial.

M. l'officier d'ordonnance Christin vient d'arriver et m'a communiqué les instructions qui me concernent. J'ai l'honneur d'observer à Votre Majesté que, d'après un rapport que je reçois dans le moment, les ouvrages de la tête de pont de Drissa ne sont pas encore totalement évacués. Il y a encore un pont à Drissa et un gué un peu au-dessus ; Léonpol était encore occupé hier par l'ennemi ; il y a un gué entre Drissa et Disna à Ghrigharovitschi. L'on me rend compte qu'à Drissa il y avait encore hier soir beaucoup de troupes sur la rive droite. D'après ces renseignements, j'ai cru, pour me conformer aux ordres du prince de Neuchâtel et remplir les intentions de Votre Majesté renfermées dans l'instruction qu'elle a donnée à M. l'officier d'ordonnance Christin, devoir placer la division Morand en arrière et près de Disna, occupant cette ville, une brigade de cavalerie légère sur le même point, une brigade de cavalerie légère en intermédiaire entre Disna et Drissa et plus rapprochée de Disna, chargée de pousser des partis sur Drissa et la Dvina et d'observer le gué de Ghrigharovitschi, et la troisième brigade de cavalerie légère marchera sur Polotsk ; la division de cuirassiers sera placée en arrière de l'infanterie, près de Disna.

La division Bruyère occupe Disna depuis hier ; il n'y avait dans

(1) Voir tome Ier, page 633.

cette ville, au moment que l'on y est arrivé, qu'une centaine de Cosaques qui se sont retirés sur-le champ en passant un gué, la Dvina étant guéable vis-à-vis de Disna. Il y avait sur la rive droite quatre régiments de cavalerie, de l'infanterie et de l'artillerie. Ils ont tiré à mitraille de la rive droite et ont envoyé des obusiers. D'après les renseignements, les forces de l'ennemi dans cette partie étaient environ de 12.000 hommes, on a dit même 24.000 ; toutes ces troupes se sont retirées ce matin de très bonne heure et ont pris la direction de Polotsk. J'attendrai les ordres de Votre Majesté dans la position que je vais prendre ; je serai de ma personne à Disna.

P.-S. — Le roi de Naples arrive dans le moment et approuve les dispositions que j'ai prises. Le 8e régiment de hussards marche de Ghermanovitschi sur Novoé et Vetren. Je joins à cette lettre un rapport du général Jacquinot. »

Actuellement, avec cette lettre est conservé le billet suivant écrit au crayon qui indique la présence d'infanterie russe à Valéintsouï, le gros de l'armée se retirant sur Polotsk ; malheureusement, il n'est pas daté.

De Cugny, (AN) :

« Mon Général, j'ai l'honneur de vous annoncer que d'après les rapports des patrouilles que j'ai envoyées tant sur mon flanc gauche qu'en avant de la rivière, il ne se trouve aucune troupe ennemie ; seulement à la petite ville Valéintsouï, qui se trouve à 6 lieues de la rivière, c'est de l'infanterie ; leur nombre est inconnu. L'ennemi se retire par la droite de la Dvina sur la petite ville Polotsk, à 6 lieues d'ici, d'après les rapports des paysans et des patrouilles. Tous les paysans des environs se sont empressés de venir à notre rencontre, et ont donné le plus de renseignements possibles. »

Dans la journée, Jacquinot s'avançait sur Polotsk ; de Palioudovitschi, il expédiait un rapport capital qui changeait complètement la situation. A 6 heures 1/2 du soir, Murat croyait encore que, seule, l'avant-garde de l'armée russe formée par Pahlen avait dépassé Disna ; au contraire, Jacquinot lui annonçait que ce corps en était l'arrière-garde, que toute l'armée russe avait atteint Polotsk et que le 19, à 7 heures du soir, 50.000 hommes avaient déjà quitté cette ville se dirigeant sur Vitebsk. A la vérité, ces renseignements étaient fournis par des juifs.

Jacquinot à Bruyère, Palioudovitschi (AN) :

« Tous les habitants s'accordent à dire que d'ici à Polotsk il y a peu d'ennemis sur la rive gauche de la Dvina. Des juifs qui arrivent de Polotsk, assurent que quantité de troupes ont traversé cette ville, marchant dans la direction de Vitebsk, les équipages sont partis aujourd'hui. Ces juifs pensent que ce corps, qui était vis-à-vis de Disna, sera ce soir à Polotsk. Les Russes font des marches forcées, ils marchent jour et nuit; ces juifs ne peuvent pas donner positivement la force des corps partis de Polotsk; ils la portent au delà de 50.000 hommes.

Le grand-duc Constantin était avant-hier à Polotsk; on ignore s'il y est encore ou s'il est parti; il est arrivé dans une voiture de paysans, couvert d'un manteau de soldat; on avait fait le logement de l'Empereur.

Les troupes qui étaient à Polotsk se sont mises en marche hier à 9 heures du soir. Les hôpitaux sont partis hier; je vous envoie ces juifs.

J'ai envoyé une forte reconnaissance sur Arékhovka. La route de Disna à Polotsk, après avoir cotoyé pendant un mille la Dvina, s'en éloigne et traverse une très belle plaine. »

De la rive droite, nous n'avons qu'un rapport assez insignifiant. Il porte qu'un parti s'étant avancé à trois lieues sur la route de Polotsk, n'avait rencontré que des Cosaques; de l'infanterie se serait repliée sur Valéintsouï.

Rapport à Nansouty (AN):

« J'ai l'honneur de vous annoncer que d'après les rapports, des patrouilles qui se sont faites le long de la rivière, sur le chemin qui conduit à Polotsk, ont trouvé l'ennemi à trois lieues. Il a été impossible de ramasser des paysans, vu qu'ils se sont cachés dans les bois, pour avoir des informations nécessaires par rapport à la retraite de l'ennemi, qui n'était que cavalerie de ce côté; l'infanterie s'est retirée sur Valéintsouï. Vers les 6 heures du soir, 60 à 80 Cosaques vinrent nous attaquer sur la route de Polotsk, qui est en avant de la rivière, nous les repoussâmes sans perte jusqu'au bois qui est à une demi-lieue d'ici. Je présume qu'ils y sont encore et m'attends à tout moment à être attaqué encore une fois. »

Corps de Montbrun. — Nous ignorons les opérations et emplacement du corps Montbrun pour le 19; vraisemblablement, Sebastiani avait dû observer vers Léonpol. Le 20, tandis que les cuirassiers se rendent à Miorouï, le général conduit à Sebastiani le restant de sa division et lui prescrit de se porter sur Drissa.

D'après une patrouille envoyée le 19 au soir sur Drouïa, le pont venait d'en être brûlé, cette ville n'était plus observée que par une quinzaine d'hommes, et, tout le long de la Dvina, il n'y avait que des petits postes de dragons. Le 20, Montbrun ne remarquait jusqu'à Léonpol ni bateaux ni radeaux; arrivé à ce point, il distinguait sur la rive droite des bivouacs considérables. De l'ensemble de tous les rapports et de ce qu'il avait reconnu par lui-même, il ne croyait pas que Sebastiani, en se portant sur Drissa, rencontrerait des forces russes considérables sur la rive gauche.

Montbrun à Belliard, 11 heures, près Léonpol (AN) :

« Mon cher Général, comme je vous l'ai mandé hier, j'ai conduit les troupes appartenant à la division de cavalerie légère ce matin jusqu'à Léonpol. Je n'ai point rencontré l'ennemi sur ma route, mais à trois quarts de lieue de Léonpol et sur l'autre rive de la Dvina jusqu'à la hauteur de cet endroit, se trouvent des bivouacs assez conséquents, où est un corps d'observation russe. Je n'ai pu en juger la force, mais j'ai reconnu avec une lunette de la cavalerie, de l'infanterie, et du canon qui a même tiré sur moi. N'ayant pas trouvé de paysans en route, et n'ayant pas pu faire non plus de prisonniers, puisque je n'ai rencontré aucun ennemi, il m'a été impossible de savoir ce qui se passe de ce côté-ci de Drissa.

Ayant fait jonction avec le général Sebastiani et ayant réuni les troupes que j'avais avec moi aux siennes, je l'ai laissé à la tête de sa division continuer sa reconnaissance sur Drissa, et je lui ai donné connaissance des instructions de Sa Majesté qui ont rapport à sa division, soit pour activer sa reconnaissance sur Drissa, soit sur la position que devra prendre la division à son retour. Mais quelque empressement qu'il puisse mettre dans l'exécution des ordres du Roi, il ne pourra jamais venir ce soir s'établir où il était hier.

Je l'ai chargé de me donner de ses nouvelles aussi souvent qu'il le pourrait, et de me faire connaître sa position de ce soir, ainsi que celle de demain.

Je ne présume pas, d'après tout ce que j'ai pu voir ce matin et les rapports qui m'ont été faits hier soir, qu'il rencontre des forces sur cette rive de la Dvina, car ma dernière reconnaissance d'hier n'a trouvé de la cavalerie qu'à moitié chemin des ouvrages à Drissa, et je dois supposer que ce sont des troupes qui ont passé à quelque gué dans les environs de cet endroit comme celles qui, hier soir, étaient sur cette rive et qui vraisemblablement avaient passé ou dans des barques ou aux gués que les paysans m'ont dit exister lorsqu'il a fait chaud, à Léonpol et à trois quarts de lieue plus bas. L'ennemi ayant sur l'un et l'autre point du canon et de l'infanterie, je n'ai pu les faire reconnaître. Jusqu'à la hauteur de Léonpol, je n'ai aperçu ni radeaux ni bateaux sur les deux rives de la rivière.

Je me rends à Mirouï, où j'arriverai ce soir et où j'attendrai les ordres de Sa Majesté.

Le général Sebastiani ayant près de lui l'officier topographe, je l'ai chargé de faire lever le croquis des ouvrages abandonnés par l'ennemi.

La nuit dernière, j'ai envoyé une reconnaissance sur Drouïa, qui est arrivée au point du jour ; elle m'a assuré qu'il n'y avait plus de Français dans cet endroit et que l'ennemi avait brûlé le pont sur la Dvina, car les pilotis fumaient encore lorsqu'il en est reparti. Il m'a assuré qu'il n'y avait en face de Drouïa qu'un poste de 15 à 16 hommes à cheval et qu'ensuite, en remontant la rivière jusqu'à l'endroit où j'ai passé la nuit, il n'y avait vu que des petits postes de dragons russes sans apercevoir des masses sur l'autre rive. »

Au camp de Drissa, Sebastiani ne trouvait que deux escadrons ; mais les Russes y avait conservé le pont de pilotis sur la Dvina ; ils le défendaient avec huit escadrons et dix bataillons, dont quatre sur la rive gauche.

Comme Montbrun, Sebastiani ne prêtait pas aux Russes de projet offensif. Le soir, il était placé en avant de Tscherkaïa, couvrant les routes de Léonpol et de Drissa.

Sebastiani à Montbrun, 9 heures du soir, Zastarence (AN) :

« Monsieur le Général, voici la continuation des résultats de la reconnaissance ordonnée par Sa Majesté sur Léonpol et Drissa ; tout est positif, je l'ai vu par moi-même.

L'ennemi, comme vous le savez, n'a point de pont à Léonpol et n'occupe pas la rive gauche de la Dvina sur ce point. Un gué lui permet d'y faire passer des petits partis qu'il rappelle sur la rive droite à l'approche de nos troupes. En face de Léonpol et un peu au-dessous, il y a un camp d'observation qu'on pourrait évaluer à 12 ou 15 000 hommes ; 15 pièces de canon sont devant le gué.

A deux lieues de Léonpol, en remontant la rive gauche de la Dvina, on trouve le camp retranché abandonné par les Russes. Ce camp m'a paru avoir environ 2.400 toises de front. Il forme le rentrant de la Dwina et appuie sa droite et sa gauche à ce fleuve ; du centre de la ligne des fortifications à la rivière il y a environ 1.400 toises ; 900 toises forment un plateau élevé qui domine les approches du camp et la rivière, 500 toises forment la pente qui conduit au fleuve. Les fortifications consistent en une ligne de redoutes carrées et de batteries, à la distance d'environ 80 toises les unes des autres. Six redoutes placées en arrière devant les intervalles de la droite, à la gauche et au centre, forment une espèce de seconde ligne de fortifications. Les ouvrages sont achevés et en bon état devant le front des fortifications. Il y a des redans pour l'infanterie. Cette position ne m'a pas semblé très forte et m'a paru fort dangereuse pour une armée qui s'y enfermerait, parce que le plateau dominant le fleuve de tous côtés, le camp forcé, l'armée serait perdue. Demain matin, M. le capitaine Duvivier enverra un figuré de ce camp qui en donnera une idée plus exacte que la description que j'en fais.

Nous avons trouvé au camp retranché deux pelotons de Cosaques qui se sont retirés près du pont sur pilotis que l'ennemi a encore sur la Dvina. Ce pont est placé à 1.000 toises environ au-dessous de Drissa. Six bataillons, huit escadrons et douze pièces de canons défendent ce pont; un peu au-dessus se trouve une réserve de quatre bataillons. Il n'y avait sur la rive gauche que quatre bataillons adossés à un groupe de maisons et un escadron devant le gué qui se trouve à 200 toises au-dessous du pont. Je ne crois pas que l'ennemi veuille rien entreprendre d'offensif sur le point de Drissa.

Deux déserteurs, partis ce matin de Drissa, et les habitants, assurent que toutes les troupes qui se trouvaient dans cette ville ont pris le chemin de Polotsk où s'est rendu l'empereur Alexandre.

J'ai envoyé une brigade à Powiacie (?), et, avec cinq régiments, j'ai pris position à Zastarence (?) où je suis, une lieue et demie en avant de Tscherkaïa, sur la route de Drissa, de manière que je puis observer et couvrir les routes de Léonpol et de Drissa. Nous avons fait douze lieues aujourd'hui et nous sommes restés quatorze heures à cheval, les chevaux sont harassés de fatigue.

On me rend compte en ce moment que la brigade légère a perdu aujourd'hui vingt chevaux morts de fatigue (1). »

IIIe Corps. — Le IIIe corps atteignait Bonachon.

IIe Corps. — Le IIe corps est face à Drouïa occupant les emplacements suivants : les deux premières divisions d'infanterie, sur la route d'Ikazni ; la troisième sur celle de Slobodka ; les cuirassiers, à Zamocha ; la 5e brigade de cavalerie légère à Slobodka, éclairant vers Drouïa et Léonpol ; la 6e à Jakoubovo observant vers Dinabourg.

Garde. — Les premiers renseignements fournis par la garde provenaient d'un particulier trouvé à 2 lieues d'Oulino ; celui-ci avait quitté Disna le 19 à 9 heures du matin ; cette ville n'était plus occupée que par des Cosaques, tous les ponts avaient été brûlés par les Russes. A midi, nos troupes n'avaient encore poussé sur ce point que des patrouilles.

D'après ce que nous avons vu plus haut ce rapport était exact.

(1) Cette dépêche était transmise le 21 à 1 heure du matin :

Montbrun à Belliard, Mioroui, 21 juillet, 1 heure (AN) :

« Je vous adresse, mon cher Général, copie du rapport que je viens de recevoir de M. le général comte Sebastiani, et que je vous prie de mettre sous les yeux du Roi. »

Lefebvre Desnoëttes à Berthier (?) Loujki, 7 heures (AN) :
« Monseigneur, je reçois à l'instant des nouvelles de M. le chef d'escadron Germanoski, qui commande les deux cents hommes envoyés sur Disna avec M. Christin, officier d'ordonnance de Sa Majesté.

Il me rend compte qu'il a vu à Pavolowice (qui n'est pas sur la carte) à deux lieues en avant d'Oulino, un particulier venant de Disna qui lui a dit que, hier à neuf heures du matin, on a tiré plusieurs coups de canon de l'autre côté de la Dvina sur les Français qui s'approchaient, qu'il n'y avait à Disna qu'une centaine d'hommes, tant hussards que Cosaques qui ont été en découverte à une demi-lieue à gauche de la ville où ils ont rencontré une reconnaissance de cavalerie française qui a tiraillé sur eux, que les magasins étaient brûlés depuis six jours. Dans la nuit, ils ont mis le feu au pont et à tous les bateaux, à l'exception de deux. Il rapporte aussi qu'on voit de l'autre côté de la Dvina beaucoup de canons et d'infanterie.

Il paraît que c'est une reconnaissance seulement qui était hier matin près de Disna, car nos troupes n'y étaient pas encore entrées à midi, le paysan que j'avais aussi envoyé vers cette ville me confirme ce rapport. On peut passer la rivière à gué jusque près de Disna.

Le colonel Germanoski a vu dans le bois dix Cosaques qui ont pillé un village.

Je lui ai recommandé d'être très circonspect ; outre les renseignements que je viens de recevoir de lui de Disna avec autant de célérité que possible. J'ai placé un sous-officier à Ghermanovitschi près le colonel du 8e régiment de hussards, pour m'apporter des nouvelles en toute diligence.

Je vous envoie mon rapport un peu tard, parce que l'ordonnance que j'ai envoyée hier pour vous porter une lettre n'est rentrée ce matin qu'à quatre heures, prétendant avoir vu deux cents Cosaques à son retour sur la route de Ghloubokoë ici. J'ai fait vérifier le fait, il se trouve que c'est un conte, et je ne vous en écrirais pas, si cette ordonnance n'avait pas alarmé l'infanterie du général Roguet.

J'ai fait distribuer le pain pour un jour aux troupes qui sont ici sous mes ordres, tant infanterie que cavalerie. Il me reste, en outre, 2.500 rations, et je continue à en faire confectionner par tous les moyens qui sont en mon pouvoir ».

A 2 heures de l'après-midi, Lefebvre Desnoëttes apprenait l'entrée à Disna de la cavalerie de la garde. Celle-ci y était arrivée le 20 à 6 heures 1/2 du matin, et n'y avait rencontré que la brigade Jacquinot.

L'ennemi était signalé comme se portant sur Polotsk.

En exécution des ordres reçus, Lefebvre avertissait qu'il se mettait en marche à 5 heures pour gagner Polotsk par Prozorki.

Lefebvre Desnoëttes à Mortier, Loujki, 2 heures après midi (AN) :

« J'ai l'honneur de vous adresser le rapport de M. le chef d'escadron polonais, qui est entré ce matin à 6 heures à Disna ; il ne me dit pas quand nos troupes sont entrées dans cette ville, mais les habitants du pays, dont je me suis servi, me disent que c'est hier dans l'après-midi.

J'ai ordonné au chef d'escadron de s'arrêter à Pavolovice (?), car la grande route de Disna se sépare là en deux parties, dont l'une va à Disna et l'autre à Polotsk ; je vais me mettre en marche sur Prozorki sur la route de Polotsk, comme Votre Excellence m'a donné l'ordre de le faire aussitôt l'occupation de Disna. Je suis fâché que le rapport que je vous envoie ne soit pas plus clair, je n'ai pas osé essayer de le rendre tel, crainte d'en altérer quelque chose.

Je ne me mettrai pas cependant en marche avant 5 heures, afin de recevoir de nouveaux ordres, si vous en aviez à m'envoyer.

Je laisse ici un poste de trente hommes, comme vous me l'avez ordonné, et je confie à l'officier les 2.500 rations de pain que j'ai fait confectionner.

Au moment où je finissais ma lettre, je reçois un rapport de M. le colonel du 8e régiment d'hussards (1) qui ignorait encore notre entrée à Disna, aujourd'hui à midi 1/2 ».

Le rapport du chef d'escadron était très important ; il rendait compte que dès le 18, le gros de l'armée russe s'était replié de Disna sur Polotsk par la rive droite et que, dans la nuit du 19 au 20, le corps de Pahlen avait suivi ce mouvement.

Rapport à Lefebvre, (AN) :

« A 6 heures 1/2, nous sommes entrés à Disna. J'ai laissé les escadrons au bord de la rivière et j'ai fait passer en ville un peloton, après avoir pris des renseignements positifs que nos troupes étaient bivouaquées à une demi-lieue à gauche de la ville.

Il y a un bac sur la rivière de Drierienka (?), on y passe aussi facilement à gué. J'ai vu les Russes de l'autre côté de la Dvina, il me paraît un escadron de Cosaques et une cinquantaine de hulans.

J'ai pris quelques informations à Disna. L'armée qui depuis quatre jours occupait les environs de Disna de l'autre côté de la Dvina est commandée par le général Doktorof (?), qui est parti avec son corps avant-hier, et se dirigeait sur Polotsk.

(1) Voir tome I, page 628.

Hier près de 10.000 hommes, dont 4.000 de cavalerie et 6.000 d'infanterie et 27 pièces de canon, commandés par le général Pahlen, ont resté en position sur la Dvina, et se sont retirés cette nuit en suivant les premiers.

Le général Bruyère a fait partir trois escadrons du 7e d'hussards, 9e lanciers et 6e polonais pour Disna, afin de reconnaître cette place. 300 Cosaques gardaient Disna et avaient des postes en avant. Nos trois escadrons les ont chargés, leur ont tué un officier et six hommes. Les Cosaques ont repassé la Dvina et n'ayant pas rencontré le gué plusieurs se sont noyés.

Notre cavalerie a eu quelques chevaux tués et vingt hommes blessés, de la brigade du général Jacquinot, qui a fait toute cette expédition.

On a tiraillé depuis 3 heures jusqu'à 8 heures du soir. Les Russes tiraient des coups de canon de l'autre rive sans faire aucun mal à notre cavalerie.

Les magasins de la ville sont brûlés depuis quinze jours, ils ont emmené tous les bestiaux et tout ce que les particuliers avaient de provisions.

Je rafraîchis à Mlynarzou (?), une lieue en arrière de la route sur le chemin de Loujki ; je partirai d'ici à 2 heures, pour rentrer ce soir à Loujki, si vous ne nous donnez pas une nouvelle destination pour me diriger sur la route de Polotsk.

La route de Plissa à Polotsk passe par Prozorki, on y compte cinq milles d'ici, et le chemin direct de Disna à Polotsk est de six milles ; en retrogradant sur Loujki, si vos ordres me rencontrent à moitié chemin, je puis encore me diriger à Prozorki sans allonger beaucoup.

L'officier d'ordonnance est resté à Disna, il doit aller chez le général Nansouty à trois lieues ; d'ici jusqu'à présent, il n'y a que la brigade du général Jacquinot qui occupe Disna. Selon les instructions de l'officier d'ordonnance, j'établirai la correspondance de Disna à Loujki ».

D'Oulino, à 7 heures du soir, Lefebvre prévient que, d'après le dire des habitants, les Russes ne tiendront pas sur la Dvina, les troupes qui y sont actuellement n'étant destinées qu'à couvrir leur retraite. Pour lui, il continue sa marche sur Prozorki, il y arrive le 21 à 1 heure 1/2 de la nuit.

Lefebvre à Berthier, Oulino, 7 heures du soir (AN) :

« Je suis en route pour Prozorki où je serai ce soir.

Je reçois encore à présent une lettre du chef d'escadron Germanoski, qni est à trois lieues en avant d'ici sur la route de Disna. Je lui doune l'ordre de partir demain à la pointe du jour pour me joindre à Prozorki. Il m'écrit qu'il a entendu à deux heures cette après-midi une forte canonnade vers Disna et une forte explosion; il dit que l'on aperçoit une grande fumée de l'autre côté de la Dvina sur la droite de Disna, j'ai envoyé aux informations à cet effet.

L'opinion des habitants ici, en général, est qu'ils ne tiendront pas sur la Dvina, qu'ils n'y ont des troupes à présent que pour couvrir la retraite du gros bagage. Le pays jusqu'à Disna est magnifique et les routes superbes dont le fond est ferme.

Je place un poste de correspondance ici, et j'en aurai encore un autre à moitié chemin à Tschernevitschi ; nous voyons que la carte est en cela défectueuse, quoique je dois avouer qu'il y a une route plus courte pour aller d'ici à Polotsk ».

Conformément à l'ordre de l'Empereur de 10 heures du matin, nous trouvons à 9 heures du soir le maréchal Bessières avec la cavalerie de la garde à Psouïa; la cavalerie bavaroise est en avant à Koubloutschi.

Bessières à Napoléon, Psouïa (AN):

« Il est 9 heures du soir, j'arrive à l'instant avec 400 dragons de la garde, les grenadiers à cheval me suivent ; j'envoie les Bavarois qui viennent de passer, à Koubloutschi. Je vais partir dans deux heures de ma personne ; j'arriverai demain matin de bonne heure avec eux à Ouchatsch.

Une reconnaissance que j'avais envoyée sur la route de Polotsk, a ramené un juif sorti ce matin de la partie de cette ville qui est sur la rive gauche. Il rapporte que l'ennemi est en marche sur Vitebsk ; le grand-duc Constantin était à Polotsk. On attendait aujourd'hui l'empereur Alexandre. Il a entendu dire qu'il y avait des troupes à Béchenkovitschi, sur la rive gauche de la Dvina, derrière la Oula. Cet homme n'a pu rien me préciser sur le nombre de troupes. J'espère pouvoir avoir demain des renseignements plus positifs ».

En arrière de la cavalerie, la garde à pied atteignait Plissa ; le lendemain, elle continuerait son mouvement sur Ouchatsch, couverte sur son flanc gauche par la cavalerie de Lefebvre, qui prendrait position à Selitsché.

Mortier à Napoléon, Plissa (AN):

« J'ai l'honneur de rendre compte à Votre Majesté que la 2e division de la garde aux ordres du général Roguet, vient d'arriver ici ; demain, à la pointe du jour, elle se mettra en marche, ainsi que celle du général Delaborde, pour Ouchatsch, où je compte être rendu après demain de bonne heure.

J'ai écrit au général Lefebvre-Desnoëttes qui couche aujourd'hui à Prozorki de me renvoyer demain à Selitsché le 1er régiment de voltigeurs et mes deux pièces de 4. Le général Lefebvre-Desnoëttes a également l'ordre de venir à Selitsché, de s'éclairer sur sa gauche, et d'observer tous les chemins qui aboutissent à Polotsk.

Le commissaire des guerres de la Neuville vient de me rendre compte que les habitants de Plissa et des autres villages environnants ont mis le plus grand empressement à satisfaire aux réquisitions qui leur ont été faites ; plusieurs ont même fourni au delà de ce qui leur avait été demandé ; il ajoute que si on était resté huit jours de plus, on aurait réuni pour huit jours de subsistance.

Il est malheureux qu'avec ces ressources, on n'ait pas pu donner plus d'activité à la fabrication du pain faute de boulangers, dont 90 sont restés à Vilna ; sur 24 qui restaient avant-hier, 17 ont été laissés à Ghloubokoé ; parmi les 107 ouvriers laissés en arrière, 36 appartiennent aux régiments qui sont tellement dépourvus de boulangers qu'on n'a pu en réunir que 16. Le commissaire des guerres m'annonce qu'avec ces 23 boulangers il n'est pas possible de faire du pain pour 10.000 hommes. J'ai cru devoir soumettre ces observations à Votre Majesté.

IVe Corps. — D'après les ordres de l'Empereur du 19, le IVe corps continuait son mouvement sur Pouïchna ; la 12e brigade de cavalerie se portait sur Ouchatsch ; le corps de Nansouty n'ayant pas encore débouché de Disna, il lui revenait de signaler au IVe corps toute offensive russe débouchant de Polotsk, mouvement peu vraisemblable ; le 19 au soir, les patrouilles poussées au delà de Doltsoui n'ayant pas rencontré d'ennemis.

Le Prince Eugène à Napoléon, Dockchitsouï, 2 heures du matin (AN) :

« Il est deux heures du matin, je monte à cheval pour me rendre à Bérézino et de là, dans la journée, à Pouïchna, ainsi que j'ai eu l'honneur de le mander à Votre Majesté.

Les postes de correspondance sont établis de manière à assurer, dès ce moment, mes communications avec Votre Majesté. Je lui écrirai ce soir de Pouïchna.

Le juif que j'ai envoyé à Polotsk n'est point encore de retour. Les patrouilles de cavalerie légère qui étaient bien au delà de Doltsouï n'ont rien rencontré ; elles me mandent que les habitants assurent qu'il n'y a aucun ennemi de ce côté-ci de la rivière.

J'ai envoyé cette nuit un autre agent à Oula, d'où j'espère avoir des nouvelles de l'ennemi ; cet homme doit me rejoindre à Kamen ».

A Pouïchna, le vice-roi recueillait les renseignements les plus contradictoires ; d'après un juif parti le 15 de Polotsk, les Russes y auraient eu un corps de 10.000 hommes, le gros de leurs forces étant toujours entre Drissa et Dinabourg ; un autre juif, le 17, n'y avait vu personne ; enfin, un habitant rapportait que le 17 les Russes avaient commencé à passer sur la rive gauche au moyen de deux ponts volants.

Cette tentative faite avec de tels moyens, même au cas où elle aurait été véritable, semblait peu sérieuse au prince ; il comptait donc continuer à marcher sur Kamen et avoir, le 21, la 13e division entre Pouïchna et Kamen, la 14e en arrière de Pouïchna, la 15e à Bérézino, la cavalerie continuant à couvrir le flanc gauche à Ouchatsch et à Botscheïkovo.

Prince Eugène à Napoléon, Pouïchna, 6 heures du soir (AN) :

« Arrivé à Pouïchna il y a deux heures, je me suis occupé sur-le-champ d'aller aux nouvelles. L'affidé que j'avais envoyé à Polotsk n'est point encore de retour, mais j'en ai trouvé un autre ici.

Les divers renseignements que j'ai recueillis, quoiqu'ils diffèrent beaucoup entre eux, n'en méritent pas moins, cependant, d'être portés à la connaissance de Votre Majesté.

1° Celui de mes agents qui est revenu ici a quitté le 15 au soir les bords de la Dvina. Il n'avait rien rencontré de sa personne, mais il avait entendu dire par les paysans qu'il y avait dans les environs de la rivière, à Ouchatsch, quelques partis de Cosaques.

Il marque en outre dans son rapport que toute l'armée russe commandée par le général Barclay de Tolly, et forte de 140.000 hommes, était toujours entre Dinabourg et Drissa, et qu'il n'y avait à Polotsk qu'une division, prétendue de 10.000 hommes, commandée par le général Palhen ;

2° Les rapports d'un juif parti vendredi 17 au matin de Polotsk, a assuré ce matin même à un baron qui est venu sur ma route me demander une sauvegarde, que, à son départ de Polotsk, il n'y avait aucun corps russe considérable, mais seulement une faible garnison dans cette ville.

Voici donc une première contradiction.

Enfin il arrive à l'instant un paysan de la maison où je suis logé qui s'est sauvé de Vitebsk hier à 6 heures du soir. Il rapporte que les Cosaques y arrivaient au moment où il en partait, et qu'ils y avaient été précédés par plus de deux cents individus venant de Polotsk de la rive gauche et annonçant que l'ennemi avait commencé à passer la Dvina sur ce point, hier 19, à midi, en se servant des deux ponts volants qui y sont et qui, suivant l'expression du paysan, sont assez grands pour contenir vingt petites voitures du pays.

J'ai écrit de suite au général Guyon de savoir me donner le plus promptement possible des informations sur cet objet. Il m'écrivait ce matin, de Vel Doltsouï, qu'on n'entendait point parler d'ennemis. Ce soir, ses avant-postes seront à Ouchatsch et j'en aurai cette nuit des nouvelles.

Votre Majesté pensera sûrement que ce dernier rapport ne saurait arrêter mon mouvement au moins jusqu'à Kamen : en effet, ce ne serait point sur des ponts volants que l'ennemi tenterait un passage sérieux, et si ce passage devait mériter de l'attention, ma position à Kamen me paraîtrait encore la plus convenable.

Il est d'ailleurs plus naturel de penser que l'ennemi faisant ce mouvement que Votre Majesté m'a indiqué, sur Vitebsk, il doit, de distance en distance, jeter de forts partis sur la rive gauche, tant pour éclairer sa marche, que pour connaître la nôtre.

Je compte donc être demain soir à Kamen avec mon avant-garde d'infanterie. Ma cavalerie légère sera d'un côté à Outchatsch et de l'autre à Botscheïkovo. La 13e division sera entre Pouïchna et Kamen, la 14e en arrière de Pouïchna, et la 15e à Bérézino.

Il n'y a pas de doute que Votre Majesté, ayant de la cavalerie légère à Disna et à Loujkï, doit être déjà informée de l'apparition de l'ennemi à Vitebsk, s'il est vrai qu'elle ait eu lieu réellement.

Si cette nuit je reçois quelque chose de nouveau, je m'empresserai d'en faire part à Votre Majesté. »

VIe Corps. — Le VIe corps dépassait Loughaï et arrivait à Danilovitschi.

Ier Corps. — *Colonne de Grouchy.* — A 3 heures du soir, Grouchy transmet à l'Empereur, par ordre de Davout, divers rapports de Bordesoulle et de Poniatowski, qui n'ont pas été conservés avec sa lettre. Peut-être sont-ce ceux du 19.

En avant d'Orcha, la situation est toujours la même. En ce qui concerne Bagration, il obtient un renseignement capital d'après un officier russe déserteur ; dès le 17, trois bataillons de l'armée de Bagration, venus de Bobrouisk, seraient arrivés à Mohilev.

Grouchy à Napoléon, 3 heures du soir (AN) :

« Le prince d'Eckmühl m'a envoyé de Biélouïnitschi et me charge de transmettre à Votre Majesté les rapports du général Bordesoulle et les copies de ceux du prince Poniatowski.

Il était à cheval lorsqu'ils lui sont parvenus, ce qui l'a empêché de les adresser directement lui-même à Votre Majesté.

Le prince d'Eckmühl pense qu'elle a dû recevoir, par M. de Beaumont, une copie des ordres qu'il a donnés au prince Poniatowski, depuis qu'il a été informé du départ du roi de Westphalie, et il espère que ces ordres sont conformes aux intentions de Votre Majesté.

J'ajoute à ces divers rapports, Sire, la déposition d'un officier qui se dit déserteur, et que mes avant-postes ont saisi. Elle confirme ce que j'ai mandé hier au Prince Vice-Connétable relativement à Mohilev.

Mes reconnaissances dans la direction de Vitebsk et Smolensk ne sont pas encore rentrées. J'aurai l'honneur d'en faire connaître le résultat à Votre Majesté dès qu'il me sera parvenu. Je n'ai rien de nouveau en avant d'Orcha depuis ma lettre d'hier soir au prince de Neufchâtel.

Interrogatoire d'un officier russe déserteur (Extrait) (AN) :

« Il a quitté Mohilev le 19 à 8 heures du matin.

La garnison de Mohilev était de 200 hommes et 8 pièces de canon établies sur la place.

Trois bataillons du corps de Bagration et venus de Bobrouisk le 17, étaient campés à son départ devant la ville.

Le général qui commande à Mohilev s'appelle Mitsky ; il soudoie beaucoup de juifs et les paie chèrement pour qu'ils lui servent d'espions ; ils sont, en général, bien disposés pour les Russes, tandis que les Polonais sont enchantés de ce qui arrive et font des vœux pour les succès de l'armée française.

A Mohilev, tout se dispose pour la retraite, le pont est sur pilotis. Le Dnieper est aussi large que le Niemen à Kovno est très profond ; il y a deux endroits guéables, mais ils sont loin de Mohilev.

Personne ne sait où est le prince Bagration, 7.000 hommes sont à Bobrouisk.

Le général Kutusof a passé à Mohilev le 13 de ce mois se rendant auprès de l'Empereur de Russie ; on disait qu'il avait été fait comte, général d'infanterie, et que c'était à Polotsk qu'il avait joint l'Empereur Alexandre.

Il dit aussi qu'il y a quelques jours, il a lu dans les Gazettes russes que 100.000 hommes avaient été levés nouvellement pour servir à cheval, et il a lu aussi plusieurs proclamations qui annoncent la plus grande inquiétude de la part du gouvernement.

L... désire vivement entrer dans un régiment que l'on va former; il veut verser jusqu'à la dernière goutte de son sang pour son pays et sa religion. »

Rapport fait au prince Poniatowski (AN) :

« Un paysan de Sienno, parti le 16 de Bobrouisk où il était depuis le 2 du mois, et qui y a été envoyé du district de Sienno pour travailler aux fortifications, rapporte que les soldats disaient à son arrivée qu'ils étaient 12.000 ; depuis qu'il est là, il s'est aperçu que le nombre des troupes avait diminué d'à peu près moitié. Il ne sait quelles directions elles ont prises. Dans ces 12.000 hommes, il y avait suivant lui six régiments de Cosaques ; cinq de ces régiments de Cosaques seraient partis le 14. Il croit que quelques-uns ont pris le chemin de Rogatschev, mais la majeure partie prit la rive droite de la Bérézina. La plus grands partie de l'infanterie a pris la même direction que les Cosaques, c'est-à-dire par la rive droite. Il avait vu beaucoup de pièces d'artillerie, et on n'en avait pas ôté avant son départ.

Son temps étant fini, il est parti ; d'autres l'ont remplacé aux travaux, et, à son départ, on travaillait encore et il ne s'était aperçu d'aucun préparatif d'évacuation.

Il n'a point vu de Russes de Bobrouisk ici, et il ne se rappelle pas le nom des villages par lesquels il a passé.

Ier Corps. — Dans la journée du 20, Davout entrait à Mohilev dont une faible garnison cherchait à lui disputer l'entrée ; il y apprenait que l'avant-garde du prince Bagration était déjà en marche par Biekhov pour se rendre sur ce point.

Le Maréchal supposait que l'occupation de Mohilev par les troupes françaises amènerait le prince Bagration à renoncer à son mouvement ; dans le cas contraire, il comptait être rejoint à temps par le prince Poniatowski qui suivait de près l'armée russe. Il est incroroyable que Davout ait pu émettre une pareille opinion à l'Empereur ; la lettre du roi Jérôme du 17 indiquait le Ve corps comme étant à Pésotschna, et le 19 à 4 heures, le Maréchal avait ordonné lui-même au Ve corps de se rendre à Ighoumen.

Davout à Napoléon, 7 heures du soir, Mohilev (AN) :

« La nouvelle répandue de l'arrivée du prince Bagration à Mohilev n'était pas dénuée de fondements : 1.500 à 1.800 Russes des garnisons de Borisov, Mohilev et d'autres détachements ayant eu l'avis que le prince Bagration se dirigeait sur Mohilev, ont cherché à nous en disputer l'entrée. Une lettre interceptée que j'adresse à Votre Majesté annonce le départ de Bobrouisk de la 26e division commandée par le lieutenant-général Raeffskoï devant se rendre ici en passant par Biekhov.

Tous les renseignements que j'ai recueillis, annoncent que le prince Bagration suit cette direction.

Il est à présumer que notre arrivée à Mohilev le fera changer de direction. Il faudrait, pour que Bagration se déterminât à m'attaquer, qu'il fit des dispositions qui lui demanderaient beaucoup de jours ; et le prince Poniatowski le suivant de près, il s'exposerait, s'il était battu, à être détruit.

On a fait ici 200 prisonniers à l'ennemi, dont 18 officiers ; il a eu en outre 40 à 50 hommes de tués ou blessés et nous en avons eu 5 à 6 dont un capitaine du 5e tué d'un coup de mitraille ; l'ennemi avait 4 pièces.

La cavalerie a pris une fausse direction pour poursuivre l'ennemi, ce qui a fait échapper le reste ; elle avait cru qu'il se retirait par la rive gauche, c'est la plus faible partie qui a été prise.

J'ai trouvé ici un Suédois, le baron d'Ingelstrum, qui a été ministre de la police à Pétersbourg, il y a quelques années. J'ai été sur le point de l'envoyer à Votre Majasté, il a contre lui la voix publique.

J'ai trouvé dans le pays plus d'empressement que je ne l'aurais supposé. Il est vraisemblable aussi que la peur y serait pour beaucoup.

On a dit ici que le général Doktorof devait se diriger sur Orcha. Il en a été aussi question plus d'une fois dans les rapports du général Grouchy ; ce serait un très grand malheur que d'être obligé d'abandonner Orcha, où le général Grouchy a trouvé de grands magasins.

J'ai pris ici environ 40.000 rations de pain biscuité russe, de la farine pour faire 80.000 rations, quelques milliers de fusils dont beaucoup en mauvais état, plus de 10.000 lances et quelques milliers de poudre.

Les corps qui étaient ici ont perdu tous leurs bagages.

Le général Grouchy a avec lui la division Claparède, forte d'environ 4.000 hommes.

Le corps du général Tharreau ne pourra être rendu à Kokhanov avant 7 à 8 jours.

A moins d'ordres contraires de Votre Majesté, je resterai ici jusqu'à ce que j'aie vu le parti que prendra le prince Bagration. Je presse beaucoup le prince Poniatowski de le pousser l'épée dans les reins, et de se joindre à moi. Il est possible que cette circonstance me présente la chance heureuse d'entamer son corps.

On parle vaguement des généraux Tormassoff et Hertel qui voudraient se rassembler sur Smolensk, où ils se réuniraient à d'autres troupes de réserves ».

Vraisemblablement, les renseignements suivants qui actuellement sont conservés avec la dépêche de Grouchy du 21 à 7 heures du soir, devaient être joints à cette lettre.

Renseignements, (AN) :

« Le 16, vendredi, un aide de camp de l'Empereur de Russie est venu ici, envoyé par Sa Majesté, pour demander au gouverneur des nouvelles du corps d'armée du prince Bagration, et nommément où il se trouve, puisqu'on l'ignorait au quartier général de l'Empereur. Le même aide de camp avait également ordre de prendre des renseignements sur le point où se trouvait l'armée ennemie, en expédiant à cet effet de Mohilev ce soir, le 17, deux courriers qui revinrent le lendemain matin sans rapporter aucune nouvelle certaine. Depuis le 14, il passait journellement à Mohilev jusqu'à huit et dix courriers de l'empereur Alexandre au prince Bagration sur Bobrouisk, et de chercher à établir la communication avec la première armée de l'Ouest et commandée par Barclay de Tolly, dont le quartier général était encore hier soir, d'après les derniers rapports, à Drissa.

A la première nouvelle de l'entrée des Français à Minsk répandue par l'arrivée des fuyards, le gouverneur de Mohilev, comte Tolstoï, n'a cessé de réclamer un secours de troupes de l'Empereur et du prince Bagration, et il reçut le 17, par un courrier de ce dernier, la nouvelle que le général Rieff avec la 26e division avait ordre de se porter par Bobrouisk sur le nouveau chemin militaire à Mohilev.

Hier, un particulier reçut la nouvelle très sûre que le général Paskéwitsch sortait de Bobrouisk, comme avant-garde du général Raeffskoï, avec six régiments, et celle que le général Raeffskoï a reçu un renfort, et une division venant aussi du coté de Bobrouisk où se trouvait le même jour le prince Bagration.

Le même jour 17, on reçut (le gouverneur) par un courrier de l'Empereur la nouvelle que le général Doktorof avait reçu ordre de venir à marche forcée dans le gouvernement de Mohilev, et qu'à cet effet on devait fournir 2.000 chariots pour son infanterie M. Macharwetzki, maréchal du gouvernement, a reçu un ordre secret de fournir par chaque station de son gouvernement les 2.000 chariots requis pour l'infanterie du général Doktorof.

Le gouverneur reçut le même jour, 17, la nouvelle du lieutenant général baron de Muller que les cinq dépôts de l'armée stationnés dans le gouvernement de Smolensk devaient fournir chacun 2.000 hommes pour marcher sur Orcha avec les compagnies d'artillerie (chaque compagnie de 12 pièces) qui se trouvaient à Smolensk.

Le 15, le gouverneur de Mohilev reçut l'ordre de faire une nouvelle levée d'un homme sur cent âmes (ce recrutement est le troisième dans cette proportion qui se fait depuis huit mois), mais cette dernière levée ne fut ordonnée que dans les provinces de la Russie Blanche.

On dit nommément le gouvernement le disait hier, que le général Platof avait détaché huit régiments de Cosaques pour se porter sur une petite ville, sur le chemin de Vilna à Mohilev.

Les troupes qui étaient ici à notre arrivée sont deux bataillons de chasseurs de 360 hommes tous deux ensemble; ce sont les mêmes qui se sont retirés de Borisov et un mauvais bataillon de gendarmerie à pied de Mohilev, et un bataillon du même genre venu de Minsk; tous deux forment environ 300 hommes, et à peu près 140 hommes convalescents tirés de l'hôpital, 24 Cosaques et 12 dragons de police du gouvernement. Le tout commandé par le général Metzki, lequel après avoir placé ses troupes aux portes de la ville et confié le commandement à deux colonels, prit prudemment la route de Smolensk. Les deux bataillons de chasseurs se sont rétirés par la route de Biehkov ».

Le général Gérard avait été laissé à Biélouïnitschi, afin d'observer les deux rives de la Droutsk.

A sa droite, le général Pajol est toujours à Iakchitsouï, observant vers Bobrouisk et Klitschev. D'après le dire des paysans, le 19 au soir, il signale à Bobrouisk l'arrivée de nombreuses troupes qu'il croit être l'armée de Bagration.

Bien qu'éloigné du gros de nos forces, il est sans inquiétude sur sa position, observant avec juste raison qu'il est peu probable que l'ennemi, au moment de se replier sur Rogatschev, exécute une marche de douze lieues pour venir l'attaquer.

Pour rejoindre le maréchal qu'il croit être en marche sur Kokhanov, il se propose de passer par Mohilev, couvrant toujours ainsi la droite du 1er corps. Quant à Bagration, il lui suppose l'intention de se replier sur Smolensk, soit par Mstislavl, soit en remontant la Soj.

Plus à droite, un régiment de cavalerie est à Igoumen.

On est si mal renseigné sur l'aile droite que Pajol tente de se lier avec elle par Lapitschi.

Pajol à Davout, Iakchitsouï, 19 juillet, 5 heures du soir (AN):

D'après plusieurs rapports qui me sont parvenus aujourd'hui depuis que j'ai eu l'honneur de vous écrire, il est arrivé beaucoup de troupes à Bobrouisk venant de Ghlousk, qu'on assure être la tête de colonne d'infanterie du prince Bagration.

Des paysans sortis de Bobrouisk le 18 assurent qu'ils ne pouvaient passer dans les rues tant il y avait d'infanterie et que les environs de cette place étaient garnis de voitures et de cavalerie qui étaient arrivées pendant la nuit. Ils disaient aussi que des convois de pain et de biscuit étaient venus de Rogatchev pour la subsistance de ces troupes.

Mes reconnaissances sur Klitschev ont trouvé l'ennemi (Cosaques et Baskirs) à Maksimovitschi, où elles l'avaient déjà trouvé hier.

Mes postes sur Svislotsch sont tranquilles et n'ont encore rien aperçu, ni rien entendu dire sur l'arrivée dont on parle. Il est vrai que tous les habitants sur cette route se sont retirés dans les bois.

Quoique tous ces rapports paraissent contradictoires comme vous me faites l'honneur de me le dire, il est possible qu'ils aient de la suite parce que les 15, 16 et 17 il pouvait fort bien n'y avoir personne à Bobrouisk que la garnison,et dans la nuit du 17 au 18 y être arrivé des troupes du corps de Bagration, ce qui est très probable d'après tous les rapports. D'ailleurs cette route est la meilleure, les ponts y sont à l'abri de toute attaque, et l'armée peut s'y reposer sous la protection de cette place, et ensuite se retirer sur Rogatschev où se trouvent déjà tous les bagages et les parcs, d'après le dire des habitants.

Je suis ici sur mes gardes et je n'en partirai que lorsque je ne serai plus utile à votre mouvement. A moins d'ordre contraire de Votre Excellence, je me retirerai par Veresino, la route est meilleure ; c'est d'ailleurs la même distance qu'en me rendant directement à Poghost, à cause des détours que fait la dernière route.

Je ne présume pas voir ici beaucoup de monde, je ne serai visité que par un parti ; car l'ennemi, devant se retirer sur Rogatschev, ne poussera pas une pointe de douze lieues pour venir me chasser et ne se mettra pas entre la Bérésina et l'armée qui le suit ; ainsi, Monseigneur, vous pouvez être tranquille sur ma position.

Le 1er de chasseurs est arrivé à Igoumen ; je lui ai ordonné d'avoir un escadron entre cette ville et ici pour éclairer la petite route qui va de Liadouï à Khalouï à travers les bois. Il poussera aussi des reconnaissances sur Poukhovitschi ; ainsi toute ma droite est gardée.

Ce régiment me rejoindra à Veresino lorsque je ferai un mouvement sur ce point. Je vais même donner ordre à un escadron de s'y rendre pour garder les ponts et remplacer le général Gautrin s'il est parti.

P. S. — Encore aucune nouvelle de l'armée polonaise. Mes reconnaissances sur Lapitschi et au delà de la Svislotsch n'ont trouvé que des Cosaques ».

Pajol à Davout, Iakchitsouï, 10 heures du matin (AN) :

« Tous mes petits postes ayant été attaqués et repoussés ce matin à 2 heures par des Cosaques, je m'attendais à l'être aussi dans ma position où nous étions prêts et disposés à bien faire ; mais ces troupes se sont retirées à l'approche de mes grand gardes, et je continue à occuper Svislotsch et Ostrov, ce dernier endroit avec une compagnie d'infanterie pour en tirer des farines que nous y avons trouvées.

L'ennemi occupe toujours Klitchev avec des Cosaques et Baskirs. Un général y est établi. Je n'ai pu en savoir le nom. Ces troupes sont du corps de Platov.

Tous les renseignements s'accordent à dire que beaucoup d'infanterie et de voitures sont arrivées à Bobrouisk, que cette colonne fait partie de l'armée du prince Bagration, qui doit repasser la Bérézina sur plusieurs points et se réunir à Rogatschev ; mais il n'y a encore rien de certain à cet égard, et tout ce que j'envoie aux nouvelles ne revient pas, ou ne dit absolument rien sur la marche de cette armée. Ayant appris qu'il y avait un seigneur parlant français à Bobouilianka, et qu'on dit être instruit de l'arrivée des troupes à Bobrouisk, puisqu'il doit en revenir, j'ai envoyé cette nuit un parti pour l'enlever. Enfin il n'est pas de moyens que je n'emploie pour être assuré de la marche et de la direction de cette armée.

Je n'ai pas encore de nouvelles de l'armée polonaise ; cependant j'occupe Lapitschi et bien en avant, par où je présume que ce corps doit déboucher, ou au moins venir aux nouvelles depuis Sloutsk, si toutefois il y est arrivé.

En vous rejoignant, si vous voulez, Monseigneur, je passerai par Mohilev, et, couvrant votre droite et vos derrières, je remonterai le Dnieper jusqu'à Kokhanov.

J'éclairerai aussi par cette marche celle de Bagration, qui, sûrement, va se diriger de Rogatschev sur Smolensk, et qui, peut-être, ne repassera le Dnieper qu'à Mohilev, à moins qu'il ne prenne la route du Tscherikov et Mstislav, en remontant le Soj, ce qui paraît plus probable ».

VIIe Corps. — Le corps saxon se reposait à Bitien. Afin de relever à Kobrin et à Brest les avant-postes autrichiens qui s'y trouvaient, le général Klengel fut détaché avec sa brigade et 3 escadrons du régiment de hulans Clément. Sa route passait par Kosov, Kartouzka, Proujanouï, Tebele et Kobrin, où il devait arriver le 24 ; de là, il avait ordre de détacher le régiment du Roi avec 80 cavaliers sur Brest. Dès le 18, le 4e escadron était rentré à Pinsk.

Rapport du VIIe corps, Bitien (AN) :

Séjour à Bitien ; la brigade du général Klengel et le régiment de lanciers de Clément partent pour Kosov.

Corps autrichien. — Le corps autrichien se dirigeait sur Kartouzka.

Xe Corps. — *Corps prussien.* — Dans la matinée, l'avant-garde forte de deux bataillons, deux compagnies de chasseurs et deux escadrons de hussards, sous les ordres du lieutenant-colonel de Horn, s'avançait sur la Missa ; elle y arrivait à 1 heure ; à 5 heures 1/2, le gros du corps, sous les ordres du général Grawert, la rejoignait. Le général établissait son quartier général à Gallenkrug, et portait son avant-garde jusqu'à Tomoshina ; un parti composé d'une compagnie de chasseurs, 60 tirailleurs et 30 dragons, se dirigeant sur Olai par la rive droite de la Missa, afin d'établir la liaison avec le détachement du colonel de Raumer, dont on était sans nouvelle. Le général Kleist qui, sur l'ordre du général de Grawert, avait marché le 19 contre le flanc gauche des Russes à Eckau, restait avec le corps prussien.

De Kleist à Macdonal (AG) :

« Après avoir reçu les ordres de Votre Excellence de me rendre aujourd'hui à Friedrichstadt et avoir expédié les lettres pour le général Grawert, je reçus du dernier, à l'emplacement où j'avais fait une halte, l'avis que l'ennemi se trouvait avec des forces supérieures à Eckau, et qu'il était nécessaire de diriger ma marche sur Eckau, de façon d'être à même d'attaquer l'ennemi dans son flanc gauche, tandis que le général Grawert l'attaquerait en front. J'ai cru devoir remplir ce but et me suis mis en marche sur Ekau, en longeant la rive droite du fleuve du même nom. Le résultat de ce mouvement vous sera rapporté, Monseigneur, par le général Grawert, qui m'a donné l'ordre de lui rester attaché pour le moment. J'ose me flatter que Votre Excellence ne voudra pas prendre en mauvaise part que, vu les circonstances, je ne pus obéir à vos ordres en me rendant à Friederichstadt. »

A gauche le colonel de Raumer entrait à Mittau.

VIIe Division. — Le maréchal Macdonald établissait son quartier général à Stabben.

Dans la soirée, par ordre de l'Empereur, le duc de Bassano l'informait de l'évacuation du camp retranché de Drissa, et le pressait de s'emparer de Dinabourg.

Duc de Bassano à Macdonald, Vilna, (AG) :

« L'ennemi a évacué son camp retranché de Drissa et brûlé tous ses ponts ; il paraît que ce sont les mouvements vers Vitebsk et sur le Dnieper qui l'ont décidé à cette évacuation.

Sa Majesté ordonne de vous faire connaître officiellement cette nouvelle, et de vous presser de vous porter sur la Dvina, entre Dinabourg et Jakobstadt, conformément à vos instructions, afin de jeter un pont sur la Dvina. »

21 JUILLET

Ordres donnés par l'Empereur.

Les dépêches de Murat en date du 20, basées sur des renseignements fournis par des habitants, n'avaient pu éclairer complètement la situation.

A 6 heures et à 7 heures 1/2 du matin, afin de savoir sur quelle direction se repliaient les Russes, l'Empereur prescrivait de faire passer la cavalerie de Montbrun et le IIIe corps sur la rive droite. Malheureusement, ces ordres nous manquent.

Au général Eblé, il était ordonné de gagner l'avant-garde avec ses pontonniers, et à Grouchy, de diriger le plus de farine possible sur Kamen, où allait se concentrer toute l'armée.

Napoléon à Berthier, Ghloubokoé (AG) :

« Ordre au général Eblé de faire passer deux compagnies de pontonniers et deux compagnies de marins sur Béchenkovitschi, avec un officier de pontonniers, le plus entendu possible. Dites-lui que nous avons passé la Dvina à Disna et jeté trois ponts en radeaux. Nous avons également passé le Borysthène à Orcha, où nous avons établi également des ponts de radeaux. Il n'en faut pas moins faire conduire nos bateaux ; on peut en avoir besoin pour faire un passage de vive force ; mais il faut qu'il fasse passer ses compagnies en toute diligence ».

Napoléon à Berthier, Ghloubokoé (AG) :

« Mon cousin, écrivez au général Grouchy que j'ai reçu sa lettre ; qu'il ne mande pas la quantité de farine qui a été trouvée à Orcha ; que nous sommes dans le plus grand besoin ; que toute l'armée se réunit sur Kamen, et qu'il est nécessaire qu'il donne l'ordre à Borisov de nous expédier du pain et des farines sur Staroï-Lepel. Si les transports par eau sont trop lents, il faudra les expédier par terre ; mais nous avons besoin de magasins et de moyens de subsistance. Mandez-lui aussi que, si de Kokhanov ou de Bobr il peut diriger des vivres sur Tchachniki. il les dirige ; car il y aura dans peu 150.000 hommes à Béchenkovitschi. »

Vers 1 heure, l'Empereur doit recevoir la dépêche de Davout du 19 à 6 heures, où celui-ci annonçait qu'il croyait ne rencontrer personne à Mohilev. Napoléon, bien loin d'admettre que Bagration se retirait sur Mozouir, n'en continua pas moins à persister dans son opinion ; à son avis, Barclay ne s'arrêterait pas, et les deux armées allaient tenter de se réunir. Les Russes, comme nous le verrons plus loin, eurent en effet cette intention.

Toute une série de dépêches ayant pour objet de tenir les corps au courant de la situation générale était alors expédiée. Il est à remarquer que l'Empereur y devançait de 24 heures les emplacements; c'est ainsi que, seule, la division de cavalerie légère Bruyère sera le 21 devant Polotsk, et non les trois divisions du Ier corps.

Jugeant le maréchal Davout assez fort avec ce qu'il avait avec lui, l'Empereur se décidait à faire appuyer Grouchy vers Sienno, sans quitter Orcha. Rendu à Sienno, le 3e corps de cavalerie débordait l'avant-garde du vice-roi et pouvait éclairer jusqu'à Vitebek ; il formait même l'avant-garde de toutes les troupes sous les ordres de Davout, au cas où l'Empereur les ferait remonter vers le Nord.

A la même heure, la vieille garde était mise en mouvement sur Ouchatsch.

Berthier à Davout, une heure après midi (AG) :

« L'Empereur, Monsieur le Prince d'Eckmühl, a reçu votre lettre du 19 3 heures du soir ; le camp de Drissa a été évacué, les ouvrages du camp retranché ont été occupés par nos troupes qui travaillent à les détruire. Nous avons passé la Dvina à Disna ; l'ennemi se porte en grande force, et grande marche sur Vitebsk ou sur Bechenkovitschi au secours de Bagration, à ce qu'on peut juger. Le Vice-Roi occupe aujourd'hui Kamen ; le duc d'Istrie, avec la cavalerie de la garde arrive à Ouchtsch, où il est probable que l'Empereur se rendra demain.

Le général Bruyère, avec sa division, marche sur Oula ; le général Nansouty avec son corps de cavalerie, les divisions Morand, Friant et Gudin, doivent être vis-à-vis Polotsk. J'ai mandé au général Grouchy que, sans évacuer Orcha, il doit appuyer par sa gauche avec sa cavalerie sur l'ennemi, afin de pouvoir se tenir en communication avec le Vice-Roi qui arrive à Kamen.

Napoléon à Berthier, Ghloubokoé, une heure après-midi (AG) :

« Mon cousin, donnez l'ordre au général Sorbier de partir de suite avec quatre batteries d'artillerie à cheval, pour arriver le plus tôt possible à Ouchatsch. Il les fera suivre le plus tôt possible par les batteries à pied. Donnez ordre au général Curial de partir de suite avec les chasseurs à pied pour se rendre à Ouchatsch. Il est nécessaire qu'ils prennent pour six jours de pain ; il mènera avec lui son artillerie. Donnez ordre au petit quartier général de partir aujourd'hui pour se rendre à Ouchatsch, afin d'y être demain au soir. Il est nécessaire que les caissons du quartier général soient chargés de pain et de farine, que les ambulances et tout ce qui peut être utile un jour de bataille s'y trouvent.

Napoléon au Prince Eugène, Ghloubokoé, une heure après-midi (AG) :

« Mon fils, cette lettre vous trouvera à Kamen. L'armée ennemie file sur Vitebsk ou sur Béchenkovitschi. Vous devez donc vous trouver en présence. Le corps de Nansouty doit être aujourd'hui arrivé à Polotsk ; il a avec lui la division Morand. Les coureurs de la division Bruyère doivent être près d'Oula ; les divisions Gudin et Friant suivent le mouvement de la division Morand et du corps de Nansouty. Le Duc d'Istrie est aujourd'hui, comme je vous l'ai mandé, à Ouchatsch avec 4.000 hommes de cavalerie. Le duc de Trévise doit y être également avec deux divisions de la garde. Pressez la réunion de tout votre corps sur Kamen. Instruisez le général Grouchy de votre arrivée et de celle probable de l'ennemi sur Béchenkovitschi, afin qu'il appuie sur Sienno. Je ne doute pas que vous n'ayez été instruit à Kamen de l'arrivée de l'ennemi ; prenez donc garde qu'il n'y ait pas d'échauffourée ; que vos deux brigades de cavalerie légère marchent réunies ; qu'elles ne se fassent pas rosser par les Cosaques et ne tombent pas dans des embuscades. L'ennemi viendra-t-il à Béchenkovitschi ou se dirigera-t-il sur Vitebsk ? c'est ce qu'il est impossible de savoir. Il paraît que le mouvement sur Orcha et sur Mohilev et les entreprises de Bagration l'ont porté à ce mouvement sur la gauche. Il avait fait à Drissa un camp retranché immense que l'on démolit en ce moment. Informez-vous s'il n'a pas fait quelques travaux du côté de Béchenkovitschi et de Vitebsk ; jusqu'à cette heure on m'assure que non. Marchez bien militairement ; mettez-vous en correspondance avec votre droite et votre gauche, et surtout qu'il n'y ait pas d'échauffourée de cavalerie. Vos 3 ou 4.000 hommes de cavalerie peuvent marcher réunis, ayant six pièces d'artillerie légère et quelques bataillons de voltigeurs. Mandez le mouvement au général Grouchy, qui de son côté saura quelque chose, afin qu'il se lie à vous. Le général Grouchy le mandera aussi au prince d'Eckmühl.

P.-S — Je serai probablement demain à Ouchatsch. »

A 4 heures, l'Empereur retarde d'un jour le mouvement de la vieille garde. Une nouvelle dépêche au prince Eugène insiste sur l'urgence d'occuper Béchenkovitschi et d'y jeter des ponts. Avec la cavalerie bavaroise, celle du IVe corps et le corps de Nansouty, 12.000 hommes de cavalerie vont se diriger sur ce point.

Napoléon à Berthier, Ghloubokoé, quatre heures après midi (AG) :

« Mon Cousin, les chasseurs à pied de ma garde partiront demain à une heure du matin. Ils prendront des vivres pour six jours, savoir : les 22, 23, 24, 25, 26 et 27, à raison d'une demi-ration par jour et d'une livre de viande. Les grenadiers partiront le 23, à une heure du matin ; ils prendront également pour six jours de vivres sur le même pied, savoir : pour les 23, 24, 25, 26, 27 et 28. Le petit quartier général partira ce soir ; ses caissons seront chargés de riz, de biscuit, de l'ambulance, d'eau-de-vie et de quelques quintaux de farine, en laissant toutefois assez de farine ici pour le service de toute la journée de demain. Il sera envoyé une patrouille d'un officier de gendarmerie et de cinq gendarmes bien montés sur la route de Vilna, aussi loin que Lovarichki, afin de faire arriver à double journée tous les convois qu'elle rencontrera. Deux agents des transports seront envoyés, l'un sur la route de Swentsianouï, et l'autre sur celle de Vilna par Mikhaïlichki. Ils seront porteurs, l'un et l'autre, de l'état de tous les convois qui doivent arriver, avec le jour de leur départ, et ils donneront ordre à tous ceux qu'ils rencontreront de presser leur marche de manière qu'ils fassent au moins six lieues par jour. Tout officier des équipages militaires qui aura mis plus de dix jours pour se rendre de Vilna à Ghloubokoé par Swentsianouï et plus de huit ou neuf jours par Mikhaïlichki, sera puni et noté comme ayant traîné en route et mal exécuté sa mission. Le petit quartier général s'arrangera de manière à être arrivé à Ouchatsch le 22 au soir pour le personnel, et pour les voitures au plus tard le 23. Tous les constructeurs de fours partiront avec le petit quartier général.

Donnez ordre au chef de bataillon du génie Nempde, qui commande le parc et qui est parti ce matin pour Ouchatsch, de prendre les devants avec une compagnie de sapeurs et de constructeurs de fours, pour être demain à Ouchatsch, et construire sur-le-champ six fours au couvent d'Ouchatsch, en choisissant l'endroit où ils seront faits le plus promptement. Il faut tâcher de les faire en vingt-quatre heures. Vous donnerez ordre au général Kirgener d'arriver demain à Ouchatsch pour présider à la construction des fours.

Napoléon au prince Eugène, Ghloubokoé, quatre heures après-midi (AG) :

« Mon fils, envoyez ordre à Borisov qu'on expédie, par eau et par terre, 6.000 quintaux de farine et tant de pain qu'on pourra sur Staroï-Lepel. Toute l'armée allant se trouver réunie sur le point de Béchenkovitschi, faites construire six fours à Staroï-Lepel.

L'Empereur Alexandre était le 18 à Vitebsk. Il paraît qu'il a porté depuis son quartier général à Nevel. Il est important de s'emparer de Béchenkovitschi le plus tôt possible. Le général Bruyère s'y portera avec sa cavalerie légère et son artillerie légère. Le corps du général Nansouty le soutiendra, et la division d'infanterie du général Morand soutiendra le général Nansouty. Communiquez avec lui et portez-vous-y de votre côté. Le duc d'Istrie vous enverra tous les chevaux légers bavarois. Par ce moyen, vous aurez dans la main 6.000 hommes de cavalerie. Faites arriver vos marins, vos sapeurs et pontonniers pour construire sur-le-champ, à Béchenkovitschi, des ponts, des radeaux et une belle tête de pont. Vos 6.000 hommes de cavalerie et les 6.000 de Nansouty feraient 12.000 hommes. Je serai demain, au soir, à Ouchatsch, peut-être même irai-je jusqu'à Kamen. Cela suppose que l'ennemi n'a pas le projet de prendre l'offensive par Béchenkovitschi, comme je suis fondé à le penser. »

Cavalerie de Murat. — A quatre heures du matin, Murat rend compte à l'Empereur de l'exécution de ses ordres : le IIe corps porte une division sur Drissa et les deux autres en avant de Pérébrodé ; Friant, Gudin, le corps de Montbrun et peut-être tout le IIIe corps seront concentrés à Disna. Le corps de Nansouty, soutenu par la division Morand, observera Polotsk, son avant-garde, formée par la division de cavalerie, Bruyère se portera sur Oula. A ce moment, le roi a reçu le rapport où Montbrun lui signale la retraite des Russes ; par celui de Jacquinot envoyé de Palioudovitschi, il apprend que toute la rive gauche de la Dvina a été évacuée, que 50.000 hommes ont quitté Polotsk et se dirigent à marches forcées sur Vitebsk ; ces renseignements se complétaient l'un par l'autre et semblaient ne laisser aucun doute sur le mouvement de retraite des Russes. S'ils étaient reconnus exacts, les troupes laissées pour surveiller vers Drouïa et Dinabourg devenaient inutiles ; aussi tout en indiquant cette mesure à Oudinot en exécution de l'ordre impérial, Murat avait-il soin de faire remarquer à l'Empereur que l'on avait tout le temps nécessaire pour modifier leur emplacement.

Murat à Napoléon, 4 heures du matin, Disna (AN) :

« Je m'empresse d'adresser à Votre Majesté le rapport du général

Montbrun (1) qui, à la fin, annonce l'évacuation du camp retranché de Drissa.

M. le Duc de Reggio reçoit l'ordre de porter une division en face de Drissa et d'y faire détruire les ouvrages de l'ennemi ; cependant, ses deux autres divisions continueront demain leur marche de Pérébrodé sur Disna. M. le Duc de Reggio, conformément à vos instructions, laissera la troisième division et sa cavalerie légère dans une position d'où elle pourra contenir les mouvements que pourrait faire l'ennemi de Drouïa, de Drissa et de Dinabourg et couvrir Sventsianouï ; je pense que cette division remplirait ce but de la position de Ikazni, je la lui désignerai ; mais peut-être que d'après les mouvements de l'ennemi, Votre Majesté se déterminera-t-elle à lui donner une autre destination, et comme il lui faut plusieurs jours pour se rendre à Drissa et détruire les ouvrages du camp retranché, Votre Majesté aura le temps de me faire connaître ses intentions.

Je reçois à l'instant le deuxième rapport du général Jacquinot (2), qui confirme le premier ; je le joins à ma lettre.

Mon aide de camp, qui était parti hier au soir pour porter ma lettre à Votre Majesté, rentre à l'instant, ayant erré toute la nuit sans pouvoir se mettre sur la route.

Le général Bruyère, chez lequel mon aide de camp s'est rendu, aurait peut-être pu la faire porter par des Polonais qui, parlant la langue, seraient parvenus à se mettre sur la route.

Je donne l'ordre de poursuivre vivement l'ennemi, mais je ne puis répondre que cet ordre sera rempli tant que je ne serai pas à l'avant-garde.

J'aurai ce soir ici les deux divisions Friant et Gudin et presque tout le corps du duc d'Elchingen et de Montbrun ; le corps du Duc de Reggio sera ce soir à Pérébrodé, et Nansouty et Morand sous Polotsk.

Je vais faire continuer la construction du pont.

Ces retards me contrarient furieusement, parce que je sais combien Votre Majesté a besoin d'être instruite promptement, mais ici, il n'y a de la faute de personne. J'espère recevoir les ordres de Votre Majesté dans la journée ; autrement, je me mettrai demain en marche avec les divisions Friant et Gudin et je me ferai suivre de tout le reste de l'armée.

Je n'ai rien appris du côté de Drissa par la rive droite, et les espions envoyés sur Polotsk ne sont pas rentrés.

(1) Voir page 17.
(2) Voir page 15.

J'adresse à Votre Majesté un juif parti hier matin à 8 heures de Polotsk ; il assure avoir vu Constantin et la garde, et que tout marche sur Béchenkovitschi. »

Dans la matinée, la dépêche de Sebastiani du 20 à 9 heures du soir venait prouver l'existence d'un corps russe à Drissa ; vers Polostk, dès 4 heures du matin, Jacquinot annonçait qu'il n'y avait plus personne sur la rive gauche, et que le gros des troupes russes se repliait sur Vitebsk. Ces rapports étaient expliqués par les déclarations des habitants ; celles-ci ne parlant que de quatre corps, il était vraisemblable que les troupes rencontrées vers Drissa appartenaient au cinquième corps. Quant aux troupes que l'on avait eues devant soi les jours précédents sur la rive gauche de la Dvina, on avait justement reconnu en elles l'arrière-garde de la masse en retraite sur Vitebsk.

D'après la lettre de l'Empereur du 20, le premier but des opérations était de faire craindre un passage à Disna. La plus grande partie de l'armée russe ayant déjà passé Polotsk, quelle influence pouvait avoir sur les opérations russes cette menace?

Le rôle de Murat à Disna paraît donc inutile, il semble qu'il aurait voulu passer sur la rive droite. Mais, d'une part, l'Empereur, par une prescription positive, avait laissé toute la cavalerie Nansouty sur la rive gauche ; d'autre part, la cavalerie Montbrun n'était pas arrivée, et l'ordre autorisant à franchir la Dvina ne parvint qu'à 9 h. du soir. Même, si on l'avait eue sous la main, comment pouvait-on concevoir l'espérance d'accrocher les Russes, puisque le 21 au soir la tête du 11e corps était encore à trois lieues de Disna.

Si l'on réfléchit à la rapidité avec laquelle il convenait de se décider, à l'intensité de la crise, peut-être trouvera-t-on, du moins, autant que les documents permettent de l'apprécier, qu'à Ghloubokoé le quartier impérial était bien éloigné.

Murat à Napoléon, 11 heures du matin, Disna (AN) :

« J'adresse à Votre Majesté le rapport du général Jacquinot (1), qui confirme encore plus que jamais la marche de toute l'armée russe de Polotsk sur Vitebsk ; on prétend même qu'elle marche sur Béchenkovitschi, ce qui annoncerait décidément son projet de faire sa jonction avec Bagration. La division Doktorof fait l'arrière-garde de l'armée ; le général de division Palhen, qui commande son avant-garde, a passé ici avant-hier. Tous les rapports du général Jacquinot s'accordent parfaitement avec ceux que vient de me donner un noble de la rive droite de la Dvina. L'Empereur a couché il y a

(1) Voir page 46.

quatre jours dans un château vis-à-vis Disna; il s'est rendu de là à Polotsk.

J'ai fait passer ce matin à Votre Majesté le dernier rapport du général Montbrun. J'en ajoute un second qui est bien contradictoire; Votre Majesté jugera sans doute que je ne puis pas en être responsable à la distance où je me trouve d'eux.

Si je n'ai pas reçu d'ordres de Votre Majesté d'ici à 4 heures après-midi, je me porterai sur Polotsk. Je vais presser la marche du corps de Montbrun, et, si Votre Majesté me le permet, je lui promets qu'avant trois jours je forcerai l'ennemi à ralentir sa marche ou à changer de direction. Je fais partir des chevaux pour l'avant-garde. La division Morand passe en ce moment la Disna et suivra le mouvement du général Nansouty. Les deux divisions Friant et Gudin sont en position sur Disna, le duc d'Elchingen n'en sera qu'à trois lieues ce soir. Si Votre Majesté se décidait à faire passer la rivière à Disna, je lui promets que demain, avant dix heures, les deux divisions du Ier corps, tout le IIIe et celui de Montbrun seraient sur la rive droite, et que je pourrais poursuivre vigoureusement l'ennemi et lui faire enlever les bagages qu'il doit nécessairement faire filer dans l'intérieur de la Russie ; au reste, Votre Majesté sait maintenant à quoi s'en tenir. En attendant, on pressera l'ennemi sur Polotsk et sur Oula. On assure que les troupes qui étaient hier à Drissa sont passées cette nuit pour se rendre à Polotsk ; nous sommes donc absolument sur l'arrière-garde. Le noble polonais que je vous envoie assure que les Russes marchent nuit et jour, et qu'il a entendu dire à des officiers que l'armée marchait sur Mohilev ou sur Smolensk, suivant les nouvelles qu'ils auraient de Bagration.

P.-S. — De grâce, laissez-moi aller à l'avant-garde de ma personne, et je lui promets qu'elle aura de bons renseignements. On prétend que Polotsk fut évacué hier au soir. »

A cette dépêche étaient jointes les déclarations suivantes :

Rapport (AN) :

« Le juif X..., boucher et propriétaire à Disna, recommandé par les juifs de l'endroit, est allé avec des marchandises à Polotsk vendredi dernier, est arrivé samedi dans le midi. Il a vu passer beaucoup de pontons qui filaient sur Vitebsk ; après les pontons, marchaient la cavalerie et l'infanterie, parmi lesquels se trouvaient beaucoup des régiments des gardes et les régiments des chevaliers de la garde, beaucoup d'artillerie avec des mèches allumées; tous ces corps défilaient jusqu'à lundi au matin continuellement, et le matin, le juif s'est rendu de retour à Drissa et à Polidowa, à deux milles d'ici, il trouvait des Français de ce côté de la rivière où se trouve le pont qu'on n'a pas brûlé sur une petite rivière qui passe par cet endroit. Il a laissé le ministre de la guerre à Polotsk, mais on attelle ses équipages.

Le grand-duc passait au moment du coucher du soleil dans un chariot de paysan, avec trois chevaux et un paysan, un officier était avec lui. Ce juif ne connaît pas bien ce grand-duc et tout le monde et les militaires disaient que c'est lui-même qui passe. On a préparé un château pour l'Empereur, mais on ne savait d'où et quand il viendra. »

Renseignements sur les mouvements de l'armée russe par M. X..., gentilhomme, propriétaire du château de Zielniki et des environs, situé sur la route de Riga à Polotsk (AN) :

« Les premières troupes qui sont venues dans les environs de Disna, c'étaient l'avant-garde du corps du général en chef Doktorof, commandée par le général de division comte Pahlen qui arrivait le 11 du courant et se retirait hier soir après le combat sur Polotsk formant l'arrière-garde.

Après cette avant-garde, défilait le corps d'armée sus-mentionné, et tous les autres corps, en commençant du dimanche avant dernier jusqu'à hier soir continuellement jour et nuit sans cesse. Il ne connaît pas la force de cette armée, mais les officiers russes lui ont dit qu'il y avait quatre corps d'armée ; la garde était conduite par le grand-duc Constantin qui avait son quartier général à Wolky dimanche et lundi avant-dernier.

Les bagages et les magasins ont été dirigés sur Pskowo, en passant par Opockza.

Leurs derniers bagages ont passé cette nuit et M. X... a reçu des rapports par des paysans qui retournaient de Drissa que, dans cette ville, il n'y avait pas cent soldats russes. L'Empereur était avant quelques jours environ à Drissa, mais les militaires, les uns disent qu'il était à l'armée, et les autres, qu'il a pris la route de Saint-Pétersbourg.

Il a entendu aussi du major de la cavalerie de l'avant-garde que l'empereur Napoléon est venu avec ses armées à Vilna, qu'il portait des troupes, et que les habitants de cette capitale sont venus au-devant lui.

Les officiers russes qui étaient chez lui ont dit que la grande ville de Moscou a fait une adresse à son Empereur, en le prévenant qu'elle n'épargnera pas les frais et hommes pour secourir, seulement qu'il tâche de ne pas laisser entrer les ennemis chez eux.

Les mêmes officiers ont dit que les généraux Bagration et Platof se trouvaient dans les environs de Borisov, et qu'ils ont pris 3.600

des troupes françaises et 30 pièces de canon. Ils ajoutaient que Platof a demandé chez l'Empereur d'être séparé de Bagration, mais on le lui a refusé.

Toute l'armée est étonnée de la prompte retraite, étant auparavant prévenue qu'on défendra la Dvina et voyant ce qu'on a fait pour la défendre des fortifications. Maintenant, ils ne savent pas quoi présumer des ordres qu'ils ont reçus pour se retirer sur Vitebsk. Ils se doutent beaucoup tous, s'il n'y a pas de conventions secrètes entre les deux Empereurs. »

A 2 heures, une nouvelle dépêche est expédiée à l'Empereur. A 6 heures du matin, Jacquinot avait rendu compte que, d'après le rapport d'un paysan, les Russes rentraient à Polotsk ; les précautions que ce bruit occasionnent sont extraordinaires. Murat revient sur son ordre de marcher vivement sur Oula.

A 8 heures 1/2, Jacquinot, arrivé devant Polotsk, annonçait de nouveau la retraite de l'armée russe. Au moment où Murat écrit, la cavalerie de Montbrun n'est pas encore arrivée ; aussi le rôle de Murat resté dans ce service d'exploration sans moyens d'action, se borne-t-il à transmettre des rapports.

Murat à Napoléon, Disna, 2 heures après midi (AN) :

« J'adresse à Votre Majesté le rapport que je reçois des avant-postes. S'il est vrai que des troupes soient revenues sur Polotsk, c'est le passage d'hier au soir à Disna qui les y aura forcées. J'écris au général Nansouty, à qui j'avais ordonné de poursuivre vivement l'ennemi dans la direction d'Oula, d'agir d'après les nouvelles qu'il aura acquises à Polotsk de la marche des Russes, et de ce qui se trouve dans cette ville.

J'attends avec bien de l'impatience la cavalerie du général Montbrun ; il est bien malheureux que je ne puisse pas faire poursuivre l'ennemi sur la rive droite.

Je n'ai pas encore de nouvelles de mon aide de camp. J'ai envoyé intercepter la route de Drissa à Polotsk.

Les travaux du pont ne vont pas aussi vite que je l'aurais désiré.

L'établissement des ponts de la Disna a dû ralentir celui de la Dvina ; cependant j'espère qu'il sera terminé ce soir ; je fais venir les sapeurs du IIIe corps.

P. S. — Je rouvre ma lettre pour y joindre le second rapport du général Jacquinot. »

Pour hâter la construction des ponts, la division Gudin avait à y envoyer tous ses sapeurs et travailleurs.

Belliard à Gudin, Disna (AG) :

« Je vous prie, mon cher général, de donner de suite des ordres pour que tous les sapeurs de votre division ainsi que tous ouvriers que vous pouvez avoir soient envoyés sur-le-champ à Disna où ils seront à la disposition de M. le général d'artillerie Faure. »

Faure à l'adjudant-général commandant, chef d'état-major de la 3e division (AG) :

« Outre les hommes de corvée et les sapeurs que je vous ai demandés ce matin et que j'attends avec impatience, je vous prie de donner des ordres pour qu'une forge munie d'outils et de beaucoup de fer se rende de suite au pont; les ouvriers, bien entendu, l'accompagneront.

Le fer peut se prendre un peu sur l'artillerie de chaque régiment, car il en faut beaucoup. »

A 9 heures du soir, Murat reçoit enfin les ordres de poursuivre sur la rive droite ; la cavalerie de Sébastiani a alors certainement rejoint, mais l'infanterie du corps de Ney doit être encore en arrière. Du reste, même le 22, l'état d'avancement des ponts ne permettra pas encore à ce corps de franchir la rivière ; privée de cet appui, bien loin de pousser sur Nevel, cette cavalerie se bornera à remonter la rive droite.

Murat à Napoléon, 9 heures du soir, Disna :

« Je m'empresse de faire passer à Votre Majesté un troisième rapport du général Jacquinot, qui annonce à peu près l'évacuation de Polotsk.

Je viens de recevoir presque en même temps les deux lettres de Votre Majesté du 21 juillet, l'une de 6 heures du matin et l'autre de 7 heures 1/4, et même celle de 7 heures avant celle de 6. Le duc d'Elchingen avait déjà reçu l'ordre d'envoyer ici ses compagnies de sapeurs et ses officiers du génie. M. le Duc va recevoir l'ordre de faire construire deux ponts de radeaux et un à chevalets ; celui à chevalets est à plus d'un tiers fait ; mais j'ai été vivement peiné de l'emplacement que l'on a choisi, car, s'il est continué dans la même direction, il coupe le gué en deux et le paralyse ; mais toute la cavalerie sera passée avant que la continuation du pont puisse l'en empêcher. J'attends avec impatience les officiers du génie de M. le duc d'Elchingen, pour faire désigner l'emplacement où doivent être construits les radeaux et la tête de pont qui, vraisemblablement, devra couvrir le pont établi sur le gué, à moins que les officiers du génie se décident à l'établir ailleurs.

Polotsk sera occupé dès demain matin. J'ordonnerai que l'on fasse passer la cavalerie au gué ; on y fera aussi construire les trois ponts ordonnés par Votre Majesté, lorsque les compagnies de sapeurs, la compagnie du Danube et les trois compagnies de sapeurs du Ier corps seront arrivées.

Du moment que la cavalerie sera passée, je ferai reconnaître les rivières de la Drissa et de la Polota afin de s'assurer si l'on pourrait trouver une bonne position entre ces deux rivières.

Je me mettrai à la poursuite de l'ennemi aussitôt que la cavalerie et le corps du duc d'Elchingen seront passés ; mais la cavalerie du général Montbrun, aussitôt son passage, battra au loin la campagne dans les directions de Nevel, où l'on m'assure que plus de 2.000 voitures de vivres et de bagages ont été dirigées. Il paraît décidément constant que la masse de l'armée russe a pris la direction de Vitebsk. Tous les renseignements acquis sur la rive droite sont unanimes là-dessus. Mon aide de camp rentre à l'instant, et un seigneur polonais, qu'il amène avec lui, confirme tous les rapports déjà faits par les autres.

J'ai essayé de faire passer l'artillerie, l'essai n'a pas répondu à mon attente ; tout le monde est d'avis que ce serait compromettre les munitions. Le pont sur chevalet va bien lentement ; il ne pourra pas être achevé aussitôt que je l'avais annoncé à Votre Majesté, mais j'espère que cette construction ira plus vite aussitôt que les sapeurs du corps du duc d'Elchingen seront arrivés.

Le passage de la division Morand a été aussi un peu retardé, parce que le pont s'est brisé et que nous manquons de moyens pour son prompt rétablissement ; cependant elle est passée entièrement et marche sur Polotsk. »

Corps de Nansouty. — L'exploration de la journée prouve une fois de plus combien est faible toute cavalerie non appuyée par l'infanterie. Le corps de Nansouty avait à marcher sur Oula, soutenu par la division Morand ; celle-ci n'ayant pas encore passé la Disna, à 11 heures, c'est-à-dire lorsque Jacquinot était déjà devant Polotsk, le 1er corps de cavalerie était donc réduit à lui-même, et son avant-garde ne devait être rejointe devant Polotsk par le restant de la division Bruyère qu'à une heure.

Un premier rapport nous montre à 4 heures 1/2 la brigade Jacquinot à Roudnïa, où elle est arrivée la veille à 11 heures du soir ; elle n'a pu établir la liaison vers Zaproude avec la cavalerie de la garde, trois escadrons ont déjà été lancés vers Polotsk. D'après un gentilhomme parti le 19 de cette ville, l'armée russe était en retraite sur Vitebsk.

Jacquinot à Bruyère, Roudnïa, 4 heures 1/2 du matin (AN) :

« Un gentilhomme, seigneur de Roudnïa, est parti avant-hier de Polotsk ; il arrive ici seulement en ce moment ; étant chez son père à une lieue d'ici, on l'a fait venir.

Il y avait avant-hier une quantité considérable de troupes russes à Polotsk ; toute la garde y était, à ce qu'on a dit à ce gentilhomme, il a vu plusieurs régiments. On lui a dit que le prince Constantin, le prince de Wurtemberg, les généraux Bennigsen et Barclay de Tolly y étaient; on faisait monter l'artillerie à 100 pièces de canon. Le bruit public était que l'armée était de 100.000 hommes. Il ne sait rien concernant la marche de cette armée ; on disait qu'elle marchait sur Vitebsk ; d'autres personnes prétendaient qu'elle passerait la Dvina.

L'ambassadeur de Suède était à Polotsk, cela est certain ; la personne chez laquelle il logeait l'ayant dit à ce gentilhomme qui se nomme X...

Voilà tous les renseignements qu'il a pu me donner, il n'a point entendu dire où était l'Empereur.

Je n'ai aucune nouvelle de M. le général Desnoëttes, les reconnaissances envoyées à Zaproude et Natscha n'ont rien appris.

J'ai trois escadrons en marche sur Polotsk, le commandant ne m'a encore rien fait dire ; je pars pour le rejoindre.

Je prendrai position avec une partie de ma brigade vis-à-vis cette ville.

J'ai laissé un escadron jusqu'à votre arrivée au moulin de Bononïa, en arrière de l'Ouchatsch ; cette position m'a paru bonne, autant que j'en ai pu juger, étant arrivé à onze heures du soir. L'Ouchatsch est guéable en plusieurs endroits.

On fait un détour d'un mille en passant ici pour aller de Roudnïa à Polotsk ; j'ai été trompé par les habitants qui m'ont dit ce détour beaucoup moins grand.

P. S. — Je laisse ici un escadron ; la route de Ghloubokoé à Polotsk passe ici. »

A 6 heures 1/2, Jacquinot, dont les reconnaissances n'ont pas encore reconnu Polotsk, apprend par un paysan que des troupes russes reviennent sur Polotsk. Le général se porte alors à l'avant-garde pour reconnaître par lui-même ; sa brigade est masquée derrière une forêt.

Jacquinot à Bruyère, entre Roudnïa et Polotsk, 6 h. 1/2 du matin (AN) :

« Un paysan qui a quitté Polotsk hier soir, assure que des troupes qui en étaient parties y sont revenues hier. Il croit qu'elles revenaient du côté de Vitebsk, il est possible qu'il se trompe, et que ce soit le corps qui était devant Disna ; je ferai mon possible pour m'en assurer, il ajoute qu'on a mis du canon sur les bords du fleuve.

Je n'ai pas encore de nouvelles du parti que j'avais envoyé sur Polotsk aussitôt que j'ai reçu la lettre de M. le général en chef, il était 3 heures du matin

J'avais déjà envoyé pendant la nuit des reconnaissances qui n'ont pas dépassé la forêt qui se prolonge jusqu'au près de Polotsk, et qui a deux milles de largeur. J'espère avoir des nouvelles dans peu d'instants. Je vais me rendre de ma personne à l'avant-garde ; je laisse ma brigade derrière la forêt.

Aussitôt que j'aurai débouché vers Polotsk, je ferai reprendre à ma brigade une position entre Bononïa et Polotsk, la position de Roudnïa m'éloignant trop de vous et m'exposant à en être séparé.

La carte n'est pas exacte, l'Ouchatsch passe à Roudnïa. »

Jacquinot avait réduit cet avis de la rentrée des Russes à Polotsk à sa valeur, en voyant dans les troupes mentionnées l'arrière-garde du corps de Disna. Il n'en produisait pas moins une émotion considérable sur Bruyère, et le déterminait à modifier sa marche.

En transmettant cette dépêche à Nansouty, Bruyère lui observait que si ce renseignement était véritable, le mouvement sur Oula paraissait bien aventureux, une partie des troupes russes de Polotsk pouvant déboucher de cette ville sur son flanc gauche ; aussi se décidait-il à se porter d'abord sur ce point, ensuite les circonstances décideraient de la conduite à tenir.

Bruyère à Nansouty, (AN) :

« Je viens de recevoir la lettre, que m'apporte M. Hervilly, qui m'ordonne de me diriger sur Oula ; il sera bien difficile que je puisse y avoir des troupes ce soir, puisqu'il y a encore seize lieues de Polotsk, et que je ne suis pas encore vis-à-vis de ce point ; d'un autre côté, ne pensez-vous pas, mon général, que si l'ennemi est encore en force à Polotsk, il serait peut-être imprudent de pousser sur Oula, parce que si l'ennemi débouchait de Polotsk, je pourrais me trouver très compromis. Au surplus, mon général, je continue mon mouvement sur Polotsk, où les circonstances détermineront le parti que j'aurai à prendre. »

Ce rapport déterminait le général Nansouty à se rendre de sa personne auprès du général Bruyère, pour régler la suite du mouvement.

Nansouty à Murat, 9 heures 3/4, 4 lieues 1/2 vis-à-vis de Disna (AN):

« J'ai l'honneur d'adresser à Votre Majesté le rapport que je reçois du général Jacquinot ; elle verra au bas les observations du général Bruyère sur ce qui peut se trouver encore à Polotsk de troupes ennemies qui détermineront son mouvement sur Oula ; nous aurons sans doute de nouveaux renseignements.

Je vais joindre le général Bruyère dans le moment. Je ferai part à Votre Majesté de tout ce que j'apprendrai, et, à mon arrivée vis-à-vis Polotsk, je lui manderai le parti que je prendrai. Dans tous les cas, je pousserai un fort parti dans la direction d'Oula, si je crois ne pouvoir m'y porter avec toute la division légère avant qu'il soit arrivé d'autres troupes vis-à-vis Polotsk.

Arrivé à la gauche de Polotsk, Jacquinot mandait à 8 heures 1/2 du matin que, d'après un gentilhomme parti de cette ville le 20 à 7 heures du soir, l'armée russe se repliait sur Vitebsk ; pour lui, il ne voyait sur la rive droite qu'un corps de 3.000 chevaux.

Jacquinot à Bruyère, Vis-à-vis Polotsk, 8 heures 1/2 du matin (AN) :

« Je crois que l'on peut être certain que l'armée russe marche sur Vitebsk. Je viens de voir un corps d'infanterie qui remontait la Dvina. Il y a environ 3.000 chevaux sur le bord du fleuve. Un gentilhomme du pays, qui est parti hier à 7 heures du soir de Polotsk, m'assure qu'il a vu l'armée russe marcher dans la direction de Vitebsk. Le prince Constantin, le prince de Wurtemberg, les généraux Barclay de Tolly et Bennigsen sont partis de Polotsk dans la nuit du 19 au 20. Le même gentilhomme a vu l'empereur Alexandre allant le 19 à Nevel ; le bruit public est qu'il va à Moscou ; il l'a rencontré à la porte de Sirotino.

Je n'ai encore vu que ce qui est à gauche de la ville, je vais vers la droite.

Je réunis ma brigade sur la rive de Bononïa à Polotsk.

La rive gauche est beaucoup plus élevée que la droite.

J'ignore s'il y a du canon sur la route, ils n'ont pas tiré sur nos troupes.

Ce rapport détruit celui que je vous ai fait il y a 2 heures que l'armée russe avait rétrogradé ; en cet instant l'ennemi rompt le pont volant et un régiment de cavalerie se met en marche pour passer en ville et remonter le fleuve ».

A midi, Jacquinot annonce l'évacution complète de Polotsk ; la cavalerie russe elle-même se replie ne laissant que trois escadrons pour surveiller le pont.

Jacquinot à Bruyère, Vis-à-vis Polotsk, midi (AN) :

« Je viens de faire une reconnaissance en remontant la Dvina. Je n'ai vu qu'une colonne de bagages qui suivait la route de Vitebsk, le camp russe était au-dessus de la ville, on prétend qu'il y a eu jusqu'à 100.000 hommes.

Il a toujours deux régiments au-dessous de la ville, l'un est le régiment Elisabeth-hussards, l'autre est un régiment de dragons.

L'ennemi brûle les ponts volants ; il y a sur la rive, devant la ville, quelques compagnies de chasseurs à pieds, ils jettent dans le fleuve un magasin de farine, je vais essayer si je peux les faire écarter à coups de carabine.

Il y a un mauvais gué au-dessous de la ville ; les chevaux de hussards devraient nager.

Les hussards de la reconnaissance ont pris vingt-deux convalescents qui venaient pour passer le pont ; ils sont du 18e régiment.

En ce moment, la cavalerie se met en route pour remonter la Dvina ; on ne voit plus devant nous que trois escadrons.

J'envoie une reconnaissance sur Oula ».

A 2 heures, Nansouty rend compte à l'Empereur du résultat de l'exploration. Les derniers escadrons ont disparu, 80.000 hommes ont passé par Polotsk. Quant aux projets des Russes, les uns leur prêtent l'intention de passer la Dvina et de se porter sur Sienno, d'autres, de continuer leur marche en retraite sur Vitebsk. Ces résultats sont remarquables ; il était impossible d'en avoir de plus précis, et comme nous le verrons plus loin, répondant mieux à la vérité du fait La division Bruyère est alors mise en marche sur Oula ; les cuirassiers prennent position à Ekimanïa.

Nansouty à Napoléon, Ekimanïa, 2 heures après midi (AN) :

« J'ai l'honneur de rendre compte à Votre Majesté que je suis arrivé avec deux brigades de la division Bruyère à 1 heure après midi à Ekimanïa, vis-à-vis Polotsk ; j'étais précédé par une brigade. J'ai vu encore sur la rive droite, au-dessous de la ville, trois escadrons de hussards de Marienpol et d'Elisabeth. Ces trois escadrons se sont retirés quelques moments après mon arrivée ; ils ont remonté la rivière en passant par la ville.

Voici les renseignements que j'ai eus.

On évalue à 80.000 hommes l'armée qui a passé par Polotsk (1), vendredi dernier. Ils avaient le projet de passer la Dwina dans les environs de Polotsk, et l'on dit qu'ils avaient jeté des ponts dimanche près de Strounïa, mais ils les ont retirés, dit-on, le même jour ; l'on ne m'a pas assuré le fait. L'armée s'est dirigée sur Strounïa, Ostrovlianoï ; on dit qu'ils ont le projet de passer la Dvina à Oula pour se porter sur Sienno ; il y avait un magasin considérable à Béchenkovitschi ; des Français venus de Lépel ont dû s'en emparer. Les Russes ont envoyé des Cosaques pour reprendre ce magasin ou

(1) Dans la lettre adressée à Murat il y a en plus : « et avec l'arrière-garde qu'on croit être ce qui est venu de Disna, à 100.000 hommes, ils ont commencé à passer par Polotsk ».

le brûler. On dit qu'ils n'ont pas réussi. Je n'ai pas d'ailleurs de renseignements positifs sur la direction qu'a suivie l'armée ennemie ; les uns disant qu'ils marchent par Oula sur Sienno et les autres, qu'ils se dirigent sur Vitebsk. J'espère que dans la journée, j'aurai des nouvelles plus sûres. Il y a, dit-on, un gué au-dessous de la ville ; je m'en assurerai ; il y avait à Polotsk un magasin de farines dont ils ont jeté une grande partie dans la rivière. Au moment où la cavalerie légère est arrivée vis-à-vis de Polotsk, il y avait encore quelques hommes d'infanterie sur la rive droite.

Une brigade se porte sur Oula ; elle ira le plus loin qu'elle pourra en tachant de pousser un parti sur Oula ; les deux autres brigades seront en échelons en arrière de la première et en avant d'Ekmanïa (2), où je place les cuirassiers ».

Le soir, la brigade Jacquinot est établie entre Tourovlia et Anopol.

Jacquinot à Bruyère, Tourovlia (AN):

« J'ai l'honneur de vous rendre compte que j'ai établi ma brigade ici et à Anopol. J'ai ordonné des reconnaissances sur Oula, je vous transmettrai leurs rapports. Il y a un gué près de Anopol, il sera observé. Les habitants disent qu'un corps ennemi passera la nuit vis-à-vis Anopol. Ils ont vu faire des baraques. Ma position est assez mauvaise. Ma brigade est au milieu d'une forêt. Je marcherai demain de bonne heure sur Oula.

Ce gué avait été signalé par l'avant-garde ».

Rapport, (AN) :

« Mon Général, il y a ici un gué où, d'après ce que m'ont dit les habitants, les chevaux n'auraient de l'eau que jusqu'au ventre. Il est oblique et a sa direction en remontant. Les Russes y avaient placé beaucoup de vedettes pendant le passage de leur colonne. Je ne crois pas pouvoir aller ce soir plus loin qu'Anopol, dont je suis encore à 4 lieues. Je vous prie de me faire savoir où vous comptez vous arrêter.

Je pense qu'il serait bon de laisser un détachement près du gué ; je ne l'ai pas fait à cause du grand nombre d'hommes détachés que j'ai.

Je viens d'envoyer une reconnaissance sur Ouchatsch.

P.-S. — On n'a vu dans les environs que quelques cosaques ».

Corps de Montbrun. — Sauf pour la division Sebastiani, qui est à

(1) Dans la lettre adressée à Murat : Les deux autres brigades seront en échelons en arrière de la première et en avant d'Ekimanïa dans la direction d'Oula. Je resterai de ma personne à Ekimanïa avec les cuirassiers.

P.-S. — Un parti de Français était il y a 5 jours à Lépel. Conformément aux ordres de Votre Majesté, je rends compte doublement à l'Empereur ».

Disna, aucun document ne nous donne la position du corps de Montbrun ; vraisemblablement, il est également concentré dans cette ville.

Nous ne possédons pour cette journée que deux lettres de Sebastiani; elles ont pour objet, l'une, de renouveler son rapport touchant la présence de troupes russes à Drissa, l'autre, probablement de répondre au reproche contenu dans la dépêche de l'Empereur du 20 sur la non-occupation de Drissa.

Sebastiani à Murat, Disna (AN) :

« M. Duvivier, capitaine attaché au cabinet topographique de Sa Majesté l'Empereur, se rend auprès de Votre Majesté pour lui remettre le croquis du camp retranché des Russes à Drissa. Il n'a pas encore eu le temps de le mettre au net.

M. le général Montbrun m'a dit qu'un officier prisonnier a assuré qu'il n'y avait pas d'infanterie hier au pont au-dessous de Drissa; il est impossible de mentir d'une façon plus impudente, 600 hommes l'ont vu avec moi à la distance de 200 toises, et nous avons été fusillés pendant deux heures que je suis resté dans le camp retranché; il y avait quatre bataillons au pont et quatre au-dessus, il n'y avait que huit escadrons. Je réponds que telle est l'exacte vérité, les généraux Barthe et Subervie, les colonels du 5e hussards et 12e de chasseurs peuvent le dire à Votre Majesté; je ne fais que des rapports certains ».

Sebastiani à Murat, Disna (AN) :

« J'apprends avec douleur que Sa Majesté l'Empereur est peu contente de ma manière de servir, et qu'on est parvenu même à faire croire que j'ai fait des rapports infidèles. J'en appelle au témoignage de toute la division que je commande, je ne prends pas un instant de repos, je fais moi-même toutes les reconnaissances, et lorsque j'ai dit que j'ai été sur un point où j'ai vu une chose, je réponds sur ma tête de la vérité ; mais Votre Majesté est elle-même le témoin de mon zèle, de mon exactitude, de mon activité. Sire, je n'ambitionne qu'une récompense, celle d'obtenir la certitude que Sa Majesté l'Empereur est satisfaite de mes services; la certitude du contraire paralyse toutes mes facultés et me rend incapable de la bien servir. Si je ne fais pas bien, c'est que je ne sais pas faire mieux, et que je manque de capacité. Je suis maintenant dans un état d'affliction qui m'opprime.

J'aimerais mieux mourir que renoncer à mon état, que de mal servir l'Empereur et de lui déplaire.

Je me mets aux pieds de Votre Majesté pour qu'elle daigne faire connaître la vérité sur mon compte à l'Empereur.

IIe Corps. — A la suite de l'ordre expédié par Berthier le 20 à 6 heures au roi de Naples, celui-ci prescrit au IIe corps de couvrir la route de l'armée sur son flanc gauche et de détruire le camp retranché de Drissa. En conséquence, les deux premières divisions venaient à Pérébrodé, la troisième, à Milachova ; à Braslav, une brigade de cavalerie légère continuait d'observer Dinabourg ; à Milachova, l'autre couvrait vers Drissa et Drouïa. Craignant que les reconnaissances sur ce dernier point, où on ne lui signalait aucun ennemi, n'eussent été mal exécutées, Oudinot prescrivait de les renouveler à fond.

Oudinot à Berthier, Belmonte (AN) :

« Conformément aux ordres du roi de Naples, les troupes du corps d'armée ont pris position hier en avant de Braslav, savoir :

Les deux premières divisions d'infanterie sur la route d'Ikazni : la troisième sur celle de Slobodka, les cuirassiers à Zamocha ; la 5e brigade de cavalerie légère à Slobodka, s'éclairant sur Drouïa et Léonpol ; la 6e brigade à Jakoubowo, observant Dinabourg.

J'ai reçu hier l'ordre de porter aujourd'hui les deux premières divisions en avant de Pérébrodé, sur la route de Disna, la troisième sur celle de Milachova ; une brigade de cavalerie légère, à Milachova, observant Drissa et Drouïa ; une autre brigade, à Braslav, observant Dinabourg ; ce mouvement va s'exécuter.

Par la même lettre, le Roi me prévient que la troisième division et la cavalerie légère sont destinées à éclairer Drouïa, Drissa et Dinabourg, couvrir la route de Sventsianouï, et à détruire les ouvrages du camp retranché de Drissa. Dès après-demain, ajoute Sa Majesté, *vous pourrez donner vos ordres en conséquence à cette division, lorsque vous recevrez l'ordre de vous porter sur Disna*. Cette disposition, Monseigneur, sera aussi ponctuellement exécutée que toutes celles que le Roi de Naples m'a ordonnées jusqu'ici.

Le général Castex me rend compte que ses reconnaissances sur Drouïa lui ont rapporté qu'il n'y avait plus un seul Cosaque dans cette partie sur la rive gauche de la Dvina. Mais comme il m'a paru que ces reconnaissances n'étaient pas poussées à fond, j'en ai ordonné une nouvelle dont je rendrai compte au Roi et à Votre Altesse, qui trouvera ci-joint le croquis des positions occupées par les troupes du corps d'armée depuis le 16 de ce mois. »

En arrivant à Pérébrodé, Oudinot avertissait le major général qu'il tâcherait de pousser la division Merle en avant de Milachova, le plus près possible de Drissa.

Oudinot à Berthier (AN) :

« En conséquence des dispositions renfermées dans la lettre de

Votre Altesse Sérénissime du 20 de ce mois, qui m'est parvenue ce matin à une heure après minuit, j'ai donné l'ordre au général Merle, qui devait faire prendre position à sa division en-deçà de Milachova, de pousser plus loin vers Drissa, pour occuper le camp retranché, ou, s'il ne peut pas arriver jusque-là aujourd'hui, ce qui est probable, de s'en approcher le plus possible pour y arriver demain de bonne heure, et s'occuper de suite de la démolition des ouvrages.

La nouvelle reconnaissance que j'ai envoyée sur Drouïa ce matin, ne pourra rentrer que ce soir ; mais tout paraît confirmer que les ennemis n'ont personne sur la rive gauche de la Dvina.

Garde. — La cavalerie de la garde chargée de lier les troupes de Murat et du prince Eugène entrait à une heure et demie du matin à Prozorki. D'après le dire des gens du pays, l'armée russe se retirait sur Polotsk ; on ignorait toutefois si c'était pour s'y défendre. On savait déjà que la brigade Jacquinot avait passé sur la rive droite de la Disna et se dirigeait sur Polotsk ».

Lefebvre au duc de Trévise, Prozorki, 1 heure 1/2 du matin (AN) :

« Je suis arrivé ici à une heure avec les troupes ; aussitôt qu'il fera jour, je ferai faire des reconnaissances. J'ai déjà fait partir plusieurs gens du pays vers Polotsk et la Dvina ; l'on m'affirme que l'empereur Alexandre et le grand-duc Constantin étaient aujourd'hui à Polotsk. Toutes les forces des Russes, dit-on, se portent sur ce point, dans l'intention d'y faire résistance. D'autres pensent qu'ils ne veulent s'arrêter que sur leurs anciennes frontières ; mais que là, une grande partie de la nation a offert de prendre les armes ; cependant, l'on représente l'armée russe comme découragée, et déjà affaiblie par les maladies. Ils étaient logés par cinquantaines dans les chaumières des paysans et y contractaient des maladies ; il y avait trois couvents pleins de malades à Drissa.

Plusieurs habitants riches de Polotsk ont fait transporter leurs effets les plus précieux dans l'intérieur : on dit cette ville un peu Russe.

Les habitants, surtout les paysans, manifestent la plus grande joie de nous voir. Le pays continue d'être beau et couvert des plus belles moissons, on trouve de beaux châteaux dans presque tous les villages. L'on ne voit plus de Russes dans ces environs, il paraît qu'ils ont entièrement évacué la rive gauche de la Dvina. Cette rivière est, dit-on, guéable en deux endroits près de Polotsk, à Ekimanïa, et sur un autre point au dessus de cette ville. A l'instant, je reçois une lettre de M. le Duc de Trévise, qui me dit d'envoyer les voltigeurs du 1er régiment qui sont avec moi à Ouchatsch, qui est à dix lieues d'ici. Il me prévient que si il avait quitté Loujki et qu'il s'éloigne trop de Ouchatsch, il m'indiquerait un autre point de réunion. J'ai donc l'honneur de le prévenir de notre mouvement.

P. S. Je suis aussi prévenu que la brigade Jacquinot de la division Bruyère a passé sur la rive droite de la Disna et qu'elle a l'ordre de marcher sur Polotsk; c'est sur elle que les Russes ont tiré du canon, parce qu'elle s'approchait trop de la Dvina.

La fumée provenait des magasins brûlés par les Russes. »

A une heure et demie de l'après-midi, Lefebvre recevait ordre de rejoindre la garde à Ouchatsch. La liaison avec la division Bruyère avait été établie.

Lefebvre à Berthier, Prozorki, 1 heure 1/2 après-midi (AN) :

« M. le duc de Trévise m'a fait prévenir que l'infanterie devait rejoindre sa division, et que nous, nous devions reprendre nos corps à Ouchatsch. En conséquence, nous allons tous partir pour nous y rendre.

Ce matin, il y avait déjà des corps de la division Bruyère, à Roudnïa. »

La cavalerie du maréchal Bessières entrait à 1 heure 1/2 à Ouchatsch, où elle relevait la 12e brigade qui rejoignait son corps vers Kamen. La cavalerie bavaroise couvrait alors la ville et envoyait des partis vers Oula et Polotsk. Quant aux renseignements recueillis des habitants, les uns disaient que les Russes se concentraient à Polotsk, d'autres qu'ils se repliaient sur Vitebsk.

D'Hautpoul à Napoléon, Ouchatsch (AN) :

« J'ai l'honneur de rendre compte à Votre Majesté que j'ai rejoint le maréchal Duc d'Istrie ce matin à la pointe du jour à Psouïa, à six milles de Ghloubokoé ; il avait avec lui les grenadiers et les dragons de la garde ; à neuf heures, au village de Sélitsché, il a rejoint la division de cavalerie légère bavaroise qui forme la tête de sa colonne, et à une heure et demie, il est entré à Ouchatsch, qui était déjà occupé par une brigade de cavalerie légère de l'armée du Vice-Roi d'Italie.

Cette brigade est repartie pour éclairer la route de Kamen, où se trouvent déjà des troupes du Vice-Roi. La division de cavalerie bavaroise couvre Ouchatsch et envoie de fortes reconnaissances sur les routes de Polotsk et d'Oula. Quelques Cosaques se trouvaient encore hier à Ouchatsch, et il en a été vu quelques-uns en avant de la ville, sans qu'on ait connaissance qu'aucunes autres troupes se fussent présentées sur ce point.

Les habitants assurent aussi qu'il existe quelques Cosaques errants dans les bois de Sélitsché.

On croit généralement que les Russes se réunissent à Polotsk ; quelques habitants assurent que leurs corps remontent la Dvina jusqu'à Vitebsk. Il paraît que la position d'Oula serait la plus favorable. On assure aussi que le grand-duc Constantin a répandu beaucoup d'argent dans l'armée et qu'elle s'est livrée plusieurs fois à de grandes orgies.

De Plissa à Ouchatsch, les paysans paraissent beaucoup moins animées de l'esprit polonais que dans le reste de la Lithuanie ; ils sont beaucoup plus sensibles à leurs pertes personnelles. Les villages n'ont point été entièrement pillés, mais on a cependant à se plaindre de la division bavaroise, qui a épuisé toutes les ressources beaucoup au-delà de ses besoins, de manière que ce qui s'en trouve maintenant ne peut être que d'un très faible secours pour l'armée. A Ouchatsch, il s'est trouvé une certaine quantité de blé, seigle, orge et avoine, qui doit suffire quelques jours pour la nourriture de l'armée, en seigle.

Il n'existe point de grande route de Ghloubokoé à Ouchatsch, et le pays devient en général assez mauvais et très difficile pour la guerre, par la manière dont il est coupé. En quittant la route de Disna, à une lieue de Ghloubokoé, on suit un chemin sablonneux dans des bois et quelques marécages. De Plissa à Psouïa, on ne trouve qu'un petit chemin de traverse dans un pays inégal, très couvert de bois et rempli de lacs très allongés, formant des contours très irréguliers ; de Psouïa à Sélitsché, le pays est un peu montueux et toujours coupé de lacs et de bois : il devient ensuite plus découvert et l'est entièrement près d'Ouchatsch ; le chemin est toujours étroit et souvent mauvais, surtout dans quelques fonds marécageux.

Tous les lieux où l'on passe ne peuvent offrir que de faibles ressources ; Plissa est un bourg de bois avec un petit château déjà entièrement épuisé. Psouïa n'est qu'un village avec un petit château qui a aussi beaucoup souffert du passage des Bavarois. A Sélitsché, il y a un couvent et un petit château ruiné. Enfin, Ouchatsch, quoique le lieu le plus considérable, ne peut cependant être considéré que comme un bourg ; il s'y trouve deux couvents assez considérables et un petit château abandonné. Plusieurs propriétaires des environs ont promis au maréchal duc d'Istrie de faire moudre et de faire confectionner du pain pour la nourriture de l'armée. »

IV° Corps. — Dès le matin, le vice-roi apprenait la réunion de la 12e brigade avec la brigade bavaroise à Ouchatsch ; il ordonnait alors à cette dernière de pousser un fort parti sur Polotsk. Certains rapports annonçaient en effet que le 19 des troupes russes étaient arrivées à Strounïa venant de Vitebsk ; le vice-roi y voyait au contraire les premières colonnes ennemies qui remontaient la Dvina.

Prince Eugène à Napoléon, Pouïchna, 6 heures du matin (AN):

« J'ai l'honneur d'annoncer à Votre Majesté qu'une partie de ma cavalerie légère est entrée hier soir à Ouchatsch, peu d'heures après qu'une quinzaine de Cosaques en étaient sortis en emmenant le bourgmestre de cette ville sur la route de Polotsk.

Hier soir, les Bavarois étaient à Koubilitschi; un poste de 50 chasseurs du 9e qui les précédaient, a rencontré également les Cosaques qui ont disparu à leur aspect, et se sont retirés sur Ghorodek.

Ce matin, la 12e brigade légère et les deux brigades bavaroises seront réunies à Ouchatsch. J'envoie à l'instant l'ordre à ces deux brigades de pousser une forte reconnaissance sur Polotsk, pour savoir si l'ennemi y est réellement sur ce point, et en quelle force il peut s'y trouver.

Les rapports des gens du pays dans les divers endroits où se trouve ma cavalerie, disent que l'armée russe était à Polotsk et que l'empereur Alexandre y était en personne.

Un individu de Pouïchna, qui a des biens sur le bord de la Dvina, prétend que, vendredi 17 au soir, il était arrivé des troupes à Strounïa, près de Polotsk, mais que ces troupes venaient de Vitebsk et que ce sont les mêmes qui ont passé avant-hier à Polotsk. Je doute beaucoup de la vérité de ce rapport, et il est bien plus probable que c'étaient les premières troupes qui remontent la Dvina.

Je serai dans peu d'heures à Kamen, et ma cavalerie légère sera avant midi à Botschéïkovo. »

Dans la soirée, l'avant-garde du IVe corps entrait à Kamen; la 13e brigade de cavalerie légère était à Botscheïkovo, d'où ses reconnaissances ne signalaient personne; la 12e avait quitté Ouchatsch vers 1 heure 1/2, se rendant vers Kamen; d'après les renseignements qu'elle fournissait, les quelques troupes dont parlaient les émissaires et les habitants appartenaient à des partis envoyés en reconnaissance sur la rive gauche de la Dvina.

Il est donc extraordinaire, après les ordres réitérés de l'Empereur de mettre la main sur Béchenkovitschi, que le prince ait manifesté l'intention de concentrer son corps à Kamen, en prévision d'une attaque sur son flanc gauche.

Le prince Eugène à Napoléon, 6 heures du soir, Kamen (AN):

« Sire, je suis arrivé il y a eu deux heures, et je me suis occupé aussitôt de réunir tous les renseignements, tant de ma cavalerie légère que de mes affidés.

Voici quelles sont jusqu'à présent les nouvelles de ma cavalerie légère. La 13e brigade, qui est à Botschéïkovo, n'a rien appris de nouveau ; elle doit pousser un parti de 200 hommes sur Béchenkovitschi. J'en attends cette nuit des rapports.

La 12e brigade qui est à Ouchatsch, mande qu'il n'existe aucun corps russe sur la rive gauche de la Dvina, mais seulement qu'il part tous les jours des détachements de cavalerie qui viennent battre la campagne sur la gauche de la Dvina, à quatre ou cinq lieues aux environs, et dont partie rentre le soir et l'autre bivouaque à peu de distance.

Cette brigade doit aussi pousser une reconnaissance sur Polotsk ; aussitôt que j'en connaîtrai les résultats, je m'empresserai de les transmettre à Votre Majesté.

Un de mes agents, qui a quitté Oula ce matin, me rend le compte suivant :

Avant-hier dimanche, l'empereur Alexandre est venu à Obol à cinq milles de Nikolaévo ; hier, il était à Nikolaévo, et ce matin, il en est parti, prenant la route de Vitebsk. Il marche avec quarante régiments d'infanterie et de cavalerie. Avec lui, cependant, on n'a remarqué que de la cavalerie ; on dit qu'une partie des troupes suit une deuxième route.

L'empereur Alexandre vient de Polotsk où on a mis des pièces en batterie. On y a vu beaucoup de troupes avant-hier. On assure que toute l'armée russe défile à grandes marches de Drissa sur Polotsk ; l'Empereur tient la tête.

On assure qu'il y a à Vitebsk une division russe dont plusieurs régiments viennent de Moscou tout nouvellement. Il n'y a personne de Vitebsk à Kamen. Samedi dernier, un détachement de Cosaques a voulu passer la Dvina à Béchenkovitschi, afin d'y brûler les magasins de vivres, mais les habitants ont retenu sur leur rive le pont volant. Je renvoie le même agent aux nouvelles.

Votre Majesté jugera sans doute d'après ces rapports que je dois attendre ses ordres avec bien de l'impatience, pour savoir si je dois continuer ma route sur Vitebsk, après avoir toutefois concentré mon corps d'armée, pour éviter toute surprise venant de ma gauche, ou bien si je dois prendre une autre direction.

Je prie Votre Majesté d'observer que, dans le cas où je continuerais à marcher sur Vitebsk, il est probable que je n'y arriverais point avant la tête de la colonne russe ; mais il est à croire que mon corps d'armée arriverait avant sa queue.

En venant ici, je suis passé par Lépel.

1° Pour m'assurer de l'état des magasins qu'on y avait trouvés ;

2° Parce que j'étais bien aise de voir le canal de la Bérésina et les moyens qu'il pourrait offrir.

J'ai fait transporter la plus grande partie des magasins à Kamen, où je ferai faire des distributions à la troupe lors de son passage. Ces distributions nous feront grand bien, car elles nous donneront des vivres pour plus de cinq jours pour tout le corps d'armée.

J'ai trouvé dans le canal à Lépel un assez grand nombre de radeaux déjà commencés et beaucoup de belles pièces de bois ; mais il résulte des renseignements que j'ai pris sur la navigation de l'Oula, que dans cette saison, elle est fort difficile par le peu d'eau qu'elle a dans son lit. Cependant, en tenant les écluses de Lépel fermées pendant quelques jours, on peut rendre cette rivière navigable. J'ai ordonné en conséquence qu'on les fermât pour deux raisons ; la première, c'est que cela nous mettra à même de nous servir du canal et de l'Oula pour le transport de ces bois, si nous en avons besoin ; la seconde, est que, en retenant les écluses, il y aura moins d'eau dans l'Oula, et que, par ce moyen, ou pourra la traverser à gué, tandis qu'il faudrait la passer sur un pont volant. »

Connaissance était donnée au général Grouchy de la position du IVe corps ; le prince l'invitait à se lier avec lui par Sienno, et l'avertissait de la retraite de l'armée russe sur Vitebsk.

Le prince Eugène au général Grouchy, Kamen (AG) :

« Le général Dessoles a dû vous écrire aujourd'hui d'après mes ordres, M. le général comte Grouchy, pour vous annoncer le mouvement de mes troupes. Je vous annonce mon arrivée ici avec mon avant-garde d'infanterie ; une brigade de cavalerie légère est à Botschéïkovo, et je fais pousser cette nuit un fort détachement à Béchenkovitschi pour s'y assurer des magasins ; ma deuxième brigade est à Ouchatsch, flanquant ma gauche de Polotsk, où l'ennemi était en force et d'où il avait jeté des partis sur notre rive afin de connaître mon mouvement. Les brigades bavaroises me rallieront demain. D'après des renseignements presque certains, toute l'armée russe est en marche sur Vitebsk ; l'empereur Alexandre était dimanche à Obol, cinq milles de Polotsk, et hier il a couché à Nikolaévo, en face de Oula ; les troupes font de grandes marches et paraissent conserver peu d'ordre.

Donnez-moi de vos nouvelles, restons constamment liés par Sienno et informez-moi de vos mouvements. Donnez connaissance de ma lettre au prince d'Eckmühl, et dites-moi où il se trouve. Ecrivez-moi souvent. »

VIe Corps. — Les Bavarois arrivaient à Zyrzwania, tout près de Ghloubokóé (1).

(1) Prince de Thurn et Taxis, page 210.

1er Corps. — *Colonne de Grouchy.* — Dans la journée du 21, les reconnaissances du général Grouchy ne recontrent l'ennemi nulle part, ni sur la route de Khokanov à Sienno, point qu'il prie le Vice-Roi de faire occuper par sa cavalerie, afin de se lier avec lui, ni sur la route d'Orcha à Vitebsk, ni vers Smolensk. Pour le lendemain, il projette de faire occuper Babinovitschi, afin d'être informé de tout débouché des Russes par Vitebsk.

Le gros de son corps reste échelonné entre Orcha et Kokhanov.

Vers 7 heures, le général recevait une dépêche de Davout qui le prévenait de l'occupation de Mohilev et de la marche de deux divisions russes sur cette ville. Le maréchal lui prescrivait de faire occuper Chklov par un millier d'hommes afin de se lier avec lui; il n'exprimait du reste aucune crainte sur l'issue d'une rencontre avec le prince Bagration.

Grouchy à Berthier, Kokhanov, 7 heures du soir (AN) :

« J'ai l'honneur d'accuser réception à Votre Altesse de sa dépêche du 19, par laquelle elle me prévient de l'évacuation du camp retranché de Drissa et de la marche rapide de l'ennemi sur Polotsk et au-delà. Le Prince Vice-Roi m'avait donné avis de ce mouvement par une lettre que j'avais reçue peu d'heures avant la vôtre. Par ma réponse à cette lettre, j'ai fait connaître à Son Altesse ma position.

Je l'engage à pousser sa cavalerie légère jusques à Sienno, où j'ai depuis plusieurs jours des partis qui se succèdent; je me trouverai ainsi lié avec lui par ma gauche. L'ennemi n'avait pas encore paru à Sienno ce matin. Il ne s'était pas montré sur la route de Kokhanov à Vitebsk par Smolianouï.

Mes partis ont été jusqu'à Kitschin sans rien rencontrer.

J'attends les rapports des reconnaissances envoyées au-delà de Babinovitchi; probablement que si l'ennemi se porte sur Vitebsk, il débouchera par cette route, en supposant toutefois qu'il aît assez d'avance, pour ne pas craindre que le Vice-Roi ne tombe sur son flanc.

J'envoie partis sur partis sur la route d'Orcha à Vitebsk, afin d'être averti de ce qui s'y passe, et en donner avis au Vice-Roi et au prince d'Eckmühl.

Mes reconnaissances ont été au-delà du Dnieper, beaucoup plus loin que Doubrovna; dans la direction de Smolensk, elles ne trouvent rien. Elles ont pris à Doubrovna un magasin de plus de 1.000 sacs d'avoine, orge et farine et un petit arsenal, et elles rapportent que les portes de Smolensk sont fermées, et qu'on n'y laisse entrer personne.

Ma position est celle-ci. J'occupe avec mon avant-garde Orcha, ayant ma cavalerie légère en échelons depuis Orcha jusqu'à Kokhanov, où se trouve ma masse.

Mais par suite des diverses dislocations du 3e corps par le prince d'Eckmühl, la colonne avec laquelle je suis est de 5.600 hommes au plus, savoir : la division polonaise du général Claparède, réduite à 2.600 hommes, la division Lahoussaye, forte de 1.200 dragons, la brigade étrangère de la division Chastel, de 800 chevaux, les lanciers du général Colbert et une partie du 6e de hussards. Le reste de ce régiment et de la division Chastel est avec le prince d'Eckmühl, qui a marché hier sur Mohilev. Je me suis lié avec lui par un régiment de dragons qui est à Chklov.

Je lui ai envoyé ce matin copie de la lettre du Vice-Roi, et lui adresse ce soir copie de celle de Votre Altesse. Je pense faire occuper demain Babinovitschi, afin d'être sûr de ce qui se passe à Vitebsk.

Comme je fermais cette lettre, je reçois du prince d'Eckmühl la dépêche pour Sa Majesté ci-jointe (1) et la lettre dont voici copie (2).

P.-S. — Tant que je n'aurai point de nouvelles positives de de Vitebsk, je demeurerai dans ma position actuelle et n'abandonnerai Orcha que si j'y étais contraint par des forces majeures venant de Vitebsk ou Smolensk. D'ailleurs, je ne ferai de détachement sur Chklov que lorsque mes rapports d'en avant de Babinovitschi me seront parvenus, surtout l'attaque des avant-postes du prince ce matin n'ayant pas eu de suite. J'ai déjà un régiment de dragons à Chklov et des troupes en échelons. »

Troupes commandées par le maréchal Davout. — A Mohilev, Davout était bien loin de se douter de la gravité de sa situation, exposé comme il l'était, à se trouver en face du prince Bagration avec six régiments. Quoique connaissant la marche de deux divisions russes sur lui, il supposait que le prince avait besoin de cinq à six jours pour arriver avec toutes ses forces ; durant cet espace de temps, il comptait rallier une grande partie des troupes françaises. Nous ne savons quels sont les rapports de Pajol dont il est question dans sa lettre. Quant à la position des Ve et VIIIe corps, il l'ignorait complètement ; le 22 seulement, il recevra la dépêche de Poniatowski en date du 18. En tous cas, il est inexplicable qu'ayant dirigé, par son ordre du 19, le Ve corps sur Igoumen, alors qu'on supposait l'armée russe en retraite sur Mozouir, Davout ait pu concevoir l'espérance que Poniatowski ne quitterait pas le prince Bagration.

(1) Duplicata de la lettre du 20.
(2) Dépêche de Davout à Grouchy du 21, à 5 heures.

S'il nous était permis de risquer ici une opinion, nous nous permettrions de faire remarquer que, pour n'avoir pas su prendre un parti, pour avoir fait dépendre ses déterminations des résolutions de l'ennemi, quatre corps erraient à l'aventure sur ce théâtre de guerre (VIIe corps, autrichien, V^e et VIIIe corps). Sur le point décisif, 16.000 hommes étaient face à 50.000, et quelques jours plus tard, sur un autre point, on allait donner aux Russes le facile succès de Kobrin.

A Grouchy, le maréchal prescrivait de porter un régiment d'infanterie et mille chevaux à Chklov pour se lier avec lui.

Davout à Grouchy, Mohilev, 5 heures du matin (AN) :

« Je reçois votre lettre du 19 juillet ; je vois avec plaisir que le mouvement de Doktorof ne se confirme pas. L'ordre intercepté de brûler les magasins d'Orcha me fait supposer que l'ennemi ne pense pas à porter des troupes sur ce point. Voici l'état des choses :

Je me suis porté hier sur Mohilev, l'ennemi y avait 1.800 hommes et 4 pièces de canon ; il a essayé de s'y défendre, parce qu'il attendait le prince Bagration ; l'avant-garde l'a forcé à une retraite précipitée et lui a fait 250 prisonniers ; l'ennemi n'a pas eu le temps de brûler le pont ni ses magasins qui ne sont pas bien considérables.

Des lettres interceptées et des officiers envoyés ont annoncé la marche des deux premières divisions du prince Bagration sur Mohilev, où elles seraient infailliblement entrées aujourd'hui sans notre arrivée.

Ce matin, mes avant-postes sont attaqués. Je crois qu'ils ne sont pas informés des forces qui sont avec moi. Je ne crois pas que cela donne lieu à une affaire, parce que l'ennemi s'apercevra promptement que je suis en force, mais enfin, c'est dans l'ordre des choses possibles.

Je désire donc que si vos rapports vous donnent la certitude qu'aucun corps ne se dirige sur Orcha et Kokhanov, vous envoyiez un millier de chevaux avec un régiment d'infanterie et six pièces d'artillerie légère à Chklov, où vous devez avoir déjà envoyé un régiment de dragons, mais ce sera y compris ce régiment.

Ces 1.000 chevaux enverront de suite des postes de 25 à 30 chevaux de deux lieues en deux lieues et observeront par de petites patrouilles les bords du Dniéper ; ils enverront, en outre, un poste de 80 à 100 chevaux sur Golovnino pour enlever les partis ennemis qui sont de ce côté et qui sont égarés, et entre autres ceux dont vous m'avez parlé, qui se trouvent dans les environs de Golovnino. Donnez-moi fréquemment de vos nouvelles. Voici des renseignements qui m'ont été fournis par le baron suédois d'Ingelstrum, qui a joué un grand rôle en Russie. Je me méfie beaucoup de cet homme ; mais voyant la Russie perdue, il cherche à nous servir ; du moins, c'est ce qu'il dit.

Si l'ennemi marchait sur Orcha, il ne faudrait pas hésiter à brûler les magasins ; donnez-en l'ordre dans cette hypothèse, mais qu'il ne transpire pas, et, si on est dans le cas de l'exécuter, qu'il le soit bien.

Faites passer ces détails à Sa Majesté, à qui j'ai adressé hier la lettre ci-jointe. Je vous prie de lui en envoyer ce duplicata.

Au moment de fermer ma lettre, on m'annonce que la reconnaissance de l'ennemi qui était de 80 à 100 hommes, se retire.

Choisissez une bonne position pour le cas où vous en auriez besoin, et ralliez vos pièces de 12 ».

Une seconde lettre avertissait dans la journée le général Grouchy que l'attaque des avant-postes n'avait rien été.

Davout à Grouchy, Mohilew (AN) :

« Je vous ai annoncé ce matin, mon cher général, que nos avant-postes avaient été attaqués ; le 3e régiment de chasseurs a été ramené par 2.000 Cosaques avec une perte considérable. Je me suis trouvé heureusement là. J'ai fait, pour arrêter la marche de ces messieurs. marcher le 85e régiment de ligne avec deux pièces de canon Avec un seul bataillon, toute cette cavalerie a disparu. Je l'ai poursuivie jusques à deux ou trois lieues.

Cela confirme les rapports qui avaient été donnés, ces troupes ennemies doivent être de deux divisions du prince Bagration.

Ce ne sera pas avant 5 à 6 jours que ce prince pourra marcher sur moi avec tout son corps ; d'ici à ce temps, le général Tharreau sera à notre hauteur, et je pourrai réunir tout notre corps.

En attendant, je désire de voir ma réserve de pièces de 12 ; dirigez-la sous l'escorte du bataillon du 25e sur Chklov, de manière à ce qu'elle soit rendue demain, si cela est possible.

Envoyez au général Tharreau par un officier la lettre ci-jointe, prenez-en connaissance ; donnez-lui des ordres en conséquence.

Je n'ai pas encore les rapports que notre régiment de dragons soit arrivé à Chklov, ainsi que l'établissement des ponts entre Kokhanov et Mohilev, cela est très important pour l'activité et la célérité de la correspondance. Faites passer à Sa Majesté copie de cette lettre, ainsi que les rapports du général Pajol.

J'écrirai ce soir à Sa Majesté, je vous écrirai aussi. Je monte à cheval pour aller reconnaître mon affaire.

Si le général prince Bagration prend le parti de me passer sur le corps, il faut qu'il se détermine à faire couler du sang.

La bonne composition des troupes que je commande me fait croire que ce ne sera pas une chose facile.

Annoncez aux autorités la nouvelle de l'arrivée du VIIIe corps.

Le général Tharreau doit être dans la direction de Borisov à Smolévitschi, qui est sur la route de Minsk.

Je presse beaucoup le prince Poniatowski de ne pas quitter le prince Bagration. Je suis certain qu'il ne s'amusera pas à suivre quelques escadrons de Cosaques.

Je crois qu'il pourra survenir des circonstances qui mettront le prince Bagration dans le plus mauvais cas. »

Général Gérard. — De Biélouïnitschi, le général Gérard lançait divers partis sur Bobrouisk, Rogatschev, Mohilev ; nulle part on ne rencontrait les Russes ; sur cette dernière direction, un parti envoyé à Belevitschi y apprenait le passage d'un détachement du Ier corps.

Gérard à Davout, Biélouïnitschi, 9 heures 1/2 du soir (AN) :

« Le colonel détaché à Hawerovo, en avant de Sermïajenki, me rend compte que le petit parti qu'il a poussé dans la direction de Mohilev, a passé la Droutsk à Cholszyno (?), sur un bac où l'on ne peut passer que deux chevaux à la fois. Deux cents Cosaques y sont venus à minuit pour s'emparer du passage, mais ayant appris que les Français étaient dans le voisinage, ils se sont retirés à Zamplou (?) à près de quatre milles de là. Un juif et deux paysans du village disent avoir vu et assurent qu'il y en a cinq cents à Zamplin. Ce parti a poussé jusqu'à Bélévitschi où il a appris qu'un détachement de trente chevaux du Ier corps est venu hier soir et a enlevé quatre cavaliers russes ; aucun autre renseignement sur l'ennemi de ce point.

Le parti poussé sur Bobrouisk a été à quatre lieues au-delà de Hawerovo, traversant un pays couvert de bois, n'a trouvé qu'un village Zoubonel (?) ; on n'a pu lui donner aucun renseignement sur Bobrouisk et l'ennemi.

Le parti qui a été poussé dans la direction de Rogatschev n'était point encore rentré ; le colonel partait pour Horodichtché d'où il m'adressera les renseignements qu'il aura pu recueillir, et sur lesquels on pourra ajouter plus de foi.

Il paraît jusqu'à présent qu'il y a encore beaucoup de Russes du côté de la Droutsk et du Dnieper.

Ils ont fait demander à Horodichtché hier 1800 chevaux qui doivent se rendre à Biekhov ; ils sont destinés à mener des bagages ».

Ve Corps. — L'ordre du maréchal Davout en date du 19, trouvait à Dolgkinov le Ve corps en marche sur Igoumen. Le 4e corps de cavalerie renforcé par une brigade d'infanterie, était alors renvoyé sur Bobrouisk.

Poniatowski à Davout, Dolghinov (AN) :

« L'officier que j'avais envoyé près de Votre Excellence m'a remis hier matin les deux lettres dont elle l'avait chargé, et j'ai reçu à 10 heures du soir celle qu'elle m'a écrite le 19. Elle a été pour moi un vrai bienfait dans l'embarras où je me trouvais, après la réception des premières, d'agir sans aucune connaissance de l'ensemble des opérations, et risquant par conséquent de très mal faire malgré la meilleure volonté.

M. le général Latour-Maubourg, qui est venu me trouver cette nuit, a eu de suite communication des dispositions de Votre Excellence, et je me suis concerté avec lui sur les mesures à prendre pour leur exécution. La brigade d'infanterie qu'elle ordonne d'attacher au 4e corps de réserve de cavalerie est déjà en marche pour le joindre, et je ne manquerai pas, dès que la cavalerie détachée du Ve corps y sera rentrée, de m'en servir comme je l'aurais déjà fait, si elle était à ma disposition.

N'ayant point encore communication de l'itinéraire que Votre Excellence a suivi d'Igoumen à Mohilev, il m'est impossible de régler, avant mon arrivée à Igoumen, la route que je ferai prendre au Ve corps, d'autant plus qu'on ne trouve ici personne qui connaisse cette contrée.

Votre Excellence peut compter que je marcherai aussi rapidement que cela se pourra ; rien ne saura mieux contribuer à accélérer notre jonction que la mesure que Votre Excellence veut bien me promettre de faire préparer des subsistances. C'est le seul obstacle que nous ayons rencontré jusqu'ici, mais il est quelquefois très grand, et comme je fais veiller très sévèrement à ce que le soldat ne prenne rien par lui-même, il a souvent été exposé à manquer surtout de pain.

Je ne connais que cette seule circonstance qui puisse donner lieu à la désertion ; mais elle commence à se faire sentir assez fortement parmi les conscrits qui n'ont point encore pris entièrement l'esprit qui anime les vieux soldats. Je ne doute point qu'avec les mesures que je prends, nous ne retrouvions de ces hommes, dont une partie n'est peut-être que restée en arrière ; mais en attendant, cette circonstance, jointe aux maladies a déjà beaucoup affaibli les régiments.

Ayant dû laisser un bataillon à Grodno d'après les ordres de Sa Majesté le roi de Westphalie, le Ve corps n'aura actuellement, après le départ de la brigade du général Paszkowski qui est allé joindre M. le général Latour-Maubourg, que trois divisions d'infanterie de trois régiments chacune, dont un de deux bataillons ; la force des bataillons n'est guère au-delà de 600 hommes.

D'après les dernières nouvelles que j'ai sur la marche du corps autrichien, son avant-garde était le 19 de ce mois à Kletsk, venant de Pinsk.

Votre Excellence aura déjà probablement la proclamation russe ci-jointe ; cependant, comme elle m'est parvenue, je n'ai pas voulu manquer de lui en faire part. »

Proclamation (AN) :

« Soldats français, on vous force de marcher à une nouvelle guerre ; on vous persuade que c'est parce que les Russes ne rendent pas justice à votre valeur. Non, camarades, ils l'apprécient, vous le verrez un jour de bataille. Songez qu'une armée, s'il le faut succédera à l'autre, et que vous êtes à 400 lieues de vos renforts. Ne vous laissez pas tromper à nos premiers mouvements. Vous connaissez trop les Russes pour croire qu'ils fuient devant vous. Ils accepteront le combat et alors votre retraite sera difficile. Ils vous disent en camarades : retournez chez vous en masse ; ne croyez point à ces perfides paroles, que vous combattez pour la paix ; non, vous vous battez pour l'insatiable ambition d'un souverain qui ne veut point la paix, sans cela, il l'aurait depuis longtemps, et qui se fait un jeu du sang de ses braves. Retournez chez vous, où si vous voulez en attendant un asile en Russie, vous oublierez les mots de conscription, de levées, de ban et d'arrière-ban, et toute cette tyrannie militaire qui ne vous laisse pas un instant sortir de dessous le joug ».

Le 4e corps qui avait suivi le mouvement du Ve corps sur Igoumen, retournait sur Bobrouisk.

Ayant perdu tout contact avec les Russes, Latour-Maubourg en était réduit aux rapports des déserteurs, qui signalaient la retraite des Russes, comme s'opérant sur Mozouir. Il espérait avoir, pour le 22, ses avant-postes à Ourietsché.

Latour-Maubourg à Davout, 3 heures du matin, Dolghinov (AN) :

« Si Votre Excellence a reçu les différentes lettres que j'ai eu l'honneur de lui adresser depuis que je suis arrivé à Sloutsk, elle aura vu combien j'étais peiné de changer de direction, ma place me paraissant être à la suite de l'ennemi. Le mouvement du Ve corps sur Igoumen m'obligeant de le suivre, j'étais venu à Dolghinov demander au prince Poniatowski une brigade d'infanterie, pour éclairer ma marche dans les bois qui existent depuis Sloutsk jusqu'à Ghlousk et Bobrouisk ; il se trouve que cette brigade d'infanterie que je venais réclamer, m'est accordée par les ordres de Votre Excellence, et demain 22, ou plutôt ce soir, mes avant-postes seront rétablis en avant de Ourietsché sur la Orésa. J'enverrai en même temps des partis par Poghost, Starobin, qui s'approcheront autant que cela se pourra de Petricovo.

J'ai eu l'honneur de mander à Votre Excellence qu'il paraissait certain que l'ennemi se retirait sur Mozouir.

Une colonne à laquelle on avait confié les prisonniers que l'ennemi a fait près de Mir, s'est dirigée de Sloutsk à Mozouir en passant par Poghost et Petricovo. Environ douze de ces prisonniers se sont échappés et sont arrivés à Sloutsk.

Les déserteurs s'accordent presque tous sur la retraite de l'ennemi sur Mozouir et Kiew. Il paraîtrait cependant que la route de Ghlousk à Mozouir est tellement peu praticable, que l'ennemi serait obligé de suivre la route de Bobrouisk jusqu'à une certaine hauteur.

Au reste, Monseigneur, ces rapports sont peu certains, presque tous les déserteurs se sont sauvés dans les bois avant d'arriver à Ghlousk. Les habitants sont peu en confiance, au moins du côté de Sloutsk ; on ne sait pas grand'chose par eux.

Il faut prendre langue dans le pays pour avoir des renseignements positifs, et je les aurai à Ghlousk où j'ai envoyé des espions.

Le régiment de lanciers lithuaniens devait déserter en masse ; le complot a été découvert, tout le régiment a été désarmé et démonté, et les hommes sont conduits comme prisonniers et gardés par deux régiments de dragons russes.

J'espère pouvoir adresser bientôt mes rapports à Votre Excellence des bords de la Bérézina.

VIIe Corps. — Le gros du corps restait immobile ; la cavalerie légère s'avançait à Borki ; la brigade Klengel entrait à Kartouzka Bériouza.

Rapport du 7e corps, Bitien (AN) :

« Séjour à Bitien et environs ; la brigade du général Klengel et les lanciers vont à Kartouzka Bériouza ; la cavalerie légère à Borki ; un escadron envoyé en parti à Pinsk a eu ordre d'y rester jusqu'au départ des Autrichiens.

Corps autrichiens. — Le corps autrichien marchait sur Kosov Bereza.

X^e corps. — Corps prussien. — A 9 heures du matin, le général de Grawert rendait compte à Macdonald des mouvements du 20. Supposant à l'ennemi le dessein de se défendre à Dahlenkirchen, et ne se jugeant pas assez fort pour l'attaquer de front, il avait l'intention de se porter à St-Olai, de façon à menacer sa ligne de retraite sur Riga.

Grawert à Macdonald, Gallenkrug, 9 heures du matin (AG) :

« Mon rapport d'hier aura informé Votre Excellence des dispositions que j'avais prises.

Je fis partir en conséquence avec le jour le colonel de Horn avec deux bataillons de fusiliers, deux compagnies de chasseurs, une batterie à cheval et deux escadrons d'hussards, pour se porter sur la Missa et le suivis avec le reste. A 1 heure après midi, ce colonel arriva sur la Missa sans rencontrer l'ennemi. A mon arrivée, à 5 heures 1/2, je le fis avancer par le bois à la distance d'un mille jusqu'à Tomoschna, derrière le Keckau, où il se trouve dans une position très favorable.

L'ennemi, renforcé par trois régiments venant de Riga, a pris position à Dahlenkirchen ou Keckau, derrière des retranchement s'appuyant au bras de la Dvina qui forme l'île de Dahlen. Cette île ressemble à celle de Lobau.

Je me suis arrêté ici, n'étant pas en force d'attaquer l'ennemi de front. J'ai envoyé un détachement sur ma gauche, tant pour établir ma communication avec le colonel de Raumer, duquel je n'ai aucune nouvelle, que pour reconnaître les chemins et le terrain vers Olai, jusqu'où j'ai donné l'ordre au colonel de Raumer de s'avancer. Ce détachement couvrira la droite et facilitera sa marche. Votre Excellence ayant remis à ma disposition de se porter dans deux ou trois marches sur Mittau, je suis incertain sur son arrivée et je dois en attendre la nouvelle ; dès qu'il sera arrivé à Olai, je défilerai avec le gros consistant en quatre bataillons, quatre escadrons, une batterie et demie à cheval, une batterie et demie à pied par ma gauche pour m'y porter également, laissant le colonel de Horn en face de l'ennemi.

Je pense, par cette manœuvre, lui donner des inquiétudes pour sa communication avec Riga, et le disposer à la retraite, sinon je l'attaquerai sur sa droite et en dos, tandis que le colonel de Horn l'attaquera de front.

J'espère alors le couper de Riga et le jeter sur l'île de Dahlen.

Telle est ma disposition que l'emplacement de l'ennemi et mon infériorité en force me dicte.

Je prie finalement Votre Excellence d'avoir la grâce de me donner des nouvelles opérations de la grande armée, dont le résultat, à n'en pas douter, aura été heureux, et de la position du Xe corps.

L'ennemi brûle les faubourgs de Riga, ce qui prouve son inquiétude ».

A 11 heures, le général de Grawert apprenait que Dahlenkirchen était évacué ; il ordonnait alors au lieutenant-colonel de Horn d'y entrer. Le gros de ses troupes restait immobile.

Grawert à Macdonald, Gallenkrug, 11 heures du matin (AG) :

« Dans ce moment, je reçois le rapport du colonel de Horn que l'ennemi s'est retiré de la position de Dahlenkirchen. J'envoie l'ordre à ce colonel de s'approcher de ce point et de l'occuper, et je marcherai sur-le-champ en avant.

Je pense que la retraite de l'ennemi s'est faite, ou à la suite du du passage de la grande armée, ou à la suite de la nouvelle de l'occupation de Mittau et de la direction du colonel de Raumer sur St-Olai ».

De Bauske, l'intendant prussien Ribbentrop rendait compte des mesures prises par lui pour assurer la subsistance des troupes.

Ribbentrop à Macdonald, Bauske (AG) :

« J'ai l'honneur de rapporter à Votre Excellence :

1° Que j'ai frappé sur les cercles de Jakobstadt et Friedrichstadt d'après vos ordres, sur chaque une réquisition de 24.000 rations journalières de vivres consistant en du pain, des légumes secs, de la viande et de l'eau-de-vie, et de 2.000 rations journalières de fourrages pour l'entretien de la 7e division et des troupes sous les ordres du général de Kleist.

2° Il partira d'ici journellement pour Friedrichstadt un transport de vivres ; il y sera délivré au commissaire des guerres prussien Von der Mark, qui a l'ordre d'en secourir la 7e division, si elle en avait besoin, et le commissaire des guerres Desnoyers qui en est averti, n'a dans ce cas qu'à s'adresser à lui.

3° Une provision des farines n'est pas trouvée ici ; mais comme les premiers transports de cet article doivent arriver ici après demain de Poneviej, j'y laisse l'ordre qu'une colonne du train prussien chargé de 30 wispes ou 720 scheffels de farine parte pour Zakobstadt et retourne après avoir délivré la charge au commissaire des guerres Desnoyers, pour être chargé de nouveau de farine pour la 7e division, qui en manque si souvent.

Le capitaine du cercle de Poneviej est chargé de faire partir pour ici tous les jours cent voitures chargées de farine. Ces transports font, en allant par Bauske à Jakobstadt, un détour ; mais j'ai préféré cette route à cause qu'il se trouve ici plus de moyens de les expédier pour le lieu dernier.

4° Le pays offrirait plus de ressources, si les Russes n'avaient forcé les propriétaires de transporter une grande partie de leurs provisions en grain à Riga.

5° Je pars aujourd'hui pour Mittau, et j'y employerai tout mon soin pour régler les réquisitions qui doivent être frappées sur tous les cercles de la Courlande.

Je mande, en outre, à Votre Excellence, très humblement, que j'ai trouvé, en allant de Schönberg à Bauske, la grande route impraticable, parce que les chemins ont été entrecoupés et les ponts ruinés. Aujourd'hui je reçois la nouvelle que le même cas a eu lieu sur la route directe d'ici à Friedrichstadt ; mais j'ai ordonné de la réparer, afin que les transports y puissent passer sans impédiments et que le but que l'ennemi y avait, ne soit point atteint ».

7e *division*. — Le maréchal Macdonald entrait à Jakobstadt, où il établissait son quartier général.

22 JUILLET

Ordres donnés par l'Empereur.

Comme pour la veille, les dépèches de Napoléon à Murat nous manquent ; dans les circonstances actuelles, elles devaient être capitales. Nous verrons un peu plus loin, par les ordres de Murat, qu'elles avaient vraisemblablement pour objet de concentrer pour le 22 le IIe corps à Disna et le IIIe à Polotsk.

A 5 heures, l'Empereur dirigeait le VIe corps sur Polotsk.

Berthier à Gouvion-St-Cyr, 5 heures du matin (AG) :

« Il est ordonné au général Gouvion-Saint-Cyr de partir avec les troupes bavaroises de sa position en arrière de Ghloubokoé pour se rendre à Ouchatsch ; il laissera un détachement de la force d'un petit bataillon pour tenir à Ghloubokoé ; il laissera également ici ses malades. »

A 10 heures, Napoléon répondait à la dépèche de Reynier en date du 19. L'Empereur méconnaissait complètement la gravité de la situation ; malgré tous ses efforts, le quartier impérial n'avait pu se procurer de renseignements exacts sur les forces russes du Sud. A son avis, Tormassof n'avait avec lui que quelques milliers de mauvaises troupes, et jamais l'ennemi ne tenterait quelque chose de sérieux contre le grand-duché, alors que Moscou et Saint-Pétersbourg étaient menacés directement.

Cette assurance semble peut-être discutable; si l'on considère la difficulté que l'armée avait à se nourrir, la longueur de sa ligne d'opérations, il paraîtra qu'une action sérieuse exécutée sur ses derrières pouvait occasionner de grands troubles dans sa marche. Toute tentative faite par les Russes avait l'avantage de diminuer les forces principales de l'armée françaises ; vers le Nord, Wittgenstein réussira à appeler trois corps sur lui ; vers le Sud, Tormassof en attirera deux.

A la vérité, les Autrichiens auraient pu menacer le flanc gauche d'un corps marchant sur Varsovie; mais les Russes savaient, par les déclarations du gouvernement autrichien, n'avoir rien à en craindre ; les officiers de l'entourage du prince de Schwarzenberg le diront même à Poniatowski.

En outre, une incursion dans le Grand-Duché avait l'avantage de troubler les Polonais si impressionnables.

Pour calmer en partie ses craintes, l'Empereur ordonnait au duc de Bellune d'établir du 2 au 8 son quartier général à Tilsit, de là il pourrait appuyer, en cas d'événement, le VIIe corps qui se rendrait à Praga. Mais avant que ces mesures pussent s'effectuer, n'était-il pas à craindre que les Russes ne tombassent sur le long cordon formé par les Saxons, ne les empêchassent de se réunir, ou au moins ne les coupassent de Varsovie ?

Napoléon à Berthier, Ghloubokoé, 10 heures (AG) :

« Mon Cousin, répondez au général Reynier que je l'autorise à ne point envoyer ce régiment à Praga, et que je le trouve bien placé dans le lieu où il l'a placé. Faites-lui connaître que le duc de Bellune, avec le IXe corps, fort de 30.000 hommes, presque tous Français, sera le 1er août à Marienburg, et que, si les circonstances étaient urgentes et que le duché de Varsovie fût réellement menacé, pendant que lui, général Reynier, défendrait le camp retranché de Praga et Modlin, il écrirait au duc de Bellune pour lui faire connaître l'urgence des circonstauces, ce qui le mettrait à même de venir à son secours.

Vous ajouterez que les circonstances de la guerre sont telles que déjà nous menaçons Moscou et Saint-Pétersbourg, et qu'ainsi il n'est pas probable que l'ennemi songe à des opérations offensives avec des troupes passables, mais qu'on a supposé que 10 ou 12 000 hommes de troupes des 3e bataillons, qui ne sont bonnes à rien en ligne, pourront être envoyées avec un ou deux régiments de cavalerie pour inquiéter le duché. Jamais l'ennemi ne sera assez insensé pour détacher 15 ou 20.000 hommes de bonnes troupes sur Varsovie, dans le temps que Pétersbourg et Moscou sont menacés de si près ; que, d'ailleurs, il est possible que, dans peu de temps, je porte la guerre en Volhynie, et qu'alors il ferait partie de ce corps. »

Napoléon à Berthier, Ghloubokoé (AG) :

« Mon Cousin, donnez ordre au duc de Bellune de continuer son mouvement et d'avoir son quartier général du 2 au 8 août à Tilsit ; il y réunira les divisions Daendels, Partouneaux et la division Girard, et ses deux brigades de cavalerie légère. Il fera venir de Posen tous les hommes appartenant à cette dernière division, afin de les incorporer et d'avoir trois bataillons par régiment.

Recommandez au duc de Bellune de prendre des mesures positives pour que sa cavalerie soit abondamment pourvue de fourrages et d'avoine, ainsi que son train d'artillerie. »

A 4 heures, une nouvelle dépêche est adressée à Reynier. Le rôle assigné au VIIe corps ne répond pas à ses forces ; l'on est forcé d'avouer que, pour lé pousser à agir, l'Empereur lui peint la situation sous un jour tout autre qu'elle n'est en réalité. Sans entrer ici dans des détails qui ne rentrent pas dans le cadre de cette étude, on peut affirmer que l'Empereur savait parfaitement que les Turcs n'avaient pas recommencé les hostilités; nul rapport n'indiquait que les 9e et 15e divisions eussent rejoint le prince Bagration.

En entrant en Volhynie, l'on couvrait parfaitement le grand-duché, mais pouvait-on exécuter ce mouvement avec 9.000 hommes? Quant à insurger le pays, la tâche était délicate ; l'Empereur lui-même n'avait osé le faire à Vilna.

Napoléon à Berthier, Ghloubokoé, 4 heures après midi (AG) :

« Mon Cousin. écrivez au général Reynier que je trouve convenable au but qu'il doit remplir la position qu'il occupe ; que je le destine à entrer en Volhynie, qu'il est même le maître d'entrer en Volhynie quand il le jugera convenable ; que les 9e et 15e divisions ennemies, que commande le général Kamenski, ont seules une consistance, et il est probable que l'ennemi cherche à les faire venir pour renforcer Bagration et couvrir Moscou ; que le corps de Tormassof ne peut lui imposer en rien ; que ce n'est qu'un ramassis de troisièmes bataillons, recrues qui sont sans aucune consistance et tout au plus bonnes pour contenir le pays ; que le général Reynier, ayant le pays pour lui et faisant venir des commissaires de Varsovie, peut entrer dans le pays et l'insurger aussitôt qu'il sera certain que les 9e et 15e divisions n'y sont plus ; que les prétendues forces arrivant de Crimée sont des chimères ; que le Grand Seigneur a refusé de ratifier la paix, et qu'au contraire les Russes sont obligés d'envoyer de nouvelles forces en Moldavie et en Valachie ; que je ne lui prescris rien ; que son principal but est de couvrir le Grand-Duché ; qu'une bonne manière de couvrir le Grand-Duché, c'est d'entrer en Volhynie, de faire partout des confédérations et d'insurger le pays ; que tout cela est remis à sa prudence ; qu'il peut écrire au général Dutaillis et au ministre de la guerre polonais à Varsovie, pour qu'on lui envoie 2 à 3.000 hommes des dépôts, ainsi que tous les citoyens marquants du pays qui voudront venir concourir à l'insurrection. Donnez-lui avis que nous sommes à Mohilev, que nous avons passé le Borysthène, que nous sommes maîtres du camp retranché de Drissa ; que nous marchons sur Vitebsk et peut-être sur Smolensk. »

La dépêche expédiée à Davout, une heure plus tard, est écrite sous le même point de vue.

Napoléon à Davout, Ghloubokoé, 5 heures du soir (AG) :

« Mon Cousin, je reçois votre lettre du 20, à 7 heures du soir. Je serai cette nuit à Kamen ; toute l'armée marche sur Vitebsk. Je ne pense pas que vous avez rien à craindre aujourd'hui de l'armée de l'empereur Alexandre. Je ne pense pas non plus que le général Grouchy puisse être dans le cas d'évacuer Orcha. Je crois que vous êtes suffisamment fort pour tenir tête à Bagration, en choisissant une bonne position qui couvre la ville. Pressez l'arrivée du prince Poniatowski et du général Latour-Maubourg. Il ne faut pas croire tous les faux bruits. Tormassof est en Volhynie et n'a que 8.000 hommes de troisièmes bataillons. La 9e et la 15e divisions n'ont pas rejoint Bagration et sont encore en Volhynie, ce qui fait qu'il n'a que trois divisions. Il est tout au plus possible que la 27e division, qui allait en Volhynie et qui a été coupée, l'ait joint ; ce qui lui donnerait quatre divisions, ou 20 ou 24.000 hommes, avec 6.000 Cosaques et 4.000 hommes de cavalerie. Vous avez plus que cela, et je ne pense pas que vous deviez le craindre, quand même le prince Poniatowski ne vous aurait pas rejoint. Je suppose que les deux armées russes chercheront à se réunir à Smolensk. »

A Reynier, l'Empereur avait dit que les 9e et 15e divisions avaient probablement rejoint Bagration ; à Davout, une heure après, il mandait qu'elles étaient restés en Volhynie. Tout en évaluant les forces de Bagration à quatre divisions, il jugeait le maréchal plus fort que lui ; pourtant, il ne pouvait ignorer qu'il ne lui restait de disponible que six régiments d'infanterie et les cuirassiers.

En un mot, l'Empereur n'admettait pas d'être dérangé dans son mouvement offensif ; surtout, il voulait avoir le nombre au point où il espérait livrer une grande bataille. Une telle manière de renseigner peut être dangereuse à certains points de vue ; Letow Vorbeck l'a fait ressortir en plusieurs circonstances.

Quant aux projets de l'ennemi, Napoléon avait reconnu son intention de se réunir à Smolensk. Peut-être espérait-il encore que l'armée russe descendrait sur Sienno pour se réunir avec Bagration, comme plusieurs rapports en parlaient, ou s'arrêterait à Vitebsk pour l'y attendre et livrer bataille. Ceci n'est pas une supposition, car dans sa dépêche au vice-roi à 7 heures 1/2 du soir, l'Empereur revient encore sur la nécessité d'occuper Béchenkovitschi, afin d'empêcher l'armée russe de se porter sur Orcha.

Si celle-ci avait réellement exécuté un pareil mouvement, l'Empereur aurait eu une belle occasion de tomber sur son flanc gauche.

Nous ne reviendrons pas ici sur l'emplacement du quartier impérial ; dans cette journée, l'inconvénient d'être éloigné de l'avant-garde se faisait encore plus sentir. Les ordres de mouvement ne parvinrent à Murat que vingt heures après leur expédition, les dépêches du vice-roi mirent vingt-quatre heures à arriver à destination.

Napoléon au prince Eugène, Ghloubokoé (AG) : 7 heures et demie du soir,

« Mon Fils, je reçois votre lettre du 21 à 6 heures du soir ; elle a mis, comme vous le voyez, vingt-quatre heures à arriver. Je suppose que vous aurez envoyé votre avant-garde sur Béchenkovitschi, comme je vous l'ai mandé le 21 ; que vous vous y serez réuni avec la division Bruyère et avec le corps Nansouty, et que, de là, vous aurez poussé des postes sur Vitebsk, sur Sienno, pour communiquer avec le général Grouchy. Appuyez, le plus qu'il sera possible, sur Béchenkovitschi, afin d'empêcher les Russes de se porter sur Orcha. Le général Grouchy, instruit de votre arrivée, gardera Orcha, où il y a de grands magasins qu'il serait malheureux de perdre. On dit qu'à Béchenkovitschi il y a aussi des magasins considérables. Si on peut les conserver, ce sera aussi un grand bonheur ; on les aura sauvés si votre cavalerie s'y est portée rapidement. Je vous ai mandé que vous n'aviez pas besoin d'aller à Ouchatsch, où se trouvait le duc d'Istrée. J'espère donc que vous avez vos quatre brigades de cavalerie légère, ce qui, avec la cavalerie de votre garde italienne ne doit pas faire moins de 6.000 hommes. Réunis à Nansouty, cela fera un beau corps pour battre la campagne et nous donner des nouvelles de Vitebsk. J'espère que vous aurez jeté un pont à Béchenkovitschi. Je pars à huit heures du soir pour Ouckatsch. Avez-vous fait faire des fours à Kamen et à Ouchatsch ? »

Au duc de Bassano, l'Empereur renouvelait l'ordre de presser le maréchal Macdonald de passer la Dvina. Pour le rassurer sur une invasion probable des Russes dans le Grand-Duché, il le mettait au courant des ordres donnés au général Reynier, au prince de Schwarzenberg et au maréchal Victor.

Napoléon au Duc de Bassano, Ghloubokoé :

« Monsieur le Duc de Bassano, je reçois votre lettre du 21. J'ai tout lieu de penser que le Prince d'Eckmühl sera entré à Mohilev le 20. Cependant je n'ai encore de nouvelles que de ses avant-postes, qui n'étaient qu'à deux ou trois lieues de cette ville. Il paraît que l'Empereur était le 19 à Vitebsk.

Je pars à l'instant et porte mon quartier général à Kamen.

Le Roi de Naples s'est porté sur Polotsk et inonde toute la rive droite de la Dvina de sa cavalerie. Réexpédiez un second courrier et promettez une récompense s'il va très vite pour annoncer ces nouvelles au Duc de Tarente.

On me dit que l'ennemi n'a laissé que trois bataillons à Dinabourg; si cela est vrai, je désire que le Duc de Tarente en investisse la forteresse, et que, s'il y en a davantage, il l'observe ; qu'il faut qu'il fasse un pont afin d'éloigner tout ce que l'ennemi aurait laissé sur la rive droite. Annoncez aussi au Duc de Tarente que l'équipage de siège est arrivé à Tilsit ; que je suppose qu'il l'aura fait débarquer et qu'il l'aura mis en mouvement pour pouvoir commencer le siège de Riga ; que la première brigade de la division Daendels doit être arrivée à Labiau ; que s'il en avait besoin, il pourrait l'approcher de Tilsit ; que tout le IXe corps, commandé par le Duc de Bellune, sera du 8 au 9 à Tilsit ; que ce corps est composé de trois divisions, formant plus de 30.000 hommes ; que, dans le cas où il en aurait besoin, il peut envoyer à sa rencontre pour presser sa marche, si les circonstances le rendaient nécessaire.

Voici la position qu'occupe le général Reynier : sa droite est à Brest et Kobrin, et sa gauche est à Pinsk ; il tient son centre à Droghitschin. Vous voyez qu'il est à portée d'entrer en Volhynie et de protéger le Grand-Duché. Je l'ai laissé maître d'entrer en Volhynie, s'il le jugeait convenable. Si l'on pouvait fournir de Varsovie quelques milliers d'hommes et beaucoup de volontaires pour insurger la Volhynie aussitôt que la 9e et 15e divisions russes l'auront évacuée, ce serait une bien bonne opération. Ecrivez au général Reynier pour l'instruire de ce qui se passe ici, et que, de son côté, il se mette en communication par courriers avec vous. Faites comprendre au gouvernement polonais qu'il est nécessaire d'organiser promptement des forces, parce que tout serait bon contre la canaille qu'a réunie Tormassof. Trois bataillons des régiments de la Vistule sont partis le 17 de Kœnigsberg et vont arriver à Vilna. Dites au commandant Jomini qu'il peut écrire pour accélérer leur route, s'il trouve que la garnison de Vilna ne soit pas assez forte, mais que je suppose qu'il aura assez de monde en retenant les isolés. Voyez donc sérieusement le gouvernement, pour qu'on réunisse chaque jour 5 à 600 quintaux de farine, et que tout ce qui part ait abondamment de pain. Voyez aussi le commandant Jomini et le commissaire des guerres pour qu'on ne retienne aucun convoi, qu'on les expédie tous et qu'on fasse connaître aux commandants que celui de tout convoi qui sera plus de huit jours en route pour aller de Vilna à Ghloubokoé sera arrêté et puni. Le prince Schwarzenberg doit être à Nesvïj. Je lui ait donné ordre de se rendre sur Minsk.

Il paraît que la grande armée russe a évacué en toute hâte ses positions de la Dvina et s'est mise en marche forcée, de peur que je ne lui coupe le chemin de Moscou.

La garnison de Zamosc étant trop forte, puisqu'il y a un régiment entier et qu'on n'a plus aucune crainte d'un siège, il serait convenable d'y envoyer 1.000 hommes des dépôts pour remplacer ce régiment, dont on ferait une colonne mobile avec trois ou quatre pièces de canon. Cette colonne, à laquelle on joindrait une centaine de chevaux, protégerait le pays et serait fort utile au général Reynier. Ecrivez pour cela au général Reynier et au Ministre de la guerre à Varsovie. On a des fusils à Zamosc et à Varsovie, et on pourrait en employer 4 à 5.000 à armer les gardes nationales des frontières, afin de défendre le pays et de repousser les Cosaques.

Envoyez au général Reynier tous les renseignements que vous avez sur le corps de Tormassof, auquel je ne crois pas plus de 9.000 hommes, et encore ce ne doit être que tout recrues.

Je suppose que je n'ai pas besoin de vous dire d'envoyer une ou deux fois par semaine des courriers à Constantinople, pour porter les bulletins et toutes les nouvelles possibles ; si j'étais obligé d'entrer dans de pareils détails avec vous, vous seconderiez bien mal mes intentions. Il faut donc que les Turcs se pressent d'entrer dans la Moldavie et la Valachie, et menacent la Crimée par le mouvement de leur flotte.

Indépendamment des courriers de Vienne, envoyez-en par Léopold et la Transylvanie ; ce doit être beaucoup plus court. De simples courriers ne font pas le même effet que des officiers : envoyez donc des officiers polonais.

Faites envoyer par la Confédération de Varsovie une ambassade de trois membres en Turquie ; qu'elle parte sans délai pour faire part de la Confédération et demander la garantie de la Turquie. Vous sentez combien cette démarche est importante ; je l'ai toujours eue dans ma tête, et je ne sais comment j'ai oublié jusqu'à présent de vous donner des ordres. Faites en sorte que cette députation, avec une lettre de la Confédération pour le Grand Seigneur, parte avant huit jours et arrive à tire-d'aile à Constantinople.

P.-S. — Le Prince d'Eckmühl est entré le 20 à cinq heures du soir à Mohilev. Il y a trouvé des magasins ; l'entrée de la place a été défendue par 2.000 hommes, qui ont été culbutés et écharpés. On en a pris la moitié, dont 20 officiers. Il paraît que la 26e division qui ferait la tête de Bagration, marchait sur Mohilev ».

Mouvements des troupes.

Cavalerie de Murat. — Dès 2 heures 3/4 du matin, Nansouty recevait un ordre direct de l'Empereur de marcher sur Oula et Béchenkovitschi ; cet ordre n'existe plus.

A 9 heures du matin, les ordres de mouvement donnés par l'Empereur, le 21 à 10 heures du soir, parvenaient à Murat ; ils nous font malheureusement défaut, mais du contenu des ordres donnés pour leur exécution aux maréchaux Ney et Oudinot, il résulte qu'ils avaient pour objet de concentrer, le 23, le IIIe corps à Polotsk, le IIe corps à Disna. En conséquence, Murat rendait compte à l'Empereur des mouvements qu'allaient exécuter les troupes. La division de cavalerie Sebastiani était déjà passée sur la rive droite, les cuirassiers la suivraient ; au cas où le gué deviendrait impraticable, ils se rendraient à Polotsk par la rive gauche.

Les divisions Friant et Gudin étaient en marche depuis 3 heures sur Polotsk, elles atteindraient cette ville le soir. Le IIIe corps se concentrerait à Disna le 22, puis marcherait sur Polotsk par la rive droite ou la rive gauche, suivant l'état d'achèvement des ponts ; la troisième division resterait à Disna jusqu'au moment où le IIe corps la relèverait. Le maréchal Oudinot coucherait avec deux divisions à Tschères et porterait la troisième sur Drissa, afin de détruire la tête de pont ; le 23, ces deux divisions avec les cuirassiers et la cavalerie légère seraient à Disna. Le rôle du maréchal Oudinot devenait alors multiple ; il devait rejeter les troupes restées sur la rive droite de manière à dégager la Dvina de Disna à Dinabourg, faire reconnaître cette place, surveiller les routes de Nevel et de Sebej, et tenir toujours une division prête, afin de soutenir la gauche de la grande armée.

D'après les rapports, on avait reconnu que les troupes russes restées vers le Nord appartenaient au corps de Wittgenstein ; toutefois, on ne les évaluait qu'à une division, et, bien loin de leur prêter une intention offensive, on leur donnait comme mission de couvrir la route de Saint-Pétersbourg et de favoriser l'évacuation des hôpitaux de Sebej.

Dans la journée, Murat jugeait que l'importance de détruire le camp de Drissa ne méritait pas de se priver d'une division dans un moment de crise aiguë. Oudinot était autorisé à ramener sur Drissa sa troisième division au cas où Drissa serait évacué.

Quant au mouvement de Nansouty et de Morand sur Oula et Béchenkovitschi, Murat savait par la dépêche de Nansouty, de 2 heures 3/4, qu'il était déjà commencé.

Murat à l'Empereur, 10 heures du matin, Disna (AN) :

« Sire, je reçois à 9 heures du matin la lettre de Votre Majesté du 21 juillet, 10 heures du soir ; je vais donner des ordres en conséquence pour que toutes ses intentions soient remplies. Une grande partie de la division Montbrun est déjà de l'autre côté du fleuve, le passage continue et malgré le temps affreux qu'il fait, tout ce corps passera et aura sa tête ce soir à Polotsk, et je donne l'ordre au général Montbrun, si le gué devenait impraticable, de se rendre à Polotsk par la rive gauche avec les deux divisions de grosse cavalerie. La division Morand était hier soir bien près de Polotsk ; les divisions Friant et Gudin se sont mises en marche aujourd'hui à 3 heures du matin et seront également ce soir sur Polotsk, s'il n'arrive point d'accident au pont de chevalet, celui de radeaux s'étant rompu. Le général Nansouty a reçu ordre de se porter avec tout son corps et la division Morand sur Oula. Le général Jacquinot a dû coucher cette nuit à Anopol ; il n'avait rencontré personne sur la rive gauche et n'avait vu que quelques Cosaques sur la rive droite.

Deux divisions du duc de Reggio couchent ce soir à Tschères, sa troisième division a marché de Pérébrodé sur le camp retranché de Drissa ; il a l'ordre de le détruire. Ce maréchal continuera demain son mouvement sur Disna, où il relèvera le duc d'Elchingen, et restera chargé de la construction de la tête de pont, de passer la rivière et de marcher sur Drissa, pour en chasser Wittgenstein si, comme on le dit, il s'y trouvait encore.

On m'assure qu'on l'y a laissé avec quelques milliers de chevaux et quelques bataillons d'infanterie pour évacuer les magasins, couvrir la route de Saint-Pétersbourg et protéger l'évacuation des hôpitaux de Sebej. Je serai moi-même de ma personne sous Polotsk et peut-être irai-je coucher au quartier général du général Bruyère, qui a reçu dans la nuit l'ordre de marcher sur Oula. Tout le corps du duc d'Elchingen sera réuni derrière Disna, ses sapeurs et ses pontonniers travaillent sans relâche à la construction du pont sur chevalets. On m'a rendu compte dans la nuit que quelques chevalets s'étaient rompus et que cet accident retarderait de quelques heures l'achèvement du pont. Je laisse M. le duc d'Elchingen maître de se rendre à Polotsk par l'une ou l'autre rive ; mais si le pont n'était pas fini demain matin, il a l'ordre de s'y rendre par la rive gauche.

J'espère qu'une partie de la division Sebastiani arrivera devant Polotsk, si le corps en entier ne peut pas y être réuni ce soir.

Cette lettre ne partira que de Polotsk, où je ferai connaître positivement à Votre Majesté où coucheront les généraux Bruyère et Nansouty, et les trois divisions du Ier corps.

J'adresse ci-joint à Votre Majesté le croquis des ouvrages de Drissa.

Il fait un temps affreux, il est bien à craindre qu'il n'arrive quelque accident à nos ponts, et que la marche des troupes n'en soit retardée. »

Les ordres donnés par Murat à 10 heures aux maréchaux Ney et Oudinot furent transmis à l'Empereur à minuit.

Murat à Oudinot, 10 heures du matin, Disna (AN) :

« Mon Cousin, arrivez demain à Disna avec vos deux premières divisions, la division Doumerc et votre cavalerie légère pour y relever le duc d'Elchingen, et faire achever la tête de pont qu'il a fait tracer et commencer. L'intention de l'Empereur est, qu'après avoir fait détruire les ouvrages du camp retranché, vous envoyiez des partis sur Dinabourg, pour savoir ce qui s'y fait, quelle est la force de la place sur la rive droite et de la garnison, que vous passiez de votre personne de Disna sur la rive droite, pour donner la chasse à la division que l'ennemi a pu laisser à Drissa, que vous dégagiez la Dvina depuis Disna jusqu'à Dinabourg, et que vous poussiez des partis sur Polotsk, si toutefois vos troupes ne vous étaient pas absolument nécessaires pour l'opération de Drissa, et qu'enfin vous ayiez toujours une division prête à marcher pour secourir notre gauche.

Je vous transmets à peu près littéralement les instructions de l'Empereur. Vous sentirez néanmoins la nécessité d'avoir constamment des partis sur la route de Nevel, où l'Empereur Alexandre a établi son quartier général, et sur celle de Sebej, où se retire le général Wittgenstein avec une des divisions de son corps d'armée, pour couvrir la route de Saint-Pétersbourg et protéger l'évacuation des hôpitaux de Sebej. Je vous prie de me faire connaître à Polotsk, où je vais coucher ce soir, votre arrivée à Disna, la destruction du camp retranché de Drissa et la marche des travaux des ponts et de la tête de pont.

L'Empereur sera ce soir à Ouchatsch avec sa garde et le Vice-Roi ; la division Bruyère et la division de cuirassiers Saint-Germain seront aussi ce soir sur Oula. Toute l'armée ennemie s'est décidément retirée sur Vitebsk.

L'Empereur croit que le prince d'Eckmühl s'est emparé de Mohilev; ainsi vous voyez en résumé que les affaires vont très bien. Bagration n'a pas pu rejoindre Bobrouisk et a été obligé de se jeter à vingt lieues plus bas. Je ne pense pas que d'après ce qui se passe à Disna, l'ennemi ait pu conserver un homme à Drissa.

P.-S. — Je vais lui donner ordre d'appeler sa troisième division à Disna, si Wittgenstein n'est plus à Drissa, comme tout porte à le croire. »

Murat à Ney, 10 heures du matin, Disna (AN) :

« Mon Cousin, si le pont n'était pas fini demain matin, passez la Disna et portez-vous avec votre corps d'armée sur Polotsk par la rive gauche de la Dvina ; faites passer votre cavalerie légère sur la rive droite, pour appuyer sur Polotsk la division Sebastiani. Je me détermine à faire porter sur Polotsk par la rive gauche les deux divisions de grosse cavalerie du général Montbrun. Votre cavalerie légère vous rejoindra à Polotsk, après avoir éclairé la route de Drissa à Polotsk et s'être assurée qu'il n'existe plus d'ennemis à cinq ou six lieues sur notre gauche le long de la Dvina. Votre corps d'armée sera relevé demain par celui de M. le Duc de Reggio, qui sera chargé de faire achever la tête de pont que vous allez faire tracer et commencer ; votre troisième division ne devra quitter Disna qu'après avoir été relevée par une des divisions du IIe corps. Vous vous rendrez à Polotsk par la rive droite, si le pont est fini demain matin. Envoyez un officier du génie à la suite de votre cavalerie légère, avec ordre de reconnaître le Drissa et la Polota, et de voir s'il n'y aurait pas une bonne position à prendre entre ces deux rivières.

Je serai ce soir sous Polotsk, où je vous prie de m'adresser vos différents rapports, tant des reconnaissances de votre cavalerie légère que des travaux de pont.

P.-S. — Le Duc a été informé depuis que la grosse cavalerie était passée par la rive droite. »

Murat quitte Disna à midi et arrive à Polotsk à 5 heures 1/2 de l'après-midi. En route, il reçoit le rapport de Nansouty de 9 heures du matin. De suite, il expédie une dépêche capitale où la situation est complètement éclaircie ; comme l'avait prévu l'Empereur, un corps, celui de Wittgenstein, est resté vers Drouïa et Drissa ; tout le reste de l'armée a filé sur Polotsk.

Les divisions Friant et Gudin sont encore en arrière, retardées par le mauvais temps ; la division Morand a dépassé Polotsk, le corps de Montbrun est sur la rive droite.

Murat à l'Empereur, 5 heures 1/2 du soir, Polotsk (AN) :

« J'arrive à l'instant et je trouve toute la division Morand déjà partie pour suivre le mouvement du général Nansouty ; il a laissé dans la ville six compagnies de voltigeurs, et deux bataillons en face sur la rive gauche, et quelques pièces de canon pour les soutenir. J'ai laissé à trois milles d'ici les deux divisions Friant et Gudin ; j'espère qu'au moins l'une d'elles arrivera ce soir ; j'ose croire que l'autre viendra au moins à deux lieues d'ici. La pluie qui est tombée ce matin a abîmé les routes.

6

Je monte à cheval. Je vais faire appeler le bourgmestre et j'écrirai à Votre Majesté dans quelques heures. Tout le corps du général Montbrun a reçu l'ordre de se rendre à Polotsk par la rive droite ; la division légère avait fini de passer à 9 heures ; les cuirassiers ont passé immédiatement après.

J'adresse à Votre Majesté les différents rapports du général Jacquinot (1), que j'ai reçus en route ; il paraît que l'ennemi continue son mouvement de retraite, comme Votre Majesté le verra par ces mêmes rapports. Il est presque certain que le corps de Wittgenstein n'a pas encore passé et qu'il se trouvait encore à Drissa et Drouïa, puisqu'on l'attendait ici ; mais vraisemblablement, d'après ce qui s'est passé à Disna, il aura changé de route.

On dit le corps de Wittgenstein à quatre milles d'ici ; c'est sans doute celui dont le général Jacquinot a vu le mouvement.

P.-S. — Je puis déjà assurer à Votre Majesté que les corps de Baggowouth, Schouvalof, Doktorof, Touczkof et la garde impérial ont passé ici ; le corps de Wittgenstein était à Drouïa et à Drissa ; on l'attendait ici, mais Votre Majesté avait déjà prévu sa marche sur Sebej. Le Grand-Duc a maltraité ici Bennigsen. On dit ici que l'Empereur s'est rendu à Moscou, où il y a, dit-on, de grands mouvements ; on croit déjà Votre Majesté aux portes de cette ville ; dans peu d'heures, j'enverrai toutes ces nouvelles à Votre Majesté. »

Un rapport d'espion est conservé actuellement avec cette lettre ; il signale la présence de Russes à Drissa.

Rapport d'espion (AN) :

« Il est venu à Drissa hier à midi jusqu'à l'endroit où était le pont ; s'étant approché, l'infanterie tira des coups de fusil sur lui, et il a été obligé de se retirer à côté de la rivière sur Dinabourg. Il a vu dans la ville un régiment d'infanterie, et à un quart de lieue un autre, et à une lieue un troisième. Derrière l'infanterie campent les Cosaques, mais il n'en a pas vu beaucoup. Il ne pouvait pas distinguer les canons. Il ne connaît pas le nom du général qui commande.

De son retour, il a aperçu des troupes russes vis-à-vis du château Chrechowociz jusqu'à deux milles d'ici, de l'autre côté de la Dvina. Il a vu même beaucoup d'infanterie française qui suivait sur les bords de la Dvina, à Drissa, mais ayant vu les Russes, ils ont pris la direction à droite, mais les Russes ne l'ont pas poursuivi et il n'a pas entendu la fusillade. »

A minuit, Murat rend compte à l'Empereur des positions prises par les corps. Il ignore encore l'occupation d'Oula par Nansouty, les

(1) Voir pages 54 et 89.

trois divisions du Ier corps sont vers Polotsk, le IIIe corps à Disna, le IIe corps certainement en route pour s'y rendre. Ceci est une erreur, car, comme nous le verrons plus loin, le IIe corps, sans que nous connaissions le motif de ce retard, ne quitte Pérébrodé que le 23. Sur la rive droite, le rapport de Sebastiani, de 8 heures du soir, est parvenu ; on compte qu'il aura rejoint le 22.

D'après les explications de Murat, il semble que l'Empereur, dans ses dépêches du 21 qui nous manquent, aurait exprimé quelque crainte sur la situation du corps de Montbrun ; le Roi lui assure, en effet, qu'il ne court aucun danger.

Quant au motif qui a empêché Murat de marcher par la rive droite, il vaut mieux ne pas en parler. D'après tous les renseignements, l'armée russe était sur la rive droite ; là était le côté dangereux pour l'exploration ; il était du devoir du chef suprême de prendre la route tenue par l'armée russe, s'il voulait s'éclairer par lui-même.

Murat à l'Empereur, Polotsk, minuit (AN) :

« Je reçois ici à Polotsk les deux lettres de Votre Majesté de 4 heures et de 4 heures et demie de ce matin.

Mon aide de camp est arrivé après mon départ de Disna, qui n'a eu lieu qu'après midi.

Conformément aux ordres de Votre Majesté, elle aura vu par la lettre que je lui ai écrite il y a quelques instants, les différentes déterminations que j'avais prises ; j'adresse à Votre Majesté copie des derniers ordres que j'ai donnés aux Ducs de Reggio et d'Elchingen, j'espère avoir rempli ses intentions.

Sire, je suis fâché d'être parti avant l'arrivée de mon aide de camp porteur de vos dernières lettres ; mais je crois dans ce moment ma présence plus nécessaire ici qu'à Disna, tant pour accélérer la construction des ponts et tête de pont, que pour faire réunir et conserver quelques ressources qui se trouvent dans la ville, et surtout pour avoir de véritables renseignements sur les Russes qui ont passé par Disna. Votre Majesté trouvera ci-joint un rapport fait par un habitant de la ville qui m'a paru, non seulement de bonne foi, mais même très porté à nous dire tout ce qu'il savait, et il m'a paru fort instruit.

Il est 10 heures, et les têtes de colonne de la division Sebastiani n'ont pas encore paru sur les hauteurs de la rive droite de Polotsk ; quelques hommes que j'ai fait passer sur la rive droite ont été envoyés à sa rencontre sur la route de Disna ; j'aurais quelque inquiétude, s'il s'était mis en route dès le matin, mais il n'est guère possible qu'il soit ici, étant parti à 9 heures et ayant eu six milles à faire ; dès que j'en aurai des nouvelles, je ne perdrai pas une minute à vous les faire parvenir.

A mon arrivée ici, ainsi que je l'ai mandé à Votre Majesté, j'ai trouvé la division Morand qui ne s'est mise en marche que vers les 4 heures, mais qui, à cause du mauvais temps et des routes déjà rendues affreuses par la pluie de ce matin, n'aura pu porter la tête de sa division plus loin que deux ou trois lieues. Les passages des rivières de Disna et le gué de la Dvina ont grandement retardé la marche des différentes divisions du Ier corps.

Enfin, Votre Majesté peut regarder ce soir comme réunies sur Polotsk les trois divisions du Ier corps ; toute la division Nansouty a dépassé Aponol, et certainement ses reconnaissances ont reconnu Oula, où déjà il m'avait rendu compte qu'il n'existait point d'ennemis. Le général Montbrun aura sans doute ce soir son quartier général à moitié chemin de Disna à Polotsk, ayant toute sa division légère sur cette ville, à moins d'empêchements majeurs. Tout le corps du duc d'Elchingen est réuni à Disna, d'où il partira demain matin pour se porter sur Polotsk par la rive gauche, si le pont n'était pas fini, et par la rive droite s'il est achevé. Deux divisions du IIe corps et la division Doumerc seront certainement demain à Disna ; une des divisions du corps du Duc d'Elchingen ne quittera Disna qu'après avoir été remplacée par celle du Duc de Reggio.

La troisième division du IIe corps aura certainement commencé ce soir la destruction du camp retranché de Drissa ; voilà, Sire, où se trouvent les différents corps sous mes ordres.

Il ne faut pas dissimuler à Votre Majesté qu'on ne peut pas établir de ponts sur des rivières aussi considérables sans des compagnies de sapeurs et de pontonniers ; sans eux, on s'expose à faire de la mauvaise besogne et l'on perd un temps irréparable.

J'ai laissé des ordres aux compagnies du Danube et aux compagnies de sapeurs du Ier corps de se rendre ici, aussitôt leur arrivée à Disna.

Je me suis décidé à venir par la rive gauche, n'ayant pas pu faire passer mes équipages pour suivre la rive droite, et ce n'est, qu'après la certitude que j'avais de l'occupation de Polotsk et du mouvement rétrograde de toute l'armée ennemie sur le haut de la Dvina que je me suis décidé à envoyer le général Montbrun sur la rive droite. Il a assez de cavalerie pour n'avoir rien à craindre de toute la cavalerie ennemie réunie à son arrière-garde, cavalerie que d'ailleurs le général Jacquinot a vu ce matin remonter la Dvina devant Anopol. Il n'y a donc aucune espèce de danger pour ce corps qui, à tout événement, aurait une retraite assurée sous le canon de Disna.

D'un autre côté, il est impossible que les troupes de Drissa y soient restées après le passage de la Dvina à Disna.

P.-S. — Je reçois à l'instant des nouvelles du général Sebastiani, qui me sont parvenues par la rive droite. Tout ce corps sera donc demain de bonne heure sur Polotsk, je le mettrai aux trousses de l'ennemi. »

A cette dépêche, étaient joints les renseignements suivants :

Renseignements sur l'armée russe (AN) :

« L'empereur Alexandre n'est pas venu à Polotsk ; il est presque certain qu'il est parti pour Moscou, où le Sénat lui a pour ainsi dire ordonné de se rendre ; ce sont les expressions propres du supérieur des Jésuites qui confirme en outre le passage de toute l'armée russe, c'est-à-dire de toute la garde, des corps de Touczkof, Schouvalof, Bagghowouth, Doktorof, Korf et Pahlen. Wittgenstein ne peut plus rejoindre ; il se trouve coupé par le passage de la Dvina à Disna ; il a dû prendre la route de Sebej au lieu de celle de Polotsk, car il paraît presque certain qu'il devait faire l'arrière-garde de l'ennemi. Le grand-duc Constantin, Barclay de Tolly, c'est-à-dire tout l'état-major de l'armée, étaient encore avant-hier ici et tout se mit en mouvement à la nouvelle de notre passage à Disna Ce supérieur m'a dit que, d'abord, tout devait se diriger sur Oula et Béchenkovitschi, mais qu'aussitôt la nouvelle de ce passage, les troupes qui étaient arrivées vis-à-vis Anopol à Oula, prirent la direction d'Obol, qu'il les avait vues hier matin, que tous les bagages avaient pris la même route, et que, de là, il ne sait où elles ont été, ou sur Vitebsk ou sur Nevel. Son opinion à lui est qu'elles ont été à Nevel ; enfin, il m'a assuré que les Russes ne voulaient défendre que la vieille Russie ; ils disent qu'ils veulent nous affamer.

Ce supérieur m'a dit après : « Mais pourquoi vos troupes ont-elles pris la direction d'Oula, que ne prennent-elles celle d'Obol et celle plus à droite de Ghorodek ? » Je lui ait dit : « Prenez garde de ne pas me tromper ; dites-moi la vérité, je ferai valoir près l'Empereur votre conduite. » Ce supérieur est Français, il m'a juré qu'il était incapable de me tromper.

J'ai reçu les principaux de la ville ; ils vont ramasser ce qu'ils pourront ; je ferai respecter Polotsk.

J'attends d'autres rapports que j'adresserai, mais je n'ai pas voulu perdre un instant à vous adresser ceux-ci, qui m'ont paru assez importants. On travaille au pont, j'espère trouver un gué pour la cavalerie, mais je ne puis rien promettre avant d'avoir vu les sapeurs et les pontonniers du Danube. Peut-être, quand Votre Majesté saura que l'ennemi ne marche plus sur Béchenkovitschi, changera-t-elle la marche des divisions du Ier corps ?

J'ai envoyé des relais au quartier général de Nansouty, je puis rapidement m'y porter ou passer ici sur la rive droite et me mettre à la poursuite de l'ennemi. »

Rapport (AN) :

« M. de Ch..., ancien officier, propriétaire à Polotsk, soussigné, dit que le mouvement des troupes qui se sont retirées par Polotsk, a commencé samedi 18 courant et duré le 19, le 20 et le 21. Il croit que le corps de Doktorof est passé le premier ; le 18, le deuxième ; le 19, le corps de Baggowouth ; le 20, les hulans, la garde et l'archiduc Constantin ; le 21, le dernier corps ; il était commandé par le comte de Pahlen. Ces corps ont passé le jour et la nuit. Il ne sait pas quels sont ceux qui ont pu passer pendant la nuit.

Il ne connaît pas le nombre des troupes qui ont passé, on le dit de 100.000 hommes, mais il le croit beaucoup moindre et l'estime de 60.000 hommes et plus.

Ils avaient à leur suite beaucoup de bagages et beaucoup de belle artillerie bien attelée et neuve.

D'après ce qu'il a entendu dire, toutes ces troupes se sont dirigées sur Vitebsk ; il pense qu'une partie peut avoir pris le chemin de Nevel ; il est certain qu'on y a fait des magasins, les ministres s'y trouvent, notamment M. Kotzebue. On a enlevé tous les bestiaux et grains à dix verstes et plus le long de la route de Polotsk à Nevel, pour former ces magasins et ôter les ressources aux Français.

L'Empereur de Russie est allé à Moscou pour, à ce qu'on dit, y apaiser les esprits.

Tous les officiers de l'armée russe sont surpris de cette retraite de leurs troupes.

On dit que le général Bennigsen a eu quelques désagréments de la part du prince Constantin, et qu'il feint depuis ce temps-là d'être malade.

Le corps du comte de Wittgenstein n'est pas passé ; il devait cependant suivre la même route, à ce qu'il a entendu dire par les adjudants d'un général.

M. de C..., ne se fiant pas assez à sa mémoire pour ce qui concerne les dates du passage, offre de conduire à Sa Majesté une personne de sa connaissance qui les donnera plus précisément, et qui peut avoir d'autres renseignements.

L'armée russe vit en partie des contributions de denrées du pays ; les marches forcées l'empêchent de faire du pain, la troupe vit de viande et d'eau-de-vie en abondance, il y a fort peu de malades.

On a dit que le général Bagration avait battu les Français près de

Romanov, qu'il avait fait plus de 800 prisonniers, dans le nombre desquels se trouvaient plusieurs généraux.

On assure que les Russes massacrent les prisonniers.

Les soldats désirent une bataille, il n'ont que très peu de confiance dans leurs généraux, entre lesquels il y a beaucoup de jalousie.

La nation, en général, n'a plus confiance dans son général en chef, Barclay de Tolly, parce qu'il est étranger.

On dit que les Anglais ont fait un débarquement à Riga et qu'il y a aussi des Suédois.

Un corps d'armée russe dont on ne connaît pas la force s'est embarqué en Finlande, et on dit que sa destination est de débarquer en Poméranie avec un corps suédois sous le commandement du prince royal de Suède.

D'après ce qu'il remarque, les Russes sont mal servis par leurs espions.

L'explication que l'on donne de la retraite de l'armée russe est qu'on veut attirer l'armée française dans le fond de la Russie, où elle ne pourra plus exister faute de subsistance, et que les maladies occasionnées par le climat de l'hiver achèveront de la détruire.

Il est certain que Bennigsen voulait qu'on défendît le passage du Niémen ».

Corps de Nansouty. — Depuis sa lettre à l'Empereur du 21, Nansouty était sans nouvelle de l'avant-garde ; à Polotsk, on n'avait plus vu que quelques dragons. Il avait pu se renseigner exactement sur les projets des Russes ; les uns leur prêtaient l'intention de marcher sur Sienno, d'autres celle de se rendre à Vitebsk. En fait, comme nous le verrons plus loin, Barclay, hésita longtemps entre ces deux partis.

A 2 heures du matin, Nansouty recevait à Ekimanïa un ordre direct de l'Empereur de se porter sur Oula.

La brigade Jacquinot était alors entre Anopol et Tourovlia ; les deux brigades légères en avant et en arrière d'Ekimanïa ; les cuirassiers, vis-à-vis Polotsk ; la division Morand n'avait pas encore rejoint. Nansouty invitait alors Morand à se rendre dans cette ville et ordonnait à Bruyère de se mettre en mouvement. L'artillerie n'avait pu suivre.

Nansouty à Napoléon, 2 heures 1/2 du matin, Ekimanïa (AN) :

« Je reçois les ordres de Votre Majesté, en date d'hier 5 heures du soir ; j'ai eu l'honneur de rendre compte à Votre Majesté, que j'étais arrivé hier matin vis-à-vis Polotsk avec la division Bruyère, et que j'avais dirigé sur Oula la brigade Jacquinot, les deux autres brigades en échelons derrière la première et en avant d'Ekimanïa.

La division St-Germain est arrivée dans la journée, elle est vis-à-vis Polotsk. La division Morand ne devait quitter Disna, d'après les ordres du Roi de Naples, qu'après l'arrivée de la division Friant.

Le général Jacquinot a passé par Anopol et a eu l'ordre positif d'envoyer un parti jusqu'à Oula pour avoir des nouvelles de l'ennemi. Je n'ai rien appris cette nuit. J'ai rendu compte hier à Votre Majesté de tous les renseignements que j'ai eus à mon arrivée vis-à-vis Polotsk ; j'ai vu encore hier soir dans Polotsk quelques dragons et Cosaques, mais en très petit nombre; il est aussi passé dans la soirée un petit convoi escorté par quelques hommes d'infanterie. Je vais mander au général Morand de se rendre sur-le-champ ici, et de mettre de suite à exécution les ordres de Votre Majesté, relativement à l'occupation de Polotsk. Il n'y a point de gués vis-à-vis et à proximité de Polotsk ; il y en a un à deux lieues plus haut; Polotsk est dans une belle position, et cette ville doit offrir des ressources. Je vais me rendre à Oula, d'où j'aurai l'honneur de rendre compte à Votre Majesté de ce que j'apprendrai de nouveau et je me dirigerai sur Béchenkovitschi. L'on m'a dit hier que le projet de l'ennemi, et je l'ai mandé hier à Votre Majesté, était peut-être de passer la Dvina à Oula pour se porter sur Sienno ; d'autres disent que l'armée se dirige sur Vitebsk, je le saurai à Oula. Je n'ai point encore [de nouvelles] (?) des troupes qui se sont portées sur ce point, où je vais me rendre, après avoir pris les mesures nécessaires pour le passage de la Dvina à Polotsk et l'occupation de cette ville.

P.-S. — J'ai oublié de rendre compte à Votre Majesté hier que l'on m'a dit que l'empereur Alexandre était parti de Polotsk pour se rendre à Nevel ».

Nansouty à Murat, 2 heures 3/4 du matin, Ekimania (AN) :

« Sire, je viens de recevoir l'ordre de l'Empereur de m'emparer de Polotsk, où il n'y avait hier au soir que quelques dragons ou Cosaques. Sa Majesté croit que j'ai avec moi la division Morand. Je mande en conséquence au général Morand de se rendre en toute diligence à Polotsk, et de s'emparer de la ville en passant la Dvina, de faire établir aussitôt trois ponts de bateaux et tracer une tête de pont, conformément aux ordres de l'Empereur. Le général Morand devra faire rassembler dans la ville beaucoup de vivres. L'Empereur m'ordonne de me porter avec la cavalerie sur Oula et Béchenkovitschi. Sa Majesté me prévient qu'elle se rendra aujourd'hui à Ouchatsch et Kamen ; je vais faire les dispositions prescrites par la lettre de l'Empereur, et je désire bien que le général Morand arrive ici de sa personne avant mon départ pour nous concerter. Je n'ai aucune nouvelle depuis hier soir ; le général Jacquinot a poussé hier par Anopol sur Oula, où il a l'ordre positif d'envoyer un parti ; les deux autres brigades étaient en échelons en arrière et en avant d'Ekimanïa, et les cuirassiers devant Polotsk ; je vais mander au général Bruyère de se mettre de suite en mouvement ».

Dès 1 heure, Jacquinot avait repris sa marche sur Oula ; ses reconnaissances ayant trouvé ce point évacué, d'Anopol, il en rendait compte à Bruyère et le prévenait que de grands convois défilaient sur la rive droite de la Dvina, vis-à-vis de lui.

Des partis étaient aussitôt lancés de l'autre côté de la Oula, afin de reconnaître ce que l'ennemi avait vers Béchenkovitschi.

Jacquinot à Nansouty, 1 heure du matin, Tourovlia (AN) :

« Ma brigade est en marche sur Oula, mon avant-garde est à une lieue au delà de Anopol.

J'ai envoyé des reconnaissances sur Oula et Ousaïa, je n'ai pas encore de rapports.

Un juif qui arrive de Oula, assure que l'ennemi n'y est pas passé.

M. le chef d'escadron Vitré me rend compte qu'il paraît que le corps ennemi qui était devant lui, a fait un mouvement en remontant le fleuve, mais que 1.500 chevaux viennent de le descendre en le longeant.

P.-S. — Ma brigade manque de cartouches ».

Jacquinot à Nansouty, Anopol (AN) ;

« L'officier commandant la reconnaissance sur Oula rend compte que l'ennemi n'y est pas. Il a eu ordre de pousser une reconnaissance en avant. J'envoie M. de Vitré avec 50 chevaux par Oula, il a ordre de reconnaître les gués qui peuvent se trouver dans la Oula et de la passer. Il est prévenu qu'il peut rencontrer l'ennemi en force. Ses instructions sont de s'informer près des habitants si l'ennemi a des projets de passage entre Oula et Vitebsk. Il tâchera d'envoyer de petites reconnaissances jusqu'à Béchenkovitschi.

Il passe en ce moment vis-à-vis Anapol un convoi d'artillerie et d'équipages ; il est escorté par 3 ou 400 hommes d'infanterie et 1.200 chevaux. Le convoi qui est sous mes yeux, est considérable. Il passe depuis que je vous en parle, et je n'en vois pas la fin. Il y a une compagnie d'artillerie à cheval (douze pièces, vingt-quatre caissons). L'escorte est beaucoup plus forte que je ne vous l'ai annoncé premièrement ; trois convois moins considérables d'artillerie et d'équipages ont déjà passé vis-à-vis Anopol.

P.-S. — La reconnaissance que j'ai envoyée hier soir sur Prozorki n'est pas encore rentrée ».

Ces divers rapports parvenaient à 9 heures à Nansouty ; il était alors rendu à Tourovlia.

Nansouty, Tourovlia, 9 heures du matin (AN) :

« J'ai l'honneur d'adresser à Votre Majesté : le numéro un n'a rien de bien intéressant ; les numéros deux et trois me sont parvenus depuis que je suis en marche. Je ferai connaître à Votre Majesté ce que j'apprendrai de nouveau en route, et à mon arrivée à Oula, je lui rendrai compte des renseignements que je me serai procuré sur la marche et les mouvements de l'ennemi.

j'ai l'honneur d'observer à Votre Majesté que la journée d'hier a été assez forte, celle d'aujourd'hui l'est aussi, l'artillerie des cuirassiers et de la cavalerie légère n'était pas encore arrivée, lorsque je suis parti de Polotsk, j'ai envoyé un officier pour la faire suivre. Hier, sa marche a été retardée par le pont sur la Disna qui s'est rompu et par d'autres petits ponts, qu'il fallait raccommoder.

Aujourd'hui, elle aura de mauvais chemins. Si le pont de Oula est détruit, j'aurai de la peine à le faire réparer, faute d'ouvriers. Je ferai ce qu'il sera possible ; j'ai donné l'ordre qu'on reconnaisse les gués qui peuvent exister ».

A 3 heures, Nansouty entre à Oula. La brigade Jacquinot prend position en avant de la ville ; les deux autres brigades légères en arrière ; les cuirassiers sont en troisième ligne ; pour tout ennemi, on a vu sur la rive opposée, vis-à-vis Oula, un bataillon. Bien loin de pouvoir appuyer le corps de cavalerie, comme nous l'avons vu, Morand n'arrivera le soir qu'à deux ou trois lieues de Polotsk.

Nansouty à Napoléon, 4 heures 1/2 du soir, Oula (AN) :

« J'ai l'honneur de rendre compte à Votre Majesté que je suis arrivé à Oula, à 3 heures après-midi, avec deux brigades de cavalerie légère ; le général Jacquinot m'avait devancé de plusieurs heures. Il avait déjà envoyé un parti sur Béchenkovitschi ; je viens d'y envoyer de nouveau 200 chevaux. J'ai une brigade en avant d'Oula, deux brigades en arrière en échelons, et les cuirassiers en troisième ligne. Le pays de Polotsk à Oula est boisé en majeure partie. Nous avons eu des chemins étroits et mauvais, dans beaucoup d'endroits des ponts mauvais et qui se sont rompus, ce qui a retardé la marche de la queue de la colonne et surtout de l'artillerie qui n'arrivera pas aujourd'hui, ou n'arrivera que très tard.

Le général Jacquinot a vu ce matin un convoi d'artillerie et d'équipages qui se dirigent du côté de Vitebsk. Il était escorté par 400 hommes d'infanterie et environ 1.200 chevaux. Il y avait une compagnie d'artillerie légère, en tout douze pièces de canon et vingt-quatre caissons. Pendant la marche, la colonne a été côtoyée par des Cosaques qui étaient en éclaireurs sur la rive opposée et qui la remontaient. En arrivant ici, j'ai vu sur la rive droite, près de Oula, environ un bataillon d'infanterie et des postes de dragons et de Cosaques; ces troupes y sont encore. J'ai laissé le général Morand vis-à-vis Polotsk, je lui ai communiqué les ordres de Votre Majesté ; le pont allait être commencé au moment où je suis parti ; il n'y avait plus d'ennemis dans la ville.

J'ai l'honneur d'adresser à Votre Majesté le même rapport à Ouchatsch ».

Autant que l'on peut en juger par le rapport suivant, la brigade Piré lançait des partis sur la rive droite de la Dvina. Sur la route de Nevel, ceux-ci tombaient sur un convoi escorté par de l'infanterie ; vers Vitebsk, on ne rencontrait pas l'ennemi, mais les paysans annonçaient qu'il était en pleine retraite sur cette ville.

Cubières, 8 heures du soir (AN) :

« J'ai l'honneur de vous rendre compte que les reconnaissances viennent de rentrer. L'officier du 16e qui s'était porté sur la route de Nevel, a rencontré l'ennemi à deux lieues d'ici au milieu d'un bois où aboutit une route de traverse venant de la route de Riga à celle de Polotsk à Nevel. Il a donné sur un convoi escorté d'infanterie, il était maître d'une voiture couverte montée par deux officiers, lorsque le feu de l'infanterie l'a forcé à se retirer. Il n'a point aperçu de cavalerie, et n'a pu ramener de prisonniers, n'ayant que cinq hommes avec lui.

La reconnaissance poussée sur la route de Vitebsk a été à deux lieues sans rien trouver.

A Strounïa, les habitants lui ont dit que l'ennemi se trouvait à quatre milles plus loin en pleine retraite ; on a été à une lieue sur la route de Disna sans rien voir.

Les rues sont barricadées, j'ai un fort poste au pont qui est la clef des routes de Nevel, Disna et St-Pétersbourg. J'ai réuni peu de pain, mais il y en aura davantage demain. Il existe en magasin une vingtaine de sacs de farine. Il y a des ressources dans les couvents de Strounïa et Spas.

M... procurera de la farine et du grain. Je vous prie, mon Général, de le recommander à la bienveillance de Sa Majesté le Roi des Deux-Siciles ; il est venu de lui-même m'offrir ses services et tout ce qu'il possède.

Il serait nécessaire, mon Général, de faire passer le reste des chasseurs du 16e, si vous voulez qu'on pousse des partis un peu loin ».

Corps de Montbrun. — Nous sommes très mal renseignés sur le corps de Montbrun.

Après avoir franchi la Dvina à Disna, Sebastiani se porte sur Polotsk par une route qui côtoie la rivière à une demi-lieue, laissant la grand'route de Ghramochicha à une lieue et demie. A 11 heures 1/2, il s'arrête à quatre lieues de Disna pour réunir sa division, n'ayant encore vu aucun ennemi ; d'après les habitants, Pahlen était le 20 à Polotsk, toute l'armée russe se retire à grandes marches sur Vitebsk ; elle a l'intention de se réunir à Bagration.

Sebastiani à Ney, 11 heures 1/2, Kucheliki (?) (AN) :

« Je n'ai pas encore aperçu d'ennemis, mais les habitants disent que le général de cavalerie, Pahlen, du 3e corps se trouvait hier à Polotsk avec un régiment de hussards de la garde et deux régiments de Cosaques. L'empereur Alexandre était dans un château à huit verstes d'ici, il y a trois jours, d'où il est parti le même jour pour Polotsk. Les officiers russes disent que l'armée de Barclay de Tolly marche pour se réunir à celle du prince Bagration. Tous les habitants s'accordent pour dire que l'armée ennemie marche à grandes journées pour se rendre dans le cercle de Vitebsk.

Le chemin que j'ai parcouru, est une route de traverse peu fréquentée, mais bonne. Elle est boisée et offre aussi des plaines fertiles où il y a des villages qui offriront des ressources. Nous avons vu beaucoup de bestiaux et de chevaux dans les champs. Tous les habitants sont dans leurs maisons, et nous font un accueil très aimable.

La route longe la rivière a un quart de lieue ou une demie-lieue et se trouve à une lieue et demie de la grande route qui passé par Ghramochicha.

Je vais réunir ici la division dont il me manque encore trois régiments, aussitôt qu'ils m'auront rejoint, je marcherai sur Polotsk.

Je suis ici à quatre lieues de Disna ».

Arrivé à Ghmzéléva, Sebastiani se lance à la poursuite d'un convoi qui lui est signalé sur la route de Polotsk, sans pouvoir l'atteindre. Par là, s'explique son retard à paraître devant Polotsk. Le soir, il est à Kopsy (?) ; Montbrun, avec la division Wattier, à Kuliki ; la division Defrance, à deux lieues de Disna. Tous les renseignements s'accordent à signaler la retraite des Russes, comme s'opérant sur Vitebsk.

Sebastiani (1), 8 heures du soir, Kopsy (?) (AN):

« Je me suis porté en avant de Ghmzéléva sur la route de Polotsk dans l'espérance d'atteindre un bataillon qui escortait un convoi venant de Drissa et marchant sur Polotsk ; mais, informé de notre

(1) Ce rapport est joint à la lettre de minuit.

passage à Disna, il s'est jeté par des routes de traverse sur le chemin de Sebej, et après une marche de douze lieues, je n'ai pu joindre que six petits chariots chargés d'avoine et de farine et douze hommes d'un régiment de chasseurs à pied qui ont été faits prisonniers. Les prisonniers parlent des troupes que j'ai vues avant-hier à Léonpol et à Drissa, comme devant se rendre à Polotsk, mais ce mouvement n'aura certainement pas lieu depuis notre passage sur la rive droite.

Tout le monde s'accorde à dire que l'armée russe se rend à marches forcées sur Vitebsk.

Les habitants de la rive droite de la Dvina me font un très bon accueil, et montrent encore plus de haine contre les Russes que ceux de la rive gauche ; ils sont restés tous dans leurs maisons, leurs bestiaux et leurs chevaux sont dans les champs. Ce pays nouveau offrirait des ressources.

Je suis ici avec les brigades de hussards et de chasseurs, deux régiments de la brigade étrangère sont à deux lieues d'ici ; M. le général Montbrun a gardé avec lui le troisième ; il couche ce soir au château de Kuliki à sept lieues d'ici, avec la division Wattier ; la division Defrance est à deux lieues de Drissa (1). Je vous donne tous ces détails dans la crainte que vous n'ayiez pas encore reçu ses lettres.

Le chemin que j'ai parcouru est bon, il est un peu boisé ».

IIIe Corps. — Le IIIe corps se concentre tout entier à Disna. Le pont n'ayant pu être achevé, le maréchal Ney prévient qu'il marchera le lendemain sur Polotsk par la rive gauche ; le mauvais temps ayant fait grossir considérablement la Dvina, sa cavalerie légère ne pourra peut-être suivre Sebastiani, et ouvrira la marche ; la 25e division attendra à Disna d'être relevée par le IIe corps.

La dépêche de Sebastiani de 11 heures 1/2 ne signalant plus d'ennemis, l'appui de la cavalerie légère du IIIe corps n'était pas utile, d'autant plus que les deux divisions de cuirassiers, contrairement à ce que nous lisons ici, passèrent sur la rive droite.

Ney à Murat, Disna (AN) :

« Votre Majesté me mande par la lettre qu'elle m'a fait l'honneur de m'écrire ce matin, de me rendre demain à Polotsk par la rive gauche de la Dvina, si le pont que l'on établit sur cette rivière vis-à-vis de Disna, n'est pas achevé.

J'ai l'honneur de lui mettre sous les yeux le rapport du général de génie Dode, à l'appui duquel se trouve un croquis de la partie du cours de la Dvina où les travaux ont été commencés. Vous y verrez, Sire,

(1) Ceci doit être une erreur, ce doit être Disna.

qu'il est fort incertain que le pont puisse être achevé, quelque lenteur qu'on mette à sa construction, et qu'il est très difficile d'apprécier par avance toutes les difficultés qu'offre le lit de la rivière.

La cavalerie légère du général Sebastiani était encore à passer le gué à deux heures de l'après-midi ; la pluie qui continuait à tomber, a donné plus de huit pouces de crue, ce qui a augmenté la rapidité du courant de manière à occasionner plusieurs accidents. Les divisions de cuirassiers du général Montbrun se rendent à Polotsk par la rive gauche. Mã cavalerie légère ne pourra passer la rivière que demain matin, si le gué devient praticable ; mais s'il continuait à être aussi dangereux que dans ce moment, elle se rendrait à Polotsk par la rive gauche et ouvrirait la marche du corps d'armée. Ainsi que j'ai eu l'honneur d'en instruire Votre Majesté, mes trois divisions d'infanterie étaient ce matin de très bonne heure prêtes à passer la Dvina, si le pont eût été construit ; elles campent dans la plaine en arrière de Disna, et se mettront en marche demain matin, à l'exception de la 25e, qui restera ici jusqu'à l'arrivée de la tête de colonne du IIe corps.

L'aide de camp que j'ai envoyé hier à Roudnïa, pour reconnaître au-dessus et au-dessous de ce point le gué qui avait été indiqué à votre Majesté, a passé la nuit à faire sonder la rivière, mais partout elle était encaissée et les chevaux avaient à nager. L'ennemi avait encore hier, de ce côté, à la chute du jour des postes de dragons et de Cosaques qui paraissait, suivant le rapport des habitants, s'être repliés sur la direction de Nevel.

Plusieurs nageurs de la 11e division qui étaient campés à Rojmant, ont passé la Dvina et ont été obligés par l'approche de l'ennemi de se retirer, ce qu'ils ont fait sans perte.

J'avais prié le général Sebastiani de me donner, sur la nature du pays et des communications, des renseignements qui m'auraient été utiles, si j'avais suivi la même direction que lui ; j'adresse à Votre Majesté la lettre que je viens de recevoir de ce général ; elle remarquera que les rapports qu'il a reçus sur la marche de l'ennemi annoncent qu'il cherche à faire la jonction avec le corps de Bagration, mais je crois que cette réunion ne peut plus avoir lieu que sur la rive gauche du Volga ».

Rapport sur les moyens de passer la Dvina à Disna, fait à Son Excellence M. le Maréchal duc d'Elchingen, commandant le IIIe corps de la Grande Armée (AN) :

« Il n'y a jamais eu de pont d'aucune espèce sur la Dvina à Disna, la nature de son lit formé de sable et d'une grande quantité de gros blocs de pierre granitique parsemés sur toute la surface ne permettraient pas d'y enfoncer aisément et régulièrement des pilotis, et ces mêmes blocs pourraient compromettre un pont sur bateaux à chaque décrue.

Le passage avait lieu par un bac ou pont-volant placé dans la partie B, la plus étroite du courant un peu au-dessous de l'église et dont il reste encore les culées d'abordage sur les deux rives.

L'ennemi, non seulement, a détruit complètement le moyen de passage, mais encore coulé, démoli et brûlé tous les grands et petits bateaux qui se trouvaient sur la rivière, de manière qu'on a pu réunir à peine trois mauvais petits batelets qui peuvent transporter tout au plus cinq ou six personnes à la fois, et tout légers qu'ils sont, la manœuvre en est très difficile, parce qu'à chaque instant, ils touchent sur quelques-uns des nombreux blocs qu'on rencontre partout, au milieu comme sur les bords de la rivière.

Le passage de la cavalerie qui occupe la rive droite a eu lieu par un gué A extrêmement sinueux qui part en face de la pointe inférieure de l'île E, et formant un S, va aboutir beaucoup plus bas à la rive droite.

Ce gué, sans être très profond, est extrêmement difficile et dangereux à pratiquer parce que les hommes et les chevaux butent contre les blocs qui sont très multipliés dans cette direction, se culbutent dans l'eau et sont emportés par la rapidité du courant. La manœuvre d'un des petits batelets a sauvé plusieurs cavaliers et chevaux.

Les divisions du 1er corps, qui ont occupé les premières Disna, avaient commencé un pont sur chevalets en face de la pointe supérieure de l'île de sable C, pour utiliser un grand bateau qui se trouvait coulé dans cette direction, mais ces divisions n'ayant plus ni compagnies de sapeurs, ni caissons d'outils, se sont servies de quelques ouvriers de la ligne et d'outils rassemblés à grand peine dans Disna. Mais la confection et la pose des chevalets par des hommes étrangers à ce genre de travail ont été si défectueuses, que sans aucun effort et par le simple poids du pont, plusieurs chevalets ont cassé et le pont s'est rompu.

En entreprenant de le rétablir, on l'a commencé un peu plus haut, précisément dans la vue d'éviter ce grand bateau dont le fond mal assuré ne pourrait que compromettre tout ce que l'on essayerait d'appuyer dessus.

Ce travail exigeait beaucoup de précautions et des mesures exactes, il n'a pu être commencé que ce matin à 3 heures, et en ce moment, 4 heures du soir il n'y a guère qu'une sixième partie du pont de fait, malgré le zèle et l'activité qu'y ont mis les sapeurs et particulièrement les pontonniers de la compagnie Ekman.

Ce travail est des plus ingrats et des plus chanceux, la nature du lit de la rivière ne permet pas de garantir la parfaite solidité de l'ouvrage, telle soin et telle lenteur qu'on y apporte et ce qui reste à faire peut offrir de plus grandes difficultés encore, parce que les blocs se multiplient davantage.

On a fixé sur la rive droite les principaux points d'une tête de pont dont la situation serait très favorable, soit pour bien découvrir dans la campagne, soit pour recevoir de la rive gauche la protection nécessaire. Un ouvrage à cornes dont le demi-bastion de droite envelopperait la petite hauteur D où est bâtie l'église, nous a paru réunir toutes les conditions, il couvrirait bien le pont permanent qu'il serait plus convenable d'appuyer davantage à l'île E, dont le terrain dominant procurerait toutes les défenses désirables. Le coteau G qui court presque parallèlement à la rivière, est trop éloigné pour qu'on doive tenir aucun compte du médiocre commandement qu'il a sur cette plaine.

Quoique la Dvina ne présente point à Disna de ces rentrants si avantageux et si recherchés pour l'établissement des têtes de ponts, cependant on pourrait y en établir une d'une bonne défense par toutes les propriétés que présente l'île E et le commandement général de la rive gauche sur la rive droite. Mais on croit devoir répéter que toute espèce de pont sera d'une construction pleine de difficultés et sujette à toute sorte d'accidents.

On n'a rien reconnu au-dessus ni au-dessous de Disna qui pût offrir des conditions plus avantageuses ».

IVe Corps. — A la réception de la lettre de l'Empereur, du 21 à 1 heure, le prince Eugène rend compte des dispositions qu'il a arrêtées. Le 22, la 13e division arrivera à Kamen ; la 13e brigade de cavalerie légère prendra position à Séitsch ; la 12e brigade se rendra à Kamen ; le 23, la 14e division entrera à Kamen le matin ; la 15e, le soir ; toute la cavalerie se réunira en avant de la Oula. Malgré les prescriptions impériales qui, toutes, ont pour objet de hâter l'occupation de Béchenkovitschi, le Prince veut employer toute la journée du 23 à concentrer son corps à Kamen, et ne porter son avant-garde que le 24 à Béchenkovitschi. Outre les fatigues qu'une telle marche imposait aux troupes, c'était perdre vingt-quatre heures sans aucun motif. Le flanc gauche était couvert par le corps Nansouty, et nul rapport n'indiquait que les Russes eussent des forces considérables sur la rive gauche ; au contraire, un individu arrivant de Polotsk annonçait que, le 20, une grande partie des Russes était encore dans cette ville, un paysan parti de Béchenkovitschi disait que, le 21 au soir, il n'y avait dans cet endroit qu'un régiment de chasseurs. Tout conseillait donc de lancer les premières troupes d'infanterie disponibles en avant, afin de soutenir l'avant-garde de cavalerie.

Prince Eugène à Napoléon, Kamen, 9 heures du matin (AN):

« Sire, ainsi que je l'avais annoncé à Votre Majesté, un parti de 200 chevaux a été poussé de Botscheïkovo sur Béchenkovitschi, dans l'espérance de s'emparer des magasins ; arrivé à un village à peu près à moitié chemin, cet escadron rencontra un parti de cavalerie ennemie dont on ne put juger la force à cause de l'approche de la nuit.

Le commandant de mes 200 chevaux prit position. A 11 heures et demie du soir, il fut attaqué par deux escadrons de hussards et un escadron de Cosaques ; il y eut alors un engagement dont le résultat a été pour l'ennemi un officier et six hommes tués et une douzaine de blessés et un prisonnier ; nous avons perdu deux maréchaux de logis et deux chasseurs ; un officier et quelques hommes ont été blessés. Le chef d'escadron Lorenz, qui commandait notre escadron, et les capitaines Rossi et Ferreri ont contribué par leur sang froid à empêcher notre parti de 200 chevaux d'être ramené ; le 2e régiment de chasseurs italiens s'est porté de suite en avant de Botschéïkovo pour soutenir son escadron, et le 3e régiment qui était en arrière, en échelons, s'est également mis en marche pour le rejoindre.

Ainsi donc, la 13e brigade sera réunie tout entière aujourd'hui au village de Séitsch. Je lui ai ordonné de ne point aller plus loin, mon intention étant de rallier sur ce point toute ma cavalerie légère. La 12e brigade va arriver tout à l'heure d'Ouchatsch. Le duc d'Istrie, qui était hier dans cette ville, doit me renvoyer aujourd'hui les Bavarois ; demain, ma cavalerie pourra donc être réunie en avant de la petite rivière d'Oula. J'ai envoyé ce matin à Botschéïkovo mes voltigeurs d'avant-garde pour défendre le pont que le génie y fait construire et qui sera fini aujourd'hui à midi. J'irai moi-même dans la journée reconnaître cette position.

La 13e division sera ici aujourd'hui ; la 14e, demain matin et la 15e demain soir. Je puis donc, dès après-demain matin, porter mon corps tout réuni sur Botschéïkovo et pousser le même jour mon avant-garde de cavalerie et d'infanterie sur Béchenkovitschi, j'y enverrai dès demain une forte reconnaissance. Tous les renseignements que j'ai pris, affirment qu'on ne fait point de travaux ni à Béchenkovitschi, ni à Vitebsk.

Le prisonnier fait cette nuit par les chasseurs assure que ce n'est qu'hier, 21, qu'ils ont fait passer à Botschéïkovo deux régiments de cavalerie et quelques escadrons de Cosaques. Un paysan qui s'est sauvé de Béchenkovitschi a assuré qu'il n'y avait dans cet endroit, hier soir, qu'un régiment de chasseurs infanterie et que tous les magasins qui s'y trouvaient avaient été évacués sur l'autre rive. Ce qui donnerait à penser qu'ils n'ont point l'intention de passer la Dvina sur ce point.

J'ai envoyé cette nuit un parti sur Sienno par Tschachniki.

Mon aide de camp arrive à l'instant; il me remet la lettre de Votre Majesté du 21. Je m'empresse d'avoir l'honneur de l'assurer que je ferai tout ce qui dépendra de moi pour qu'il n'y ait point d'échauffourée de cavalerie. Votre Majesté voit, d'après ce que je lui écris, que je concentre tout mon corps d'armée. J'espère qu'elle aura reçu ma lettre d'hier soir que je lui ai encore adressée à Ghloubokoé. Je lui envoie celle-ci par Ouchatsch. »

A cette dépêche était jointe la feuille de renseignements suivante :

Note donnée par un individu qui arrive de Polotsk et que j'envoie à Votre Majesté (AN) :

« Wittgenstein est resté près de Drissa avec le prince Repin, il a avec lui une trentaine de mille hommes.

Barclay de Tolly était avant-hier à Polotsk, il en est parti la nuit pour Obol ; la division Korf précédait, ainsi que Pahlen.

Schouvalof et Touczkof marchaient avec Barclay de Tolly, Baggowouth suivait en arrière.

Le grand-duc Constantin avec la garde impériale était avec Barclay de Tolly.

L'empereur Alexandre aurait pris la route de Nevel.

Les généraux Alexief, Korf, Bakhmetieff (malade), Zaurow, prince Wolkonski, prince Wurttemberg, Tschaplitz et Yermolof, aide de camp de Barclay de Tolly, étaient à Polotsk avant hier, 20, leurs divisions campées autour de la ville.

Tous les renseignements portent les divisions russes comme beaucoup plus fortes que l'on ne le disait; jusqu'à présent, on assure que la garde impériale est forte de 28.000 hommes ».

La deuxième lettre, du 21, où l'Empereur insistait sur la nécessité d'occuper Béchenkovitschi, amenait le prince à prendre de nouvelles dispositions.

Le 23, la 13e division entrerait à Botschéïkovo ; la 15e resterait à Kamen ; la 14e serait en intermédiaire ; toute l'avant-garde (12 et 13e brigades, cavalerie bavaroise), marcherait avec le Prince sur Béchenkovitschi. Dans la soirée, les derniers rapports de la cavalerie n'avaient signalé sur ce point que de la cavalerie, huit à dix escadrons.

Eugène à Napoléon, Kamen, au soir (AN) :

« Sire j'ai reçu la lettre de Votre Majesté, d'hier 21. Mon corps d'armée sera réuni ici dans la journée de demain ; mais, pour la facilité de la marche, je compte employer la journée de demain, où arrive ici la dernière division, à échelonner les deux autres. En conséquence, la 13e division se portera à Botschéïkovo, la 14e à moitié chemin d'ici à Botschéïkovo, et la 15e restera ici, où elle arrivera seulement dans la journée. Il n'y aura ainsi pas plus de deux heures de distance d'une division à l'autre. Ce soir, la 13e brigade de cavalerie légère a poussé une reconnaissance, jusqu'à une demi-lieue de Béchenkovitschi. Les premiers postes ennemis s'y sont repliés ; mais d'après le rapport du colonel qui a fait la reconnaissance, il y aurait aperçu la valeur de huit ou dix escadrons. Demain, je porterai mon quartier général à Botschéïkovo, j'y réunirai les deux brigades de cavalerie du IVe corps, les deux brigades bavaroises et l'avant-garde des voltigeurs, et je me porterai avec cette avant-garde jusqu'à Béchenkovitschi. Je ferai suivre les sapeurs et les marins.

Tout annonce que l'ennemi ne pense point à passer la Dvina vers ce lieu, et se dirige toujours par la rive droite sur Vitebsk.

Les renseignements que je reçois ce soir d'Oula sont : qu'il est passé lundi dernier à Nikolaévo un corps d'armée russe. Mardi, il a été suivi par deux corps d'armée. On attendait aujourd'hui à Nikolaévo l'arrivée d'un quatrième corps, ainsi que des gardes. On dit que ce sera le dernier passage. Tous ces corps marchent en grande hâte dans la direction de Vitebsk.

J'ai écrit ce matin à Votre Majesté à Ouchatsch, et je lui ai envoyé, par un de mes aides de camp, un individu arrivé de Polotsk, et que je la prie d'interroger, parce qu'il dit avoir été employé longtemps par Barclay de Tolly et a manqué d'être aide de camp du grand-duc Constantin.

Je compte me mettre en marche demain matin, suivant ce que je viens de mander à Votre Majesté, si je ne reçois point d'elle de nouveaux ordres.

J'ai écrit au général Grouchy pour faire parvenir de Borizov à Lepel les 6.000 quintaux de farine.

Je vais y envoyer mes constructeurs de fours, ainsi que le désire Votre Majesté ; je la prie de vouloir bien y envoyer un commandant de place et un commissaire des guerres pour organiser le service dans cette place ».

VIe Corps. — Les Bavarois, après avoir traversé Ghloubokoé, marchèrent sur Svila (1).

(1) Prince de Thurn et Taxis, p. 210.

Ier Corps. — *Colonne de Grouchy.* — A 6 heures du matin, Grouchy informe le major général de l'exécution des ordres de Davout du 21. Les pièces de 12 et le bataillon du 25e arriveront à Chklov le 23 ; le régiment de dragons est déjà dans cette ville.

Vers Vitebsk, les renseignements ne signalent que des Cosaques et des chasseurs ; afin d'être prévenu à temps de tout mouvement offensif sérieux de l'ennemi sur Orcha, Grouchy fait occuper Babinovitschi.

Grouchy à Napoléon, 6 heures du matin, Kokhanov (AN) :

« J'ai l'honneur de transmettre à Votre Majesté la lettre que m'écrit le prince d'Eckmühl et dont il me charge de vous donner communication (1).

Mes rapports du côté de Vitebsk annoncent l'arrivée sur ce point de 5 à 6.000 Cosaques et 2.000 chasseurs ; comme j'ai fait occuper ce matin par des avants-postes Babinovitschi, et qu'on doit pousser des reconnaissances le plus près possible de Vitebsk, si l'ennemi marche sur Orcha, j'en serai informé dans la journée, et en rendrai compte à Votre Majesté, ayant soin d'en prévenir également le prince d'Eckmühl.

Les ordres sont donnés pour que les dispositions qu'il prescrit, s'exécutent de suite ; mais à raison des distances, les pièces de 12 et le bataillon du 25e ne peuvent arriver que demain matin à Chklov au lieu d'y être ce soir, comme le désirait le Prince.

J'envoie un aide de camp au général Tharreau pour qu'il se porte sur Tololschin et accélère son mouvement le plus possible.

Le régiment de dragons dont parle le prince dans sa lettre, est à Chklov depuis hier matin, et les postes de correspondants établis entre Kokhanov et Mohilev.

P.-S. — Ci-joint le duplicata de la dépèche du prince d'Eckmühl ; les rapports du général Pajol n'étaient pas joints à la lettre du Prince, de sorte que je ne puis les envoyer à Votre Majesté ».

Dans la journée, Grouchy recevait ordre de diriger la division Claparède sur Mohilev ; au cas d'une offensive sérieuse de l'ennemi, il aurait à se maintenir à Kokhanov après avoir détruit les magasins d'Orcha.

Pour la première fois, ses rapports lui signalaient la présence de masses à Vitebsk ; aussi, prenait-il ses dispositions pour reconnaître si l'ennemi marchait sur Orcha, ou s'il continuait son mouvement de Vitebsk sur Smolensk.

Grouchy à Berthier, 2 heures après midi, Kokhanov (AN) :

« J'ai l'honneur de rendre compte à Votre Altesse Sérénissime

(1) Voir page 28.

que, par suite des ordres du prince d'Eckmühl qui est à Mohilev, je dirige sur ce point la division polonaise du général Claparède, et continue à tenir Kokhanov, occupant Orcha avec la cavalerie légère et devant me replier sur Mohilev, si des forces trop disproportionnées me rendaient impossible de m'y maintenir. Dans cette hypothèse, il m'est prescrit de brûler les magasins dont je me suis emparé à Orcha, si toutefois je ne puis les évacuer sur Tolotschin, ce que la pénurie des transports me rend fort difficile.

Le prince d'Eckmühl s'attend à combattre le prince Bagration à Mohilev ; divers rapports confirment qu'il y marche avec son armée.

J'ai avec moi trois régiments de dragons, la brigade étrangère, une partie du 6e de hussards et le second régiment de lanciers de la garde; le reste du 3e corps des réserves de cavalerie est avec le prince d'Eckmühl. Mes postes sur Babinovitschi n'y ont point trouvé hier l'ennemi, mais il est en force à Vitebsk. J'ai poussé des reconnaissances aujourd'hui sur Vitebsk, et y ai envoyé des émissaires. Je saurai demain si l'ennemi marche sur Orcha, ou s'il se porte de Vitebsk sur Smolensk.

Hier nos patrouilles n'ont rien trouvé à Sienno, j'y ai encore aujourd'hui des troupes ».

A 8 heures, le général Grouchy met le prince Eugène au courant de sa situation. Le gros de l'armée russe est à Vitebsk; on ne sait encore lequel des trois partis elle prendra, de rester à Vitebsk, de se retirer sur Smolensk, ou de marcher sur Orcha. Le IVe corps arrivant seulement à Kamen, le général tient ce dernier mouvement pour possible ; toutefois il lui paraît plus vraisemblable que la réunion des deux armées s'effectuera en arrière du Dniéper.

Grouchy au prince Eugène, 8 heures du soir, Kokhanov (AN) :

« J'ai l'honneur de faire passer ci-joint à Votre Altesse Impériale une lettre que le prince d'Eckmühl adresse à Sa Majesté, ignorant où se trouve son quartier général, il ose vous prier de la faire parvenir à l'Empereur.

J'ai l'honneur de rendre compte à Votre Altesse que tous mes rapports confirment que l'Empereur de Russie est avec la masse de ses forces à Vitebsk. Ses Cosaques occupent toute la rive gauche de la Dvina, il devait y en avoir hier cinq à six cents à Béchenkovitschi, ce dont votre Altesse Impériale est sans doute informée depuis du temps.

Je ne puis encore savoir quel va être le mouvement de l'armée russe, ni préciser, si elle se portera sur Orcha, ou marchera vers Smolensk, ou enfin si elle demeurera stationnaire à Vitebsk.

L'occupation de Mohilev par le prince d'Eckmühl et l'arrivée de

Votre Altesse Impériale à Kamen détermineront peut-être l'Empereur Alexandre à n'essayer de faire sa jonction avec le prince Bagration qu'en arrière du Dniéper.

Toutefois, en raison de l'éloignement de Kamen, il serait possible qu'il prît le parti de marcher sur Orcha ; c'est ce dont je ne saurais être informé que demain. Aujourd'hui, j'ai encore des reconnaissances sur Kitschin ; et j'occupe Babinovitschi. Mes détachements d'hier sur Sienno ne sont point rentrés ; je n'en suis cependant pas très inquiet, Votre Altesse m'ayant marqué qu'elle aurait aujourd'hui de la cavalerie légère à Tschachinki.

Je prends la liberté de vous supplier, Monseigneur, de faire connaître à Sa Majesté les renseignements ci-dessus quant à l'armée russe. »

Troupes sous le commandement direct du maréchal Davout. — A une heure du matin, le maréchal Davout faisait connaître à l'Empereur les renseignements que lui avaient fournis les rapports de Pajol du 19 et du 20 et celui de Gérard du 21 ; ils ont dû lui parvenir assez tard dans la soirée, puisque ses lettres à Grouchy en date du 21 n'en contiennent pas trace. Un hasard heureux venait les compléter. Un officier d'ordonnance du général Paskéwitsch fait prisonnier lui faisait connaître, par un procédé inconcevable, les intentions du prince Bagration et l'effectif des troupes russes.

Le numéro des divisions ne concordait pas avec la réalité, mais d'après ses indications, le Prince s'avançait sur Mohilev avec quatre divisions d'infanterie et deux corps de cavalerie, ce qui était exact. On comprend dès lors combien était grande l'impatience du maréchal d'être rejoint par le prince Poniatowski ; malheureusement, à cette date, le maréchal ignorait non seulement où se trouvait l'armée polonaise, mais même la direction de sa marche, à tel point qu'il lui prescrivait de presser Bagration.

Davout concentrait alors son corps à Mohilev pour résister à cette attaque prochaine ; à cet effet, il appelait à lui Claparède, Pajol et les troupes laissées pour couvrir Igoumen ; toutefois, il était bien douteux qu'ils pussent arriver à temps. Dans une telle situation, on admirera certainement sa résolution hardie d'arrêter le prince Bagration et de l'empêcher de venir tomber sur le flanc de la masse commandée par l'Empereur. Cette décision répondait aux instructions générales de l'Empereur prescrivant d'interdire aux deux groupes russes de se rassembler.

Davout à Napoléon, Mohilev, 1 heure du matin (AN):

« Sire, j'ai prié ce matin le général Grouchy de vous transmettre copie de la lettre que je lui ai écrite sur une forte reconnaissance de cavalerie faite sur Mohilev (1).

Les rapports que je reçois de tous les côtés confirment la nouvelle de la marche du prince Bagration sur Mohilev. Ce matin, un aide de camp du général russe Paskéwitsch, qui était venu porter des dépêches, a été pris.

Votre Majesté trouvera les renseignements qu'on a obtenus de lui et qui confirment les autres.

Je fais venir ici la division Claparède, les pièces de 12 et les troupes que j'avais laissées pour couvrir Igoumen, c'est-à-dire les trois régiments de cavalerie et le 25e de ligne.

J'écris lettre sur lettre au prince Poniatowski pour qu'il s'approche de moi et pousse vivement le prince Bagration.

J'étudie bien le champ de bataille afin d'être en mesure de recevoir de mon mieux le prince Bagration, s'il persiste dans son intention de venir à Mohilev. L'aide de camp de ce général russe m'a dit qu'à son départ le prince Bagration était résolu à arriver à Mohilev, malgré toutes les difficultés, et à livrer bataille.

Votre Majesté trouvera ici différents rapports du général Pajol et du général Gérard ; tous confirment la marche du prince Bagration.

On a trouvé un grand magasin de 1.700 sacs de farine, sur la gauche du Dniéper en face Chklov. Je donne des ordres pour qu'il soit transporté sur la rive droite, et dirigé sur Mohilev. »

Renseignements tirés de l'officier du général Paskéwitsch, pris près de Mohilev (AN) :

« L'adjudant du régiment d'Orlow, dont le général Paskéwitsch est le chef, avait été envoyé par ce général, qui n'a que dix-huit à vingt ans, pour porter une lettre, à sa mère qui ne demeure qu'à sept verstes de Mohilev, au-dessous de cette ville, sur la rive gauche. Après s'être déchargé de la commission entre les mains d'un oncle du général, cet adjudant a été reconnu et amené par les chasseurs. Il rend compte qu'il a quitté le général Bagration à Bobrouisk le 19 ; il y était arrivé avec une partie de son corps. Ce général s'était flatté d'abord d'atteindre Mohilev avant le prince d'Eckmühl, mais ayant été trompé dans son attente, il était résolu à se battre aussitôt qu'il en trouvera l'occasion.

Le prince Bagration a quitté la Volhynie avec quatre divisions d'infanterie et deux de cavalerie, dont une de cuirassiers. Cet officier a désigné les 12e, 24e, 25e et 26e. Sur l'observation qu'on lui a faite que la 24e était déjà passée à Ochmiana, il a répondu qu'il se

(1) Voir page 62.

trompait, et qu'il voulait dire la 27e. Il n'a pu répondre d'une manière satisfaisante aux nouvelles observations qu'on lui a faites : 1° que la 27e ne pouvait être partie de la Volhynie, puisque nous avions la certitude qu'elle avait été de Moscou par Minsk à la rencontre de Bagration ; 2° qu'il devait exister une autre division de grenadiers sous le n° 2, commandée par le prince de Mecklembourg, que l'on savait avoir été à Slonin avec le prince Bagration ; 3° qu'il n'y avait pas eu de 25e division au corps, dans la composition de laquelle entrait trois régiments de troupes de la Marine.

En résumant les dires de cet officier, et les rectifiant par les données antérieures, on doit croire que l'armée Bagration est composée ainsi :

1° De la 26e division, général Paskéwitsch ;

2° De la 2e division (grenadiers), général prince de Mecklembourg ;

Nota. Ces deux divisions forment le corps Raeffskoï ;

3° De la 12e division, général Woïnow (?) ;

4° De la 18e division, général Scherebatow (?) ;

Nota. Ces deux divisions forment le corps Kolubakin.

5° D'une division de cuirassiers ;

6° D'une division de cavalerie, aux ordres du général Knoring.

Ce serait avec ces troupes que le prince Bagration aurait quitté la Volhynie.

7° De la 27e division qu'il aurait reçue en route ;

8° Du corps de Doktorof, qui a été rejeté sur lui à Olchanouï ;

9° Enfin de tout le corps de Platof.

L'adjudant russe ajoute que le corps de Tormassof, composé des bataillons de réserve, a constamment fait la gauche de Bagration, à vingt-cinq lieues de distance.

Peut-être expliquera-t-on l'ignorance où doit être l'officier russe de l'existence de la 2e division de grenadiers en supposant qu'elle fait partie du corps Bagration.

Il ne donne, du reste, aucun renseignement sur les 9e et 15e. »

D'après cet interrogatoire, l'armée de Tormassof était restée en Volhynie, Bagration n'avait donc avec lui que son armée.

A 8 heures, le maréchal recevait la dépêche de Poniatowski du 18 à 2 heures ; elle éclaircissait pour lui la situation d'une manière fâcheuse, et lui ôtait toute espérance de faire coopérer les Polonais à sa lutte contre Bagration.

Nous avouons ne pas comprendre le reproche adressé par Davout au général Marchand relativement à la direction donnée au Ve corps. Pour suivre vigoureusement Bagration, il aurait fallu lancer Poniatowski et Latour-Maubourg sur Bobrouisk. Mais faire remonter le Ve corps vers Ighoumen et confier ce rôle à Latour-Maubourg renforcé d'une brigade d'infanterie, c'était priver Poniatowski inutilement de la cavalerie. Que pouvait faire le 4e corps de cavalerie contre 40.000 hommes non entamés.

La suite le fera bien voir ; même en face de la faible garnison de Bobrouisk, Latour-Maubourg n'obtiendra aucun renseignement. Que serait-il devenu s'il s'était trouvé en présence de toute une armée ? A notre avis, le grand tort fut de n'avoir pas laissé le prince, à une telle distance, maître de ses décisions.

Quelle que soit notre admiration pour le maréchal Davout, on est forcé de reconnaître que son ordre du 19 confirmait dans ses parties essentielles celui de Marchand. Entre temps, divers rapports de Gérard parvenaient, le général y signalait l'apparition de Cosaques sur la rive droite de la Droutsk. Peut-être pouvait-on les considérer comme chargés de couvrir le flanc gauche du corps qui remontait sur Mohilev, après avoir passé la Droutsk à Tschigirinka. Cette opération ayant commencé le 19, l'attaque de Bagration ne pouvait plus tarder, aussi le maréchal allait-il étudier son champ de bataille.

Davout à Napoléon, 8 heures du matin (AN) :

« J'ai l'honneur d'adresser à Votre Majesté les derniers rapports que je reçois du prince Poniatowski. Le général Marchand a interprété tout de travers la lettre du major général du 11. Cette faute pourrait avoir eu quelque fâcheuse conséquence, mais j'espère que le prince Poniatowski aura reçu une lettre que je lui ai écrite le 19, et qu'en conséquence il aura mis le général Latour-Maubourg avec une brigade d'infanterie à la poursuite du prince Bagration pour le suivre l'épée dans les reins, et que, de son côté, le prince Poniatowski, avec le reste du Ve corps, passant la Bérézina à Verezino ou même plus bas, sera en route pour me rejoindre à grandes marches.

Il n'y a rien de nouveau, je compte dans la soirée me porter avec quelque infanterie à Novosielki, où il y a un embranchement des deux routes pour Biehkov.

J'ai laissé le général Gérard avec un régiment de cavalerie à Biélouïnitschi pour observer la rive droite de la Droutsk. Votre Majesté verra, par l'apparition de quelques troupes ennemies, qu'il est bien placé sur cette route.

Général Gérard. — Pour cette journée, l'exploration du général Gérard offre le plus grand intérêt ; les renseignements qu'elle obtint vinrent confirmer les déclarations de l'officier prisonnier. A deux heures et demie, le général transmettait le rapport de la patrouille poussée sur Horodichtché.

Le 17, les Russes avaient commencé à construire un pont sur la Droutsk ; depuis le 20, ils le passaient jour et nuit marchant sur Mohilev, par les deux rives de la Droutsk ; des Cosaques couvraient cette marche.

Gérard à Davout, 2 heures 1/2 du matin (AN) :

« Comme j'ai eu l'honneur de le mander à Votre Excellence, le colonel s'est porté sur Horodichtché dans l'après-midi, afin d'être mieux à même de savoir si les Russes avaient construit un pont sur la Droutsk. Il est vrai que le pont a été commencé le 17 à Tschighirinka, comme l'a dit ce juif, et a été terminé le 19 au soir, il a été fait de manière à pouvoir y passer de l'artillerie ; le 19, il y est arrivé à peu près un bataillon d'infanterie qui a couché à Tschighirinka, qui n'est qu'à 300 pas de la rivière ; alors on a chassé une partie des paysans qui ont travaillé au pont.

On assure qu'il y est arrivé douze régiments de Cosaques de Platof dont plusieurs ont passé le pont ; les autres se sont jetés de ce côté-ci. Il en est venu hier au soir à peu près mille à Zbüszyn (Zbouïchin (?), ensuite ils ont été passer la Droutsk à deux milles de Horodichtché, à Doljanka, où il y a un bac. De Biekhov, on a envoyé l'ordre hier de conduire de Zakouplenouï et Horodichtché deux cents voitures sur le champ de Tschigirinka pour transporter les bagages des Russes ; j'envoie ci-joint cet ordre. Ce colonel a empêché celles de Horodichtché, où il était, de s'y rendre ainsi que des bœufs et trois tonneaux d'avoine qu'on y conduisait.

Voici sur quoi l'on peut ajouter foi : maintenant l'on dit que le corps du prince Bagration, où le prince Constantin est arrivé depuis deux jours venant de Biehkov, doit en entier passer sur le pont de Tschighirinka, et que depuis lundi matin les troupes ne cessent d'y passer ; les Cosaques, pour empêcher d'en approcher, jettent de forts partis de ce côté.

La lettre du colonel est datée de 6 heures du soir ; il attend des renseignements de Zakouplenouï, où il a envoyé, et doit faire pousser demain matin sur cette route le plus avant possible.

Avec 400 chevaux, je n'ai pas assez de monde pour faire le service ; à Sermïajenki, il ne pouvait rien apprendre, il a été obligé de pousser jusqu'à Horodichtché pour se rapprocher davantage de la route de Rogatschev et de Bobrouisk afin d'avoir des nouvelles plus certaines. Il est à sept milles de Biélouïnitschi. »

A la suite de ce rapport, Davout expédie vraisemblablement à Gérard ordre de se porter sur Sermïajenki. Le mouvement s'exécutait lorsqu'arrive un avis du chef d'escadron envoyé en reconnaissance ; il annonce qu'une grande quantité de Cosaques remontent les deux rives de la Droutsk; nos patrouilles vers Zakouplenouï et Mohilev ont été enlevées ou ne reviennent pas. Renseignement important, suivant le chef d'escadron, toute l'armée russe, forte de 50.000 hommes avec ses bagages, marche sur Mohilev pour livrer bataille. Craignant d'être enlevé, Gérard se replie alors sur Biélouïnitschi.

Gérard à Davout (AN) :

« J'étais en marche pour me rendre, d'après les ordres de Votre Excellence, à Sermïajenki, lorsqu'un sous-officier m'apporta le rapport ci-joint du chef d'escadron, je me suis formé en bataille pour protéger ma retraite et me retirai derrière Biélouïnitschi, où j'attendrai les ordres de Votre Excellence.

Comme je n'ai avec moi que 400 chevaux, qui encore ne sont pas réunis, d'après les renseignements qui me parviendront, je me rapprocherai de Kniajitsouï.

Ci-joint la lettre de M. Potier. »

Potier au général Gérard, 5 heures du soir (AN) :

« L'armée du prince Bagration a passé en entier le pont Tschighirinka, à l'exception d'une grande quantité de Cosaques qui remontent la rive droite de la Droutsk. Cette armée se dirige sur Mohilev, où elle veut forcer le passage; elle s'attend à une bataille. On assure qu'elle n'est pas de plus de 50.000 hommes, dont plus de moitié de cavalerie. Les bagages prennent aussi la route de Mohilev. Il en est resté beaucoup à ce pont.

J'ai envoyé en reconnaissance sur Zakouplenouï, qui se trouve sur la route du pont. L'officier, M. Estew, a été plus loin que je lui avais ordonné, a été pris et quinze hommes tués, blessés ou pris. Il ne s'en est échappé que trois. Il était revenu à Zbouïchin à peu près 1.000 Cosaques. Ce sont eux qui, en cherchant à remonter la Droutsk, l'ont rencontré. Ils se sont arrêtés et ont manœuvré pour m'enlever. J'ai failli l'être, parce que j'avais tout de suite fait pousser la moitié de mon monde sur la route pour recueillir les débris de la reconnaissance ; après avoir attendu fort longtemps, je me suis décidé à faire rentrer mon piquet et à m'en aller. Tous les renseignements me confirment de plus en plus que l'ennemi se dirigeait sur Mohilev, et se faisait flanquer sur la gauche par beaucoup de Cosaques qui remontent les deux rives de la Droutsk. Comme je passais en face d'un gué que j'avais fait garder à un demi-quart de lieue de mon poste, il s'y présentait, pour le passer, une tête de colonne dont on n'a aperçu cependant qu'une quarantaine de Cosaques. Je me suis retiré au petit trot et en bon ordre jusqu'ici. Je me trouve beaucoup trop éloigné et trop faible pour y rester avec quelque sûreté, d'autant plus qu'en passant la rivière, on peut arriver plus tôt à vous qu'à moi. Je vais donc y attendre encore un peu et me retirerai au pas jusqu'à Berlinitcha (?), à moins que vous ne me fassiez arrêter dans ma marche rétrograde, ce que je ne crois pas.

La reconnaissance de huit hommes et un maréchal-des-logis que j'avais envoyée sur la route de Mohilev, seulement à trois lieues de moi, qui est partie à 2 heures du matin et qui devait être [rentrée (?)] à 10, ne l'était pas quand je suis parti et que l'ennemi est venu passer au gué, bien au-dessous de la route qu'il avait prise. Je regarde cette reconnaissance comme perdue.

En comptant que la reconnaissance de Mohilev est prise, il me manque un officier et vingt-quatre hommes. »

Ve Corps. — En arrivant à Douditschi, le prince Poniatowski y recevait un ordre de Davout en date du 20, l'informant que le prince Bagration marchait sur Mohilev et lui prescrivant d'agir sur ses derrières. Poniatowski arrêtait alors de se porter sur Iakchitsouï, où il comptait entrer le 25 ; là, il se réglerait d'après les événements et pourrait au besoin soutenir Latour-Maubourg. Une brigade de cavalerie légère était portée sur Lapitschi, afin de couvrir la droite et d'établir la communication avec Pajol et Latour-Maubourg ; elle rejoindrait le 28 à Iakchitsouï.

Le 4e corps de cavalerie ayant déjà été détaché de l'aile droite, afin de surveiller la direction de Bobrouisk, ce détachement ne répondait à rien. Du moment où le prince Bagration marchait sur Mohilev, il avait dû laisser peu de monde à Bobrouisk ; il semble donc que, dès ce moment, le gros du 4e corps aurait dû être rappelé sur Iakchitsouï, soit par Davout, soit par Poniatowski, surtout si l'on avait l'intention d'agir sur les derrières des Russes.

Poniatowski à Davout. Douditschi (AN) :

« J'ai l'honneur d'accuser réception à Votre Excellence de sa lettre du 20 ; d'après les vues qu'elle m'y fait connaître, je pense que je dois marcher sur Iakchitsouï. Je pourrais, en suivant cette direction, soutenir le général Latour-Maubourg, si cela devenait nécessaire, en me portant directement sur Bobrouisk et, après avoir passé la Bérézina, je me trouverai à même de me diriger sur tel point qui me sera indiqué, soit par les mouvements de l'ennemi, s'il est possible d'acquérir à cet égard des renseignements certains.

Il n'existe, pour aller d'ici à Iakchitsouï, qu'une seule route qui passe par Ighoumen. Le Ve corps arrivera demain matin dans cet endroit, et, le 25, à Iakchitsouï. Je prie Votre Excellence de vouloir bien faire parvenir les ordres qu'elle pourra avoir à me donner à cette époque.

Je donne au général Tyskiewicz l'ordre de se porter de suite avec une brigade de cavalerie à Lapitschi; il communiquera avec M. le général Pajol, et m'éclairera par ma droite en envoyant des partis vers Ghlousk, Svislotsch et Bobrouisk, pour avoir des renseignements sur l'ennemi.

Accoutumé à trouver en Votre Excellence autant d'intérêt pour le soldat polonais que de sollicitude pour ses besoins, je crois ne pouvoir me dispenser de lui dire que le soldat est au moment de manquer de souliers. Ses effets d'habillement et surtout les capotes sont en grande partie dans le plus mauvais état, et je suis vraiment effrayé de le voir dans ce dénûment à une distance considérable de nos ressources, et sans avoir aucun moyen d'y remédier.

Des observations de cette nature que j'avais cru de mon devoir de mettre sous les yeux de Sa Majesté l'Empereur, n'ayant point été favorablement accueillies, je n'ose me permettre de les renouveler, mais il n'en est pas moins indispensable de pourvoir aux besoins du soldat, et que je n'ai aucun fonds à ma disposition, j'ose prier Votre Excellence de vouloir bien aviser si à Minsk, ou dans les contrées qu'ont occupées les troupes, elle ne trouverait pas moyen de me procurer des souliers ou des capotes. Ce serait vraiment un bienfait qu'elle exercerait envers le soldat polonais qui, ayant espéré, au moins pendant la campagne, une amélioration de son sort, et luttant à présent plus que jamais contre toute espèce de dénûment, doit nécessairement se couvrir à la fin. »

Le major général était également prévenu de la direction donnée à l'armée polonaise.

Poniatowski à Berthier, Douditschi (AN) :

« J'ai eu l'honneur d'informer Votre Altesse Sérénissime, par mon rapport d'hier, de l'arrivée du Ve corps à Douditschi. J'y ai reçu une lettre du maréchal prince d'Eckmühl par laquelle il me fait connaître que, d'après une lettre du général russe Raéffskoï, le prince Bagration était en marche pour se rendre, par Wiskow, de Bobrouisk à Mohilev. En se proposant dans ce cas d'aller à sa rencontre, Son Excellence désire que je manœuvre de manière à me porter sur ses derrières.

Dans cette vue, je me propose de marcher sur Iakchitsouï en me dirigeant par Igoumen, qui est la seule route praticable pour y arriver ; le Ve corps y sera demain, et le 25 à Iakchitsouï, où se trouve un pont sur la Bérézina pour la garde duquel Son Excellence le maréchal prince d'Eckmühl y a laissé le général Pajol avec de la cavalerie, de l'infanterie et de l'artillerie. Je pourrai, de ce point, d'après les renseignements que j'y recevrai, soutenir le général

Latour-Maubourg en marchant directement sur Bobrouisk, dans le cas où il trouverait des forces trop supérieures, ou prendre, en passant la Bérézina, la direction qui paraîtra la plus avantageuse d'après les mouvements de l'ennemi.

Pour m'éclairer sur ma droite, le général Tyskiewicz reçoit ordre de se porter avec sa brigade de cavalerie par Poukhovitschi sur Lapitschi. Il poussera des partis vers Ghlousk, Svilotsch et Bobrouisk, pour tâcher d'avoir des renseignements sur l'ennemi, et rejoindra le Ve corps, le 28, à Iakchitsouï. »

La crainte d'une attaque venant de Bobrouisk hypnotisait le prince. Malgré l'indication de Davout concernant le mouvement de Bagration sur Mohilev, il tenait pour vraisemblable que Latour-Maubourg trouverait devant lui des forces considérables. Aussi, informé à 10 heures du soir, qu'il était chargé du commandement de l'aile droite, priait-il le prince de Schwarzenberg, qu'il savait en marche sur Minsk, d'appuyer le 4e corps de cavalerie.

Une offensive russe débouchant de Bobrouisk vers l'Ouest était pourtant peu indiquée par la situation générale ; elle aurait permis aux trois corps de la droite de déborder le flanc droit de Bagration, sans que celui-ci, en s'exposant à un pareil danger, pût espérer en tirer le moindre avantage.

N'ayant aucun document relatif au VIIIe corps, nous ignorons s'il passa par Verezino, mais il est certain que cette disposition aurait eu pour résultat de mieux concentrer les deux corps.

Du reste, quoique chargé du commandement de l'aile droite, le prince laissait le maréchal Davout libre d'arrêter les mouvements du VIIIe corps, se réservant de régler les siens d'après les dispositions du maréchal, aux talents duquel il faisait appel.

Poniatowski à Davout, Doukora, 22 juillet, 10 heures du soir (AN) :

« J'ai l'honneur de porter à la connaissance de Votre Altesse que Sa Majesté l'Empereur vient de me confier provisoirement le commandement de l'aile droite de la Grande Armée.

Elle verra par la lettre de Son Altesse Sérénissime le Prince major général, dont je m'empresse de lui faire passer copie, les instructions que je reçois pour les opérations ultérieures. Dans la direction qui a été donnée en dernier lieu au général Latour-Maubourg, il me paraît indispensable, pour que son corps ne soit point compromis, pour le cas où, comme cela paraît vraisemblable, il trouverait devant lui des forces très supérieures, de le faire soutenir par le corps autrichien comme étant le plus à portée, et j'écris en conséquence au prince de Schwarzenberg, en lui exposant les motifs qui rendent sa coopération nécessaire de ce côté. Je suppose qu'il ne se refusera point à une mesure qui est si indiquée par les circonstances.

Quant à moi, je pense que pour exécuter l'ordre que je reçois de me lier par la gauche avec Votre Altesse, sans perdre de vue le prince Bagration, ni cesser de le harceler, je n'ai rien de mieux à faire que de m'en tenir aux dispositions que j'ai eu l'honneur de porter à sa connaissance par ma lettre de ce matin, puisque, en marchant sur Iakchitsouï, je me trouverai également à même de me porter ou sur les derrières du prince Bagration, s'il se résolvait à attaquer Votre Altesse, ou sur le général Latour-Maubourg s'il réunissait toutes ses forces pour l'écraser.

Je n'ai donné jusqu'ici au général Tharreau d'autres instructions que celles de suivre les ordres qu'il a déjà reçus de Votre Altesse; mais je croirais que pour être de suite à même de me lier par ma gauche avec le VIIIe corps, il serait nécessaire de le rapprocher un peu de la direction que prend le Ve, et de le diriger de manière à ce qu'il pût passer la Bérézina sur le pont qu'elle a fait établir à Verezino. En laissant du reste l'effet de cette idée entièrement au gré de Votre Altesse, je la prie de vouloir bien, pour ne point perdre de temps, faire passer directement au général Tharreau les ordres qu'elle jugera nécessaire de lui donner en conséquence, et de m'en donner communication, afin de régler mes dispositions d'après ce qu'elle aura jugé convenable à cet égard. Tout en me conformant à la volonté de Sa Majesté l'Empereur, relativement au commandement dont il daigne me charger, je ne puis m'empêcher d'avouer à Votre Altesse qu'il ne soit au-dessus de mes forces; habitué par elle à compter toujours sur son invariable amitié, je la prie de vouloir bien, dans le cas où Sa Majesté le roi de Westphalie ne se remettrait point à la tête de la droite de la Grande Armée, de ne me point refuser les conseils que son expérience et son zèle lui suggère pour le service de son auguste souverain; elle peut compter que je les recevrai avec toute la déférence que chaque militaire doit aux talents supérieurs qu'elle a tant de fois développés, et que je les suivrai avec toute la reconnaissance que m'inspirera cette nouvelle preuve de ses bontés. »

A la même heure, le prince transmettait à Reynier l'ordre de l'Empereur, en date du 30, de prendre une position centrale à Nesvïj, et le mettait au courant de la position du Ve corps et du 4e corps de cavalerie.

Poniatowski à Reynier, Doukora (AG) :

« J'ai l'honneur de vous adresser ci-joint une lettre du Prince Major Général, par laquelle Son Altesse Sérénissime vous prévient que Sa Majesté l'Empereur m'a confié provisoirement, en l'absence de Sa Majesté le roi de Westphalie, le commandement de l'aile droite de la Grande Armée.

Conformément aux intentions de Sa Majesté l'Empereur, le VIIe corps formera un corps d'observation destiné à appuyer sur Pinsk et marcher au secours du Grand-Duché de Varsovie, si les Russes tentaient d'y pénétrer.

Dans cette vue, vous voudrez bien, Monsieur le Comte, vous porter avec votre corps incessamment à Nesvïj, où vous demeurerez jusqu'à nouvelle disposition ; le général Latour-Maubourg, avec le 4e corps des réserves de cavalerie, est chargé de harceler le prince Bagration et marche vers Bobrouisk ; le Ve corps, qui sera demain à Igoumen, se porte sur Iakchitsouï, où il arrivera le 25. Vous voudrez bien, Monsieur le Comte, m'accuser réception de cette lettre, et me tenir au courant des mesures que vous aurez prises en conséquence. »

Dans cette dépêche, le Prince ne parlait pas de la position de Bagration. Pourtant, à cette date, certains renseignements indiquaient l'armée russe comme se retirant sur Mozouir ; cet avis avait paru assez important pour qu'on en fît mention au roi de Saxe. S'il se montrait exact, le VIIe corps était directement menacé, il aurait donc été urgent de l'en prévenir.

Poniatowski au roi de Saxe, extrait (AG) :

« D'après le dernier rapport que j'ai eu l'honneur d'adresser à Votre Majesté, en date du 18 de ce mois, le Ve corps ayant reçu de nouveaux ordres, a marché dans la direction d'Igoumen par Strozov, Dolghinov et Douditschi, où il est arrivé dans la journée d'hier ; il en repart aujourd'hui pour se rendre à Tourets. D'après les dernières dispositions de Son Excellence le maréchal Prince d'Eckmühl, la cavalerie du Ve corps, qui en avait été momentanément détachée au 4e corps de réserve de cavalerie, a été rendue à sa première destination, et ce dernier corps, ainsi que le général Latour-Maubourg qui le commande, se trouvent dans ce moment sous mes ordres.

Le maréchal Prince d'Eckmühl marche sur Mohilev et se trouvait le 20 de ce mois à . Nous n'avons point de données positives sur la direction qu'a prise le prince Bagration ; jusqu'à présent, il a paru se retirer sur Mozouir.

D'après les derniers renseignements, il paraîtrait avoir changé de projet, soit qu'il ait l'intention de se porter sur le Ier corps, ou qu'il ait en vue de se rapprocher de l'intérieur de la Russie. Selon que l'une des circonstances se confirmera, je marcherai pour opérer ma jonction avec le prince d'Eckmühl, ou pour le seconder en manœuvrant sur un des flancs ou sur les derrières de l'ennemi.... »

Dans la journée, le général Tyskiewicz arrivait à Lapitschi, d'où il signalait la marche de l'armée de Bagration sur Bobrouisk.

Tyskiewicz à Poniatowsky, Lapitschi (AN) :

« J'ai l'honneur de rapporter à Votre Excellence que le corps du prince Bagration, qui est arrivé à Bobrouisk le 18 juillet, a passé la Bérézina le 20 juillet et, à ce qu'on dit, s'est dirigé par la grande route de Mohilev, après avoir laissé une petite garnison à Bobrouisk.

A ce qu'on dit, le général Siewers a suivi ce corps le 21 avec deux régiments de dragons, deux de hussards et un de hulans Kovnolitowsky.

Le général Platof, commandant l'arrière-garde, se trouvait encore le 23 juillet dans le village de Kisillewicze, à un mille de Bobrouisk, avec dix régiments de Cosaques et douze bouches à feu ; on prétend que la place de Bobrouisk a été entièrement abandonnée et évacuée.

On pouvait encore hier apercevoir des Cosaques en petit nombre dans les environs de Svislotsch, mais dans cette contrée-ci, on n'a pas vu de soldats ennemis depuis le 20 de ce mois. »

VIIe Corps. — La brigade Klengel arrivait à Proujanouï ; la cavalerie légère s'avançait jusqu'à Kosov.

Profitant de la proximité du corps autrichien, le général Reynier se rendait au quartier général du prince de Schwarzenberg, afin de se concerter sur les opérations ultérieures. Le Prince lui communiquait plusieurs lettres alarmantes qu'il avait reçues du Grand-Duché de Varsovie.

En date du 19, le général Dutaillis avertissait qu'un corps russe considérable avait passé le Bug sur trois points, et se dirigeait sur Lublin. Le général observait qu'il suffisait d'un mouvement des forces autrichiennes de Galicie, pour délivrer le Grand-Duché de toute crainte ; quant à lui, il était sans troupe pour s'y opposer.

Le général Reynier toucha-t-il ce point ? Nous l'ignorons ; en tous cas, le Prince de Schwarzenberg dut lui laisser peu d'espoir, puisque, quelques jours plus tard, un officier de son état-major dira ouvertement au prince Poniatowski qu'en aucun cas les Autrichiens ne bougeront.

Le général Dutaillis n'avait pu préciser si c'était une menace ou une invasion réelle ; l'archevêque de Malines ne parlait de rien moins que de huit divisions soutenues par l'armée du Danube ; au contraire le gouverneur de Zamosc mandait que le tout montait à cinq ou six cents hommes, n'ayant personne derrière eux.

Afin de rappeler les Russes, les deux généraux convenaient de menacer la Volhynie d'une invasion. A cet effet, la colonne du général Frimont attendrait jusqu'au 26, à Pinsk, l'arrivée du

VIIe corps, afin de faire avec les deux corps une démonstration de marche combinée.

Rapport du VIIe corps (AN) :

« Séjour à Bitien. La brigade du général Klengel et les lanciers vont à Proujanouï, la cavalerie légère à Kosov.

Le général Reynier va à Deviatkovitschi voir le prince de Schwarzenberg pour concerter les mouvements.

Le prince de Schwarzenberg reçoit des lettres de Varsovie qui annoncent que les Russes ont passé le Bug pour faire une invasion dans le Grand-Duché, et en même temps une autre du commandant de Zamosc, qui annonce que le détachement qui a passé le Bug est de 5 à 600 Cosaques, dragons et infanterie qui ne paraissent pas suivies par d'autres troupes. Le prince de Schwarzenberg et le général Reynier convinrent que la division d'infanterie, et les trois régiments de cavalerie qui, sous les ordres du général Frimont, passent par Pinsk, doivent y arriver le 23 et y séjourneront le 24, y resteront jusqu'au 26, garderont les passages de la Pinsk, pour donner le temps aux troupes du VIIe corps d'y arriver, et faire une démonstration de marche combinée des deux corps sur les routes de la Volhynie, afin d'engager les ennemis à renoncer au projet qu'ils pouvaient avoir d'envahir le Grand-Duché ».

Ignorant ce qui s'était passé à l'aile droite, le général Dutaillis s'était également adressé au roi Jérôme ; de Biélitsa, celui-ci adressait la lettre suivante à l'archevêque de Malines.

Roi Jérôme à l'archevêque de Malines, Biélitsa (AN) :

« Monsieur l'Ambassadeur, je reçois votre lettre à Bielitsa, où j'arrive à l'instant ; vous savez que je n'ai point de troupes avec moi, mais j'ai écrit au général Reynier, qui doit être aux environs de Volkovisk, pour l'engager de se porter à marches forcées sur Praga. Je suppose que les Autrichiens suivront son mouvement ; je ne crois pas, dès que les Russes en auront avis, qu'ils s'exposent, en s'avançant sur Varsovie, à n'avoir plus aucune espèce de retraite.

Pour le moment, voici ce que je pense qu'il faut faire : annoncer ma prochaine arrivée avec tout le VIIIe corps à Varsovie, où je serai de ma personne dans quatre jours, annoncer également celle des Autrichiens et des Saxons, faire organiser toutes les gardes nationales et les dépôts, rassurer les habitants et empêcher qu'ils ne quittent la ville.

Si, contre mon opinion, les Russes se portaient sur Varsovie (ce qu'ils ne feront qu'autant qu'ils seront en force) et que vous fussiez obligés d'évacuer cette capitale, c'est sur Modlin qu'il faudra vous retirer.

J'expédie un courrier à l'Empereur avec votre dépêche, vos rapports et la copie de cette lettre ».

Déplacer deux corps qui couvraient la ligne d'opérations de l'armée à la suite d'un simple bruit, aurait témoigné de bien peu de jugement.

Corps autrichien. — Le corps autrichien avait son quartier général à Deviatkovitschi.

En réponse aux dépêches pressantes du duc de Bassano, le prince de Schwarzenberg lui faisait connaître que les ordres réitérés de l'Empereur l'appelaient à Nesvïj ; dès lors, il lui était impossible de protéger directement le Grand-Duché ; ce rôle appartenait au VIIe corps, qui allait prendre position entre Brest et Pinsk.

Le Duc était mis au courant des dispositions convenues entre les deux généraux, pour faire craindre une menace d'invasion en Volhynie.

Schwarzenberg au duc de Bassano, (AN) :

« Le capitaine Jakowski m'a remis ce matin la lettre que Votre Excellence m'a fait l'honneur de m'écrire, en date du 19 juillet.

Je suis bien peiné de voir, par l'extrait ci-joint d'un rapport du Ministre de la guerre, que les Russes font de fortes démonstrations sur les frontières du Duché. Quoique je ne sois pas convaincu qu'ils soient sérieusement intentionnés d'envahir le Duché, je sens néanmoins que ces incursions fréquentes ne peuvent être que très préjudiciables au pays dont elles détruisent les ressources.

Malgré le désir bien vif dont je suis animé de secourir les habitants du Duché, je dois me borner à suivre les ordres de l'Empereur, qui m'appellent à Nesvïj ; des lettres datées du 11 et du 12 m'invitent à prendre cette direction, et Sa Majesté paraît y attacher de l'importance, puisqu'elle m'a expédié le 16 du courant un second courrier pour m'engager à accélérer ma marche, autant qu'il me sera possible. Cependant, je me suis déterminé à faire marcher une division de mon corps d'armée à Pinsk, où elle passera la journée du 24 et du 25 ; en lui faisant faire de fausses attaques sur le chemin de Koves, j'achèverai de détourner l'attention de l'ennemi, et de l'empêcher d'effectuer le passage du Bug avec un corps considérable ; c'est la seule diversion que les circonstances du moment me permettent d'entreprendre en faveur du Duché.

En revanche, M. le général Reynier, avec lequel je me suis entretenu ce matin, à mon quartier général, va en faire son occupation principale. Le corps d'avant-garde arrive aujourd'hui à Proujanouï, et il va s'établir avec le gros de ses troupes entre Brest et Pinsk. Cette position le mettra à même de seconder vos vues; en veillant à la sûreté des habitants du Grand-Duché et en occupant l'ennemi sur un autre point. Je réponds aujourd'hui à la lettre de M. le comte Dutaillis, et comme je lui transmets quelques notes intéressantes, je prie Votre Excellence de vouloir bien me permettre de m'y référer ».

Xe Corps. — Le 22, le Maréchal Macdonald ignorait encore les succès des Prussiens ; aussi ses deux premières lettres au Major général ont-elles pour objet de le mettre au courant des mouvements opérés depuis le 16. Pour se conformer à l'ordre du 16, il l'avertit que, le 23, la 2e brigade opérera une reconnaissance sur Dinabourg.

Macdonald à Berthier, Jakobstadt (AN) :

« En suite des ordres de Votre Altesse, datés du 9 de ce mois, je me mis en marche le 16, de Ponéviej, pour me porter sur Friedrichstadt, Schönberg, Bauske et Mittau. Les renseignements recueillis d'avance annonçaient l'occupation de ces trois derniers points et la concentration des forces à Bauske.

Ce même jour, 16, je pris position à Rozalin, Poucholatouï et Pompianouï ; le 17, à Linkov, Konstantinovetz et Salatouï ; ces deux jours, nos éclaireurs escarmouchèrent avec les troupes légères de l'ennemi.

Le 18, je portai la brigade du général Ricard sur Bauske ; les Prussiens, partie suivant cette brigade, le surplus sur Jeimonouï, tandis qu'avec le reste de la 7e division je m'élevais sur Schönberg, passant l'Ekau à gué à N. Radel.

La cavalerie du général Ricard croisa le sabre avec celle des Russes, qui couvrait l'évacuation de Bauske. Il y eut plusieurs charges brillantes dans lesquelles l'ennemi perdit assez de monde, et nous fîmes une vingtaine de prisonniers. MM. de Braiské et Dezastre, officiers des hussards N° 1 se sont conduits avec beaucoup de valeur. Le général Ricard, sur le témoignage de ces officiers et de leur troupe, donne des éloges à la conduite de M. le capitaine Devaux, son aide de camp.

L'ennemi ne fit pas d'autre résistance à Bauske qui fut occupé. Une ligne de retranchements y était commencée, devant défendre le pont de Bauske ; mais ces ouvrages sont restés imparfaits.

Cette retraite inattendue m'ayant fait juger que l'ennemi se repliait sur Riga, je donnai l'ordre au général Ricard de se porter en deux marches sur Friedrichstadt pour arriver le 20 ; au général de Grawert avec quatre bataillons, quatre escadrons et deux compagnies d'artillerie, de remplacer, le 19, le général Ricard à Bauske ; au général de Kleist, avec les mêmes forces, d'être le 19 à Neighof et Brucken ; les ordres précédents ne purent s'exécuter. Enfin, une troisième colonne prussienne, de même force, sous les ordres du colonel brigadier de Raumer, se réunissait le 18 au soir à Konstantinovets, pour suivre le lendemain le mouvement prussien se dirigeant sur Mittau.

J'arrivai le même soir 18 à Schönberg, que l'ennemi avait abandonné le matin.

Je m'élevai ainsi en ordre de bataille perpendiculaire à la Dvina, avec l'intention d'avancer ma droite en refusant la gauche ; mais l'évacuation de Bauske m'ayant fait supposer que je n'atteindrais ni ne couperais l'ennemi de Riga, je fis un mouvement inverse en faisant avancer ma gauche pour porter ma droite par Jakobstadt. Dans ce but, je donnais les ordres convenables. »

Macdonald à Berthier, Jakobstadt (AN) :

« J'ai reçu dans la nuit du 18 au 19 à Schönberg, la lettre d'ordre que Votre Altesse m'a fait l'honneur de m'écrire de Vilna le 16 juillet à 10 heures du soir. Les nouvelles dispositions qu'elle prescrit ont apporté quelques changements à celles que j'ai fait connaître à Votre Altesse par ma première de ce jour.

Le général Ricard a reçu ordre de se diriger de Friedrichstadt sur Jakobstadt pour y arriver le 22 ; le général de Kleist, de se rendre le 20 à Friedrichstadt et de pousser son avant-garde jusqu'à Dahlenkirchen ; le général Grawert, de pousser jusqu'à Michgof, son aile gauche commandée par le colonel de Raumer ; aussitôt l'occupation de Mittau, de pousser à St-Olai et d'occuper les passages de l'Au à Kalnezeem et à Schlock, pour replier et contenir la garnison de Riga, en l'enfermant dans le demi-cercle de Schlock, Saint-Olaï et Dahlenkirchen, ou de l'Au et de la Missa, s'il se trouvait trop décousu, et je lui fis connaître que je me dirigeais sur Jakobstadt.

Je partis le 19 de Schönberg avec l'espoir de pouvoir arriver en deux marches à Jakobstadt; mais outre treize milles trois quarts de distance, je trouvai des difficultés auxquelles je ne m'étais pas attendu, coupures de routes et ruptures de ponts. Ce même jour, 19, je ne suis arrivé qu'entre Mouremoucki et Dandweiss ; ce chemin traverse l'Eckau, quoique la carte ne l'indique point, rivière assez large quoique près de sa source, et très marécageuse ; l'immense forêt est de même nature.

Tandis que je faisais prendre un bivouac dans ce désert, j'entendis une très vive canonnade sur ma gauche, qui dura plusieurs heures. Je ne doutais pas du succès; mais j'étais trop éloigné pour envoyer aux nouvelles ou en recevoir. Cependant, si le feu eût recommencé le lendemain je me serais porté sur Friedrichstadt et Heugbout, deux grandes routes qui se joignent près de Riga ; mais, n'ayant rien entendu, j'ai continué ma route, et suis arrivé ici hier soir avec les troupes rendues de fatigue, pays qui ne mérite que la dernière syllabe du nom de Courlande, et c'est encore pis en avançant vers Dinabourg sur l'une et l'autre rive.

Un parti de hussards qui m'a précédé le matin, a été le spectateur inutile de l'incendie du magasin de Kreutzbourg, vis-à-vis Jakobstadt.

L'ennemi a rompu ou détruit tous les bateaux ; néanmoins on a ramené quelques petites barques, sur lesquelles j'ai fait passer la Dvina à quelques voltigeurs, pour aller aux nouvelles et s'assurer si tout le magasin était détruit. On en a sauvé quelque chose que l'on est occupé dans ce moment à ramasser et à transporter ici.

Toute cette partie a été épuisée par les Russes ; on m'assure que l'autre partie de la Courlande entre Mittau et Libau est encore pis.

Un aide de camp du général d'artillerie est arrivé pour recevoir des ordres relatifs à l'équipage de siège. Votre Altesse jugera aisément qu'ils doivent être ajournés jusqu'à ce que j'apprenne l'issue des grands événements qu'elle m'a annoncé devoir avoir lieu du 20 au 25.

Je porte demain l'avant-garde de la 7e division sur la route de Dinabourg, pour avoir des nouvelles de ce qui se passe sur ce point ; je ferai en même temps reconnaître le cours de la rivière et les ressources que l'on peut trouver sur ses bords pour la construction de radeaux. Je n'ai pour cet objet qu'un officier du génie ; néanmoins, tout ce qu'il sera possible d'essayer le sera infailliblement. »

En conséquence, le général Grandjean recevait ordre de porter, le 23, la 2e brigade Radzivil à Poddounaï ; le 24, un fort parti tenterait de gagner Illoukst, pour obtenir des renseignements sur ce qui se passait à Dinabourg.

Macdonald au général Grandjean, Jakobstadt (AG) :

« Vous ferez partir demain votre seconde brigade, qui sera ainsi composée :

Le 10e régiment polonais, auquel se joindra le colonel-brigadier Hunerbein avec les deux escadrons de hussards, et une demi-compagnie d'artillerie légère.

Les 50 hussards restés ici et les 30 qui sont avec le général Ricard rejoindront les escadrons.

Si la compagnie de voltigeurs qui est avec le colonel Hunerbein n'appartient point au 10e, elle rentrera à son régiment. Cette brigade se mettra en marche à 4 heures du matin, suivra la grande route de Dinabourg et prendra position à Poddounaï, sur l'Eglon.

Le détachement de hussards, qui est à Gr. Bubchoff, partira à la même heure, flanquera la droite de la seconde brigade, suivra la route de Dvéten, et se portera sur l'Eglon.

Le 24, le général Radzivil détachera un fort parti de cavalerie de Poddounaï, suivant la route de Dinabourg jusqu'à Dvéten, et même à hauteur de Kazimirichki et même Illoukst, s'il le peut sans danger, pour avoir des nouvelles de l'ennemi et de ce qui se passe à Dinabourg. Les 30 hommes qui sont sur l'Eglon, se porteront également sur Illoukst par Kaltenbourn et Bevern, mais avec beaucoup de précautions, et ces détachements rentreront le soir à leur position, d'où le général de Radzivil enverra des rapports qu'il aura reçus ou recueillis sur l'ennemi, la force, la position, ce qui se fait à Dinabourg, et ce que l'on peut apprendre des deux rives du fleuve. Pour la promptitude de la correspondance, le général Radzivil laissera de petits postes à Abbetof et à hauteur de Vanases (?), de Menkenof (?) et de Annehof(?).

Le général Radzivil se tiendra en correspondance avec son détachement de 30 hommes et *vice versa*; il conservera sa position jusqu'à nouvel ordre, ayant soin de s'éclairer et restant toujours sur le qui-vive. »

Dans la journée, la brigade Ricard rejoignait après avoir éprouvé de grandes fatigues.

Macdonald à Berthier, Jakobstadt (AN) :

« Le général Ricard arrive avec sa brigade, malgré tous les obstacles qu'il a rencontrés en chemin et qu'il n'a pu vaincre qu'en faisant de très longs détours ; il était à Gross Barbereiss au moment où une action considérable avait lieu entre les Prussiens et l'ennemi. Le feu a duré très longtemps et avec une grande vivacité de part et d'autre. »

A 5 heures, le maréchal recevait le rapport du général de Grawert annonçant son succès d'Eckau ; n'étant pas présent à l'action, le maréchal le transmettait presque littéralement à l'Empereur, en l'accompagnant de remarques flatteuses pour le corps prussien.

« J'ignore si le détachement dirigé sur Mittau est arrivé. Le général de Grawert ajoute que si la journée du 19 a été heureuse pour l'Empereur et les armes prussiennes, c'est à l'activité et aux bonnes dispositions du colonel de Röder, son chef d'état-major, qu'il en doit une partie; c'est avec autant de circonspection que d'intrépidité qu'il a conduit les charges sur l'ennemi, et animé les troupes par l'exemple qu'il leur donnait.

Je prie Votre Altesse de faire connaître les excellentes qualités de cet officier distingué sous tous les rapports à Sa Majesté l'Empereur et de le recommander à sa grâce ; c'est un officier plein de mérite.

Le général de Grawert a la modestie de ne point se nommer, ni de citer les officiers de l'état-major, quoiqu'ils se soient distingués.

Cette action glorieuse dans ce premier début promet de nouveaux avantages. Je prie Votre Altesse de demander à Sa Majesté des récompenses et qu'elle donne son approbation à la conduite du corps prussien. »

A une telle distance du corps prussien, Macdonald ne croyait point possible de lui donner des ordres ; il se bornait à une instruction générale, consistant à maintenir la garnison de Riga.

Macdonald au général de Grawert (AG) :

« Je reçois avec autant de plaisir que de satisfaction vos lettres du 20 de ce mois, et je m'empresse de vous féliciter de l'heureuse et brillante action que la valeur de vos troupes, plus que la fortune, vous a procurée ; tout ce qui est ici partage la joie commune, et les éloges sur la conduite du corps prussien sont unanimes. Je me hâte d'expédier le rapport de cette glorieuse affaire à Sa Majesté l'Empereur ; des témoignages particuliers ne suffisent point, j'attendrai ceux de Sa Majesté pour les publier à l'ordre du Xe corps ; en attendant, je vous envoie l'un de mes aides de camp pour témoigner à Votre Excellence, ainsi qu'à ses braves troupes, toute la part sincère que je prends à cet heureux événement. Je n'ai pas manqué de faire connaître à Sa Majesté celle qu'a eu le modeste commandant qui a passé sous silence, sans doute à dessein, ses officiers particuliers et son état-major ; j'ai de même rendu justice aux qualités modestes du colonel de Röder.

Je regrette avec vous la perte de tant braves, et j'espère aussi que la blessure du comte de Brandebourg n'aura aucune suite fâcheuse ; je vous prie de lui témoigner tout l'intérêt que je prends à sa situation.

Sans les ordres que j'ai reçus à Schönberg et qui ont changé ma direction, je n'aurais pas été éloigné de votre champ de gloire, et, sans considérer le nombre d'ennemis, je me serais rapidement porté sur les derrières de l'ennemi pour lui couper toute retraite ; c'est malheureusement partie remise.

Je vais m'éloigner davantage de vous ; partie de la 7e division se met en route demain pour les environs de Dinabourg, je la suivrai incessamment avec le reste de ma division.

Je vous laisse le maître de prendre telle position que vous jugerez convenable avec vos trois colonnes ; l'important est que vous conteniez l'ennemi, et que vous l'empêchiez de sortir de son rayon actuel. Si vous ne pouvez pas le faire entrer dans sa tête de pont, il n'oserait sans doute pas vous tourner par votre gauche entre Mittau et la mer, si vous vous tenez appuyé à la Dvina, parce qu'il sera toujours menacé d'être coupé. Si la tranquillité règne du côté de Mémel et Libau, vous pourrez en tirer deux ou trois bataillons, mais il faudra les retenir en mission de s'y reporter rapidement, si ces points étaient menacés. Vous manderez au général d'Yorck de bien observer la côte.

Je n'ai point de nouvelles de la Grande Armée, mais je suis prévenu qu'elle doit passer la Dvina à gauche des Russes qui sont concentrés à Drissa ou loin de Dinabourg.

Nous n'apercevons rien sur la rive droite de la Dvina. J'ai fait passer ce fleuve à trois compagnies de voltigeurs sur des petites nacelles, pour sauver à Kreutzbourg les restes d'un magasin qui a été incendié hier matin. »

A 10 heures du soir, à la réception de la dépêche du général de Grawert en date du 21 à 9 heures, le maréchal approuve son projet de marcher sur Dahlenkirchen. Le but des opérations doit être de contenir la garnison de Riga et de l'empêcher de déboucher de Dahlenkirchen ; cette mission, le général de Grawert doit la remplir avec ses seules forces, la 7e division étant encore obligée de s'étendre sur la droite, vers Dinabourg.

Macdonald à Grawert, Jakobstadt (AG) :

« Monsieur le Général, je reçois la lettre que Votre Excellence m'a fait l'honneur de m'écrire hier à 9 heures du matin, je n'ai rien à ajouter aux dispositions de ma lettre de ce jour ; je vous laisse toute latitude pour manœuvrer suivant que vous le jugerez convenable et utile. Votre sagesse et votre expérience garantissent d'avance le succès de vos opérations ; je vous répète seulement que le but principal est de contenir la garnison de Riga et de l'empêcher de déboucher de Dahlenkirchen, si vous ne pouvez pas espérer pouvoir l'en chasser sans de trop grands sacrifices.

Je vous préviens qu'un détachement de hussards commandé par un officier est à Friedrichstadt; son objet est de faire des patrouilles et reconnaissances sur la route de Riga, et de servir à la correspondance avec Jakobstadt. Deux petits postes vont être placés entre Friedrichstadt et Jakobstadt ; ils devraient l'être, l'ordre a été négligé. Je vous prierai de faire prévenir cet officier de tout ce qui pourrait survenir ; il est prévenu qu'il doit bien se garder et se replier au besoin.

Donnez un ordre sévère à tous les bailliages et bourgmestres en arrière de vos positions, sous peine d'exécution militaire, qu'ils aient dans le délai de 48 heures à faire rétablir les ponts, les coupures de chemins, et à les débarrasser des abatis et notamment sur la grande route de Bauske à Friedrichstadt. Celle-ci est tellement encombrée que le général Ricard a été forcé d'un très long détour pour arriver à Friedrichstadt. Ce détour a eu lieu par la gauche jusque vis-à-vis Jungfernhof. Faites assurer ensuite par des officiers que vos ordres ont été exécutés. J'ai moi-même trouvé des coupures de ponts rompus sur le chemin que j'ai suivi de Schönberg, par Kowmin, Muremuchi, Dautswal, Saurin et Stabben ; mais la grande route est intacte entre Friedrichstadt et Jakobstadt. J'ignore si elle l'est également entre cette première ville et Riga, je vous prie de vous en assurer.

Intimez l'ordre aux bailliages et bourgmestres de tenir toujours prêtes trois ou quatre voitures tous les deux ou trois milles pour nos communications.

A l'inspection d'une mauvaise copie faite à la hâte d'une carte du plan de la Courlande, que vous avez prêtée au Prince d'Eckmühl, je vois que le terrain vous est favorable ; il paraît être fort marécageux sur beaucoup de points et dans une grande étendue ; il est très fâcheux, si vous n'en avez pas une copie, qui vous serait très nécessaire. »

Berthier était averti du mouvement du corps prussien.

Macdonald à Berthier, 10 heures du soir, Jakobstadt (AN) :

« Un nouveau rapport que je reçois du général de Grawert, en date d'hier 9 heures du matin, m'annonce qu'il a poussé son avant-garde jusqu'à l'Eckau, lui-même derrière la Missa. Il n'a point de nouvelle de la colonne qui s'est portée sur Mittau ; elle aura sans doute éprouvé beaucoup d'obstacles par la quantité de ruisseaux et rivières qui se jettent dans l'Au.

Il lui a envoyé l'ordre de se porter sur Saint-Olai ; il se propose alors de forcer l'ennemi dans ses retranchements de Dahlenkirchen ; des avis lui ont annoncé que l'ennemi s'était renforcé de trois régiments.

Dans le cas où tout serait tranquille du côté de Memel et Libau, j'ai autorisé le général Grawert à en tirer deux ou trois bataillons pour se renforcer, et je lui ai prescrit de contenir la garnison de Riga s'il ne peut la rejeter sur sa tête de pont. »

Corps prussien. — Le colonel de Horn entrait à Dahlenkirchen, d'où il se mettait en liaison avec le général Ricard ; ses patrouilles vers Riga lui avaient prouvé que l'ennemi s'était limité aux environs de cette place.

De Horn à Ricard, Dahlenkirchen (AG) :

« Je préviens le général de brigade baron Ricard par le présent que je suis arrivé ici à Dahlenkirchen hier, le soir, par ordre de Son Excellence M. le général de Grawert, et que je garnis cette position quittée par l'ennemi. Par cette position, on a pris à l'ennemi la communication de Riga, entre Friedrichstadt et Bauske, et je n'ai rien à désirer que de trouver la communication avec M. le général Ricard, parce que je suis abandonné de M. le général de Grawert par sa marche d'aujourd'hui de Tomoschna à Saint-Olai, sur la route de Mittau à Riga, et, par cette raison, je ne puis pas compter sur un secours dans le cas d'une attaque. Je prie M. le général de me prévenir où et en quelle manière je puis trouver la communication avec votre corps, pour que je sois en état de me soutenir et de prendre le secours en cas d'une attaque. Je préviens encore M. le général que, comme le terrain me favorise beaucoup dans ma position contre Riga, je crois n'avoir rien à craindre par là ; mais que je dois beaucoup craindre pour mon flanc droit, parce que la Dvina a plusieurs lieues qui ne sont pas profondes et où on peut passer facilement ; c'est pourquoi j'ai bien raison de me garder bien, jusqu'à ce que j'aurai la communication avec M. le général. Une reconnaissance contre Riga que j'ai faite aujourd'hui m'a convaincu que l'ennemi s'est limité aux environs les plus rapprochés, car je ne trouvai à six verstes de Riga aucune vedette de l'ennemi, seulement quelques Cosaques isolés.

La présente lettre de Son Excellence, M. le général de Grawert adressée à Son Excellence M. le Maréchal, je prie de vouloir bien la rendre le plus tôt possible, parce qu'elle est d'une importance.

J'envoie encore un Français, qui dit être natif de l'Alsace, et de vouloir se retourner de Riga en France, et qui a prié d'avoir des passe-ports que M. le général Grawert ne croit pas pouvoir donner. La force de mon corps peut compter cet officier qui rendra la présente lettre à M. le Maréchal. »

A sa gauche, le général de Grawert ayant appris l'occupation de Mittau, arrêtait de se porter sur St-Olai ; il y marchait en deux colonnes, l'infanterie, par Plakanzeem ; l'artillerie et la cavalerie formant la seconde colonne, durent rétrograder sur Eckau.

Grawert à Macdonald, Tomoschna, 7 heures du matin (AG) :

« J'ai l'honneur d'informer Votre Excellence que Dahlenkirchen est évacué par l'ennemi et occupé par le détachement du colonel de Horn.

Je me dispose de marcher aujourd'hui à St-Olai avec l'infanterie par Plakanzeem, que les habitants nomment simplement Plakan, et avec la cavalerie et l'artillerie par un chemin plus en arrière, lequel je fais reconnaître.

Le détachement que j'avais dirigé par ma gauche, est arrivé à Schauzenkrug, sans rencontrer de partis ennemis ; ils se sont pourtant retirés après l'affaire du 19.

Le bruit courait à Schauzenkrug que les Prussiens étaient entrés à Mittau, et le gouverneur, avec une suite nombreuse, avait passé Schauzenkrug pour se rendre à Riga. J'attends à chaque moment la nouvelle de l'occupation de la part du colonel de Raumer ; d'abord que j'en suis sûr, je ferai également occuper Schlock, et je ferai observer tant les côtes que les deux routes venant de Riga par Ste-Anne et St-Jean.

Le terrain très marécageux et entièrement impraticable que je trouve entre la route qui mène par Dahlenkirchen sur Riga et celle de Mittau par St-Olai, interrompt toute communication directe. Je serai hors d'état de venir au secours du poste de Dahlenkirchen, en cas qu'il fût attaqué, et prie Votre Excellence de le renforcer, s'il est possible, du côté de Friedrichstadt, vu qu'il est exposé par sa position et réduit à ses propres forces.

Dans ce moment, m'arrive le rapport du colonel de Raumer du 21 juillet. Il est entré à Mittau le 28 au matin. L'ennemi s'est retiré devant lui, et il n'y a eu aucun engagement.

Le pont sur l'Aa se trouvait levé, il fut réparé le lendemain et les patrouilles poussées vers Schlock et sur la route de Riga.

Le gouverneur baron Sievers a quitté la ville, et les députés qui venaient à la rencontre du colonel de Raumer lui ont remis la proclamation suivante, répandue au moment du départ du gouverneur. En voici, Monseigneur, la traduction :

« J'exprime ma reconnaissance à la bonne ville de Mittau et au pays pour la fidélité et l'attachement envers leur grand souverain dont ils m'ont donné des preuves.

FRÉDÉRIC SIEVERS, gouverneur.

La saine raison ordonne de céder à la force, l'humanité de ménager la ville et le pays. Attendez ce dernier d'un ennemi civilisé.

FRÉDÉRIC SIEVERS, gouverneur.

Mittau, 8 juillet. »

Enfin, de Mittau, l'intendant général prussien Ribbentrop prévenait qu'il prenait toutes ses dispositions pour nourrir le corps, et qu'il avait invité la Cour de justice à continuer ses fonctions.

Ribbentrop à Macdonald (AG) :

« J'ai l'honneur d'annoncer à Votre Excellence que mon arrivée à Mittau a eu lieu aujourd'hui à deux heures du matin.

La route d'ici à Bauske est ouverte depuis hier, où le dernier détachement de l'ennemi a quitté les environs de Annenberg et se dirigea sur Riga.

La Cour de justice, dans cette ville, a suspendu ses fonctions à l'arrivée de nos troupes. Je lui demande aujourd'hui si elle pourrait recommencer à les remplir ; j'avouais cette question en y ajoutant, l'assurance que les intentions de Votre Excellence étaient de ne pas interrompre aucune autorité dans ces officiers, et qu'ainsi la Cour de justice pourrait sans scrupule se remettre dans l'exercice de ses fonctions.

Par l'ordre exprès de l'Empereur des Russes, la Cour de police a quitté cette ville et se transporte à Riga. Il serait nécessaire d'organiser pour l'entretien de l'ordre et la tranquillité publique une commission et la charger d'y veiller, mais comme cette partie n'est pas de mon ressort, je croyais de ne pas devoir m'y mêler, sans y avoir l'ordre exprès de Votre Excellence.

J'ai trouvé ici beaucoup de volonté et de promptitude de fournir tout ce qu'il est nécessaire à la subsistance du corps.

C'est, Monseigneur, ce qui me destine de recommander la province de Courlande à la protection de Votre Excellence.

Je m'efforcerai, Monseigneur, de pourvoir le corps de tous les besoins tant que les circonstances le permettront.

La communication des postes entre ici, Bauske, Friedrichstadt, Jakobstadt et Memel est rétablie. En faisant tous les directeurs de postes responsables pour la précise et prompte expédition de toutes les lettres, paquets, estafettes et courriers, je leur donne l'assurance qu'on leur portera toute l'assistance et même le secours militaire, si les circonstances l'exigeraient.

La lettre ci-jointe adressée à Votre Excellence m'est envoyée de Bauske par estafette. Je la reçois dans ce moment, et m'empresse de l'expédier sans délai. »

23 JUILLET

Ordres donnés par l'Empereur.

Dans la journée, l'Empereur parvenait à Ouchatsch.

A une heure de l'après-midi, il prescrit à Nansouty de marcher sur Béchenkovitschi, puis de pousser la cavalerie légère sur Vitebsk ; celle du VIe corps établirait la jonction avec Grouchy vers Sienno. Toutes les mesures indiquées dans cet ordre avaient déjà été exécutées par le Vice-Roi.

Berthier à Nansouty, 1 heure après midi, Ouchatsch (AG) :

« M. le général Nansouty, l'Empereur a reçu votre lettre du 22, à 4 heures 1/2 du soir. Le Vice-Roi occupe Béchenkovitschi, où il a 6.000 hommes de cavalerie légère. L'intention de Sa Majesté est que vous vous portiez à Béchenkovitschi avec les divisions Bruyère et St-Germain, ce qui fera 12.000 hommes de cavalerie réunis. Vous enverrez le gros de votre cavalerie légère sur Vitebsk ; le Vice-Roi portera sa cavalerie légère sur la direction du général Grouchy. Vous vous tiendrez à même de soutenir sa cavalerie légère sur les deux directions. Mandez aux généraux Morand, Friant et Gudin de s'avancer pour soutenir le Vice-Roi, s'il en était besoin.

Si le Roi de Naples est à portée de vous, faites-lui part de ces dispositions pour qu'il vienne diriger lui-même ces 12.000 hommes de cavalerie.

Le général Grouchy est à Kokhanov ».

Les mêmes instructions étaient adressées au Vice-Roi ; une division du IVe corps devait entrer à Béchenkovitschi dans la soirée, le reste atteindrait l'Oula, ainsi que le Ier corps.

Berthier à Eugène, Ouchatsch, 1 heure après midi (AG) :

« Monseigneur, l'Empereur reçoit votre lettre d'aujourd'hui à six heures du matin, par laquelle vous lui faites connaître que nous sommes entrés le 22 au soir à Béchenkovitschi. L'intention de Sa Majesté est que vous y réunissiez toute votre cavalerie légère, votre première division d'infanterie, et que vous placiez vos autres divisions sur la rivière d'Oula. Ecrivez au général Bruyère, qui doit être à Oula, de venir vous joindre; écrivez de même au général Nansouty. Quant à la division Morand, elle prendra position sur la rivière d'Oula, ainsi que les divisions Friant et Gudin. Votre Altesse aura ainsi dans sa main six divisions d'infanterie formant plus de 60.000 hommes, et 12.000 hommes de cavalerie; dirigez le général Bruyère sur la route de Vitebsk, et votre cavalerie légère dans la direction du général Grouchy, afin de vous lier avec lui. Le général Nansouty, avec ses cuirassiers, se mettra en position de soutenir la division du général Bruyère sur la route de Vitebsk, et votre cavalerie légère, qui sera dans la direction du général Grouchy. Faites faire les trois ponts, et faites travailler sur-le-champ à une bonne tète de pont.

L'Empereur partira d'ici à trois ou quatre heures pour se rendre à Kamen, le général Grouchy est à Kokhanov ».

A 5 heures du soir, vraisemblablement à la réception de la lettre de Murat du 23 à 5 heures du soir, l'Empereur ordonne de concentrer à Béchenkovitschi les trois divisions du Ier corps, le IIIe corps, le IVe corps, les deux divisions de cuirassiers du IIe corps et le Ier corps; la garde s'y rend également. Le IIe couvrira la gauche de l'armée en venant à Polotsk jusqu'au moment où il arrivera, la division Sebastiani restera sur la rive droite pour surveiller le corps de Wittgenstein.

L'Empereur à Murat, 5 heures de l'après-midi, Ouchatsch (AG):

« L'Empereur part au moment même pour Kamen, où il sera cette nuit. L'Empereur a reçu toutes vos lettres jusqu'à celle du....; il est content de toutes les dispositions que vous avez faites.

Pressez le duc d'Elchingen de venir par la rive gauche, afin que l'Empereur ait demain à Béchenkovitschi, où il se rendra, les trois divisions Morand, Friand et Gudin, les trois du duc d'Elchingen et les trois du Vice-Roi qui sont déjà rendues, toute la garde, tout le corps de Nansouty et les deux divisions de cuirassiers de Montbrun.

Quant à la division Sebastiani, il n'y a pas de mal qu'elle voltige, sans se compromettre, sur la rive droite, jusqu'à ce que le duc de Reggio soit parfaitement en mesure.

Mandez au duc de Reggio qu'aussitôt qu'il le pourra il porte son quartier général à Polotsk, et ce, en poussant une forte avant-garde sur la route de Saint-Pétersbourg; qu'il est probable que Wittgenstein accélérera sa marche pour couvrir cette capitale ».

L'ordre expédié à Oudinot répète les indications contenues dans l'ordre de Murat du 22 à 10 heures.

Le Maréchal avait non seulement à marcher contre Wittgenstein, mais encore à flanquer la gauche de la Grande Armée et à observer Dinabourg.

L'Empereur lui conseillait, afin de rappeler Wittgenstein de Drissa et de Drouïa, de porter de fortes avant-gardes sur Sebej. Il ne nous appartient pas de discuter cette opinion ; en tout cas, c'était admettre bien peu de force de caractère chez le général russe.

L'Empereur à Oudinot, 5 heures du soir, Ouchatsch (AG) :

« Le Roi de Naples vous a fait connaître les intentions de l'Empereur.

Sa Majesté sera demain à Béchenkovitschi avec toute l'armée et marchera sur Vitebsk.

Le prince d'Eckmühl est à Mohilev.

L'ennemi paraît avoir laissé Wittgenstein pour couvrir Saint-Pétersbourg : les uns le disent placé entre Drissa et Dinabourg, les autres disent qu'il a déjà remonté pour couvrir la route de Saint-Pétersbourg. Vous êtes opposé à ce corps d'armée. Tout votre but est d'avoir des ponts et de bonnes têtes de pont sur la Dvina, de marcher sur Wittgenstein et de le tenir éloigné de la rivière, de correspondre avec le duc de Tarente, qui doit faire observer Dinabourg et jeter un pont entre Dinabourg et Jakobstadt ; enfin, de communiquer avec nous par votre droite, et de flanquer la gauche de la Grande Armée, afin que, dans tous les événements, vous puissiez nous soutenir, si cela devenait nécessaire. Si les circonstances permettent que vous placiez votre quartier général à Polotsk, et que ce soit votre point de départ, ce sera très avantageux : il semble que, de Polotsk, de fortes avant-gardes sur Sebej devraient obliger Wittgenstein à évacuer Drissa et Drouïa.

Jusqu'à ce que vous ayez des nouvelles que le duc de Tarente soit à Dinabourg, tenez une colonne d'observation, d'infanterie et cavalerie, pour observer la garnison de Dinabourg et empêcher de faire des incursions trop longues, c'est-à-dire pour retenir cette colonne sur la rive gauche entre Polotsk et Oula ».

La garde recevait également ordre de marcher sur Béchenkovitschi.

Berthier à Mortier (AG) :

« Le duc de Trévise donnera l'ordre à tout le monde de suivre le petit quartier général ; le parc du génie, l'équipage de pont, le parc d'artillerie, le général Cural continueront également demain leur route ».

Mouvements de l'armée.

Cavalerie de Murat. — A 5 heures du matin, Murat avertit l'Empereur que les divisions Morand, Friant et Gudin se portent sur Oula, et que le maréchal Ney se rend à Polotsk par la rive gauche. Quant aux cuirassiers, il nous semble, d'après la dépêche de Sebastiani du 22 et celle de Montbrun du 23, qu'ils ont dû passer par la rive droite.

Murat à l'Empereur, 5 heures du matin, vis-à-vis Polotsk (AN) :

« Je m'empresse de faire parvenir à Votre Majesté les rapports que je reçois du maréchal duc d'Elchingen ; elle verra, par le rapport du général chargé de construire le pont, toutes les difficultés qu'on éprouve pour l'établir, et il ne sera peut-être pas fini dans la journée. J'apprends avec peine que les deux divisions de grosse cavalerie n'ont pu passer le gué, la rivière étant devenue presque impraticable par la crue subite des eaux. Ces deux divisions viennent par la rive gauche ; la cavalerie légère du général Sebastiani ne doit pas tarder à paraître sur Polotsk par la rive droite. Le corps du duc d'Elchingen a dû se mettre en marche ce matin de très bonne heure. La première division arrivera ce soir ici, les chemins sont devenus excessivement mauvais, mes équipages partis hier matin de très bonne heure sont restés dans les boues.

Les divisions Morand, Friant et Gudin se mettent en mouvement pour se porter sur Oula ; cependant, je conserve ici des troupes et de l'artillerie pour la défense de la place et protéger la construction du pont. Nous n'avons pas pu jusqu'à ce moment découvrir de gué, on est en course de tous côtés pour en trouver.

Je vais passer en ville pour la voir et la reconnaître, et aussitôt l'arrivée du général Sebastiani, je pousserai de là des reconnaissances sur tous les points. Je ne puis point promettre l'établissement du pont à Votre Majesté avant l'arrivée des pontonniers du Danube ; cependant, on réunit tous les matériaux nécessaires et on attache les radeaux.

Je ferai connaître à Votre Majesté les nouveaux renseignements que je pourrai obtenir à Polotsk. Votre Majesté sera bien contrariée en lisant ce rapport, mais qu'elle soit bien convaincue qu'on ne peut faire mieux.

J'ai reçu hier soir, une heure après minuit, la lettre de Votre Majesté de 10 heures du matin. Je donnerai tous les ordres en conséquence, mais je pense que Votre Majesté changera ses dispositions, après avoir lu ma lettre, en apprenant surtout que le pont de Disna n'a pu être achevé ce matin, et qu'il ne le sera pas dans la journée, et que celui de Polotsk ne pourra peut-être pas l'être pour demain au soir.

P.-S. — Je crois que le général Bruyère était devant Polotsk avec le général Jacquinot, mais le général Nansouty s'y trouvant aussi, reçut les rapports et me les adressa, ce qui peut faire croire à Votre Majesté que ce général est resté en arrière ».

Une seconde dépêche avertit l'Empereur de la position qu'occuperont dans la soirée les différents corps. Tout le 2e corps de cavalerie est arrivé devant Polotsk et pousse des reconnaissances sur Nevel et Vitebsk. La division Morand couchera à Oula ; Friant, à Anopol, Gudin, à Tourovlia ; les deux premières divisions du IIIe corps arriveront, à ce qu'on espère, à Polotsk, et les deux premières du IIe à Disna. Cette dernière prévision, comme nous le verrons plus loin, ne se réalisa pas ; le maréchal Oudinot n'entrait le 23 à Disna qu'avec une division. Relativement au corps de Wittgenstein, Murat avait appris vraisemblablement par Montbrun, qu'il s'était retiré de Drissa vers Nevel, mais il ignorait encore si ses véritables intentions étaient de rejoindre l'armée russe ou de couvrir la route de Saint-Pétersbourg.

Murat à Napoléon, vis-à-vis Polotsk, une heure après-midi (AN) :

« J'annonce à Votre Majesté que toute la division légère du 2e corps est arrivée sur Polotsk, et qu'immédiatement après, elle a reçu et exécuté l'ordre d'envoyer des reconnaissances sur toutes les directions qui conduisent à Vitebsk et Nevel. Les deux divisions de grosse cavalerie sont aussi arrivées ici en face de Polotsk ; on est à la recherche des gués, je les jetterai sur la rive gauche, aussitôt qu'ils seront trouvés. Les deux premières divisions et la cavalerie légère du duc d'Elchingen seront ici ce soir. La division Friant couchera ce soir à Anopol et la division Gudin à Tourovlia. Je présume que la division Morand arrivera ce soir sur Oula. J'ai annoncé à Votre Majesté que les deux premières divisions du duc de Reggio seraient aujourd'hui à Disna, ainsi que sa cavalerie légère et la division Doumerc.

Le général Nansouty est entré hier, à 3 heures, à Oula, d'où il a poussé le général Jacquinot sur Béchenkovitschi.

Je fais rassembler tous les matériaux possibles pour le pont de radeaux ; déjà nous avons découvert un bac sur lequel j'espère pouvoir faire passer de l'artillerie.

Je ne puis pas dissimuler à Votre Majesté que la division Morand a pillé la ville ; le général Gratien a fait enlever au moins 30 tonneaux de vin qu'il eût été peut-être utile de conserver pour les hôpitaux. Enfin, les troupes qui avaient été envoyées pour le bon ordre ont été celles qui ont pillé les habitants.

Quoique je n'aie rien à ajouter aux rapports que j'ai adressés hier au soir à Votre Majesté, rapports qui sont entièrement conformes, je vous adresse deux Polonais qui donneront encore à Votre Majesté tous les renseignements qu'elle pourra désirer.

Aussitôt que le gué sera découvert et que j'aurai ma cavalerie de l'autre côté, je me mettrai moi-même aux trousses de l'ennemi à la tête du 2e corps de cavalerie.

On me rend compte que tous les ponts sur la route de Disna ici se sont brisés, ce qui retardera considérablement la marche de l'artillerie.

Il n'y a presque plus de doute sur la retraite du corps de Wittgenstein de Drissa sur Nevel, et l'on assure qu'il a l'ordre de se réunir au reste de l'armée.

D'autres prétendent qu'il est destiné à couvrir la route de Saint-Pétersbourg. J'écrirai à Votre Majesté aussitôt que j'aurai reçu les rapports de mes différentes reconnaissances.

Sire, il nous sera impossible d'établir les ponts avant l'arrivée des compagnies de pontonniers et de sapeurs.

P.-S. — Il serait bien à désirer que Votre Majesté vît cette position ; elle présente bien des avantages. »

Corps de Nansouty. — Dès 6 heures du matin, Nansouty apprend que Béchenkovitschi a été occupé à minuit par la brigade Jacquinot, qui y a rencontré deux régiments de chasseurs italiens. D'après les rapports, il y aurait encore eu sur ce point de dix à douze escadrons.

Nansouty à Murat, 6 heures du matin (AN) :

« J'ai l'honneur de rendre compte à Votre Majesté que j'ai envoyé hier un régiment sur Béchenkovitschi, il y est arrivé à minuit ; il a trouvé le pont occupé par deux régiments de chasseurs italiens qui y étaient arrivés à 5 heures du soir. Le colonel mande qu'on n'a pas pu encore reconnaître les magasins, l'ennemi ayant occupé la ville jusqu'à 9 ou 10 heures du soir, une grande partie des magasins se trouve sur le bord de la rivière, et dès qu'on en approche, on en est empêché à coups de mitraille.

Deux pièces étaient placées en face de ces magasins ; l'ennemi, en se retirant, a passé la rivière à gué sur différents points ; d'après un rapport, il paraît qu'il y avait encore dix à douze escadrons de ce côté de la rivière. »

A midi, Nansouty entre à Béchenkovitschi, la brigade Jacquinot est portée sur Tschernaghastïa, afin d'éclairer les directions de

Vitebsk et de Sienno ; les deux brigades légères sont en échelon en arrière, les cuirassiers devant la ville.

D'après les paysans et les émissaires, il n'y a personne de Béchenkovitschi à Vitebsk ; toute l'armée russe est à Vitebsk sur la rive droite.

Nansouty à Murat, Béchenkovitschi (AN):

« J'ai l'honneur de rendre compte à Votre Majesté que je suis arrivé aujourd'hui, à midi, à Béchenkovitschi avec deux brigades de la division Bruyère; un régiment de la brigade Jacquinot y était depuis hier minuit, et le second régiment de cette brigade y est arrivé dans la matinée, la division Saint-Germain suit les cuirassiers; le prince Vice-Roi venait d'arriver de sa personne à Béchenkovitschi. J'ai envoyé une brigade à Tschernaghastïa, route de Vitebsk, chargée de pousser un parti sur Sienno et d'éclairer sur la Dvina; les deux autres brigades légères sont en échelon en avant de Béchenkovitschi, route de Vitebsk; une de ses brigades est chargée d'observer la route de Béchenkovitschi à Sienno, et de pousser un parti dans cette direction; les cuirassiers sont en avant et près de la ville. J'ai rendu compte de ces dispositions au Vice-Roi, qui les a approuvées; le village vis-à-vis Béchenkovitschi est encore occupé par l'ennemi, qui avait sur la hauteur en arrière de l'infanterie et de la cavalerie, l'infanterie a pris la direction de Vitebsk. Des paysans que j'ai questionnés m'ont dit qu'il n'y a point d'ennemis d'ici à Vitebsk, seulement quelques Cosaques qui enlevaient aujourd'hui ce qu'il y avait dans un petit magasin à Boudilova, route de Vitebsk. Le parti que j'ai envoyé à Tschernaghastïa poussera jusqu'à Boudilova. Ces mêmes paysans m'ont dit que les ennemis sont en force à Vitebsk et que leur armée est toute sur la rive droite ».

Corps de Montbrun. — Il nous semble impossible de douter, malgré le témoignage de Murat et celui de Ney, que le corps de Montbrun soit venu par la rive droite.

Les renseignements qu'il recueille des habitants s'accordent avec ceux transmis par Murat le 22 : le mouvement de retraite de l'armée russe avait commencé le 17 et duré tout le 18 ; trois corps d'armée, environ 55.000 hommes avaient passé par Lozovka, se dirigeant sur Vitebsk. Wittgenstein était demeuré en arrière et avait gagné Sebej ; toutefois, on ignorait s'il devait rejoindre l'armée russe; l'Empereur lui-même s'était rendu sur ce point.

Montbrun à Belliard, en route sur Polotsk (AN) :

« J'ai suivi le mouvement du général Sebastiani sur la rive droite de la Dvina, dans l'intention de l'aider en supposant qu'il eût rencontré les Russes, et afin d'obtenir des renseignements sur la marche de l'ennemi.

La nuit dernière j'ai fait appeler deux seigneurs qui se trouvaient à trois et quatre lieues de chez moi.

Le premier, habitant de Lozovka, sur la grande communication de Drissa à Polotsk, m'a annoncé avoir vu passer dans son village trois corps d'armée russes dont il a évalué la force de 50 à 55 mille hommes, tant cavalerie qu'infanterie. Cette troupe commença à passer le 17 et finit le 18 ; elle venait de Drissa et allait sur Vitebsk, en passant par Polotsk ; l'empereur Alexandre coucha chez lui les 17 et 18, ainsi que Barclay de Tolly. Un juif que j'ai rencontré en route, m'a assuré qu'à quelques lieues avant d'arriver à Polotsk, l'Empereur Alexandre avait pris sa direction sur Sebej ; ce même seigneur de.... m'a également assuré que les gardes avaient pris aussi leur direction sur Vitebsk en passant par Polotsk, et en prenant la petite route qui part de Drissa pour Polotsk, et qui traverse les villages de... (1), qu'il n'était passé sur la petite route de Disna à Polotsk que la cavalerie du général Pahlen. Ce même monsieur est convaincu que le corps du général Wittgenstein n'a suivi en rien la route qu'ont tenue les autres troupes, et qu'il a pris sa direction de Drissa ou de Léonpol sur Sebej, que, néanmoins, on leur avait dit que ce corps devait se réunir au reste de l'armée qui marche sur Vitebsk, pour faire jonction avec le corps de Bagration.

Il ignore quels sont les généraux qui commandaient les trois corps, n'ayant vu que M. Barclay de Tolly.

L'autre seigneur n'a vu ni connu le mouvement qu'ont fait les troupes.

Un habitant m'a déclaré avoir vu entre les mains d'un officier russe une proclamation faite par l'empereur Alexandre et dont voici la substance qu'il nous a donnée :

« Soldats français, vous vous enorgueillissez d'avoir conquis 400 verstes de mon pays, et vous croyez m'avoir vaincu ; fausse erreur, votre tombeau est préparé sur les bords de la Dvina ; quarante-cinq millions d'hommes composent ma nation et mes forces, elles sont encore intactes ; mais devrais-je les sacrifier en entier, et ma personne même, je ne céderai pas un pouce de mon pays. »

Le général Sebastiani se porte en avant de Polotsk, il éclairera toutes les routes qu'ont pris les Russes.

P. S. — Je présume bien que vous avez reçu des renseignements positifs à Polotsk, néanmoins, je crois devoir vous faire connaître ceux-ci, afin que vous puissiez les confronter avec les vôtres, surtout pour le mouvement de Wittgenstein sur Sebej, ainsi que celui de l'Empereur sur le même point.

(1) Tobolski et Sokoliszceze.

Je me rendrai tout à l'heure chez Sa Majesté pour prendre ses ordres.

IIIe Corps. — Le IIIe corps arrivait à Bononiïa (1).

IIe Corps. — Le IIe corps quittait son camp de Pérébrodé et s'avançait sur Disna, où sa première division entrait seule à 6 heures du soir.

Garde. — La jeune garde restait en position en avant d'Ouchatsch.

Mortier à Berthier, Ouchatsch (AN) :

« J'ai l'honneur de rendre compte à Votre Altesse que les 1re et 2e divisions de la garde ont pris position hier en avant d'Ouchatsch, sur la route de Polotsk ; elles avaient couché avant hier à Sélichtché, et quoique la journée d'hier fût petite, elle n'en a pas moins été fatigante par la quantité d'eau qui est tombée toute la journée.

J'ai établi ici un bataillon et une compagnie, pour la garde de Sa Majesté et établir le bon ordre dans le village, mais nous sommes arrivés après le passage de la cavalerie bavaroise et de la garde à cheval.

On s'occupe de la construction de six fours ; le commandant du génie me promet qu'ils pourront être finis en vingt-quatre heures, parce qu'on disposera du rez-de-chaussée d'une partie du couvent.

La troupe a reçu en partant de Plissa demi-ration de pain et trois livres de farine, elle n'a encore rien reçu ici.

Les réquisitions frappées par le commissaire des guerres de la Neuville ne sont point encore rentrées ; il y a plusieurs centaines de quintaux de seigle au château Dorlasch près d'ici, et un moulin à quatre tournants ; les denrées et le moulin sont exploités par la cavalerie de la garde.

J'ai donné des ordres pour qu'il fût placé un planton dans tous les fours du village, pour donner le temps aux troupes des deux divisions de manutentionner les farines qu'elles ont reçues avant-hier.

M. le commissaire des guerres Joinville a refusé de nous envoyer des bestiaux du grand parc ; nous n'avons plus de viande ici que pour quatre distributions. »

IVe Corps. — A 6 heures, le prince Eugène avertit l'Empereur de l'occupation de Béchenkovitschi par sa cavalerie légère ; l'ennemi a évacué ce point sans aucune résistance et n'a montré que cinq à six cents cavaliers sur la rive gauche.

Eugène à Napoléon, Kamen, 6 heures du matin (AN) :

« Sire, j'ai l'honneur d'annoncer à Votre Majesté que la 13e bri-

(1) Miller, page 30.

gade de cavalerie légère est entrée hier soir à Béchenkovitschi.

L'ennemi l'a évacué à notre approche et sans aucune résistance. Il n'avait réellement de ce côté-ci de la Dvina que 5 à 600 chevaux qui ont repassé de l'autre côté ; il paraît qu'ils ont opéré ce passage de nuit et qu'ils se sont même servis pour cela d'un gué ; les Russes paraissent être en force sur la rive droite, et ils y ont plusieurs pièces en batterie, avec lesquelles ils tirent sur la ville.

Ils ont eu le temps de faire transporter la plus grande partie des magasins, cependant nous y avons encore trouvé de l'avoine.

Je me porte moi-même à Béchenkovitschi, et je m'y occuperai de prendre tous les renseignements sur les gués, et de faire réunir tous les moyens nécessaires pour exécuter les intentions de Votre Majesté ».

A midi, le Prince entre à Béchenkovitschi, où il trouve le général Nansouty ; la cavalerie bavaroise le suit à deux lieues en arrière, son avant-garde d'infanterie arrive dans la journée.

En face, l'ennemi montre peu de monde, environ deux régiments de cavalerie avec du canon.

Eugène à Napoléon, Béchenkovitschi, 3 heures après midi (AN) :

« Je suis arrivé à Béchenkovitschi à midi avec ma cavalerie légère ; au moment où j'arrivais de ma personne, la colonne du général Nansouty entrait dans la ville, son artillerie était à plusieurs lieues en arrière. Les Bavarois me suivent à deux heures avec leur artillerie et mon avant-garde d'infanterie est au moment d'arriver avec ses six pièces.

Je ferai mettre l'artillerie en position de manière à nettoyer le village de la rive opposée. L'ennemi paraît avoir peu de monde, on juge difficilement de sa force, à cause d'un bois qui n'est point éloigné ; j'estime qu'il a en vue à peu près deux régiments de cavalerie ; ils ont du canon du calibre de 6 dont ils tirent de temps en temps, ainsi que quelques tirailleurs à pied dans les maisons. Quand mon artillerie sera arrivée, l'ennemi sera bientôt écarté des bords, et les travailleurs pourront s'occuper de préparer le pont de radeaux dont m'a parlé Votre Majesté.

Le général du génie fait déjà toutes les recherches dans le village.

J'ai cru devoir donner l'ordre au général Nansouty de se porter un peu en avant sur la route de Vitebsk.

Les gens du pays assurent que les troupes qui sont en face de nous dépendent du corps du prince Constantin ».

A cette dépêche était jointe la feuille de renseignements suivante :

Rapport et renseignements pris à Béchenkovitschi (AN) :

« Sur l autre rive de la Dvina, les Russes sont campés dans les bois et en arrière du bois. Il y a quatre régiments de hussards et de Cosaques et trois régiments de chasseurs à pied avec quelques compagnies de Tartares et quelques pièces de canon.

A Ostrovsianoui, il est arrivé hier soir deux généraux, et, une demi-heure après, environ vingt pièces de canon.

A Gorodok, il est arrivé hier matin beaucoup de caissons et munitions de guerre, et quelques compagnies d'artillerie avec quelques pièces.

A Kardososmova (?), il est arrivé ce matin six pièces de canon sous l'escorte de deux escadrons de hussards.

Sur la rivière, vis-à-vis Béchenkovitschi, ils ont dans le village quelque infanterie et quelques hussards avec quatre pièces d'artillerie.

A Gorodok, ils ont trois magasins de farine.

Outre les divers renseignements envoyés par les maréchaux, l'Empereur avait cru nécessaire d'avoir des renseignements directs; d'Hautpoul avait continué sa marche, et nous le trouvons le 23 à Botschéïkovo, d'où il expédie un rapport assez insignifiant au point de vue des opérations.

D'Hautpoul à l'Empereur, midi, Botschéïkovo (AN) :

« J'ai l'honneur de rendre compte à Votre Majesté que le bourg de Botschéïkovo est encore occupé par une partie de l'état-major du Vice-Roi d'Italie, et que j'ai rencontré en route la division Broussier, dont la tête de colonne est au moment d'arriver.

La route depuis Kamen est très large et bien tracée, mais elle traverse une grande quantité de fonds marécageux où il se trouve une boue tenace qui est extrêmement pénible pour les chevaux : j'y ai vu plusieurs voitures d'artillerie et d'équipage entièrement embourbées.

Le pays est découvert et coupé de lacs et de prairies marécageuses qui rendraient difficiles des manœuvres d'armée.

Le pont de Botschéïkovo est en bon état; il y a, à côté du bourg, un très beau château où le Vice-Roi avait établi son quartier général; il est habité et offre beaucoup plus de ressources en logement que celui de Kamen.

Il n'a point été trouvé à Botschéïkovo d'approvisionnement de vivres; on a trouvé seulement au château la valeur de cent cinquante à deux cents sacs d'avoine dont la plus grande partie a déjà été distribuée; le reste est destiné à l'artillerie et aux Bavarois.

Le bourg de Botschéïkovo, construit en bois comme les autres, est un peu moins grand que Kamen ; on n'y compte que quatre-vingts à cent maisons ; il a été presqu'entièrement pillé. Le château appartient au maréchal du cercle nommé X..., et a été épargné, aux vivres près. Il existe encore aux environs de Botschéïkovo quatre petits châteaux où on aurait pu trouver quelques ressources, mais on n'y a envoyé des sauvegardes qu'après un commencement de pillage qui a enlevé toutes les provisions.

Le poste de correspondance est encore assez mal établi, le commandant de place s'occupe à retenir tous les chevaux inutiles à la suite des corps pour organiser ce service. La plupart des voitures d'équipages sont retenues au passage du pont.

On a déjà désigné à Botschéïkovo les maisons en état de servir d'ambulance. »

VIe Corps. — Le VIe corps arrivait à Szizo (1).

Ier Corps. — *Troupes aux ordres du maréchal Davout.* — Le 22, le maréchal Davout ayant réclamé la lettre du général Paskéwitsch, celle-ci, fait étrange, lui était remise. Elle éclairait complètement pour lui la situation, il y voyait que toute l'armée russe se dirigeait sur Mohilev. D'autre part, les rapports du 21 du général Pajol (2) l'informaient que l'armée russe, après s'être avancée le 17 et le 18 en fort bon état à Bobrouisk, s'était remise en marche sur Rogatschev, où on signalait sa présence le 21. Quant au mouvement dont Gérard lui avait parlé dans son rapport du 22, le maréchal le considérait comme ayant pour but de couvrir le flanc gauche des Russes. Connaissant à fond son terrain par les reconnaissances de la veille, il était décidé à résister aux Russes, quelque grandes que fussent leurs forces, et cela avec d'autant plus de raison qu'il attendait le 23 à Mohilev la division Claparède et la réserve d'artillerie de 12. En outre, il comptait sur l'arrivée prochaine du général Pajol, mais celui-ci, comme nous l'apprend le rapport du général Gérard, était encore très éloigné.

A 5 heures du matin, le maréchal écrit à l'Empereur, en réponse à la dépêche où celui-ci lui a exprimé son mécontentement au sujet de la conduite qu'il a tenue envers le roi Jérôme. Il ne doit pas croire à une bataille pour la journée, sa lettre n'en faisant pas mention.

Davout à Napoléon, Mohilev, 5 heures du matin (AN) :

« Sire, j'ai reçu la lettre de Votre Majesté du 20 juillet à 3 heures après-midi.

Je regrette beaucoup ma précipitation pour les ordres que j'ai

(1) Turn et Taxis, page 210.
(2) Voir page 139.

communiqués à Sa Majesté le Roi de Westphálie. Ce qui m'y a déterminé, c'est l'arrivée de Sa Majesté à Nesvij et l'idée que j'avais qu'il allait poursuivre vivement le prince Bagration, ce qui m'eût donné la facilité de combiner un mouvement sur Ghlousk. Au surplus, je regrette vivement tous ces contretemps.

Je dois faire connaître à Votre Majesté les nouvelles que j'ai de l'ennemi. J'ai parlé dans ma dernière lettre d'un aide de camp du général Raeffskoï, porteur d'une lettre de ce général pour sa mère; j'ai envoyé chez elle réclamer la lettre de ce général, je l'adresse à Votre Majesté ainsi que l'extrait que j'en ai fait faire ; il paraîtrait qu'un corps de troupes devrait se porter sur Minsk. Les rapports du général Gérard, que j'avais laissés à Biélouïnitschi, et que je joins ici, viendraient à l'appui de cette nouvelle, mais je regarde ce mouvement de l'ennemi comme fait pour couvrir sa marche.

Le général Pajol, comme Votre Majesté le verra par la lettre ci-jointe, arrivera aujourd'hui dans ces environs avec trois régiments de cavalerie et le 25e ligne; je lui écris de couvrir ce point jusqu'à ce que les troupes du prince Poniatowski se présentent. Enfin, j'ai écrit au prince Poniatowski pour lui faire connaître le sens dans lequel il doit manœuvrer; je lui recommande de faire occuper Iakchitsouï, Lïadouï, Poghost et Igoumen par de l'infanterie et de la cavalerie, il faut peu de monde pour garder ce pays qui est couvert de marais, et avec le reste, de venir me rejoindre par Biélouïnitschi.

Le VIIIe corps doit arriver aujourd'hui à Borisov ; il continuera sa marche sur Kokhanov et Orcha ; à son approche, le général Grouchy viendra me rejoindre.

J'ai appelé la division Claparède. Les derniers rapports du général Grouchy du 21 annonçaient que le parti qu'il avait envoyé sur Babinovitschi n'avait encore aucune connaissance de l'ennemi.

Nous sommes ici dans un pays où les Russes ne sont pas plus aimés qu'ailleurs, mais où on les sert par crainte.

Un Polonais qui fait le zélé a été hier à Biehkov ; il annonce que le prince Bagration y était arrivé avant-hier de sa personne, que ses troupes arrivent en grand nombre dans cette direction, et que quelques régiments ont dû passer avant-hier le Dniéper à Nov Bouïkhov. »

Extrait de la lettre de l'aide de camp (AN) :

« L'armée française marche sur la ville de Mohilev; nous y allons aussi ainsi qu'à Swinski. Mon frère le général sort demain de Bobrouisk pour se porter sur Mohilev, et le prince Bagration suivra le général Raeffskoï par Biekhov. Il peut arriver que la bataille aura lieu dans les environs de Mohilev. »

A cette dépêche étaient joints les renseignements suivants :

Gérard à Davout, extrait (AN) :

« Un juif parti hier de Lïoubonitschi et qui avait été envoyé pour savoir ce qu'il y avait à Bobrouisk, dit avoir vu douze régiments de Cosaques en arrière de cette ville, et beaucoup d'infanterie et d'artillerie dont il ne peut préciser le nombre.

Ce corps d'infanterie et d'artillerie était en marche (il pouvait être alors 4 heures après midi) et se dirigeait par la nouvelle route sur Vieux-Biekhov.

Les régiments de cavalerie couvraient le mouvement; il n'a pu me dire qui commandait en chef; mais il dit que le prince Bagration est attendu d'un instant à l'autre. Il ne sait le nom d'aucun général. Les Cosaques l'avaient arrêté et dépouillé, ils l'ont relâché après lui avoir pris son argent.

Il est revenu par Klitschev et n'a trouvé les premiers Français qu'à Podévitschi. Les Cosaques font des courses jusqu'à Klitschev.

P.-S. — J'envoie de nouveau un juif aux renseignements. J'ai remboursé l'argent pris et promis de payer grassement si l'on m'apportait des nouvelles intéressantes, assuré, j'espère, d'avoir l'approbation de Votre Altesse.

M. le général Chastel arrive et se rend à Kniajitsouï, d'après les ordres de Votre Altesse, d'où il aura l'honneur de lui écrire.

Pajol à Davout, 6 heures du matin, Iakchitsouï (extrait), 21 juillet (AN) :

« Une grande partie de l'armée du prince Bagration est arrivée le 17 et le 18 à Bobrouisk, et les Cosaques auxquels j'ai eu plusieurs fois à faire font partie du corps de Platof.

Toute l'infanterie campe autour de la place de Bobrouisk et la cavalerie occupe un camp en arrière sur la rive gauche de la Bérézina. Les bagages et les parcs ont déjà pris la route de Rogatchev, et les émissaires que j'ai envoyés m'assurent que le logement du prince était préparé dans cette ville.

Tels sont les renseignements qui viennent de me parvenir, qui, quoique achetés, me paraissent vrais et cadrer avec tout ce qui m'a été dit jusqu'à ce moment et avec les rapports que j'ai eu l'honneur de vous faire.

L'armée est arrivée en très bon état à Bobrouisk sans s'être battue, elle n'a été que très peu harcelée. Elle disait livrer bataille en arrière de Sloutsk, et avait même déjà pris position, lorsqu'elle a reçu ordre de se retirer. Ma marche sur Iakchitsouï l'avait beaucoup inquiétée parce qu'elle craignait d'être devancée à Bobrouisk. »

Pajol à Davout, 10 heures du soir, 21 juillet (AN) :

« D'après de nouveaux rapports, l'armée de Bagration marche sur Rogatschev. Des troupes sont déjà parties de Bobrouisk pour suivre cette route. Le corps de Platof couvre sa gauche : ses Cosaques ont encore été vus aujourd'hui en avant de Maksimovitschi et de Klitschev ; on dit que l'armée de Bagration se dirige sur Smolensk et qu'elle doit passer le Dniéper à Nov-Bouïkhow, pour se porter sur Propoisk et remonter ensuite la Soj.

J'attends encore ce soir un émissaire que j'ai envoyé hier sur Bobrouisk. Je vous ferai part de ce qu'il me rapportera. »

A 5 heures du matin, le combat s'engageait entre les troupes du prince Bagration et les avant-postes français ; la lutte se soutenait avec des chances variables jusqu'à 5 heures du soir.

Certain de son succès, le Maréchal en faisait avertir le général Grouchy avec prière de transmettre sa dépêche à l'Empereur.

Le général Romeuf au général Grouchy, du champ de bataille en arrière du pont de Saltonowka, 5 heures du soir (AN) :

« M. le Maréchal me charge de vous écrire du champ de bataille à 5 heures du soir.

Ses avant-postes placés à un pont à deux lieues en avant de Bouïnitschi ont été attaqués ce matin très vivement à 8 heures du matin; l'attaque a été bien soutenue par le général Frédéric qui commandait sur ce point, et le combat a bientôt été engagé au débouché des bois par où les Russes voulaient se porter sur nous, sur un front d'à peu près trois quarts de lieue ; l'action se soutient encore avec des hauts et des bas de part et d'autre, cependant les Russes ont été maintenus et n'ont pu déboucher. Je n'ai eu jusqu'à ce moment que deux régiments vivement engagés, il m'en reste trois encore frais ; j'espère me maintenir dans la position sans que les Russes fassent aucun progrès, et s'ils veulent renouveler une attaque demain et les jours suivants, j'aurai encore de nouveaux renforts à leur opposer, j'attends demain à Mohilev de très bonne heure la division du général Claparède. Le général Pajol sera demain avec le 25e de ligne, ses deux régiments et le 1er chasseurs, à Kniajitsouï, à quatre petites lieues de Mohilev.

Je suis attaqué, d'après les rapports des prisonniers, par deux divisions russes ayant derrière elles six régiments de Cosaques et quatre régiments de dragons ; je dois supposer que Bagration a encore une division qui n'est pas éloignée, mais vous voyez que je suis en mesure si les Russes n'ont point d'autres forces que celles qui m'ont été annoncées et dont j'ai parlé ci-dessns.

Je pense d'ailleurs que le prince Poniatowski ne peut tarder à s'approcher de moi.

Il est 5 heures et demie et le combat se soutient encore avec assez de vivacité, mais les Russes ne dépassent pas la lisière de leurs bois où ils sont couverts par un marais qui règne tout le long de leur front, que nous avons pourtant passé plusieurs fois sans pouvoir nous maintenir au-delà. M. le Maréchal y avait heureusement fait hier une reconnaissance avec quelque cavalerie et une partie du 85e qui lui avait donné une connaissance du pays qui lui a été fort utile.

Vous pouvez compter que l'ennemi ne débouchera pas.

M. le Maréchal désire qu'en attendant qu'il puisse adresser son rapport à Sa Majesté, vous veuillez lui faire passer cette lettre.

Au moment où je ferme ma lettre, nous venons de forcer le défilé avec quelques troupes fraîches que M. le Maréchal a amenées au combat; la position des Russes est enlevée, nous les poussons dans leurs bois et nous faisons de rapides progrès.

Je vous demande pardon de la précipitation avec laquelle je vous écris, la circonstance me justifiera. »

A minuit, Davout rendait compte à l'Empereur de son succès ; les prisonniers faits appartenaient aux 12e, 16e et 19e divisions. Pourtant, le maréchal avait justement reconnu qu'il n'avait eu affaire qu'au corps de Raeffskoï, le reste des Russes étant vers Bobrouisk; d'après un rapport du général Gérard, Platof était encore au pont de Tschighirinka. Renforcé par la division Claparède, s'attendant à voir arriver le général Pajol, le maréchal promettait à l'Empereur de s'opposer à toute tentative des Russes pour déboucher sur Mohilev ; du reste, à son avis, d'après la manière dont les Russes avaient battu en retraite, il n'y aurait plus d'affaire.

Davout à Napoléon, 24, une heure du matin. Au bivouac de Kartschemka (ce village est mal représenté sur la carte, il est placé sur la route en arrière de Novosielki du côté de Mohilev ; Novosielki est le point où l'on a pris position après la bataille) (AN) :

« Sire, j'ai eu l'honneur de rendre compte à Votre Majesté que tout annonçait l'arrivée prochaine du corps de Bagration ; toutes mes promenades autour de Mohilev avaient pour but de reconnaître une bonne position pour recevoir la bataille.

Hier, la reconnaissance a été faite ; elle s'est portée à la hauteur de Novosielki, et j'ai pris une ligne à trois quarts de lieues en arrière, j'ai pris des mesures pour occuper fortement cette position.

A 9 heures du matin, j'ai été prévenu de l'attaque de l'ennemi, toutes les troupes ont été dirigées pour appuyer l'avant-garde. Le combat a été très vif jusque vers 6 heures, il y a eu du haut et du bas. En ce moment, la position a été enlevée avec beaucoup de vigueur par quelques compagnies d'élite des 61e, 85e et 108e, le colonel du 108e a été blessé à cette attaque

Toutes les troupes de Votre Majesté ont montré beaucoup de fermeté, surtout les 108e et 85e qui ont été engagés toute la journée.

L'ennemi a été talonné jusqu'à l'entrée de la nuit et repoussé à trois lieues au delà du champ de bataille ; c'est une boucherie, surtout de Russes dont les colonnes ont été exposées au feu d'artillerie et de mousqueterie ; il n'y a pas d'exagération à dire qu'il n'y a pas plus du sixième de cadavres français. Il y a dans les prisonniers faits des numéros de trois divisions 12, 19 et 16. Cependant, je crois qu'il n'y a eu de sérieusement engagé que le corps de Raeffskoï qui commande deux divisions, le reste du corps Bagration est du côté de Bobrouisk.

Je dois citer à Votre Majesté avec beaucoup d'éloges les généraux Dessaix et Frédéricks ; celui-ci est toujours resté maître du pont par où l'ennemi devait passer, il a fait de fort bonnes dispositions avec beaucoup de vigueur et de calme. Je ne puis donner encore l'état des tués et blessés de notre côté, on peut le porter à mille et à coup sûr à plus du quadruple de la part de l'ennemi.

La cavalerie a été totalement inutile, elle était derrière l'infanterie prête à déborder ; j'ai pris des renseignements sur le nombre des prisonniers, mais je crois que cela ira au-delà de 1.200, en y comprenant ceux qui sont égarés dans les bois et qu'on ramassera demain.

Les 57e et 111e n'ont pas été engagés ; à la fin du combat, la réserve d'artillerie, composée de 12 pièces de 12 et 4 obusiers, est arrivée à Mohilev, ainsi que la division Claparède ; j'espère recevoir demain la brigade Pajol, le 1er de chasseurs et le 25e de ligne.

Après cette, affaire avec ces renforts, dans le cas où Bagration voudrait recommencer, il n'y aurait aucune probabilité pour lui de succès. Au surplus, la manière dont la retraite s'est faite, le désordre des troupes russes ne me permet pas de supposer une seconde affaire. J'ai envoyé un officier pour examiner tous les prisonniers ; dans la journée, j'aurai l'honneur de faire connaître à Votre Majesté les noms des régiments et des généraux qui se sont trouvés au combat.

Je vous adresse un rapport du général Gérard qui prouve que le corps de Platow ne s'est pas trouvé à la bataille.

Je vais pousser une reconnaissance sur la rive gauche du Dniéper, où on a aperçu hier quelques troupes. »

Nous reproduisons ici le rapport que le maréchal adressa le 7 août à l'Empereur, sur le combat de Mohilev.

Davout à Napoléon, 7 août, Doubrovna (AG) :

« Monseigneur, j'ai l'honneur de mettre sous les yeux de Votre Altesse le rapport de l'affaire qui a eu lieu le 23 juillet, en avant de Mohilev, entre une partie des troupes du 1er corps et le corps russe du prince de Bagration.

Votre Altesse sait qu'une légère avant-garde aux ordres du général Bordesoulle était entrée le 20 à Mohilev et qu'après s'en être rendue maîtresse, elle poursuivit, dans une fausse direction, le corps ennemi fort de 12.000 hommes à qui elle avait fait 3 ou 400 prisonniers. Le reste de ce corps s'était retiré par la route de Staroi-Biekhov sur la tête du prince Bagration.

Le 21, eut lieu, à la hauteur de Bouitnïtschi, l'attaque des Cosaques sur le 3e régiments de chasseurs, dans laquelle ce régiment, accablé par le nombre, éprouva une grande perte.

J'employai le 21 à faire une reconnaissance avec le reste de ce même régiment et le 85e de ligne en avant de Bouïnitschi ; je la poussai jusqu'au delà du Novosielki ; l'ennemi ne montra que de la cavalerie en assez grande quantité.

Tous les rapports annoncent l'arrivée du prince Bagration à Novoi-Biekhov et sa marche sur Mohilev, déterminé à donner une bataille pour y entrer. On parlait de quatre divisions d'infanterie, du corps de Platof et de plusieurs divisions de cavalerie.

Je n'avais alors à Mohilev que les 57e, 61e et 111e régiments d'infanterie de la division Compans — le 25e ayant été laissé avec la brigade Pajol et le 1er de chasseurs, sur la Bérézina pour couvrir Minsk, — les 85e et 108e de la division Desaix, la division Valence et le 3e de chasseurs.

Il fallait choisir un terrain d'un petit développement, qui pût rendre nulles la nombreuse cavalerie et l'artillerie de l'ennemi.

La position de Saltonowka, dont j'envoie un croquis à Votre Altesse, me parut remplir ce but. Dans la nuit du 22, je fis barricader le pont qui est sur la grande route, créneler l'auberge qui est vis-à-vis. Le pont du moulin de droite fut coupé par mes compagnies de sapeurs, et les maisons des environs crénelées. Le 85e fut chargé de défendre ces postes et de tenir en cas d'attaque, pour donner le temps aux autres troupes, échelonnées entre cette position et Mohilev, pour presser l'arrivée de la division Claparède, des troupes détachées du général Pajol.

Le 23, à sept heures et demie du matin, je reçus les rapports que les avant-postes étaient attaqués. A huit heures, je trouvai le 85e attaqué très vivement.

Le général Fredericks, qui le commandait, avait fait de bonnes dispositions, et pendant toute la journée a déployé du calme et beaucoup d'intrépidité.

L'artillerie légère de la division et celle du 85e avaient été disposées la veille. Leur feu fut très meurtrier et, au bout d'une heure de combat, il y avait déjà au-delà de 500 morts russes. Douze à quinze pièces russes débouchèrent du bois et se mirent en bataille sur le plateau du moulin, dont le pont avait été détruit. Des régiments d'infanterie russe se formèrent; un bataillon du 108e fut envoyé pour soutenir les compagnies du 85e, qui étaient sur ce point. Quelques pièces d'artillerie furent opposées à celles des Russes. Le combat devint très vif de ce côté. Les forces de l'ennemi augmentaient à chaque instant. Le bataillon du 108e, qui avait poussé les Russes, fut obligé de céder au nombre. Le général Guyardet, avec deux bataillons du 61e, arrêta la poursuite de l'ennemi et fit repasser le ravin aux Russes qui l'avaient passé en poursuivant le bataillon du 108e.

Pendant que ces choses se passaient sur la droite, je donnai ordre au général Fredericks, qui défendait le débouché de la grande route avec beaucoup de vigueur, de faire passer le défilé à un bataillon du 108e et à quelques compagnies du 85e, et de charger les pièces ennemies. Ce mouvement, qui fut exécuté avec une grande décision et dirigé par le colonel Achard, du 108e, eut une grande influence sur les mouvements de la gauche de l'ennemi, qui se vit forcé à rétrograder.

Le bataillon commandé par le colonel Achard avait fait prisonnier un bataillon ennemi, qui fut ensuite délivré. Le colonel fut blessé d'une balle au travers du bras, et ne put se soutenir sur les hauteurs qu'il avait occupées.

L'ennemi avait fait avancer une masse considérable formée en colonne serrée, pour entreprendre de nouveau de forcer le défilé du pont; elle se trouvait dans la direction de la batterie du chef d'escadron Polinier, qui l'arrêta par un feu terrible et lui fit beaucoup de mal. Le nombre des morts de l'ennemi, qui était déjà considérable sur ce point, fut doublé.

L'action se soutenait encore avec chaleur de part et d'autre, et avec une grande infériorité de notre côté.

Les autres troupes étaient en réserve sur notre droite, où l'on devait supposer que l'ennemi porterait des forces, et surtout sa nombreuse cavalerie. Sur les six heures du soir, toutes mes reconnaissances de la droite n'ayant pas vu d'ennemis, les troupes qui avaient été mises en réserve, et en particulier le 111e régiment, furent dirigées sur la grande route. Le général Fredericks reçut l'ordre de renouveler son attaque. Un bataillon du 85e qui, la veille, avait été placé à l'extrême droite, et un du 61e, attaquaient la gauche de l'ennemi. Ces deux attaques eurent du succès; l'ennemi retira son artillerie. Les troupes suivirent ce mouvement sur tous les points.

Le 111e et le 61e de la 5e division, conduits par le général Compans, furent chargés de poursuivre l'ennemi jusqu'à Novosielki. La nuit arrêta la poursuite à cet endroit, où des forces considérables étaient formées pour protéger la retraite du 12e régiment d'infanterie russe, qui avait été très maltraité.

Je dois les plus grands éloges à la conduite des troupes, et en particulier à celle du 85e. Aucun soldat n'a quitté son poste pour conduire les blessés, et les jeunes comme les anciens ont donné à leurs camarades l'honorable témoignage qu'il n'y avait plus de conscrits dans leur régiment.

La perte de l'ennemi a été grande. Il a laissé sur le terrain au-delà de 1.200 morts et plus de 4.000 blessés, dont 7 à 800 sont restés entre nos mains, ainsi que 150 à 200 prisonniers.

Les localités n'ont pas permis d'en faire un plus grand nombre. Notre perte, suivant les états des corps, monte à 900 hommes tués, blessés ou disparus.

Je réitère les éloges que je dois au général Fredericks, à tous les officiers d'état-major, qui ont bien payé de leur personne ; un d'eux a été tué.

Je profite de cette occasion pour prier Votre Altesse de demander à Sa Majesté des récompenses pour plusieurs d'entre eux ; j'en joins ici l'état à celui des officiers, sous-officiers et soldats des 4e et 5e divisions qui ont mérité d'être cités avec distinction.

Je prie Votre Altesse de mettre cet état sous les yeux de Sa Majesté et de solliciter pour eux ses faveurs. »

Général Gérard. — L'exploration du général Gérard pour la journée du 23 est extrêmement intéressante ; elle nous montre de nouveau que même à une telle proximité de l'ennemi, les seuls renseignements obtenus le sont par des émissaires.

Il est impossible de préciser quand les deux premiers rapports parvinrent au maréchal; actuellement, ils sont conservés avec la dépêche du 26 ; mais si l'on considère que Davout fait mention du troisième dans sa dépêche du 23 à minuit, on peut en conclure qu'ils arrivèrent pendant la bataille.

Avec le gros, le général est à Biélouïnitschi ; un parti de 140 chevaux a été laissé vers Sermïajeink.

La première dépêche de Gérard a pour objet de transmettre le rapport d'un déserteur; celui-ci ne fait que confirmer les précédents avis : toute l'armée russe marche sur Mohilev, forte de vingt mille hommes d'infanterie.

Gérard à Davout, minuit et demie, Biélouïnitschi (AN) :

« Un Polonais déserteur du régiment des hulans polonais de la garde arrive à l'instant, déserté lundi, à deux lieues en deçà de Bobrouisk. Il dit que l'avant-garde est commandée par le général comte Siewers (courlandais); il était d'ordonnance près de lui.

L'avant-garde est composée de deux régiments de Cosaques, l'un marchant en tête, l'autre couvrant les flancs. Chaque régiment est de 500 chevaux au complet ; trois régiments de dragons de quatre escadrons, quatre cents hommes ; une compagnie d'artillerie légère de onze canons et un obusier.

Dans la nuit de dimanche à lundi, un espion (juif) vint dire au comte Siewers que l'armée française marchait sur Mohilev ; aussitôt il monte à cheval, fut trouver le prince Bagration, et l'armée se mit en marche, espérant arriver à Mohilev avant nous. Ce hulan m'assure avoir vu lundi le prince Bagration au bois en deçà de Bobrouisk.

Il dit qu'il n'a que vingt mille hommes d'infanterie à peu près ; chaque régiment de mille hommes n'ayant qu'un bataillon ; ce sont des régiments de réserve, ceux de l'armée ont trois bataillons.

L'arrière-garde de ce corps est composée de cinq régiments de cuirassiers de quatre escadrons chaque, et du régiment de hulans dont il faisait partie, et qui, de huit, n'est plus que de sept escadrons et de six cents chevaux au plus ; ils ont beaucoup perdu par suite de fatigues et par les désertions. Comme l'on se défie d'eux, ils marchent couverts par les cuirassiers.

Le prince de Saxe-Weimar commandait ce corps de cuirassiers. Le général Platof était derrière avec douze pièces de canon et huit régiments de Cosaques. Il ne sait pas s'il a passé à Bobrouisk.

J'ai envoyé un homme au pont de Tschigirinka. J'espère qu'il rentrera dans la nuit et savoir au juste ce qui a passé au pont.

Un juif a dit confidentiellement au commissaire de la maison que j'habite qu'on lui avait assuré que Platof devait être à Tolotschin ; il dit s'y être rendu de Sloutsk par les bois et chercher à gagner la Grande Armée. Votre Excellence, si cela était, en est sans doute déjà informée. L'infanterie est rendue, elle est pesante et marche jour et nuit.

P.-S. Il n'y a que deux compagnies d'artillerie à pied, ayant onze pièces de gros calibre chacune et dix-neuf obusiers. »

A 5 heures 1/2 du matin, Gérard est toujours sans nouvelle des patrouilles poussées vers Sermïajenki ; vers Mohilev, on a aperçu quelques Cosaques.

Gérard à Davout, 5 heures 1/2 du matin, Biélouïnitschi (AN) :

« J'ai l'honneur de rendre compte à Votre Excellence que je suis entré hier au soir ici, à 11 heures, avec une partie de mon détachement ; j'ai laissé à Roudnia, à moitié chemin de Sermïajenki et en deçà, cent cinquante chevaux.

A raison des nombreux défilés et vu l'impossibilité de se maintenir à Sermïajenki, l'ennemi pouvant arriver sans obstacle sur nos derrières, je n'ai pas hésité à m'établir, de ma personne, de manière à couvrir la grande route et faciliter les communications.

Je n'ai pas encore le rapport des reconnaissances envoyées ce matin dans la direction de Sermïajenki ; celle envoyée dans la direction de Mohilev a aperçu quelques Cosaques qui se sont enfuis dans les bois, après avoir enlevé des chevaux aux paysans.

Je reçois à l'instant la lettre pour le général Pajol, et lui envoie un officier pour la lui faire parvenir plus sûrement.

Un officier d'état-major et qui a passé à Poghost vers sept heures du soir n'a rencontré que les deux escadrons du 8e régiment de chasseurs ; ainsi, le général Pajol n'arrivera pas encore aujourd'hui.

Le juif que j'ai envoyé au pont de Tschigirinka n'est pas encore rentré.

Le maréchal de logis et les sept hommes que M. Potier croyait pris, sont rentrés ; j'espère qu'il en rentrera encore de ceux qu'on croyait perdus.

A l'instant même, l'officier que l'on croyait pris, rentre avec six hommes après avoir abandonné son cheval dans les marais. »

Enfin, à midi, un émissaire apporte la nouvelle que Platof n'a pas encore passé la Droutsk, et que toute l'armée russe se dirige sur Alt-Biekhov pour y prendre une position défensive à Vorkabalov, à la droite du Dniéper, le front devant des marais impraticables.

Gérard en conclut que les Russes n'ont pas l'intention de livrer bataille.

Gérard au maréchal Davout, Biélouïnitschi, midi et demie (AN) :

« Mon émissaire arrive, n'ayant pu parvenir au pont de Tschigirinka. Il s'est dirigé sur Lïoubonitschi, a été à un mille au delà, dans la direction de Bobrouisk. Il m'assure que le général Platof est dans cette partie avec un corps considérable de Cosaques et de l'infanterie. Il n'a pas encore passé le pont de Tschigirinka, qui est sur la Droutsk. L'armée passe cette rivière sur deux ponts ; l'on a construit à Slobodka une digue sur le marais, et passé la rivière sur le pont du moulin.

Tout se dirige sur Alt-Biekhov.

Il a entendu dire que le quartier général de l'armée doit être établi à Vorkalabov à six milles de Mohilev. Comme position défensive, elle serait avantageuse, la droite appuyée au Dniéper, la gauche à la Mokrzanka, qui a son embouchure dans le Dniéper, le front derrière des marais impraticables que l'on ne peut passer que sur des ponts, en suivant la grande route, sa retraite sur Bobrouisk.

D'après cela, je ne crois pas qu'ils aient l'intention de marcher sur Mohilev.

P.-S. — Votre Excellence aura vu par mon rapport de ce matin que je garde les défilés de Sermïajenki. Mon intention n'a jamais été de quitter ce poste, que dans le cas où j'y aurais été forcé. »

Ve Corps. — Le Ve corps entrait à Igoumen. Informé par Davout que le prince Bagration marchait sur Mohilev, et qu'il s'attendait à lui livrer bataille pour le 27; il promettait de redoubler d'efforts malgré l'état d'épuisement du Ve corps, attaqué par le scorbut, pour arriver à temps.

Poniatowski à Berthier, Igoumen (AN) :

« J'ai eu l'honneur de recevoir la lettre de Votre Altesse Sérénissime en date du 22 du courant, par laquelle elle me prévient que Sa Majesté l'Empereur et Roi a bien voulu me confier provisoirement, en l'absence de Sa Majesté le roi de Westphalie, le commandement de l'aile droite de la Grande Armée. Tout en priant Votre Altesse Sérénissime de vouloir bien exprimer ma vive reconnaissance à Sa Majesté pour cette marque de confiance, je ne saurais ne pas l'assurer, que ce n'est que pour faire preuve de mon obéissance et de mon dévouement entier pour Sa Majesté que j'accepte cette tâche, que je considère comme beaucoup au-dessus de mes forces et de mes talents.

J'ai envoyé les différents ordres qui étaient joints à la lettre de Votre Altesse Sérénissime aux généraux Reynier, Tharreau, Latour-Maubourg et Marchand, avec les dispositions contenues dans la lettre de Votre Altesse Sérénissime. Je n'ai rien changé à celles que Son Altesse le Prince d'Eckmühl avait données, et j'ai écrit au prince de Schwarzenberg, que je croyais à Nesvïj, d'appuyer fortement le général Latour-Maubourg, qui se trouve sur la route de Sloutsk à Bobrouisk, et que je croyais fortement compromis, si le prince Bagration se retournait contre lui, d'autant que je suis trop éloigné et m'en éloigne de plus en plus pour pouvoir le soutenir à temps. Mais cette nuit, j'ai reçu l'avis du major Geringen du régiment des hussards autrichiens de Hombourg, daté de Radziwillmont (?) en avant de Nesvïj, sur la route de Pinsk, du 21, que le général Mohr arrivera à Kletsk avec l'avant-garde le 25 du courant, et que le prince de Schwarzenberg n'arrivera à Nesvïj avec son corps d'armée que le 28.

Le Ve corps, marchant sans repos, est arrivé ici ce soir, où j'ai trouvé un courrier de Son Altesse le prince d'Eckmühl qui m'annonce que le prince Bagration marche positivement sur Mohilev, mais qu'il ne pourra y arriver avec le gros de son armée que le 27 du courant; quoique le Ve corps soit exténué de fatigue, marchant sans relâche depuis Grodno et presque sans pain, je ferai néanmoins l'impossible pour joindre Son Altesse le Prince d'Eckmühl, surtout si je reçois de lui la confirmation que l'ennemi marche sur lui. Je ne dois cependant pas cacher à Votre Altesse Sénérissime que le Ve corps se trouve très affaibli dans sa cavalerie, tant par les pertes qu'il a essuyées, et dans l'infanterie, par les différents détachements, soit du bataillon envoyé à Grodno, soit de la brigade attachée au IVe corps des réserves de cavalerie, soit enfin par les malades, par les suites de la maladie du scorbut dont a été attaqué presque toute l'armée polonaise, et qui a tellement affaibli leurs jambes qu'avec la meilleure volonté, les gens se trouvent dans l'impossibilité de faire tout ce qu'on aurait droit d'attendre d'eux, et qu'il n'y a que l'âme qui soutient le corps. »

A cette dépêche était joint le rapport suivant :

Rapport (AN) :

« Le juif qui est arrivé hier de Mozouir à Smélovitschi, par Sloutsk et Poukhovitschi, m'a dit qu'il y avait à Sloutsk seize bataillons de troupes ennemies commandées par le général Ertel. C'est un corps de Russes composé en grande partie de recrues, de réserves et de Cosaques. Il a ouï dire qu'on y attendait encore quelques régiments de Pinsk. Le 15 de ce mois, le même juif a trouvé à Douditschi trois régiments de hussards et un de Cosaques qui se rendaient à Bobrouisk, et que le prince Bagration a quitté Sloutsk pour se rendre avec ses troupes vers la forteresse. »

VIIe Corps. — Le VIIe corps entrait à Kosov, la cavalerie à Bériouza, la brigade Klengel à Tébélé.

Rapport du VIIe corps (AN) :

« Le corps d'armée marche sur Kosov, la cavalerie à Bériouza, la brigade du général Klengel et les hussards à Tébélé. »

Corps autrichien. — Le corps autrichien entrait à Slonim, d'où le prince de Schwarzenberg adressait au général Reynier la copie des différentes lettres qu'il avait reçues de Varsovie.

Prince de Schwarzenberg à Reynier, Slonim (AG) :

« Je m'empresse de vous transmettre ci-joint des copies des lettres que j'ai reçues hier à Deviatkovitschi pendant que j'ai eu l'honneur de déjeuner avec vous, et dont vous avez pris lecture.

Comme la défense du Grand-Duché va devenir désormais le principal objet de vos opérations, j'ai supposé que ces pièces pourraient être de quelque intérêt pour vous, monsieur le Comte, et que vous seriez bien aise d'en avoir des copies ».

Dutaillis au prince de Schwarzenberg, Varsovie 19 (AG) :

« J'ai l'honneur de prévenir Votre Excellence qu'un corps russe composé de cavalerie, artillerie et infanterie a passé le Bug sur trois points, le 16 de ce mois à 6 heures du matin. Ces trois points sont Krylow, Starzyzew et Hórodło (?). Hier à trois heures du matin, les avant-postes ont été portés à Woyslawice.

Le corps est, dit-on, commandé par le général Kamenski.

On ne dit pas sa force.

Jusqu'à présent sa direction est sur Lublin.

Il n'y a dans le Grand-Duché aucune troupe à opposer à cette invasion.

Comme j'ignore ce qui se passe du côté de Minsk et Pinsk, nous ne pouvons juger ici, si c'est une invasion sérieuse ou une simple diversion.

Je viens d'envoyer un courrier au roi de Westphalie et à l'Empereur pour les informer de ce qui se passe.

P.-S. — Votre Excellence sait qu'elle a à Varsovie un dépôt d'artillerie et des hôpitaux.

Si le prince de Hohenzollern agissait, il pourrait faire une grande diversion ».

Xe Corps. — *Division Grandjean.* — Cette division reste immobile. Nous publions ici les deux ordres que Macdonald adresse à Grandjean dans la journée, pour montrer à quelles minuties il s'attardait.

Macdonald à Grandjean, Jakobstadt (AG) :

« Votre division aura séjour demain ; employez ce temps à faire constater ce qui peut exister dans le corps en pain, farine ou gruau. Faites compléter les sacs de chaque homme pour sept ou huit jours en farine ou gruau ; faites cuire et distribuer le plus de pain possible, et sachez si les réquisitions en pain commencent à rendre. Le biscuit doit être en réserve jusqu'à nouvel ordre. Faites remettre rigoureusement au parc des commissaires des guerres toutes les voitures qui ont leur conducteur, les autres, à l'administration de Jakobstadt, pour qu'elles soient rendues à leurs propriétaires. Aucun soldat désormais ne conduira ni chevaux en laisse, ni voitures, sauf au grand parc des munitions de guerre ou transports militaires.

Les régiments doivent être également débarrassés des voitures que chaque officier s'est approprié.

Vous donnerez ordre à MM. les Généraux de brigade d'exercer à cet égard la plus grande surveillance, en les chargeant de l'exécution de ces mesures.

Tous les officiers qui n'ont pas le droit d'être montés, se déferont de leurs chevaux dans les vingt-quatre heures.

Par ces dispositions, on rendra beaucoup de chevaux aux régiments Par un ordre antérieur, le commissaire des guerres a dû attacher à chaque régiment cinq à six voitures pour le service des officiers, si toutefois il n'existe pas de caissons ; mais ces voitures ne seront jamais conduites par des soldats ; toutes celles rencontrées en route par l'état-major ou la gendarmerie seront renversées, les objets distribués, les soldats ramenés à leur compagnie, et le commandant puni rigoureusement et renvoyé sur les derrières de l'armée.

Tant que la division sera réunie, il y aura un officier général et supérieur de jour qui ne quitteront pas le camp ; ils seront chargés du bon ordre et de la police ; en cas d'absence d'une brigade, le service alternera sur les deux autres, le même service aura lieu dans la brigade détachée, mais par un officier supérieur ; les uns et les autres seront responsables des désordres qui seront commis.

Six gendarmes sont mis à votre disposition pour la police. A l'avenir, les généraux de brigade et les commandants de régiment marcheront à leur tête. Les commandants de bataillon et de compagnie marcheront en queue, les officiers et sous-officiers sur les flancs ; de cette manière, ils verront ce qui se passe et empêcheront que personne ne s'écarte.

Les commandants de l'avant-garde d'une division, d'une brigade ou d'un détachement auront soin d'avertir, étant en marche, les habitants dont les maisons sont sur la route, qu'ils aient à mettre de l'eau sur leur porte, afin que les soldats puissent boire en passant.

Faites distribuer aux officiers le vin qui a été conduit ici, ainsi qu'aux soldats si la quantité en est suffisante.

Faites également distribuer aux mêmes les toiles qui ont été trouvées, mais que la répartition soit faite équitablement et suivant la force : infanterie, cavalerie, artillerie, sapeurs et soldats du train.

Faites-vous rendre compte de la désobéissance des boulangers, faites arrêter, traduire à un conseil de guerre et fusiller le chef de cette désobéissance, elle compromet la subsistance des troupes et paralyse les opérations prescrites par l'Empereur ; il est temps de mettre un terme à ces mutineries. Vous ferez dégrader et chasser de l'armée les agents des vivres qui ont quitté leurs postes à Ponéviej sans ordres, et vous m'enverrez leurs noms et grades.

Ordonnez que tous les bateaux soient ramassés et réunis au port de cette ville; vous ne laisserez de l'autre côté que ceux nécessaires pour ramener sur-le-champ, en cas d'événement, les troupes qui s'y trouvent. Une compagnie me paraît maintenant suffisante; qu'elle soit sur le qui-vive. Rappelez les autres au camp; dans le cas où elles devraient s'embarquer précipitamment, elles délieront la traille de l'autre côté après s'être embarquées, et viendront aborder ici, où l'un des petits batelets attendra que les bateaux et radeaux soient arrivés; sans cela ils dériveraient nécessairement.»

Macdonald à Grandjean, Jakobstadt (AG) :

« Vous mettrez de suite en marche le convoi pour Ponéviej, lequel sera composé des malades, armes et bagages inutiles, plus des prisonniers de guerre. Vous le ferez escorter par un détachement, et vous écrirez au sous-préfet de Ponéviej de faire conduire sûrement les prisonniers à Kovno.

Faites-vous rendre compte de la route qui doit être tracée et vous me la communiquerez ce soir.

On peut déterminer quatre milles par jour ou environ, et donner l'ordre que le convoi soit pourvu de vivres, ainsi que l'officier qui l'escorte, qu'il répondrait de ce convoi; je lui imputerai les plaintes qui pourront être portées.

S'il n'y a pas d'établissement à Ponéviej, vous autoriserez le sous-préfet à faire transporter les malades à Kovno, ainsi que les armes et effets; le détachement reviendra sur-le-champ.

Vous direz au général Ricard qu'il aurait dû suivre l'ordre qui lui prescrivait de laisser des détachements de cavalerie toutes les trois ou quatre lieues pour la correspondance de Friedrichstadt à Jakobstadt; il s'est borné à laisser un détachement à Friedrichstadt, un autre à trois lieues de cette ville. J'ai changé ce dernier et je l'ai posté différemment. A l'avenir, tous les ordres seront littéralement exécutés. Il y a telles dispositions qui peuvent manquer leur but par l'insouciance ou négligence dans leur exécution. Témoignez à M. le commissaire des guerres Desnoyers tout mon mécontentement sur l'exécution de l'ordre de faire fabriquer continuellement du pain ou biscuit à Ponéviej, et dites-lui que je le rends responsable des privations que votre division pourra souffrir, et que je le signalerai au gouvernement comme incapable de remplir ses fonctions; il est cause de tous les désordres et notamment du gaspillage de Kreutzbourg par les distributions qu'il y a sottement indiquées. »

De Kleist est approuvé d'avoir marché sur Eckau.

Macdonald à de Kleist (AG) :

« J'ai reçu la lettre que vous m'avez fait l'honneur de m'écrire d'Eckau le 20 juillet ; les motifs qui vous ont déterminé à changer de direction sont trop louables pour ne pas m'empresser d'y applaudir. Je vous félicite particulièrement du brillant résultat que vous avez obtenu. Je regrette toujours plus vivement que de nouvelles dispositions aient changé celle de mon premier mouvement ; nous pouvions être sur les derrières de l'ennemi, tandis que le général de Grawert aurait fait tête. »

A Grawert, le maréchal se borne à mander qu'il ne doit avoir devant lui que la garnison de Riga formée de dépôts.

Macdonald à Grawert (AG) :

« Je reçois par le comte de Pinto la lettre que Votre Excellence m'a fait l'honneur de m'écrire le 21 juillet; le mouvement rétrograde de l'ennemi prouve suffisamment combien vous vous êtes rendu redoutable pour lui. Il faut lui en imposer par de l'audace ; il paraît constant que vous n'avez devant vous que la garnison de Riga, formée de beaucoup de dépôts Le nombre numérique peut être considérable, mais non redoutable.

L'Empereur juge que ces troupes ne méritent aucune considération. Sa Majesté entend par là qu'elles sont incapables de faire des entreprises qui puissent inquiéter. J'imagine que le général Essen avait envoyé sur vous tout ce qu'il avait d'ingambes disponibles.

Vous pouvez ajouter aux trois bataillons à rappeler de Mémel un escadron, si ce point, ainsi que Libau, sont sans inquiétude. Une ruse niaise, et que j'ai honte de vous indiquer, serait de faire marcher ces troupes par demi-bataillons et escadrons ; vous les doubleriez par là aux yeux des bons Polonais et sots Courlandais, surtout les faisant marcher sur plusieurs colonnes et répandant le bruit qu'elles sont de deux à trois mille hommes chacune. Ajoutez-y la batterie venue de Tilsit.

Si le commandant qui restera est au-dessous du général d'Yorck, vous le rappellerez ; mais il sera censé rester commandant et se portera avec le renfort que vous allez rappeler sur les points menacés du commandement dont il était chargé.

J'ai retenu le comte Pinto pour le rendre porteur d'un calque de la copie de la carte que vous avez inutilement réclamée au prince d'Eckmühl. Cette copie appartient au général Grandjean.

Je vous envoie les deux feuilles des environs de Riga, que vous ferez vérifier et rectifier ; comme je suppose que vous ferez retrancher les postes et passages, je vous invite à les faire marquer sur cette carte et à m'en envoyer le calque, car je n'en ai point.

Je n'ai pas encore de nouvelles de la Grande Armée. »

Corps prussien.— Le 23, le général de Massembach, qui a été forcé de passer par Eckau, arrive à Péterhof; le colonel de Raumer s'y étant rendu de Mittau, le général de Grawert a alors sous ses ordres dix bataillons, dix escadrons et quatre batteries. A sa gauche, le général Yorck a fait occuper Libau par le lieutenant-colonel de Reuss avec deux bataillons, et Mittau par le lieutenant-colonel de Jurgas avec deux bataillons.

Comme position pour le corps principal, le général de Grawert compte s'établir sur la Missa, avec un poste à Saint-Olai; le détachement du colonel de Jurgas est porté sur Schlock.

Grawert à Macdonald, Péterhof, 9 heures du matin (AG):

« J'ai l'honneur d'informer Votre Excellence que je suis arrivé ici de Tomoschna hier, à 6 heures du soir, avec l'infanterie et un détachement de cavalerie, par un chemin qui traverse le bois, et mène par Plakanzeem, sur la rive droite de la Missa, à Saint-Olai. Le chemin n'étant pas praticable pour le canon et les bagages, j'ai dû faire passer le général de Massembach avec l'artillerie, le reste de la cavalerie et les bagages par Eckau. Il arrive dans ce moment.

Ayant donné d'Eckau l'ordre au colonel de Raumer de s'avancer avec son détachement sur Saint-Olai, ne laissant à Mittau que deux compagnies d'infanterie, je l'ai trouvé.

Je peux prendre position près de la Missa, établissant à Saint-Olai un poste qui poussera ses avant-postes et patrouilles jusqu'à la barbe de l'ennemi pour l'observer toujours.

D'après les nouvelles, l'ennemi a ses (vedettes) à un mille en avant de Riga. Je reçois dans ce moment le rapport que la patrouille de hussards a surpris cette nuit l'avant-poste ennemi et a fait prisonniers sur le glacis de la tête du pont un officier et quatre hommes. Dès qu'ils seront arrivés, je les ferai examiner pour avoir des renseignements plus détaillés.

Une lettre du général d'Yorck m'informe que Votre Excellence lui a donné l'ordre de pousser deux colonnes vers Mittau et Libau. Le général a détaché le lieutenant-colonel Jurgas avec ses deux bataillons de fusilliers n° 3 et un escadron de dragons du régiment n° 2 sur Mittau, qui sont déjà arrivés à Dobeln, et a fait occuper Libau par les bataillons de fusilliers n°s 4 et 7, deux pièces d'artillerie à pied et un escadron de dragons n° 2, sous les ordres du major Reuss.

Ayant mes troupes plus près de Mittau que de Schlock, j'ai donné l'ordre au lieutenant-colonel de Jurgas de se diriger sur Schlock, d'observer également la côte et les deux routes de Riga par Saint-Jean et Sainte-Anne, tandis que je ferai occuper d'ici Mittau. Quant aux détachements à Libau et à Mémel, j'attends les ordres de Votre Excellence.

L'officier, le lieutenant de Tilly, du régiment n° 3, qui était chargé de la dépêche du général d'York, accompagné par deux bas officiers, trouva en avant de Mittau une patrouille d'un officier et de dix Cosaques qui dormaient profondément dans un cabaret. Il fit surveiller par un des bas officiers les dix Cosaques et fit, avec l'aide de l'autre, prisonnier l'officier qu'il emmena, le remit au colonel de Jurgas. Les Cosaques s'en étant aperçus, le suivirent, mais ne purent l'atteindre ; quand il repassa la route ils avaient disparu.

Les prisonniers faits à l'affaire d'Eckau, qui sont augmentés au nombre de 400, se trouvent à Bauske, gardés par une compagnie du régiment n° 3. Je demande à Votre Excellence sur quel point ils doivent être conduits. »

Une lettre particulière remercie le maréchal de la décoration accordée au lieutenant de Raven.

Grawert à Macdonald, Peterhof (AG) :

« Les mouvements continuels et les événements des derniers jours m'ont empêché de répondre plus tôt à la lettre de Votre Excellence et de lui remettre par laquelle elle daigne m'informer de la nomination du lieutenant Raven chevalier de la Légion d'honneur. Je me suis empressé de faire connaître à cet officier la grâce dont Sa Majesté l'Empereur le comble. Je m'empresse également d'exprimer à Votre Excellence ma reconnaissance pour son intercession.

Persuadez-vous, Monseigneur, que chaque officier prussien sait apprécier l'avantage d'appartenir à une légion dont la dénomination est sa devise ; persuadez-vous qu'il est de l'orgueil de tous de fixer par leur action, un moment, les regards du grand homme sous les auspices duquel ils participeront à la gloire dont la postérité sera éblouie.

Persuadez-vous enfin, Monseigneur, qu'ils reconnaissent le prix si ce qu'ils font est jugé par vous digne de parvenir à la connaissance de Sa Majeste. En fait d'honneur, il n'y a pas de juge plus compétent.

J'ose me flatter que, par les événements des derniers jours, il sera évanoui jusqu'à l'ombre de soupçon de tout ce qui pourrait laisser quelque incertitude sur le bon esprit qui anime le corps que j'ai l'honneur de commander, qu'ils feront taire les malveillants dont le but est de susciter, par des motifs impurs, la méfiance. C'est sur le champ de la gloire que les gens d'honneur se reconnaîtront, c'est alors que disparaissent et retombent dans leur néant ces insinuations des âmes mal nées qui souvent influent sur le sort des empires, et pour cette raison surtout, je me félicite d'avoir trouvé une occasion où le corps sous mes ordres a pu manifester qu'il connaît son devoir et qu'il n'a d'autre volonté que celle de son souverain, d'autre but que de faire ce que prescrit l'honneur.

Permettez, Monseigneur, d'ajouter à ce sincère épanchement de mon cœur, l'assurance de la plus haute estime pour votre personne, et du plus profond respect avec lequel j'ai l'honneur d'être. »

---

24 JUILLET

Ordres donnés par l'Empereur.

Dans la matinée, par un ordre direct, l'Empereur portait la division Bruyère en avant. A 9 heures il prescrivait au Vice-Roi de le renforcer par trois de ses brigades de cavalerie légère et de lancer toute cette cavalerie sur Ostrovno, tandis que le général Nansouty, avec les cuirassiers et l'autre brigade, viendraient les appuyer à Tschernagastïa.

Il est bien difficile de saisir à ce moment l'idée que l'Empereur se faisait de la situation : les différents rapports de la cavalerie avaient fait renoncer à l'espérance de couper l'armée russe en débouchant à Béchenkovitschi ; à l'en croire, les ponts qu'il y faisait jeter avaient pour objet d'accélérer la retraite des Russes ; à Vitebsk, il voulait faire reposer l'armée. En tout cas il ne comptait plus forcer les Russes à une bataille ; tout au plus considérait-il la chance heureuse où il l'accepterait.

Tandis que sa cavalerie explorait ainsi au loin, l'Empereur, afin d'alléger la colonne, qui allait se porter sur Vitebsk, prescrivait au Vice-Roi de faire reconnaître une seconde route par Pavlovitschi. Avant de se déterminer, il voulait probablement attendre les résultats de la reconnaissance qu'il allait exécuter sur la rive droite.

Du reste rien ne pressait, l'infanterie du premier corps étant échelonnée entre Oula et Béchenkovitschi.

Napoléon à Eugène, Kamen, 9 heures (AG) :

« Mon fils, je vous envoie mon officier d'ordonnance d'Hautpoul. Il est bien nécessaire que vous placiez des postes de correspondance depuis Béchenkovitschi jusqu'à Kamen, afin qu'on puisse communiquer promptement.

Je n'ai pas de vos nouvelles depuis votre lettre d'hier, trois heures après midi. Je ne sais pas si la rivière est passée et si vous avez construit des ponts. Faites construire sans délai six fours ; le major général vous écrit pour que vous envoyiez toute votre cavalerie et le général Nansouty fort en avant. Mettez de votre cavalerie légère sous les ordres du général Bruyère. Aussitôt que le Roi de Naples arrivera, il se portera lui-même en avant, afin de serrer Vitebsk et d'être maître de toute la plaine. Nous avons intérêt à marcher rapidement, afin de nous emparer de cette ville importante pour pouvoir faire reposer un peu l'armée ; mais le passage sur la rivière à Béchenkovitschi est le préalable de tout : cela seul accélérera les mouvements de l'ennemi. Faites travailler avec la plus grande activité à la tête de pont. Pour ne pas mettre de confusion, vous ferez l'avant-garde, et marcherez d'abord sur Vitebsk avec votre corps d'armée. Faites choisir des chemins ; il serait avantageux de marcher sur trois colonnes, ou du moins sur deux, mais il faut que ce soit par de bonnes routes. Je suppose que vous avez déjà communiqué avec le général Grouchy.

La division Pino, qui est déjà ici paraît bien fatiguée ; elle ne peut aller aujourd'hui qu'à Botschéïkovo : tout cela aura le temps d'arriver ; le principal est d'avoir en avant une division d'infanterie pour soutenir la cavalerie. Si l'ennemi veut livrer bataille, il nous faudrait... (illisible)...

Alors faites donc partir une bonne division d'infanterie en forme d'avant-garde ».

Berthier à Eugène, Kamen, 10 heures (AG) :

« Monseigneur, mettez sous les ordres du général Bruyère trois de vos quatre brigades de cavalerie, afin qu'avec ces trois brigades de cavalerie et les trois que vous avez, le général Bruyère se porte à Ostrovno et s'approche de Vitebsk. Le général Nansouty, avec l'autre brigade et ses cuirassiers, se portera sur Tschernagastïa pour soutenir le général Bruyère.

Envoyez des voltigeurs avec le général Bruyère pour le soutenir dans ses reconnaissances, et réunissez tout votre corps d'armée à Béchenkovitschi ; vous pouvez même porter une division en forme d'avant-garde sur Tschernaghastïa, afin de pouvoir marcher demain sérieusement sur Vitebsk.

Sa Majesté suppose que vous êtes maître de la rive droite de la Dvina, et que vos ponts seront jetés.

Les trois divisions Morand, Friant et Gudin se mettent en colonnes depuis Oula jusqu'à Béchenkovitschi ; les cuirassiers de Montbrun, aussitôt qu'ils paraîtront, fileront en avant.

Faites reconnaître une route de Botschéïkovo sur Pavlovitschi et de là sur Vitebsk, afin de pouvoir marcher sur deux colonnes.

Si le Roi de Naples est arrivé, vous lui direz de se porter sur Tschernaghastïa pour diriger lui-même toute la cavalerie ».

A midi, le maréchal Davout était averti que l'Empereur s'était décidé à marcher sur Vitebsk.

Berthier à Davout, midi, Kamen (AG) :

« Je vous préviens, Prince, que l'Empereur porte, ce soir, son quartier général à Béchenkovitschi ; notre cavalerie est déjà à Ostrovno et nous allons marcher sur Vitebsk ; les dernières nouvelles que l'Empereur a de vous sont du 22 à 8 heures du matin ».

Dans la journée, l'Empereur arrivait à Béchenkovitschi, et s'assurait par lui-même qu'il n'y avait plus personne sur la rive droite de la Dvina.

A 10 heures du soir, il prescrivait à Murat de se porter sur Vitebsk avec la cavalerie. Bien que la masse de cavalerie sous ses ordres dût compter près de 10.000 hommes, l'Empereur lui donnait comme soutien immédiat deux bataillons d'infanterie. Nous ne saurions trop insister sur cette précaution qui était de règle à l'époque impériale.

Au Vice-Roi, il était ordonné de mettre en mouvemement sur Vitebsk, à 3 heures du matin, la division Delzons ; à 5 heures, la division Broussier ; la division Pino se dirigerait directement de Botschéïkovo sur Vitebsk sans passer par Béchenkovitschi ; une brigade de cavalerie légère se dirigerait sur Sienno, afin de se lier avec le corps de Grouchy.

Berthier au Roi de Naples, Béchenkovitschi, 10 heures du soir :

« Sire; l'Empereur me charge d'avoir l'honneur de faire connaître à Votre Majesté que son intention est que Votre Majesté appuie avec sa cavalerie sur Vitebsk, et fasse éclairer pour savoir ce que fait l'ennemi. Deux bataillons d'infanterie légère sont mis à la disposition de Votre Majesté pour soutenir la cavalerie. Je donne l'ordre au Vice-Roi de faire partir la division Delzons à 3 heures du matin et la division Broussier à 5, pour marcher sur Vitebsk et appuyer la cavalerie de Votre Majesté ; la garde italienne suivra le mouvement. Le Vice-Roi, de sa personne, doit partir d'ici à 6 ou 7 heures du matin.

Je donne l'ordre au Vice-Roi de placer une brigade de cavalerie légère sur Sienno, pour se tenir en communication avec le général Grouchy et s'assurer que la correspondance n'est pas interceptée entre le prince d'Eckmühl et vous ».

Berthier au prince Eugène, 10 heures 1/2 du soir, Béchenkovitschi (AG) :

« Monseigneur, l'Empereur ordonne que Votre Altesse Impériale fasse partir la division Delzons demain à trois heures du matin et la division Broussier à cinq heures, pour marcher l'une et l'autre sur Vitebsk et appuyer la cavalerie du Roi. La garde italienne suivra ce mouvement. Votre Altesse, de sa personne, ne partira qu'à six heures, après avoir vu l'Empereur.

L'intention de Sa Majesté est que vous n'ameniez avec vous que deux compagnies de sapeurs et la moitié de vos officiers du génie. Les deux autres compagnies de sapeurs et l'autre moitié des officiers du génie resteront ici pour achever le pont, travailler à la tète de pont et aux fours que Sa Majesté a ordonné de faire construire. Aussitôt que le général Kirgener sera arrivé ici, les deux compagnies de sapeurs et les officiers du génie que vous avez laissés vous rejoindront. Votre Altesse donnera l'ordre à la division Pino de la rejoindre sans passer à Béchenkovitschi, se dirigeant du pont de Botschéïkovo sur la droite. pour passer sur la droite de Béchenkovitschi par la route parallèle à celle que nous avons suivie.

L'intention de l'Empereur est aussi, Monseigneur, que Votre Altesse laisse une brigade de cavalerie légère sur Sienno, pour être en communication avec le général Grouchy ; l'officier qui la commande enverra des partis pour s'assurer que la communication entre nous et le prince d'Eckmühl n'est pas interrompue. Votre Altesse prescrira à cet officier de placer des postes de correspondance de Béchenkovitschi jusqu'au point où il sera, et vous lui ordonnerez de m'envoyer des nouvelles de tout ce qu'il pourra apprendre directement ou indirectement ».

Mouvements de l'armée.

Cavalerie de Murat. — Nous n'avons aucun rapport de Murat pour cette journée. Belliard se borne à adresser au major général la position des troupes ; elles s'étendent de Tourovlia, IIIe corps, à Béchenkovitschi, Ier corps ; le corps de Montbrun est encore en arrière.

Belliard à Berthier, (AN) :

« J'ai l'honneur d'envoyer à Votre Altesse l'état de position du corps du Roi pour aujourd'hui.

Positions :

Le quartier du Roi à Béchenkovitschi.

1er corps de cavalerie, commandé par le général Nansouty ;

1re division de cavalerie légère, en route pour Vitebsk, a reçu des ordres directs de l'Empereur ;

1re division de cuirassiers a reçu des ordres de l'Empereur ;

IIe corps de réserve de cavalerie commandé par le général Montbrun ;

2e division de cavalerie légère à Nikolaévo ;

2e division de cuirassiers a reçu l'ordre d'arriver demain à Béchenkovitschi ;

4e division a reçu l'ordre d'arriver à Oula ;

Ier corps d'armée : division Morand, à Béchenkovitschi, a reçu des ordres directs de l'Empereur ;

Division Friant, en avant d'Oula ;

Division Gudin, en arrière d'Oula ;

Ces deux divisions ont reçu ordre de se rendre demain de très bonne heure à Béchenkovitschi ;

IIe corps, duc de Reggio, à Polotsk, avec deux divisions de son corps d'armée ; la troisième division est restée au camp de Drissa pour y détruire les fortifications ;

IIIe corps, duc d'Elchingen, à Tourovlia ».

Corps de Nansouty. — Dans la matinée la brigade Jacquinot qui, dès le 23, a été poussée sur Vitebsk, continue son mouvement ; à 8 heures elle est à Boudilova. Le 23 au soir, l'ennemi n'y avait que cent Cosaques ; à l'approche de nos reconnaissances, ils ont repassé sur la rive droite de la Dvina et en ont brûlé le pont volant. D'après le dire des paysans, douze régiments seraient à Vitebsk.

Suivant l'habitude de l'époque, le général s'est borné à occuper Boudilova par un poste afin de servir comme d'un masque ; tout le reste de la brigade est en arrière à l'abri d'un bois.

Jacquinot à Bruyère, Boudilova, 8 heures du matin (AN) :

« L'ennemi a quitté Boudilova hier à la nuit ; il y avait cent Cosaques de la garde, leur régiment était sur une petite hauteur de l'autre côté de la Dvina. Ces Cosaques ont brûlé le pont volant sur la Dvina ce matin, lorsqu'ils ont aperçu ma reconnaissance ; ils ont évacué pendant la journée un petit magasin de seigle qui était à Tschernagastïa ; les habitants croient qu'Ostrovno n'est pas occupé par les Russes. Ils disent qu'il y a douze régiments dans le faubourg de Vitebsk, qui est sur la rive droite de la Dvina ; il y a des Cosaques de ce côté-ci.

Il n'y a pas de gué ici, il y en a un plus bas ; à Véchicha (?), j'y ai un poste. Il y en a un aussi à Scherapin (?), où j'ai laissé un escadron d'après vos ordres. Les Cosaques ont des vedettes le long du fleuve. Il y a un poste vis-à-vis de Boudilova. Un régiment est, dit-on, à peu de distance dans le bois.

L'aubergiste assure qu'un courrier est parti de Riga pour aller à Mohilev sur le Borystène, et qui a passé ici il y a environ huit jours, lui a dit que le général Platof était en Ukranie ; ce courrier faisait la plus grande diligence.

L'embranchement des routes de Béchenkovitschi et de Sienno est à Boudilova et non à Tschernagastïa, qui est à un demi-quart de lieue sur la droite. Boudilova, qui n'est composé que d'une maison de poste et d'une auberge, est de l'autre côté du ruisseau ; le pont n'est pas brûlé.

Les habitants n'ont vu que des patrouilles prendre la route de Sienno.

J'envoie une reconnaissance sur Ostrovno.

P.-S. — Ma brigade est en position en avant du bois, à une petite demi-lieue d'ici. J'occupe Boudilova par un poste de 80 chevaux ».

Deux heures plus tard, un second rapport prévenait qu'une colonne assez forte remontait la rive droite de la Dvina ; toutefois, le général ne leur attribuait pas l'intention de passer sur la rive gauche.

Jacquinot à Bruyère, 10 heures du matin, Boudilova (AN) :

« Le commandant de l'escadron détaché près du gué de Pokewitsch (?), rend compte que depuis 7 heures 1/2 du matin, l'ennemi file devant son poste. Il a vu passer deux régiments d'infanterie, une batterie d'artillerie légère et des bagages. Ces troupes remontent la Dvina ; un officier général était vis-à-vis notre poste, il en paraissait inquiet. L'ennemi débouche en ce moment du bois qui est sur la route, sur la rive droite de la Dvina. Il y a de l'infanterie qui accourt et cinq pièces de canon qui viennent au grand galop.

L'ennemi vient de tirer trois coups de canon sur nous, dont un à mitraille, personne n'a été atteint ; l'infanterie tiraille le long du fleuve ; j'ai défendu de répondre, j'ai mis mes postes à couvert, n'ayant que des vedettes qui observent. Il sort en ce moment beaucoup de troupes du bois, je ne crois pas que leur intention soit de passer, quoiqu'un paysan vienne de dire qu'il y a près d'ici un gué peu profond, où l'infanterie n'arriverait que jusqu'à mi-jambe.

Je vous prie de me renvoyer l'escadron qui garde le gué, il est en ce moment très éloigné de moi. Si vous ne le faites pas relever, je pourrai laisser un poste ».

A une heure, ces deux rapports étaient transmis par Nansouty. Dès le matin, à la suite d'ordre direct de l'Empereur, le restant de la division Bruyère venait appuyer la brigade Jacquinot.

Nansouty à Napoléon, Béchenkovitschi, une heure après midi (AN) :

« J'ai l'honneur de vous rendre compte que, conformément aux ordres que j'ai reçus ce matin du major général, j'ai dirigé la division Bruyère sur Vitebsk ; la brigade Jacquinot avait déjà suivi hier cette direction et était ce matin, à 8 heures, à Boudilova.

J'ai l'honneur d'adresser à Votre Majesté les deux rapports de M. le général Jacquinot, datés de Boudilova ».

Corps de Montbrun. — Tandis que les cuirassiers repassaient sur la rive gauche, la division Sebastiani restait sur la rive droite ; à 4 heures du matin, nous la trouvons à Strounïa.

Sebastiani à Montbrun, 4 heures du matin, Strounïa (AN) :

« La deuxième reconnaissance dirigée hier soir sur Nevel rentre dans ce moment ; elle ramène une douzaine de voitures de paysans chargées de pain et de biscuit et un caisson de l'armée russe, contenant du drap, de la toile et des effets d'habillement que j'ai fait distribuer aux régiments de la division ; cette reconnaissance a pris deux officiers russes et une douzaine de soldats ; on les a trouvés dans l'intérieur des terres.

Votre lettre qui m'annonce votre passage sur la rive gauche ne m'indiquant pas où sera établi votre quartier général, je ne puis vous faire parvenir ce rapport, qui vous sera adressé dès que je connaîtrai votre position ».

A 2 heures, ses trois brigades sont à Obol, Orlovo et Zasténok ; elles ont ordre de pousser des reconnaissances sur Sirotino et Sovay.

Sebastiani à Montbrun, 2 heures après midi (AN) :

« Nous sommes dans la position d'Obol, Orlovo et Zasténok. J'ai recommandé de pousser jusqu'à Sirotino d'un côté et Lovaj de l'autre. La reconnaissance partie de Zasténok doit être dans ce moment à Nikolaévo ».

A 5 heures du soir, ordre lui parvient d'établir la 2e division à Zasténok. En conséquence la brigade d'Obol vient à Sladolitsa, la Brigade d'Orlovo à Zasténok ; à 11 heures du soir, le mouvement est terminé.

Quant aux cuirassiers, la 2e division est en avant d'Oula, la 4e à Oula.

Montbrun à Belliard, Oula (AN) :

« Je vous adresse le dernier rapport que j'ai reçu du général Sebastiani, par lequel vous verrez qu'il a reçu l'ordre pour son mouvement d'aujourd'hui ; je n'ai pas cru devoir rien y changer sans au préalable avoir reçu ceux de Sa Majesté. Je vous prie de lui faire connaître le rapport du général Sebastiani. Je marche avec mes deux divisions de grosse cavalerie sur Béchenkovitschi. Si Sa Majesté avait des ordres à me donner, non seulement vous avez l'officier que je vous ai envoyé hier qui pourrait me les apporter, mais encore mon aide de camp porteur de la présente.

Le général Le Paultre, qui escorte mon artillerie, m'a rendu compte qu'il avait été forcé de s'arrêter hier soir, à quatre lieues d'ici, par une quantité de difficultés insurmontables qu'il avait rencontrées sur sa route ; je lui ai donné l'ordre de serrer sur moi le plus qu'il pourrait ».

L'exploration était complétée sur la rive droite par la brigade bavaroise. Le prince Eugène, voulant s'assurer de ce qu'il avait en face de lui, l'avait fait passer à gué à Béchenkovitschi ; en outre, elle couvrait l'établissement du pont. L'Empereur étant arrivé au moment où on le finissait passa la rivière, se mit à sa tête et exécuta en personne, une reconnaissance de deux lieues sur la route de Vitebsk. Il en acquit la conviction que toute l'armée russe avait disparu (1).

IIe Corps. — Conformément à l'ordre de Murat du 22, le maréchal Oudinot avait l'intention d'appeler à Disna deux divisions d'infanterie ; dans la journée, la cavalerie légère passerait à gué, et viendrait couvrir les routes de Polotsk et de Drissa et observer celle de Sebej. Aussitôt le pont terminé, une des divisions irait appuyer la cavalerie légère sur la route de Drissa ; la deuxième et les cuirassiers se placeraient sur celle de Polotsk ; la troisième resterait à Drissa, opposée à Wittgenstein que l'on supposait dans cette direction. Au cas où il garderait sa position, le projet du Maréchal était de marcher contre lui par la rive droite.

Oudinot à Berthier, Disna (AN) :

« J'ai l'honneur d'informer Votre Altesse Sérénissime, que d'après les ordres du Roi de Naples, je suis parti hier 23, de mon camp de Pérébrodé, mais que je n'ai pu arriver à Disna qu'avec la première division d'infanterie, qui y a pris position à 6 heures du soir ; le reste des troupes était trop éloigné pour arriver dans le même jour, mais je compte être rallié ce soir.

J'ai trouvé le pont à peu près au tiers fait, mais il est peu avancé depuis hier soir, parce que le fond de la rivière étant très inégal, on éprouve les plus grandes difficultés pour placer les chevalets. J'espère cependant qu'il sera terminé avant la nuit.

Toute la cavalerie passera aujourd'hui, 24, la rivière au gué pour couvrir les deux routes de Polotsk et de Drissa, et observer celle de Sebej.

Aussitôt que le pont sera terminé, je ferai passer l'infanterie ; la première division prendra position sur la route de Drissa à l'appui

(1) Volderndoff, 43.

de la cavalerie légère, et la deuxième division sera disposée avec les cuirassiers sur la route de Polotsk.

La troisième division d'infanterie et 300 chevaux continueront à occuper le camp retranché de Drissa et de travailler à la destruction des ouvrages.

L'ennemi occupe Drissa ; s'il persiste à garder cette position, je me propose de marcher à lui pour l'obliger à s'en éloigner. Comme la rivière est guéable en beaucoup d'endroits, les Russes tentent souvent de jeter des partis sur la rive gauche ; mais le général Merle est sur ses gardes, et ses postes sont maintenant placés de manière à contenir les troupes légères de l'ennemi et à n'être plus interrompu dans ses travaux.

J'ai ordonné l'établissement d'un second pont, mais on m'assure qu'il ne pourra être achevé que dans cinq jours ; j'ai fait tracer une tête de pont à laquelle je ferai travailler aussitôt que je pourrai disposer des outils, qui sont maintenant employés à la démolition du camp retranché de Drissa.

Oudinot à Murat, Disna (AN) :

« Il est quatre heures du matin, et le pont se trouve si peu avancé que je crains qu'il ne puisse pas être terminé avant la fin du jour ; cependant, les officiers du génie du IIe corps y sont tous employés et n'y épargnent pas les travailleurs ; mais le fond de la rivière est si inégal qu'on éprouve la plus grande difficulté à placer les chevalets. J'ai aussi ordonné la construction d'un second pont et l'on s'en occupe ; mais on ne me dissimule pas qu'il faudra au moins cinq jours pour l'achever.

J'ai fait passer avec des batelets un bataillon sur la rive droite pour couvrir les travaux ; je le ferai suivre par ma cavalerie aussitôt qu'elle m'aura joint, je dirigerai les cuirassiers sur la route de Polotsk et la cavalerie légère sur celle de Drissa ; je ferai passer les deux premières divisions d'infanterie, aussitôt que le pont sera fait.

Votre Majesté verra, par le rapport du général Merle, que je joins ici, ainsi qu'un croquis du camp retranché, que je ne puis encore rappeler sa division et que l'ennemi occupe toujours Drissa en force ; on m'assure même qu'il y travaille à des retranchements ; je pense, au contraire, que pour le forcer à s'éloigner de la Dvina, il faut nécessairement que je marche sur Drissa par la rive droite. Votre Majesté trouvera encore ci-joint le croquis des ouvrages du camp retranché.

Votre Majesté m'avait annoncé que je trouverais une tête de pont tracée et même commencée ; mais il n'y avait rien de tracé, pas un coup de pioche de donné, ni personne pour m'indiquer si on avait projeté quelque chose; j'ai donc fait lever le plan d'un tracé que je joins à cette lettre avec le rapport du colonel du génie Klein, et on y travaillera dès que les outils qui sont employés à la démolition seront rentrés.

Les pluies ont tellement dégradé les chemins que l'artillerie ne marche qu'avec une extrême difficulté, et que nous perdrons sûrement quelques chevaux ; j'espère cependant que tout sera rallié ce soir, et qu'à l'exception de la 3e division, je serai demain sur la rive droite avec tout le reste ».

A la suite d'un ordre de Murat, du 23 à 9 heures du soir, le Maréchal rappelait à lui sa troisième division ; il se préparait à porter par la rive gauche, la première division en échelon entre Polotsk et Disna, la deuxième restant dans cette dernière ville.

Oudinot à Murat, Disna, à 10 heures du matin (AN):

« Au moment même où je venais de remettre à mon aide de camp mon rapport, la lettre de Sa Majesté, en date du 23 à 9 heures du soir, m'est parvenue. En conséquence, je donne ordre à la 3e division d'infanterie de partir de sa position devant Drissa, quel que soit l'état où se trouvent les travaux de la démolition des ouvrages du camp retranché, pour arriver à Disna, demain 25, et y tenir position jusqu'à nouvel ordre.

J'ai rendu compte à Votre Majesté que la deuxième division d'infanterie, la 3e division de cuirassiers et les deux brigades de cavalerie légère ne pouvaient me rejoindre à Disna ; aujourd'hui, encore, auront-elles fait dix lieues par jour pour y arriver ; dès l'instant que la tête de la division du général Verdier paraîtra, je mettrai la division du général Legrand en marche pour se porter à mi-chemin de Polotsk par la rive gauche, attendu que ce sera beaucoup si le pont est achevé avant la nuit ; demain, tout le reste suivra, mais il est à craindre que je ne puisse amener qu'une partie de l'artillerie, car j'apprends à l'instant que le général Verdier ne peut se faire suivre de la sienne, et que la marche d'hier lui a coûté plusieurs chevaux ».

Cette marche de flanc qui éparpillait le IIe corps tout le long de la Dvina, sans qu'il lui restât sur aucun point des forces capables de résister à Wittgenstein, que l'on croyait être sur Drissa, n'était pas sans causer de l'inquiétude au Maréchal ; il allait pourtant l'exécuter, lorsque à 1 heure 1/2, l'ordre de Berthier du 23 à 5 heures du soir, lui parvenait. Celui-ci donnait pour objet principal au IIe corps de s'opposer aux troupes de Wittgenstein, de le tenir éloigné de la Dvina, et de couvrir ainsi sur la rive droite la marche la Grande

Armée ; le Maréchal était laissé libre du point d'où il prendrait l'offensive.

En conséquence, Oudinot arrêtait de nouvelles dispositions ; le 24 au soir, la cavalerie franchirait à gué la Dvina et viendrait couvrir les routes de Polotsk et de Vitebsk ; le 24, les deux division d'infanterie suivraient.

Si ce mouvement déterminait Wittgenstein à se replier, le IIe corps marcherait sur Polotsk ; dans le cas contraire, il l'attaquerait par la rive droite.

Oudinot à Murat, 1 heure 1/2 de l'après-midi, Disna (AN) :

« La certitude où j'étais que le corps de Wittgenstein était resté sur Drissa me faisait concevoir quelques inquiétudes en exécutant l'ordre de me porter sur Polotsk ; cependant, je me mettais en marche avec la 1re division pour arriver à Polotsk par la rive gauche lorsque la lettre du Prince Major général, dont j'ai l'honneur de joindre ici copie, m'est parvenue ; Votre Majesté verra que les dispositions qu'elle renferme ne me permettent plus d'abandonner le point de Disna, et je m'empresse de l'en prévenir, afin qu'elle ne compte pas pour demain sur l'arrivée des troupes du corps d'armée à Polotsk.

Le pont déjà commencé sera terminé ce soir, et demain, les deux premières divisions d'infanterie passeront sur la rive droite de la Dvina ; la cavalerie passera ce soir et ira se placer tant à Lozovka que sur les routes de Drissa et de Polotsk, et si ce mouvement oblige Wittgenstein à se retirer de Drissa et de Disna, je ferai aussitôt mon mouvement sur Polotsk, pour fixer ma communication avec Votre Majesté et flanquer sa gauche ; si, au contraire, l'ennemi continue à se maintenir sur la Dvina, j'agirai pour le contraindre à s'en éloigner ; enfin, Sire, je ferai mon possible pour que les intentions de l'Empereur et les vôtres soient remplies, et je ne perdrai pas un instant pour appuyer sur Polotsk et rejoindre Votre Majesté.

J'ai donné ordre aux compagnies du Danube et aux sapeurs du IIIe corps de rejoindre promptement Polotsk.

Je fais travailler à la construction d'un second pont qui, je l'espère, sera terminé demain au soir ; celui déjà entrepris offre peu de solidité ».

A cette dépêche était jointe la copie de l'ordre expédié par Napoléon à Oudinot, le 23 à 5 heures de l'après-midi.

Comme nous l'avons fait remarquer plus haut, l'ordre expédié à Murat le 23 à la même heure, prescrivait au Roi d'appeler le IIe corps à Polotsk d'une manière bien plus impérative que celui donné à Oudinot.

En conséquence, le 24, le Roi expédiait ordre à Oudinot de se rendre à Polotsk.

Le Maréchal arrêtait alors pour le 25 de porter la 5e brigade et une division à Lozovka, la deuxième division et les cuirassiers à Polotsk, la troisième restant à Disna.

Ce mouvement laissait en pointe, en face de Wittgenstein que l'on supposait fort de 25.000 hommes, une seule division.

On comprend donc que le Maréchal l'exécutât avec regret.

Oudinot à Murat, Disna (AN) :

« Je venais de terminer la lettre dans laquelle se trouve incluse celle du Prince Major, lorsque celle que Votre Majesté m'a fait l'honneur de m'écrire ce matin m'a été remise et, en conséquence de l'ordre itératif qu'elle contient, je fais mes dispositions pour arriver demain avec la première division d'infanterie, la division de cuirassiers et la 5e brigade de cavalerie légère à Polotsk ; je porterai sur Lozovka, par la rive droite, la 2e division avec la 6e brigade de cavalerie légère pour observer les routes de Sebej et Drissa ; la troisième division attendra de nouveaux ordres à Disna.

Je ne dissimule pas à Votre Majesté que c'est à regret que je précipite ce mouvement.

Deux particuliers qui arrivent en ce moment du camp des Russes, viennent encore de m'assurer que Wittgenstein se trouvait hier en personne avec au moins 25.000 hommes à Valeintsouï, derrière la Drissa ; il est vrai qu'ils ajoutent qu'il paraissait se disposer à marcher sur Sebej, mais qui peut répondre qu'il ne sera pas tenté de revenir sur ses pas pour profiter du jour que nous lui laissons? Au reste j'espère que ma conduite trouvera son excuse dans mon obéissance aux ordres de Votre Majesté ».

Pour dégager sa responsabilité, il en rendait compte au Major général ; en lui observant qu'à la suite de rapports indiquant la présence de Wittgenstein à Valeintsouï, avec 25.000 hommes, il aurait préféré, s'il avait été libre de suivre ses idées, retarder son mouvement ; mais qu'il avait dû céder aux ordres réitérés et pressants du Roi.

Oudinot à Berthier, Disna (AN) :

« En même temps que la lettre de Votre Altesse Sérénissime, en date du 23 de ce mois, m'est parvenue, j'ai reçu du Roi de Naples l'ordre itératif de me porter sur Polotsk ; en conséquence j'y arriverai demain avec la 1re division d'infanterie, la 3e division de cuirassiers et la 5e brigade de cavalerie légère.

La deuxième division d'infanterie et la 6e brigade de cavalerie légère prendront position à Lozovka, observantles routes de Drissa et de Sebej.

La troisième division d'infanterie occupera Disna.

Deux particuliers venant de la rive droite m'assurent à l'instant qu'hier Wittgenstein se trouvait en personne à Valéintsouï derrière la Drissa, avec 25.000 hommes ; ils ajoutent à la vérité qu'ils annonçaient le projet de marcher vers Sebej ; cependant, leur voisinage m'eût engagé à moins précipiter mon mouvement sur Polotsk, si j'eusse été libre d'agir d'après mes idées ; mais les ordres du Roi de Naples ont été si réitérés et si pressants que je n'ai pas cru pouvoir en différer l'exécution ».

IIIe Corps. — Le IIIe corps arrivait à Tourovlia.

IVe Corps. — L'artillerie du IVe corps étant arrivée tard dans la soirée, le Prince Eugène avertissait l'Empereur, à 8 heures du matin, que l'on n'avait pu déloger les Russes de la rive opposée et que, par suite, le pont n'était pas commencé. Afin de se lier avec Grouchy, la 13e brigade de cavalerie légère recevait ordre de se porter sur Sienno ; la 12e se tenait prête à l'appuyer.

Prince Eugène à Napoléon, 8 heures du matin, Béchenkovitschi (AN) :

« J'ai l'honneur de rendre compte à Votre Majesté que l'artillerie n'est arrivée hier que fort tard, et qu'on n'a pu l'employer. Je me suis borné à placer quelques postes de voltigeurs dans les maisons sur le bord de l'eau.

Il s'est engagé quelques tiraillements et on a découvert que leurs maisons étaient garnies d'infanterie ; un peu avant la nuit est arrivé à peu près un bataillon et toutes les maisons de la rive opposée sont occupées ; la nuit, le feu a cessé, et le génie a été occupé à préparer ses moyens pour les ponts.

Dans peu d'heures, je vais faire brûler le village, et alors on travaillera à un pont d'infanterie qui sera fait en quatre ou cinq heures.

Je vais pousser la cavalerie légère de Nansouty sur Vitebsk, la 12e brigade légère va se porter sur Sienno, et la 13e la soutiendra ; cette cavalerie se liera par sa droite avec Grouchy et par sa gauche avec la division Bruyère, qui a déjà une brigade à trois lieues d'ici.

J'écrirai à Votre Majesté dans peu d'heures.

Je suppose que l'ennemi a en ce moment deux régiments de cavalerie et deux de chasseurs à pied en face de nous ; on n'a rien aperçu au delà.

Le Roi de Naples va arriver dans quelques heures. »

Devant des démonstrations un peu sérieuses, les Russes se retiraient ; le Prince Eugène jetait alors un bataillon sur la rive droite et faisait commencer l'établissement des ponts. A une heure et demie il en avertissait l'Empereur et lui communiquait les résultats de l'exploration de Jacquinot. D'après les habitants, toute l'armée russe était à Vitebsk.

Prince Eugène à Napoléon, Béchenkovitschi, 1 heure 1/2 après-midi (AN) :

« J'ai l'honneur de rendre compte à Votre Majesté qu'aussitôt que des démonstrations un peu sérieuses ont été faites sur notre rive, l'ennemi a évacué le village avec son infanterie et s'est rallié à sa cavalerie.

J'ai fait de suite passer quelques marins de la garde qui ont réparé le pont volant, et j'ai jeté aussitôt sur l'autre rive un bataillon de voltigeurs pour protéger les travaux du génie. On s'occupe du pont de radeaux, le général Poitevin m'en promet un pour ce soir pour l'infanterie, et peut-être, demain soir, celui pour l'artillerie pourra-t-il être terminé.

Un paysan ramené de l'autre bord assure qu'il y avait deux régiments de hussards et trois de Cosaques, ainsi que trois régiments de chasseurs à pied ; dans ce moment, ils se retirent sur la route de Vitebsk ; on n'aperçoit plus que la valeur de trois escadrons.

Je ferai passer au gué quelques escadrons bavarois pour les pousser et avoir des nouvelles.

On dit dans le pays que leur armée serait arrivée à Vitebsk.

La brigade légère du général Jacquinot était ce matin, à 8 heures, à quatre lieues d'ici ; à son approche, les Cosaques ont, dit-il, repassé la rivière et brûlé le pont volant, il ne nomme pas la rivière. Je pense que c'est peut-être celle qui part du petit lac de Tschernagastïa ; à l'inspection de la carte, cette position me paraîtrait bonne, la droite au lac, la gauche à la Dvina et on couvrirait la grande communication avec Sienno. J'y envoie le général Bruyère.

Le Roi de Naples n'est pas encore arrivé.

J'écrirai ce soir à Votre Majesté pour les progrès des travaux des ponts. »

VIe Corps. — Le VIe corps arrivait à Mauteryn (1).

1er Corps. — *Colonne de Grouchy.* — A 5 heures du matin, Grouchy expédiait à l'Empereur la dépêche de Romeuf annonçant la victoire de Mohilev.

Pour la première fois, ses rapports signalaient la présence de Cosaques vers Babinovitschi et Doubrovna. Ces troupes devaient vraisemblablement appartenir au corps que Barclay avait poussé vers Babinovitschi sous les ordres de Touchkof.

(1) Prince de Thurn et Taxis, page 210.

Grouchy à l'Empereur, 5 heures du matin, Kokhanov (AN) :

« J'ai l'honneur de faire passer ci-joint à Votre Majesté la lettre que m'écrit le prince d'Eckmühl du champ de bataille près Mohilev.

Le parti de quarante chevaux que le général Colbert avait sur Babinovitschi a été attaqué hier par trois à quatre cents hulans et a éprouvé une perte notable, l'officier ayant commis la faute de vouloir charger l'ennemi, au lieu de se retirer sur Orcha, comme le prescrivaient ses instructions.

Mes reconnaissances sur Doubrovna rapportent qu'un régiment de hussards et un régiment de Cosaques sont à quatre milles en arrière de cette ville. »

Troupes aux ordres du maréchal Davout. — Nous ignorons les opérations des troupes aux ordres du maréchal Davout pour le 24 ; vraisemblablement, s'attendant à une nouvelle attaque pour le lendemain, il dut garder une attitude défensive. En tous cas, il n'y eut pas de poursuite, malgré la nombreuse cavalerie dont il disposait ; le lendemain, comme nous le verrons, tout contact était perdu.

Ve Corps. — Le 22, le Ve corps entrait à Iackhitsouï, où il avait été précédé par le 4e régiment de chasseurs.

La première intention du Prince, tous les ordres de Davout lui annonçant une bataille pour imminente, était de se diriger avec tout son corps sur Mohilev en ne laissant qu'un bataillon au pont ; le le 4e régiment de chasseurs serait dirigé sur Svislotsch, afin d'assurer la liaison avec Latour-Maubourg.

Un ordre de Davout en date du 23 lui faisait modifier ces dispositions. Une division, Zayonchek était laissée au pont, tandis que les deux autres se portaient sur Mohilev ; cette division avait pour objet de couvrir Minsk, de garder le pont et de faciliter la jonction avec Latour-Maubourg.

Il est malheureux que nous n'ayions pas l'ordre de Davout ; peut-être y aurions-nous trouvé les motifs qui l'avaient amené à se priver d'une division au moment d'une bataille, alors qu'il savait toute l'armée de Bagration en marche contre lui.

Ce détachement avait d'autant moins de raison d'être que, par son rapport du 22, le général Tyskiewicz avait annoncé qu'il n'y avait plus personne à Bobrouisk, que toute l'armée russe marchait sur Mohilev.

Poniatowski à Davout, Iakchitsouï (AN) :

« J'ai l'honneur de vous faire connaître que le Ve corps vient d'arriver ici, où il a été précédé ce matin par le 4e régiment de chasseurs que j'avais poussé en avant pour occuper le pont, craignant que le général Pajol ne fût dans le cas de l'abandonner pour se rapprocher de

Votre Excellence. L'effet a démontré que je ne m'étais point trompé, car le général Pajol a quitté hier le pont pour se porter à Bérézina.

J'avais envoyé le général Tyskiewicz avec sa brigade de cavalerie de Dolghinov par Poukhovitschi sur Lapitschi, avec ordre de pousser des reconnaissances sur Ghlousk et Svislotsch, et de rejoindre le Ve corps à Iakchitsouï. Je viens de recevoir le rapport dont je joins ici copie (1); j'y joins également des renseignements que m'a donnés un juif venant de Mozouïr (2).

J'envoie dans ce moment le 4e régiment de chasseurs d'ici vers Svislotsch, avec ordre de pousser des reconnaissances sur Bobrouisk, de se lier, s'il est possible, avec le général Latour-Maubourg.

Je compte laisser ici un bataillon pour la garde du pont et poursuivre demain, avec le reste de mon corps, ma marche sur Mohilev par Poghost et Biélouïnitschi, et je ferai tout mon possible pour arriver à Mohilev du 27 au 28, à moins que Votre Excellence ne prenne le parti de se rapprocher de nous.

Au moment de cacheter cette dépêche, je reçois celle de Votre Excellence du 23 juillet, dont le contenu me fait changer mes dispositions, c'est-à-dire qu'au lieu d'un bataillon, je laisse ici toute la division Zayonchek, avec un régiment de cavalerie, et je me porte demain avec les deux autres divisions et deux brigades de cavalerie à Poghost, d'où je continuerai après-demain ma route pour faire ma jonction avec Votre Excellence.

La division Zayonchek restant ici à Iakchitsouï, remplit plusieurs buts à la fois; elle couvre le pont de Iakchitsouï et par là Minsk; elle couvre nos parcs et nos convois qui suivent les corps, et elle peut faciliter notre jonction avec le général Latour-Maubourg qui se trouve toujours sur la route de Slousk à Bobrouisk, et dont je n'ai point de nouvelles depuis le 22. »

VIIe Corps. — Le VIIe corps atteignait Kartouzka-Bériouza; la cavalerie légère, Bezdej. La brigade Klengel et les hussards entrèrent à Kobrin; le régiment du roi s'avançait jusqu'à Boulkov.

Les Autrichiens, contrairement à l'accord convenu entre les deux généraux, ayant abandonné Pinsk à une heure du matin, après avoir tiraillé toute la journée du 23 avec les avant-postes russes; l'escadron saxon qui avait été détaché, craignant d'être enlevé, se rendait à Duboï. Le général Reynier ordonnait alors à deux escadrons d'aller occuper de suite le passage de la Pina à Janovo, et à la cavalerie de les suivre le lendemain de grand matin.

(1) Voir page 113.
(2) Le rapport publié page 149 était joint à cette dépêche.

Rapport du VIIe corps (AN) :

« Le corps d'armée marche sur Kartouzka-Bériouza ; la cavalerie légère, à Bezdej ; la brigade du général Klengel et les hussards, à Kobrin, où ils relèvent le régiment de hussards autrichiens de Kienmayer, laissé pour garder ce poste ; le régiment du roi et le détachement de hussards marchent jusqu'à Boulkov, pour aller ensuite à Brest, d'où le régiment du roi doit continuer sa marche pour aller à Praga, conformément aux ordres de Son Altesse Sérénissime le Major Général.

Le général Reynier reçoit un rapport du chef d'escadron détaché à Pinsk, qui écrit, à une heure du matin, que le général Frimont part de Pinsk et emmène les postes qu'il avait sur la Pinsk, qui se sont tiraillés pendant la journée avec les Russes ; qu'étant resté seul, il part pour Duboï, afin d'observer le passage de la Pinsk, et ne pas être surpris dans la ville. Le général Reynier envoie l'ordre à deux escadrons de partir de Bezdej, pour aller à Janovo surveiller aussi le passage de la Pinsk, et communiquer avec l'escadron détaché vers Pinsk, et ordonne à la cavalerie de les suivre à la pointe du jour. »

Corps autrichien. — Le corps autrichien se reposait à Slonim ; la colonne de Frimont, contrairement à ce qui avait été convenu, quittait Pinsk, nous ignorons par la faute de qui.

Dans la journée, le prince de Schwarzenberg recevait la dépêche de Berthier du 20. Il en faisait part au général Reynier et l'avertissait qu'en date du 21, le général Dutaillis le prévenait que l'invasion du Grand-Duché ne s'était pas réalisée.

Schwarzenberg à Reynier, Slonim (AG) :

« Je m'empresse de vous communiquer un extrait d'une lettre du prince de Neufchâtel que je viens de recevoir ce matin, croyant qu'elle aurait de l'intérêt pour vous. Il me semble qu'on vous laisse un vaste champ à parcourir, mais j'espère que les généraux russes se contenteront de jeter l'alarme parmi les habitants des frontières, et, si, comme il faut le croire, les grandes opérations continuent à avoir des succès, les troupes de Volhynie auront peut-être une autre destination.

Veuillez, mon Général, me donner quelques renseignements sur votre position et les mouvements de l'ennemi. »

Dutaillis à Schwarzenberg. 21 juillet :

« Les craintes d'une invasion dans le Grand-Duché ne paraissent pas se réaliser, et il paraît que les Cosaques et les chasseurs à pied qui ont passé le Bug le 16 n'ont pas approché de Lublin autant que les rapports l'annonçaient.

On assure, et il se pourrait, que ces troupes légères qui descendaient le Bug, flanqueraient un corps qui chercherait à aller au secours du général Bagration. Nous n'avons aucune nouvelle positive depuis le 17, et nous en attendons à chaque instant avec impatience.

Je viens d'écrire au ministre pour qu'il vous fournisse cinq mille cinq cents quintaux de farine qui vous ont été promis, et que le préfet de Lublin doit vous envoyer. »

Chargé d'appuyer les opérations du prince Poniatowski, le prince de Schwarzenberg se mettait en liaison avec lui. Tout en l'informant qu'il avait ordre de soutenir le Ve corps, le prince de Schwarzenberg faisait observer de quelle grande importance il était pour lui de ne pas s'éloigner sans une urgente nécessité de la route de Minsk.

Schwarzenberg à Poniatowski, Slonim (AN) :

« Il vous sera connu que la première destination du corps d'armée sous mes ordres, a été de couvrir Varsovie et les places sur la Narew. C'est pour cet objet que je me suis porté des frontières de la Gallicie à Siedlec, et que je me suis avancé par Droghitschin jusqu'à Proujanouï. J'occupai dans cette position Brest, Kobrin et Pinsk ; j'entretins une communication directe avec le général Reynier, qui formait alors la droite de la Grande Armée, et j'étais à même de préserver Varsovie de toutes les entreprises que le général Kamenski aurait pu tenter. Vous connaîtrez également les ordres de l'Empereur qui me font marcher avec mon corps d'armée à Nesvij où je serai le 28, et par lequel le général Reynier est chargé, à lui tout seul, de la tâche de couvrir le Grand-Duché de Varsovie. Je viens de recevoir de nouveaux ordres de l'Empereur, et j'ai l'honneur de vous communiquer le passage suivant de la lettre du prince de Neufchâtel : « Quant à vous, Prince, l'intention de l'Empereur est que vous appuyiez, en cas d'événement, le prince Poniatowski, et que, s'il n'y a aucun danger, vous vous portiez sur Minsk. Faites-moi connaître quand vous y arriverez, afin que Sa Majesté vous y envoie des ordres. »

Je vous envoie M. le lieutenant-colonel comte de Latour, de mon état-major, en vous priant de le mettre au fait de votre position, et de l'instruire de ce que je pourrai faire pour appuyer vos opérations. Je dois vous observer, mon Prince, que m'étant arrêté du 11 au 18 à Proujanouï, je suis déjà fort retardé dans ma marche. Il m'est donc infiniment nécessaire de ne pas faire, sans la plus grande nécessité, un mouvement qui m'éloignerait de la route de Minsk, et qui prolongerait ma marche sur ce point. »

Corps prussien. — S'attendant à passer la Dvina d'un moment à l'autre, le maréchal en faisait reconnaître le cours, de Friedrichstadt à Dinabourg. L'instruction qu'il donnait à ce sujet au chef de bataillon Marion mérite d'être citée, comme un nouveau type des détails où il aurait à entrer. Les Prussiens devaient exécuter cette reconnaissance de Friedrichstadt à Riga.

Instruction pour le chef de bataillon Marion (AG) :

« Le chef de bataillon Marion a à sa disposition la compagnie de sapeurs du 5e régiment polonais, l'officier du génie de Riancourt et M. le capitaine d'artillerie de Boygne, aide de camp du général de division d'Arancey, qui a volontairement offert ses services pour la reconnaissance de la Dvina.

M. Marion est chargé : 1° De réunir tous les bateaux du port de Jakobstadt et des environs dans l'île à gauche de cette ville, et de les y mettre en réparation, après les avoir fait tirer à terre, et de demander au général Grandjean une garde convenable pour leur poste. Il ne sera laissé devant Jakobstadt que deux nacelles pour le service, et une ou deux plus petites à la suite du radeau et du grand bateau; ces derniers devront toujours être stationnés à Kreutzbourg, prêts à embarquer la compagnie de voltigeurs qui y est stationnée. Je suppose que ces moyens sont suffisants pour ramener cette compagnie dans un voyage. M. Marion s'en assurera d'avance et augmentera ces moyens s'ils ne suffisent pas, en se concertant avec le général Grandjean.

L'un des bateaux sera toujours stationné à la rive droite pour dénouer ou couper le câble, lorsque le radeau et le grand bateau seraient arrivés à Jakobstadt, autrement ils dériveront. Cependant, si ce petit bateau était en danger de l'ennemi, il vaudrait mieux qu'il suivît le radeau ou grand bateau, quitte à voir couper ce câble par l'ennemi, ce qu'il ne pourra pas faire si promptement ici en plein jour, étant exposé au feu des gardes du rivage et du détachement qui repassera.

Tout étant arrivé à l'autre rive, le radeau sera amarré à la rive gauche, ainsi que les bateaux qui présenteront leurs poupes au rivage. M. Marion donnera communication de cette instruction au général Grandjean, et lui demandera de donner tous les ordres convenables.

M. Marion fera une reconnaissance exacte du cours de la Dvina et de ses rives, depuis Friedrichstadt jusqu'à Dinabourg.

Les Prussiens sont chargés de celles de Friedrichstadt à Riga ; il prendra pour base la carte de la Courlande, mais doublera l'échelle ; il se partagera le cours du fleuve avec les deux officiers qui lui sont adjoints ; ils prendront avec eux chacun un détachement de vingt hommes commandé par un officier que leur fournira le général Grandjean dans sa division, s'ils ne préfèrent prendre autant de sapeurs.

3e Tous les bateaux qui seront trouvés sur le cours du fleuve seront amenés sur la rive gauche et tirés à terre, s'ils ne peuvent être conduits vivement à Jakobstadt, Stabben et Friedrichstadt ; il sera tenu note du nombre de ceux amenés, de leur état actuel, capacité, et du lieu où ils resteront amarrés ; même indication pour ceux qu'on ne pourrait amener de la rive droite.

4° Il sera tenu note des quantités de bois propre à faire des radeaux, des ancres, cordages, étanches, madriers et autres ustensiles qui pourraient nous servir, existant sur les deux rives.

5° La reconnaissance comprendra les ponts, îles, passages, bacs, le thalweg et halage de l'une et l'autre rive, celle qui commande et en quelle distance, les points dominants, les rivières ou ruisseaux qui se jettent dans la Dvina, les points de communication entre eux, le figuré et nature du terrain des deux rives, la nature du lit du fleuve, hauteur et largeur des eaux ; déterminer les points qui présentent le plus de facilité pour établir des passages en bateaux ou radeaux.

Les connaissances et les talents connus du chef de bataillon Marion suppléeront à ce qui serait omis dans cette instruction déjà très étendue ».

Ayant ordre de marcher sur Dinabourg, Macdonald prescrivait au général Radzivil de reconnaître cette ville de près, en portant sur Illoukst deux bataillons et un escadron.

Macdonald à Granjean (AG) :

« Monsieur le Général, envoyez l'ordre au général Radzivil de partir demain pour Poddounaï avec deux bataillons, quelques pièces d'artillerie et un escadron et demi de cavalerie, pour s'avancer jusqu'à hauteur de Kazimirichki et Illoukst. De ces points, il enverra des patrouilles sur Dinabourg pour savoir précisément ce qui se passe sur ce point ; s'il est occupé, il doit l'être fortement, toutes les forces russes s'étant portées sur Drissa. J'entends par Dinabourg la tête de pont que l'on m'a assuré avoir été construite et rasée depuis. La connaissance de ce renseignement pourra seul déterminer le mouvement ultérieur de votre division.

Je vous préviens que je mets M. de Riancourt à la disposition du chef de bataillon Marion pour une reconnaissance des rives de la Dvina de Friderichstadt jusqu'à Dinabourg ».

Le mouvement vers la droite éloignait encore davantage la 7e division du corps prussien ; en conséquence, le Maréchal prévenait le général de Grawert de ne compter que sur ses propres forces, et qu'il lui était impossible de l'aider.

D'après la dépêche du 23, il n'y aurait eu à Riga que la garnison formée de nouvelles levées ; ces craintes paraîtront donc exagérées ; mais, le 24, nous ignorons d'après quels renseignements Macdonald porte cette garnison à 15.000 hommes.

Le but principal du corps prussien devant être de s'opposer à toute tentative de la garnison de Riga, il conseillait au général prussien d'occuper solidement Dahlenkirchen et la route de Riga à Mittau, surveillant par des postes l'Aa jusqu'à la mer.

Macdonald à Grawert, Jakobstadt (AG) :

« J'ai reçu cette nuit la lettre que Votre Excellence m'a fait l'honneur de m'écrire le 22, par laquelle j'apprends positivement l'occupation de Mittau et de Dahlenkirchen par vos troupes. Une précédente devant vous être parvenue, vous vous convaincrez de l'impossibilité où je me trouve de pouvoir soutenir le colonel de Horn, pour la raison que j'ai ordre de me diriger sur Dinabourg avec la 7e division. Je vous laisse livré à vous-même, et vous devez vous suffire en occupant fortement Dahlenkirchen et la grande route de Mittau à Riga, et observant seulement par des postes l'Aa jusqu'à la mer. Vous devez être très en mesure, mais je suis de votre avis que le poste de Dahlenkirchen serait fort menacé, s'il n'était pas soutenu par une force respectable en arrière, ou plutôt sur la route de Bauske, au-delà ou en-deçà de la Missa.

L'officier qui m'a apporté votre lettre m'a dit que les ponts étaient coupés. Donnez ordre au colonel de Horn qu'il prescrive aux habitants de rétablir les ponts sur toutes les routes en arrière de lui jusqu'à Friedrichstadt.

Je reçois dans le moment une dépêche de la part de l'Empereur ; Sa Majesté m'annonce que les Russes ont évacué le camp retranché de Drissa et brûlé tous les ponts ; il paraît que ce sont les mouvements sur Vitebsk et le Dniéper qui l'ont décidé à cette évacuation. Mais on ne me dit point si la Grande Armée passe la Dvina, suit les Russes, ni de quel côté elle se dirige ».

Macdonald au général Granjean, Jakobstadt (AG) :

« Je reçois votre lettre du 24.

J'ai donné des ordres au général de Grawert pour contenir la garnison de Riga ; c'est à ce général à faire les dispositions convenables pour soutenir le brigadier de Horn.

Des postes de Cosaques ou de hulans garnissent déjà la rive droite de la Dvina, de Riga à Friedrichstadt ; il n'est pas douteux qu'il en remontera jusqu'à Jakobstadt et probablement Dinabourg, pour observer nos mouvements. Faites avertir votre détachement à Kreutzbourg d'être sur le qui-vive, et près de repasser par les moyens que je vous ai marqués hier.

Ordonnez que les partis et sentinelles de Jakobstadt, sur la rive gauche, soient placés de manière à bien observer sans être exposés ».

Dans une première lettre au Major général, le Maréchal l'informe des difficultés qu'il aurait à passer la Dvina, tout lui manquant.

Macdonald à Berthier, Jakobstadt (AN):

« Les rapports que je reçois, m'annoncent que l'ennemi s'est replié à Dahlenkirchen, vers la tête de pont de Riga ; les Prussiens en font maintenant le blocus ; comme ils sont très étendus, j'ai autorisé le général de Grawert à tirer trois bataillons et un escadron de Memel et l'une des batteries d'artillerie laissée à Tilsit ; mais de tenir toujours cette petite colonne prête à la porter sur la côte au besoin à Memel et Libau.

Le brigadier de Raumer est entré à Mittau le 21, et s'est porté sur St-Olai, où il a dû opérer sa jonction avec le général de Grawert qui était sur la Missa.

J'ai donné ordre de reconnaître la Dvina de Riga à Dinabourg, ce travail sera long, attendu que je n'ai que deux officiers de génie. Malgré tout mon zèle, le service de Sa Majesté ne peut que souffrir par la privation d'un état-major et d'une administration que j'ai inutilement sollicités jusqu'ici.

Une brigade de la division Grandjean est en marche d'hier pour se porter vers Dinabourg, elle sera échelonnée au besoin et d'après les rapports que j'en recevrai.

Une seconde brigade campe à droite de Jakobstadt, la troisième est en arrière sur la route de Friedrichstadt.

Les émissaires que j'ai envoyés aux nouvelles par la rive droite, ne sont point de retour.

Je joins à cette lettre l'état de situation des pertes que les Prussiens ont éprouvées le 19 ».

A 10 heures du soir, Macdonald apprend par le duc de Bassano l'évacuation du camp de Drissa. De nouveau, à la suite de l'invitation contenue dans la dépêche du Duc d'avoir à passer la Dvina, il exprimait au Major général les difficultés qu'il y a pour lui de contenir Riga par la rive droite, et Dinabourg par les deux rives. Bien qu'il n'y ait personne devant lui, il demande du renfort.

Cette crainte d'un ennemi dont on n'avait pas de nouvelle, qui n'était même pas signalé, est caractéristique.

Macdonald à Berthier, 10 heures du soir (AN):

« Son Excellence le duc de Bassano vient de m'informer, par

ordre de l'Empereur, que l'ennemi a évacué son camp retranché de Drissa et brûlé tous les ponts.

On est occupé à chercher, à ramasser et à mettre en œuvre tous les matériaux pour construire des radeaux. Mais Votre Altesse peut juger du temps nécessaire à l'opération d'un passage, n'ayant aucun moyen ni en matériel, ni en personnel, n'ayant qu'un officier du génie et une compagnie de sapeurs nouvellement créée, sans instruction et sans officiers.

Les Russes ont garni la rive droite de postes d'observation.

Quatre hussards ont été pris ce matin par nos voltigeurs à Kreutzbourg ; ils venaient de Dinabourg; on ne peut rien tirer de valable de ces gens stupides ou imbéciles.

Les Prussiens, ainsi que je l'ai annoncé à Votre Altesse ce matin, forment le blocus de la tête de pont de Riga. Tous les avis portent cette garnison de 12.000 à 15.000 hommes et 1.500 chevaux.

La ville est encombrée d'approvisionnements en tous genres enlevés de Courlande.

4 à 5.000 Prussiens occupent Libau, Memel et la pointe du Kurische Nehrung ; cette force sera réduite par le rappel de trois bataillons et un escadron.

La 7e division de Jakobstadt à Dinabourg; les postes, escortes et le détachement de Tilsit la réduisent au plus à 8.000 baïonnettes. Votre Altesse sentira s'il y a possibilité d'entreprendre de contenir Riga par la rive droite, et Dinabourg par les deux rives du fleuve de 50 à 60 lieues de distance.

Je me persuade toutefois que l'intention de Sa Majesté est d'envoyer un renfort suffisant de ce côté aussitôt, qu'elle aura passé la Dvina, ainsi qu'un équipage de pont pour passer l'artillerie de siège.

Cet équipage devra être jeté non loin de l'île de Dahlen, proche Riga, pour éviter un immense détour, et surtout à cause de la faiblesse des chevaux du pays qui sont de la même espèce que les Kognas de Pologne.

J'ai reçu l'état de situation du personnel et du matériel de l'équipage de siège aux ordres du général Campredon ; il est sans doute suffisant ; mais, sauf le général Campredon, je ne vois ni personnel ni matériel du génie pour le siège de Riga ; Votre Altesse y fera sans doute pourvoir ; les officiers du génie prussien sont peu nombreux ; ils sont employés à Tilsit, au Kurische Nehrung et à Memel.

Les rapports des hussards pris ce matin quoique difficile à préciser ont pourtant laissé entrevoir qu'il y avait quelques escadrons postés sur la rive droite près de Dinabourg, mais j'ignore encore ce qui se trouve hors de la tête de pont de cette ville ».

Macdonald au duc de Bassano, Jakobstadt (AN) :

« J'ai reçu aujourd'hui la lettre que Votre excellence m'a fait l'honneur de m'écrire le 20 juillet.

J'ai rempli une partie des instructions de Sa Majesté. Etant sur la Dvina, mon aile gauche, après un vif combat, a replié les Russes sur la tête de pont de Riga qu'elle investit maintenant.

Ma droite, qui s'étend jusqu'à Dinabourg, est occupée à ramasser des bois et grès pour construire des radeaux et pour opérer mon passage.

Mais manquant de moyens et de personnel, cette opération ne sera pas aussi prompte que Sa Majesté peut le désirer, malgré tout le zèle et l'activité que j'y mets.

Je prie Votre Excellence de faire parvenir le paquet ci-joint au Major général, et d'agréer en même temps les assurances de ma très haute considération ».

Corps prussiens. — A 9 heures du soir, de Peterhof, le général de Grawert informait le Maréchal des positions qu'il avait fait prendre. Son gros était à St-Olai ; le colonel Horn avec deux bataillons à Dahlenkirchen ; le colonel de Jurgas avec deux bataillons occupait Schlock.

Toutefois, le général se montrait assez préoccupé de la position du colonel de Horn à Dahlenkirchen ; il prévoyait même le cas où il serait forcé d'abandonner ce poste et de se replier sur lui.

Grawert à Macdonald, Peterhof, 9 heures du soir (AN) :

« La gracieuse lettre dans laquelle Votre Excellence m'exprime d'une manière si flatteuse son contentement du petit succès qu'ont eu les armes prussiennes près d'Eckau, a procuré tant à moi qu'aux troupes sous mes ordres une satisfaction très douce.

Notre zèle, s'il était possible, serait rehaussé par ce témoignage d'intérêt ; nous n'avons aucun mérite que celui d'avoir rempli notre devoir, et sous un chef comme Votre Exellene, le devoir même le plus pénible se change en plaisir.

Il est hors de doute que le résultat de l'action du 19 aurait pu être plus glorieuse, si l'entier épuisement de ma cavalerie et son petit nombre n'avait empêché de poursuivre vigoureusement l'ennemi ; d'après le dénombrement exact, les prisonniers, les 80 blessés y compris, se montent à 7 officiers et 712 hommes.

J'ai l'honneur de ci-joindre le rôle pour Votre Excellence.

Le gros de mon corps consistant dans deux bataillons du régiment n° 3, deux bataillons du régiment n° 4, un bataillon et demie du régiment n° 5, un bataillon et demie, du régiment n° 6, deux escadrons du régiment de dragons n° 1, deux escadrons du régiment de dragons n° 2, et deux batteries et demie à cheval, une batterie et demie à pied, se trouve ici dans une position favorable à cheval sur la route de Mittau à Riga, près le Hof Saint-Olai. La droite formée par la plus grande partie de l'infanterie et une batterie est bellement placée derrière la Missa, où elle forme avec la gauche un rentrant. L'ennemi qui voudrait m'attaquer, serait exposé à un feu croisant par l'emplacement des batteries qui tireraient à mitraille.

Un demi-mille en avant, au bout du village St-Olai, j'ai placé le bataillon de fusiliers n° 5, deux compagnies de chasseurs et un détachement de 40 chevaux avec une demi-batterie à cheval. Cet avant-poste observe le bois qui commence non loin de là et s'étend jusqu'à un mille devant Riga ; les patrouilles poussent jusqu'au delà de ce bois. Mes flancs, et surtout la gauche, sont couverts par des marais impénétrables; par la droite j'entretiens la communication avec Dahlenkirchen par le chemin qui passe à Kakan.

Le lieutenant-colonel de Horn se trouve à Dahlenkirchen avec deux bataillons de fusiliers, deux compagnies de chasseurs, deux escadrons de hussards et une demi-batterie à cheval. J'attends cependant à tout moment les nouvelles qu'il en a été délogé ; comme il vient de m'informer que l'ennemi a transporté sur des bateaux des troupes pour mettre pied à terre sur l'île de Dahlen. La situation du colonel de Horn est d'autant plus épineuse que le bras de la Dvina qui forme l'île est guéable sur plusieurs points. Je lui ai recommandé d'être toujours au qui-vive, et en conséquence de l'information de Votre Excellence, que la 7e division ayant reçu une autre direction, qu'il ne peut donc plus s'attendre à être soutenu par elle ; je lui ai ordonné de se replier sur moi en cas qu'il serait attaqué par des forces supérieures, sans se laisser entraîner dans un combat désavantageux.

J'ai en outre, détaché le major de Thumen avec deux escadrons d'hussards pour se porter sur la route de Riga par St-Anne ; il prendra position à Babbenbeck, et s'étendra à droite et à gauche vers Schwarzenhof et St-Nicolai. Le colonel de Jurgass qui était en marche avec deux bataillons de fusiliers et un escadron de dragons se portera à Schlock, fermera la route de là à Riga et observera la côte.

Le commandant de Mittau, sur l'avis qu'il y avait un magasin à Schlock, a poussé un petit détachement de ce côté pour s'en emparer. Il vient de m'envoyer le rapport qu'il a dû abandonner ce projet, puisque des troupes anglaises avaient fait une descente et que l'on s'occupait à évacuer le magasin. J'ai donné l'ordre au major de Thumen de s'informer de la chose et du fondement, et j'attends son rapport pour prendre les mesures nécessaires.

J'espère avec confiance de faire tête à tout ce que l'ennemi pourrait entreprendre contre moi sur ce point, mais je dois concentrer autant que possible mes forces peu considérables, et il pourrait arriver que je me visse obligé de tirer à moi tous mes détachements.

Il est certain qu'alors Riga ne serait plus cerné sur tous les points pour quelque temps, mais comme Votre Excellence en conviendra, cela n'arrivera que par l'éloignement de la 7e division. Dès que Votre Excellence se rapprochera de nouveau avec cette division, il sera facile de rétablir l'état de choses actuel. »

---

25 JUILLET

Ordres donnés par l'Empereur.

Dès midi, l'Empereur connaissait le succès d'Ostrovno. Il ordonnait alors à la brigade Guyon, qui, la veille, avait été dirigée sur Sienno, de se rendre à Obol, afin de se lier avec le 3e corps de cavalerie. Au cas où le prince d'Eckmühl en aurait fini avec Bagration, Grouchy était invité à se porter sur Orcha, de façon à couvrir la droite de l'armée.

Napoléon à Berthier, Béchenkovitschi, midi (AG) :

« Mon Cousin, instruisez le général Guyon qu'il serait convenable qu'il se tînt du côté de Sienno, pour former une colonne d'observation sur la droite de l'armée; que nous nous portons sur Vitebsk; qu'il faudrait qu'il se portât également à hauteur de l'armée sur Oboltsy, en communiquant toujours avec notre droite. Ecrivez également cela au général Grouchy, et que si les affaires du prince d'Eckmühl étaient terminées le 23 au soir, il serait bien important qu'il formât une colonne de cavalerie sur notre droite, de sorte que, lorsque nous serons devant Vitebsk, il se trouvât entre Orcha et nous, communiquant avec notre droite, que nous avons eu aujourd'hui une affaire d'avant-garde à Ostrovno, dans laquelle nous avons pris huit pièces de canon, 200 hommes de cavalerie et environ 600 hommes d'infanterie ; que les renseignements que l'on reçoit des prisonniers sont que l'ennemi nous attend à Vitebsk ».

La division Morand était alors dirigée sur Vitebsk; les cuirassiers de Montbrun, invités à accélérer leur mouvement.

Berthier à Morand, (AG) :

« Il est ordonné au général Morand de partir avec sa division pour suivre le mouvement du corps du Vice-Roi ; il relèvera ses postes qui seront remplacés par la division Friant ».

Berthier à Friant, (AG) :

« J'ordonne au général Friant d'envoyer de suite un bataillon à Béchenkovitschi pour relever les postes de la division Morand qui partent ; il se préparera à suivre le mouvement de la division Morand sur la route de Vitebsk ; envoyez-moi un officier d'ordonnance ».

Berthier à Montbrun, (AG) :

« Monsieur le général Montbrun accélérez le plus tôt possible votre marche sur Béchenkovitschi, comme vous rencontrerez beaucoup d'infanterie en route, marchez sur la droite ou sur la gauche afin de la dépasser sans l'embarrasser »,

Nous ignorons à quelle heure, mais ne jugeant pas Sebastiani assez fort sur la rive droite, l'Empereur y envoyait Montbrun avec trois régiments de cavalerie bavaroise. D'après une lettre de Murat, ils devaient avoir ordre de déblayer la rive gauche.

Mouvements de l'armée.

Cavalerie de Murat. — Parti à 3 heures de Vitebsk, le Roi arrivait à 6 heures 1/2 à Boudilova ; le corps de Nansouty avait quitté ce point vers 5 heures. Il continuait alors sa marche sur Ostrovno ; à son arrivée, il y trouvait le combat engagé, mais ne pouvait le mener à fond, faute d'infanterie.

Murat à l'Empereur, Boudilova, 6 heures 1/2 (AN) :

« J'arrive ici, il est 6 heures 1/2, et je trouve le général Nansouty parti depuis une heure; je ne puis donner aucune nouvelle.

Sire, je désire savoir si la cavalerie italienne se trouve sous mes ordres ainsi que les Bavarois, car le général Vilate a refusé d'exécuter les ordres du général Nansouty. Je prie Votre Majesté de me faire connaître ses intentions. Je trouve ici les cuirassiers en marche. Je vais joindre le général Nansouty, je vois sur la rive droite un Cosaque en observation, ce qui me prouve que les Bavarois ne sont pas en marche ».

Murat à l'Empereur, Ostrovno, 1 heure (AN) :

« Je m'empresse de prévenir Votre Majesté qu'à mon arrivée, j'ai trouvé la cavalerie aux prises avec la cavalerie ennemie, et une charge venait d'enlever sept à huit pièces de canon. J'en ai fait exécuter plusieurs autres, qui toutes ont eu le plus grand succès; quelques centaines d'hommes ont été faits prisonniers, plusieurs blessés.

L'infanterie s'est alors avancée, je l'ai fait charger, deux bataillons ont été sabrés ou pris ; l'ennemi nous a montré sept à huit bataillons ; j'ai fait exécuter une charge sur six pièces qui avaient été prises et abandonnées à cause d'un feu d'infanterie épouvantable; les deux bataillons du 8e ont bien fait; j'ai envoyé demander les divisions Delzons et Broussier. La première arrive en ce moment, je vais la former en attendant la seconde. Vos troupes se sont conduites avec une bravoure étonnante».

Une troisième dépêche mandait à l'Empereur que l'ennemi s'était retiré, couvert par une forte arrière-garde. Les divisions Delzons et Broussier étaient arrivées.

Murat à l'Empereur (AN) :

« L'ennemi s'est retiré en laissant une forte arrière-garde d'infanterie, de cavalerie et de canons, il était venu ce matin de Vitebsk et avait pris position à 7 heures 1/2 du matin. Il paraît que c'est le corps de Touczkof. La division du général Delzons est arrivée à propos; elle a arrêté un mouvement considérable d'infanterie qui se faisait sur notre droite; on prétend que toute l'armée est concentrée à Vitebsk.

Il m'est impossible de vous rendre compte avec quelle bravoure votre cavalerie a fait son devoir; elle a chargé sur des canons qu'elle a pris, sur de l'infanterie qu'elle a sabrée et sur de la cavalerie qu'elle a culbutée. Je ferai un plus ample rapport à Votre Majesté; il m'est impossible d'écrire d'avantage, mais je dois, en attendant, vous faire connaître particulièrement le général Ornano qui a exécuté plusieurs charges, dont une sur les canons, qui lui fait le plus grand honneur. Le général Nansouty a fait merveille ainsi que le général Bruyère, mais j'ai vu le général Piré exécuter des charges avec autant de bravoure que d'intelligence.

J'écrirai ce soir à Votre Majesté en détail; il m'est impossible d'écrire davantage; l'ennemi a perdu considérablement de monde.

Le terrain est couvert de morts et de chevaux. Je prends position à l'embranchement des deux routes qui d'Ostrovno conduisent à Vitebsk. La division Delzons est arrivée, sa gauche s'appuie à la Dvina ».

Une quatrième dépêche transmettait à l'Empereur des renseignements fournis par un officier d'état-major fait prisonnier. A l'en croire, les corps de Touczkof et la garde étaient à Vitebsk. Baggowouth et Doktorof n'avaient pas encore rejoint. Wittgenstein était coupé; l'intention des Russes avait été de se réunir à Vitebsk avec Bagration et de livrer bataille.

Si près de l'Empereur, et pouvant rencontrer le gros des forces russes, le roi Murat avertissait l'Empereur qu'il n'engagerait pas d'affaire au cas où l'ennemi resterait en position, attendant ses ordres.

Murat à l'Empereur, Ostrovno, 7 heures du soir (AN) :

« J'adresse à Votre Majesté un capitaine aide de camp fait prisonnier, il dira tout à Votre Majesté; le corps que nous avons combattu est celui d'Osterman. Il était parti ce matin à 2 heures de Vitebsk. Il y a à Vitebsk : le corps de Touczkof, la garde ; les corps de Baggowouth et Doktorof ne sont pas encore arrivés à Vitebsk. Le corps de Wittgenstein est coupé, il n'a pu rejoindre ; cet officier dira à Votre Majesté qu'ils avaient espéré se réunir à Bagration à Mohilev, et livrer bataille à Vitebsk. Il prétend que le passage de Disna a changé tous leurs projets, comme l'affaire d'aujourd'hui pourra encore les changer. Quel dommage que le général Broussier ne soit pas arrivé à temps, ce corps était perdu ; mais il a perdu considérablement. Si l'ennemi est encore en position, je n'entreprendrai rien ; Votre Majesté est trop près et je dois attendre ses ordres. Un général et un colonel d'artillerie ont été tués.

P.-S. — Le Grand-Duc est parti pour Moscou vendredi. Il y a une espèce de révolte à Moscou. Cet officier est très disposé à parler.

J'y joins les derniers rapports du général Sebastiani, qui confirment que les corps Doktorof et Baggowouth ne sont pas encore rejoints ou vont rejoindre aujourd'hui. »

A la suite de cette affaire, le rapport suivant fut adressé à l'Empereur.

Rapport :

« Le 24, le Roi quitta Polotsk pour se rendre le même jour à Béchenkovitschi se mettre à la tête de son avant-garde, composée de la division Bruyère, de la division de cuirassiers St-Germain et de la division Morand.

Les divisions Friant et Gudin, ainsi que le IIIe corps reçurent l'ordre de marcher sur Oula, et par suite sur Béchenkovitschi ; le IIe corps eût l'ordre d'arriver à Polotsk et d'y attendre les ordres de l'Empereur. Le Roi trouva l'Empereur à Béchenkovitschi, qui ordonna au général Nansouty de se porter en avant, sur la route d'Ostrovno, avec la division Bruyère et la division Saint-Germain ; la division Morand prit position à Béchenkovitschi avec le IVe corps, qui arriva aussi dans la journée.

Le 25, d'après les ordres de l'Empereur, le Roi partit à 3 heures du matin pour aller joindre le 1er corps de cavalerie et marcher sur Vitebsk, ayant à sa disposition deux bataillons du 8e régiment d'infanterie légère, et étant appuyé par tout le IVe corps, dont la cavalerie fut mise sous les ordres du général Nansouty.

Le 1er corps était parti de Boudilova, où il avait couché ; le Roi le rejoignit sur la hauteur d'Ostrovno d'où il avait délogé l'ennemi par une charge vigoureuse conduite par le général Piré à la tête des 8e régiment de hussards et 16e de chasseurs à cheval de la division Bruyère, et qui nous donna 8 pièces d'artillerie et 80 à 100 chevaux de prise avec environ 150 prisonniers de cavalerie.

Une avant-garde aussi forte, appuyée par 8 pièces d'artillerie, annonçait d'autres troupes derrière ; effectivement, les prisonniers qu'on interrogeait dirent que tout le corps d'Osterman était arrivé le matin de Vitebsk, et avait pris position à quelque distance de là ; on ne tarda pas à voir de l'infanterie.

Le Roi porta en avant la cavalerie légère et fit avancer la division Saint-Germain, ainsi que les deux bataillons d'infanterie. Toute l'artillerie des cuirassiers fut mise en batterie, et Sa Majesté envoya dire au IVe corps de faire diligence.

A peine ce mouvement fut commencé, qu'un régiment de dragons russe déboucha d'un bois à très petite distance, et vint se former sur la droite de la brigade étrangère, avec laquelle se trouvait alors le Roi.

Sa Majesté ordonne sur-le-champ un changement de front à droite se met à la tête de la brigade, charge vigoureusement ce régiment, qui fut culbuté et presqu'en partie détruit. Pendant ce temps, le général Ornano, à la tête du 16e régiment de chasseurs, poussait une autre charge sur la chaussée, et arriva sur les canons qu'il prit, mais qu'il dut abandonner, tous les chevaux ayant été tués, et étant poussé par la fusillade d'une nombreuse infanterie qui se porta en avant pour protéger les pièces.

Les deux bataillons du 8e arrivèrent, le Roi les fit avancer le long d'un petit bois marécageux qui se trouvait à la gauche de la position pour soutenir la 1re brigade de cavalerie, que le feu de l'infanterie commençait à inquiéter. A la vue de ce mouvement, trois petits bataillons russes se portèrent par leur droite sur les deux bataillons du 8e ; le Roi les fit charger par le régiment prussien et le 9e de chevau-légers ; ils furent chassés avec de grandes pertes.

Des officiers furent envoyés de nouveau au IVe corps pour faire avancer la division Delzons qui se trouvait à la tête.

L'ennemi fit quelques mouvements sur la droite avec de l'infanterie ; alors le Roi envoya le 9e lanciers, deux escadrons du 7e de hussards et une brigade de cuirassiers pour observer et garder la position jusqu'à l'arrivée de la division Delzons. Les troupes furent à peine établies sur le terrain, que deux bataillons d'infanterie russe sortent d'un bois, pour chasser quelques-uns de nos tirailleurs d'infanterie.

Le général Jacquinot qui commande le régiment de cavalerie légère, profite du moment, charge vigoureusement ces deux bataillons dans les broussailles, et prend ou tue tout.

Pendant ce temps, deux autres bataillons russes d'infanterie débouchaient par leur gauche d'un bois sur notre droite, devant la brigade étrangère, les 6e et 8e lanciers polonais. Le général Roussel charge, les culbute ou les poursuit jusque dans le bois ; plus de 200 restèrent morts sur le terrain et 150 furent faits prisonniers. Jamais la cavalerie n'a montré tant de vigueur.

L'ennemi fit alors un grand mouvement par sa droite et par sa gauche, de plusieurs bataillons, montrant le projet de vouloir déborder nos deux ailes ; mais la division Delzons arriva ; le Roi la fit marcher le long de la Dvina pour prendre position sur les hauteurs ; ce mouvement arrêta celui de l'ennemi qui rappela au centre les bataillons qu'il avait portés sur notre droite pour protéger sa retraite, qu'il commença à l'instant ; il tint plus longtemps sur la droite, et ne quitta la position que dans la nuit.

Le Roi avait le dessein de pousser ce corps avec la division Delzons, et peut-être serait-on parvenu à le détruire, mais la division Broussier n'arrivait point pour former la réserve, et le Roi craignit de contrarier les projets de l'Empereur en s'engageant trop ; la nuit approchait, les troupes prirent position.

Quoique la grosse cavalerie n'ait pas donné, elle n'en a pas moins montré beaucoup de courage en restant toute la journée en bataille sous le feu de l'artillerie ennemie, demandant à marcher aux cris de : Vive l'Empereur.

Les deux bataillons du 8e se sont parfaitement conduits, ils ont repoussé plusieurs charges de l'infanterie russe ; ils ont presque tout le jour couvert le centre de la ligne.

Cette journée a été superbe pour la cavalerie qui a successivement chargé, pris et culbuté cavalerie, infanterie et artillerie ; elle a donné en résultat 7 à 800 prisonniers, 8 pièces d'artillerie enlevées à l'ennemi avec environ 150 chevaux, 4 à 5.000 Russes tués ou blessés et une épouvante terrible chez l'ennemi.

Les divisions Morand, Friant, Gudin ainsi que le IIIe corps reçurent directement des ordres de l'Empereur, et il en fut de même de la division Sebastiani, qui se trouvait sur la rive droite de la Dvina, et auprès de laquelle fut envoyé le général Montbrun, avec trois régiments de cavalerie bavaroise.

Les 2e et 4e divisions de cuirassiers du 2e corps de réserve eurent ordre de suivre le mouvement, et ils couchèrent : la 2e à Boudilova, la 4e à une lieue en arrière.

J'ai l'honneur d'adresser à Votre Altesse l'état des personnes qui se sont le plus particulièrement distinguées, et pour esquelles le Roi demande les bontés de l'Empereur ».

Corps de Montbrun. — A 5 heures du matin, Sebastiani recevait ordre de se rendre à Nikolaévo ; la veille au soir, en entrant à Zasténok, il y avait encore trouvé des Cosaques ; l'arrière-garde ennemie, forte de 3.000 hommes d'infanterie, en était partie le 24 au matin, et 30.000 hommes avaient passé à Kourilovchtchizna.

Sebastiani, 3 heures du matin (AN) :

« Mon général, je n'ai reçu qu'hier à 5 heures du soir la lettre que vous m'avez fait l'honneur de m'écrire pour me prévenir que de nouveaux ordres vous prescrivaient de continuer votre marche sur Oula par la rive gauche avec la division de cuirassiers, et que l'intention de Sa Majesté le Roi était que la division que je commande, poussât jusqu'à Zasténok. En conséquence de ces nouvelles dispositions, j'ai prescrit à la brigade que j'avais eu ordre de porter à Obol de se rendre à Stadolitsa, à celle qui était à Orlovo, de venir à Zasténok, et avec celle qui était à Zasténok, je me suis rendu à Nikolaévo, où je suis arrivé à 11 heures du soir.

Vous étiez mal informé sur le mouvement de l'ennemi. L'ennemi avait encore hier, à 8 heures du soir, 150 Cosaques à Nikolaévo, et 3.000 hommes, infanterie et cavalerie, en étaient partis le matin, à 3 heures. Le 23 au soir, l'ennemi avait près de Kourilovchtchizna 30.000 hommes ; j'ai dans ce moment une reconnaissance sur Doubovik.

Nous avons passé la nuit à cheval, et ma position sur la rive droite exige des précautions qui nous écrasent de service.

Je suis avec la brigade de hussards en arrière de Nikolaévo, à un quart de lieue.

Au moment où ma lettre partait, je reçois la vôtre ; les deux brigades ne seront à Nikolaévo qu'à midi, une heure et en partant d'ici, je ne tarderai pas à rencontrer l'ennemi. Il y a de Zasténok à Nikolaévo quatre fortes lieues, de Stadolitsa davantage.

En note. — Je ne sais ce que veut dire le général Sebastiani sur ce que je suis mal informé des mouvements de l'ennemi, ce ne peut être, j'imagine, que rapport à la lettre qui a fait mouvoir hier matin sa division, et par laquelle le général Belliard me prévenait que l'arrière-garde de l'ennemi était le 22 au soir en face d'Oula »(1).

Ce rapport était transmis à midi par Montbrun à son arrivée à Béchenkovitschi.

Montbrun à Murat, Béchenkovitschi, midi (AN) :

« Le général Sebastiani a couché la nuit dernière à Zastenok, ayant une brigade à Stadolitsa, une à Zasténok et l'autre à Niko-

(1) De la main de Montbrun.

laévo. L'ennemi avait encore, hier, à 8 heures du soir, 150 Cosaques à Nikolaévo et 3.000 d'infanterie en étaient partis le matin à 3 heures. Le 23 au soir, l'ennemi avait près de Kourilovchtchizna 30.000 hommes ; ce matin, le général Sebastiani croit qu'il y avait du monde dans cet endroit, cependant, il doit marcher de manière à arriver à Béchenkovitschi. »

A son arrivée à Béchenkovitschi, l'Empereur donnait ordre à Montbrun de prendre le commandement de la cavalerie bavaroise restée sur la rive droite, et de marcher avec la division Sebastiani sur Vitebsk.

En se portant en avant, il rencontrait, sur la rive droite, une arrière-garde d'infanterie qu'il ne pouvait entamer. D'après les renseignements qu'il se procurait, toutes les troupes sur la rive droite de la Dvina marchaient sur Vitebsk, Wittgenstein s'était dirigé de Drissa sur Sebej.

Quant à lui, avec la division Sebastiani qui l'avait rejoint, il marcherait le lendemain sur Vitebsk.

Il demandait seulement à l'Empereur de le faire appuyer par deux bataillons d'infanterie.

Montbrun à (?), (AN) :

« A l'embranchement de la grande communication qui va de Léonpol à Vitebsk, à 2 lieues 1/2 de Béchenkovitschi, j'ai rencontré quelques Cosaques ; une lieue plus loin étaient quatre régiments de cette arme avec à peu près 1.500 hommes d'infanterie et deux pièces de canon qui formaient l'arrière-garde de l'armée russe qui s'est retirée sur Vitebsk ; j'ai marché de manière à serrer l'ennemi et à lui prendre ses deux pièces de canon. J'ai voulu entamer une charge avec un de mes régiments, mais elle s'est faite trop faiblement pour qu'elle pût réussir. J'en attribue la cause à la différence de la langue, qui n'a pas permis aux officiers de me comprendre ; demain il ira mieux.

Tout confirme que les troupes russes, qui étaient à la droite de la ligne sur la Disna, se sont retirées par cette route sur Vitebsk ; hier encore, il en est passé ici un grand nombre. Il n'est pas question du corps du général Wittgenstein, tous les rapports paraissent jusqu'à présent s'accorder et annoncent que de Drissa, il a pris la route de Sebej.

J'ai fait jonction avec les troupes du général Sebastiani ; demain, je rallierai toutes celles qui sont sur cette rive pour marcher sur Vitebsk, conformément aux ordres de l'Empereur ; j'espère avoir des détails plus particuliers sur les intentions et les positions de l'ennemi, et j'aurai l'honneur de rendre compte à Votre Altesse.

J'ai voulu annoncer à Votre Altesse quelque chose de positif sur la marche de l'ennemi, c'est ce qui a été cause que je n'ai pu faire mon rapport plus tôt.

Comme le pays que j'ai à parcourir demain est boisé, je désirerais avoir un régiment d'infanterie légère ou un bataillon pour éviter la perte de beaucoup de chevaux, en forçant le passage à travers les bois. Je le regarde même comme indispensable pour appuyer tous mes mouvements. Sa Majesté a bien voulu me promettre quelques compagnies d'infanterie (voltigeurs), mais le pays étant découvert, je n'ai pas cru devoir les prendre. par conséquent je ne les ai point avec moi ».

IIIe Corps. — Le IIIe corps dépassait la Oula avec la 10e division ; la 11e division s'échelonnait entre Oula et Bortnik ; la 25e s'arrêtait à Pristan.

A cette date, le corps d'armée ne comptait plus qu'environ 21.000 hommes ; il avait perdu le tiers de son effectif depuis le passage du Niémen.

Ney à Berthier, Oula (AN) :

« J'ai reçu la lettre que Votre Altesse Sérénissime m'a fait l'honneur de m'écrire aujourd'hui à Béchenkovitschi, pour me demander l'état de situation du corps d'armée à l'appel de demain matin ; j'ai donné des ordres pour qu'il soit fait le plus exactement possible, et je m'empresserai de vous l'adresser.

Je puis en attendant faire connaître à Votre Altesse le nombre d'hommes à quelques centaines près, sur lequel on peut compter par division en cas de bataille :

10e Division..........	6.500	18.000 hommes d'infanterie.
11e Division..........	7.000	
25e Division..........	4.500	
9e Brigade de cavalerie légère...........	1.400	2.700 hommes.
14e Idem..............	1.300	
		20.700 hommes.

non compris l'artillerie, etc.

Malgré les contrariétés qu'on éprouve sans cesse en marchant à la suite des autres corps, le mauvais temps et la dégradation des chemins, les troupes françaises du corps d'armée ont très bien marché et n'ont que peu de monde en arrière ; mais il n'en est pas de même des deux régiments portugais et de l'infanterie Wurtembergeoise : ces troupes ne savent ni marcher, ni se faire vivre ; les dernières surtout sont dans la situation la plus fâcheuse (1). J'ai donné des ordres pour qu'on employât à la subsistance des hommes le seigle en grain ; on s'est fort bien trouvé de cette mesure ; l'ordre du jour, dont je joins ici copie, contient le résultat des expériences que j'ai fait faire à cet égard.

Nous profitons des voitures chargées de vivres que le Ier corps qui en a en abondance, laisse brisées sur la route. L'armée subsiste par la réunion de tous ces petits moyens.

Le IIIe corps prend position ce soir, savoir :

La 10e division et toutes les voitures d'artillerie des divisions de l'armée au-dessus de Oula, sur la droite de la Bérézina.

La 11e division, vis-à-vis le pont de radeaux de la Bérézina, entre Oula et Bortnik.

La 25e division, en arrière de Pristan, avec ordre de serrer sur la 11e, demain à trois heures du matin.

Le parc de réserve avec la 25e division.

Les 9e et 14e brigades de cavalerie légère marchent sur la droite de la Dvina, et doivent être aujourd'hui à notre hauteur.

Je n'ai pas encore reçu d'ordre de mouvement ; je pense que je me dirigerai demain sur Béchenkovitschi.

Ordre du jour :

M. le Maréchal commandant en chef a fait faire plusieurs expériences de préparations à faire subir au seigle en grain pour le rendre propre à la subsistance des hommes ; en voici le résultat :

Le seigle en grain doit d'abord être mis à sec sur le feu dans une poële ou tout autre vase, de la même manière qu'on y expose le café ; il faut le remuer sans cesse pour l'empêcher de brûler et le retirer au moment où il est desséché sans qu'il soit nécessaire de lui laisser acquérir une couleur rousse. Cette opération dure, sur un feu moyen, environ dix minutes, elle peut être faite plus en grand dans un four, mais alors elle demande plus de temps.

Le seigle ainsi torréfié est propre à être employé aux mêmes usages que le riz. On le fait crever dans l'eau à un feu doux, ce qui dure environ deux heures, après quoi on y ajoute un peu de graisse ou de bouillon et du sel. Le soldat peut aussi le faire cuire dans la marmite en même temps que la viande, en l'y mettant après que la soupe est écumée.

Les expériences faites ont fourni la preuve que cet aliment, qui n'a rien de désagréable au goût, est sain, nourrissant et d'un

(1) D'après Miller, la division wurtembergeoise comptait, le 15 juillet, 7.452 hommes ; le 11 août, elle était réduite à 3.810. La cavalerie, dans le même espace de temps, avait diminué de 1.587 hommes à 1.482, p. 65.

volume suffisant pour remplir la capacité de l'estomac, en en donnant trois quarts de livre ou une livre par homme.

MM. les Généraux et Colonels sentiront de quelle importance il est d'engager le soldat à faire usage de ce moyen de subsistance, dans un pays où le petit nombre de moulins et la rapidité des marches ne permettent pas toujours de réduire le grain en farine, et M. le Maréchal espère de leur zèle pour le service de l'Empereur qu'ils ne négligeront rien de ce qui peut contribuer à le faire adopter par les troupes sous leurs ordres».

IIe **Corps.** — En exécution des ordres de Murat du 24, la division Legrand et les cuirassiers se rendaient à Polotsk; la division Verdier passait vraisemblablement sur la rive droite; la division Merle portait une partie de la cavalerie sur Dinabourg.

Merle à Macdonald, (AG):

« D'après les ordres de Son Excellence M. le Maréchal Duc de Reggio, je dirige aujourd'hui un parti de cavalerie légère sur Dinabourg à l'effet de savoir des nouvelles du corps d'armée sous les ordres de Votre Excellence.

M. le Maréchal Duc de Reggio me charge encore de vous informer que les trois divisions de son corps d'armée occupent Disna, Polotsk, Lozovka et Bieloe, sur la rive droite de la Dvina ».

IVe **Corps.** — Le Prince Vice-Roi était arrivé sur le champ de bataille à une heure de l'après-midi, sauf le 8e d'infanterie légère; aucune de ses troupes n'avaient combattu. Dans la soirée, le IVe corps était placé, Delzons sur le champ de bataille, Broussier à une lieue en arrière, la garde royale à Boudilova.

D'après le dire des prisonniers, l'ennemi avait cinq corps à Vitebsk ; se trouvant à six lieues de cette ville, le Roi demandait à l'Empereur s'il devait pousser en avant ou attendre.

Eugène à Napoléon, en avant de Boudilova, 7 heures du soir (AN):

« J'ai l'honneur de rendre compte à Votre Majesté que je suis arrivé en avant d'Ostrovno, à une heure après midi; on était fortement engagé et plusieurs charges heureuses avaient déjà été faites avant midi. La division Delzons arriva un moment avant moi, et se plaça de manière à soutenir la cavalerie.

L'ennemi présentait environ seize bataillons qui manœuvraient dans le bois, on peut évaluer sa cavalerie à 3.000 chevaux ; il avait quarante bouches à feu. Après trois heures de canonnement, c'est-à-dire vers quatre heures, l'ennemi se retira dans les bois par la route de Vitebsk. Des prisonniers interrogés nous ont appris que les Russes avaient cinq corps d'armée à Vitebsk, et que celui-ci en avait été détaché hier pour marcher ici. Il paraîtrait que c'est leur IVe corps ; pourtant ils nomment Tolstoï leur général commandant le corps.

Le Roi de Naples rendra compte à Votre Majesté de cette journée qui a donné pour résultat sept pièces de canons, plusieurs centaines de prisonniers et un bon nombre de tués et de blessés. J'ignore la perte de la cavalerie ; le 8e d'infanterie légère, le seul engagé, a eu environ 200 hommes hors de combat, dont le colonel blessé.

La division Delzons est restée en position, la division Broussier est arrivée à une heure en arrière, et la garde à Boudilova, point d'intersection des deux routes.

J'ai porté mon quartier général un peu en arrière ; avant le jour je serai à la 13e division ; je désire bien connaître quelles sont les intentions de Votre Majesté.

Nous ne sommes plus qu'à six lieues de Vitebsk, où paraît être l'ennemi en force. Votre Majesté veut-elle qu'on pousse, sans rien engager de sérieux, ou préfère-t-elle qu'on suspende ?

Il y a à Boudilova un très mauvais passage, l'ennemi occupe une maison de l'autre bord, où il y a de l'infanterie embusquée, et qui nous blesse assez de monde sur la route qu'elle voit très bien pendant cent pas. J'ai fait jeter quelques obus qui n'ont fait aucun effet ; il y a un peu au-dessus de cette maison un gué où 200 Cosaques avaient passé la rivière et venaient presque intercepter la route ; j'ai dû faire placer là une compagnie de voltigeurs et un escadron de dragons de la garde ».

Dans la soirée, le Vice-Roi apprenait par la dépêche de Grouchy, de 8 heures du matin, le succès du 1er corps.

Prince Eugène à Berthier, (AN) :

« Je m'empresse d'adresser à Votre Altesse deux lettres que je reçois à l'instant des généraux Guyon et Grouchy ; cette dernière surtout est intéressante, parce qu'elle assure que le Prince d'Eckmühl aurait eu l'avantage dans son dernier engagement avec l'ennemi.

J'ai rendu compte à Sa Majesté de la journée d'aujourd'hui ».

A la droite du IVe corps, le général Guyon s'était porté sur Sienno, afin d'y établir la liaison avec le IIIe corps de cavalerie.

Ses patrouilles n'y ayant trouvé personne, s'étaient portées plus en avant et avaient enfin rencontré un parti de Grouchy.

Toutefois, en en rendant compte, l'officier qui commandait la reconnaissance avait négligé de dire où se trouvait le quartier général du 3e corps.

Sur la route de Sienno à Béchenkovitschi, l'ennemi avait disparu depuis le 23.

A la suite de son rapport, le général Guyon recevait ordre de rejoindre Grouchy à Kokhanov.

Guyon à Berthier, Roubies, midi (AN) :

« Conformément aux ordres de Son Altesse Impériale le Prince Vice-Roi d'Italie, qui m'ordonne de conserver la position que j'ai prise hier sur la route de Sienno, et de correspondre par des reconnaissances sur ce point avec les troupes de M. le général comte Grouchy et d'en rendre compte à Sa Majesté l'Empereur et Roi, j'ai l'honneur de vous faire le rapport, Monseigneur, afin que vous en rendiez compte à Sa Majesté, que mes reconnaissances envoyées hier soir et ce matin n'ont point trouvé les troupes de M. le général Grouchy à Sienno ; mais elles y ont appris qu'un détachement du 28 et 30e dragons y était venu avant-hier soir, qu'il en était reparti aussitôt, attendu que trois ou quatre escadrons de Cosaques s'étaient présentés aux environs de la ville que l'on n'a plus revus depuis ma reconnaissance envoyée hier soir à Sienno. Voyant qu'elle n'y trouvait point les troupes de M. le général comte Grouchy, elle a poussé jusqu'à Weisse, où elle a trouvé un détachement de trente hommes du 28e dragons faisant partie du corps de réserve commandé par ce général. L'officier qui le commandait a dit qu'il se rendait à Sienno pour correspondre avec la 12e brigade de cavalerie légère faisant partie du corps d'armée de Son Altesse Impériale. Voilà, Monseigneur, ce que l'officier commandant la reconnaissance m'écrit à l'instant, sans me dire où se trouve le quartier général de M. le général comte Grouchy. Mais, j'espère en être instruit ce soir ou dans la nuit par la reconnaissance envoyée ce matin. Comme j'ai eu l'honneur d'en rendre compte cette nuit-ci à Son Altesse Impériale le Prince Vice-Roi d'Italie, l'ennemi n'a plus reparu sur la route d'ici à Sienno depuis avant-hier matin ».

Guyon au Vice-Roi, route de Sienno à Béchenkovitschi (AN) :

« J'ai l'honneur de rendre compte à Votre Altesse que la reconnaissance envoyée à Sienno pour communiquer avec les troupes de M. le général Grouchy, ne les ayant pas trouvées sur ce point, a poussé jusqu'à Weisse, où elle a rencontré un détachement du 28e dragons qui, de son côté, venait à Sienno pour y communiquer avec vos troupes légères. Cet officier de dragons commandant cette reconnaissance n'a point dit à celui commandant celle de ma brigade où se trouvait M. le général Grouchy, ou bien mon officier a oublié de me l'écrire, car il ne m'en parle pas dans son rapport.

La reconnaissance partie ce matin pour Sienno y est arrivée à 6 heures; elle n'y a trouvé aucune troupe, attendu que celle d'hier avait rencontré plus loin un détachement du corps du général Grouchy. Comme j'ai eu l'honneur de vous le marquer cette nuit, Monseigneur, l'ennemi n'a pas reparu sur cette route depuis avant-hier dans la nuit. J'ai rendu compte au Major-général de cette reconnaissance, et je reçois l'ordre de me porter à Kokhanov, pour y joindre le général Grouchy ».

VIe Corps. — Le VIe corps arrivait à Ouchatsch.

Gouvion Saint-Cyr, Plano (AN):

« J'ai l'honneur de prévenir Votre Altesse que la tête du VIe corps est arrivée hier auprès d'Ouchatsch, et qu'il y sera entièrement réuni aujourd'hui 24 juillet de bonne heure. J'attendrai là les ordres de Votre Altesse.

Les deux jours de grande pluie que nous avons éprouvés, ont retardé beaucoup nos transports et détruit une partie de la chaussure; l'on m'a dit qu'il nous arriverait un petit convoi de souliers, mais il est encore trop loin pour l'espérer de sitôt. Cela, joint au manque absolu de pain, retarde notre marche et fatigue extrêmement les hommes affaiblis par la dyssenterie. Le nombre que nous laissons en arrière, augmente considérablement tous les jours. ».

1er Corps. — *Colonne de Grouchy.* — A deux heures du matin, Grouchy prévenait l'Empereur que la tête de colonne du général Tharreau arrivant à Kokhanov, il allait se porter sur Oula avec la brigade Guyon, venant de Smolianouï. Ses craintes, relativement à une attaque des Russes sur ce point, avaient disparu ; à son avis, le mouvement des Russes de Vitebsk sur Smolensk était trop prononcé pour qu'ils songeassent à marcher sur lui. D'après les rapports, les rassemblements russes entre Doubrovna, Krasnoï et Babinovitschi augmentaient, on signalait même de l'infanterie à ce dernier endroit.

Grouchy à l'Empereur, Kokhanov, 2 heures du matin (AN):

« J'ai l'honneur d'adresser à Votre Majesté les dépêches que je reçois à l'instant du Prince d'Eckmühl, qui me charge de vous les faire passer, et vous écrira plus tard. Je n'ai autre chose à ajouter au rapport que j'ai eu l'honneur de vous adresser, il y a peu d'heures, sinon que l'ennemi a un régiment d'infanterie et de Cosaques à Babinovitschi, des dragons et des cuirassiers en arrière ; on m'assure que le prince Constantin a passé à Babinovitschi, se rendant à Smolensk par Liouvavitchi, et que les Russes réunissent des forces, infanterie et cavalerie, entre Doubrovna et Krasnoï. Je regarde leurs mouvements de Vitebsk sur Smolensk comme bien prononcés, et ne pense pas qu'ils se portent sur Orcha; j'y serai dans peu d'heures. La tête de la colonne du général Tharreau arrivera ce matin ici, et je me regarde comme en mesure contre tout événement.

Je donne ordre à la brigade du général Guyon de se porter sur Smolianouï d'où elle pourra marcher sur Vitebsk ou Babinovistchi, si Votre Majesté l'ordonne ».

A huit heures du matin, le général Grouchy met le Prince Vice-Roi au courant de sa position et lui observe qu'il est impossible d'appuyer sur Sienno, ses forces se réduisant à 2.300 chevaux. Contrairement à la nouvelle du matin, d'après un émissaire, l'ennemi viendrait à Smolensk par Orcha.

Grouchy au Prince Eugène, 8 heures du matin, Kokhanov (AN) :

« J'ai l'honneur d'accuser réception à Votre Altesse Impériale de ses dépêches du 22 et 24 juillet qui m'ont été remises à peu d'heures de distance l'une de l'autre.

Mes rapports confirment que les Russes ont des forces très considérables à Vitebsk, que le grand-duc Constantin s'y trouve, et un émissaire revenu de cette ville où je l'avais envoyé, prête à l'ennemi le désir de se porter sur Sienno, Orcha et Smolensk, où cet homme affirme que l'Empereur de Russie a dû coucher le 23. Beaucoup d'artillerie était partie de Smolensk hier matin et l'avant-garde composée d'infanterie et de cavalerie se trouvait à Krosano.

Jusqu'à ce matin 2 heures, l'ennemi n'a rien entrepris sur Orcha que j'occupe depuis longtemps avec la cavalerie légère.

Mes reconnaissances trouvent l'ennemi à Babinovitschi : trois escadrons de hulans de la garde.

Votre Altesse me marque que je dois appuyer sur Sienno, ainsi que j'ai déjà eu l'honneur de vous le marquer ; je n'ai avec moi que trois régiments de dragons, une brigade de cavalerie légère et le second régiment de lanciers de la garde, le tout ne formant pas 2.300 chevaux, et sept bouches à feu ; le reste des deux divisions du 3e corps est avec le prince d'Eckmühl à 15 ou 20 lieues d'ici. Je ne puis pas avec si peu de monde en avoir près de Sienno, et tenir à Orcha. Si je dois me rapprocher de Votre Altesse, je la prie de demander à l'Empereur d'ordonner qu'on me rende du moins les troupes qui appartiennent au 3e corps, et surtout de l'informer que ce que j'ai dans ce moment se réduit à 2.300 chevaux exténués de fatigue ; enfin, placé entre Votre Altesse et le Prince d'Eckmühl, je reçois souvent des ordres contradictoires qui me mettent dans la position la plus difficile.

Les dispositions que Votre Altesse me faisait prescrire par sa dépêche du 22 relativement aux subsistances, étaient déjà ordonnés à Tolotschin, Bobr et Borisov par suite d'une lettre que le Major Général m'avait précédemment adressée. Les dispositions que j'ai fait prendre, assureront une réunion considérable de subsistances à Tschachniki et à Lépel.

Votre Altesse est sans doute informée du succès obtenu par le Prince d'Eckmühl avant-hier à Mohilev contre deux divisions du Prince Bagration. Les Russes ont perdu sept à huit cents hommes, nous n'en avons pas eu cent hors de combat ».

A 7 heures du soir, aucun nouvel incident ne s'est produit. Le général ne croit pas, que vu le mouvement de l'armée sur Vitebsk, les Russes tentent de marcher sur Orcha ; pourtant la présence de forces russes importantes à Doubrovna laisse supposer qu'ils tenteront peut-être d'enlever cette ville.

Sa position s'améliore chaque jour, le VIIIe corps arrive à Kokhanov le 26, et dès le 24, le maréchal Davout se jugeant débarrassé du prince Bagration l'a informé qu'il allait marcher sur Chklov.

A 10 heures le général expose au major-général sa position difficile entre les ordres souvent contradictoires du maréchal Davout et du Vice-Roi. D'après de nouveaux rapports le général mande que les Russes réunissent des forces considérables à Doubrovna. Son appréciation de l'état de choses causé par la défaite de Bagration est exact, les deux armées russes vont tenter de se réunir à Smolensk.

Grouchy à Berthier, 10 heures, Kokhanov (AN) :

« J'ai l'honneur d'accuser réception à Votre Altesse de sa lettre en date du 23 juillet, à onze heures du soir, par laquelle elle me prévient que toute l'armée de Sa Majesté est en mouvement, pour marcher sur Vitebsk. J'en donne avis à l'instant au prince d'Eckmühl qui est à Mohilev. Permettez que je vous prie, Monseigneur, de prendre communication de la lettre que j'ai adressée il y a peu d'heures au Prince Vice-Roi, et daignez informer Sa Majesté des perplexités où me jettent souvent des ordres divers ; avec le désir de faire pour le mieux, je pourrais quelquefois ne pas remplir les vues de l'Empereur, qui d'ailleurs doit me croire le double de troupes que j'en ai.

P.-S. — De nouveaux rapports m'annoncent que l'ennemi réunit des forces à Doubrovna ; il projette sans doute de faire par Smolensk sa jonction avec le prince Bagration qui, repoussé de Mohilev, peut être présumé passer le Dniéper à Rogatschev ».

A 10 heures du soir, contrairement à ses premiers rapports,

Grouchy signale la présence de forces considérables à Vitebsk.

Grouchy à Napoléon, 7 heures du soir, Kokhanov (AN) :

« J'ai eu l'honneur de transmettre à Votre Majesté, qui sans doute les aura reçues maintenant, les diverses lettres du prince d'Eckmühl. Le 23, il a battu les Russes à Mohilev, leur a tué 7 à 800 hommes et n'a perdu qu'une centaine de soldats de deux de ses régiments, les seules troupes qui ont été engagées.

Les deux dépêches que m'a écrites le Prince d'Eckmühl dans la journée d'hier, n'annonçaient point qu'aucun nouvel engagement ait eu lieu ; loin de là, le Maréchal regardait le Prince Bagration comme rejeté sur sa droite et devant renoncer à l'espoir de passer le Dniéper à Mohilev. Ayant réuni à lui 10.000 hommes d'infanterie et 3.000 chevaux de plus que le jour de l'affaire, il devait les porter aujourd'hui à Chklow, pour être en mesure de m'appuyer dans ma position qui, jusqu'à ce moment, a été assez précaire.

Tous mes rapports annoncent depuis trois jours, la réunion de forces très considérables à Vitebsk ; le Prince Constantin s'y trouve. Les avant-postes russes étaient le 23 près de Babinovitschi. Ils avaient là deux ou trois escadrons de hulans de la garde; à Krasnoï, ils ont réuni beaucoup de troupes; ils en ont déjà à Doubrovna et dans tout le pays entre Vitebsk et Krasnoï ; ils ont enlevé toutes les voitures à l'effet de transporter plus rapidement leur infanterie. Il est certain qu'ils ont eu dessein de marcher sur Orcha, mais je pense que c'est maintenant par Smolensk qu'ils comptent faire leur jonction avec le prince Bagration.

J'ai pris toutes les mesures propres à défendre Orcha et à en sauver les magasins. J'espère que malgré l'exiguïté de mes moyens (moins de 2.400 chevaux), je conserverai ce point important en raison de ce qu'il renferme. D'après l'autorisation du Prince d'Eckmühl, j'ai engagé le général Tharreau d'accélérer le plus possible la marche du VIIIe corps ; il arrivera demain à Kokhanov, à moins d'ordres différents du Maréchal ; avec ce qui me reste je me porterai à Krasnoï et Orcha me liant avec le prince d'Eckmühl par Aleksandria, et par Smolianouï avec Sienno.

La marche de l'armée de Votre Majesté sur Vitebsk doit arrêter le mouvement des Russes qui sont en avant de cette ville sur Orcha ; mais je ne puis répondre encore que les forces qui se réunissent en arrière de Doubrovna ne tentent de me déloger d'Orcha, surtout sachant parfaitement le peu de monde que j'y ai et que je suis sans infanterie ; j'espère toutefois qu'il n'y réusssiront pas.

Mes rapports disent l'empereur Alexandre à Smolensk et appelant de toute part ses moyens et ses renforts.

Je n'aurais pas pris la liberté, Sire, de vous adresser cette lettre, mais le Prince Vice-Roi m'enjoint de donner à Votre Majesté des nouvelles de ce qui se passe du côté de Mohilev et sur le point où je me trouve ; j'ai dû lui faire parvenir ce rapport ».

Troupes commandées par le maréchal Davout. — Nous n'avons aucune dépêche du Maréchal pour cette journée, nous ignorons donc quelles étaient ses intentions.

Bien que le Maréchal disposât d'une nombreuse cavalerie, il ne jugeait pas à propos de la porter en avant, en la faisant soutenir par de l'infanterie. Le 25 au soir, la brigade Bordesoulle, la seule dont nous ayons des rapports, est à Ghouslichtchi, presque sur le champ de bataille. Les renseignements qu'elle obtient, lui sont fournis soit par des habitants, soit par des déserteurs.

Nulle part, le contact direct n'a été gardé avec l'ennemi. A 5 heures du soir, Bordesoulle rend compte que, d'après un vieillard, l'ennemi s'est replié sur Dachkovka.

Bordesoulle à Davout, Ghouslichtchi, 5 heures du soir (AN) :

« J'ai fait courir le pays sur la rive droite à un mille environ sur ma gauche ; j'ai fait longer les deux routes de Biekhov au travers des bois et revenir par ces routes. Des paysans m'ont été amenés ; aucun d'eux n'a vu de Russes, pas plus que mes partis. D'après le rapport d'un vieillard venant de Novosielki, l'ennemi s'est retiré sur Dachkovka ; il n'a pu me donner de grands renseignements ; la peur l'avait fait cacher dans les bois; il m'a seulement dit avoir ouï dire à des mendiants qui avaient été arrêtés par eux, qu'ils avaient l'air de croire à la marche des Français, et qu'ils arrêtaient soigneusement tous les habitants qui venaient de ce côté, et qu'ils les gardaient jusqu'au moment de leur départ, ce qui n'annonce guère l'envie de marcher sur nous.

L'émissaire que j'ai envoyé à Vorkalabov doit revenir ce soir, j'espère qu'il me donnera des renseignements positifs sur ce qui se passe.

La troupe a reçu ici pain, viande, eau-de-vie, foin et avoine. Entre 9 et 10 heures, je me retirerai à un quart de lieue d'ici à l'embranchement des deux routes de Biekhov, éclairant ces deux passages ; ces deux routes sont praticables pour toutes les armes. Demain, je reprendrai position au débouché de la route de gauche, je les ferai éclairer plus au loin toutes les deux, quoiqu'elles traversent des bois très fourrés. La rivière n'est pas guéable sur ma droite, ni sur ma gauche plus d'un quart de lieue. On ne la passe pas pour aller à Biekhov sur la route à gauche.

Les paysans n'ont rien appris sur la perte de l'ennemi dans la journée du 23, qui aurait l'air de couvrir une retraite du reste de l'armée de Bagration. Je suis d'autant plus porté à les croire, que les partis qui ont poussé des reconnaissances sur la rive gauche du Dnieper, ont été poussés par des troupes dans lesquels ils ont reconnu des Baskirs et des Kalmouks, d'après ce que me dit le capitaine qui est avec moi, il croit qu'ils ont pris un chasseur de sa compagnie qui était en éclaireur à l'extrême gauche dans la plaine. Le rapport ne m'en a pas été fait hier au soir, parce que l'officier comptait que ce chasseur rentrerait, j'ignore s'il est revenu ».

A 10 heures du soir, les déclarations de deux déserteurs viennent compléter cet avis. D'après eux, l'armée serait restée à Dachkovka toute la journée du 24 ; le soir, elle aurait commencé son mouvement de retraite pour passer le Dnieper en arrière vers Saint-Biekhov. Ces déserteurs n'avaient pu dire sûrement, si toute l'armée avait suivi le mouvement ; ils le croyaient. »

Bordesoulle à Davôut, 10 heures du soir, Ghouslichtchi (AN) :

« Mes avant-postes me ramènent à l'instant deux déserteurs des hulans de Lithuanie qui ont quitté leur régiment hier à 11 heures du soir ; ils me disent que deux divisions commandées par les généraux Wasiltschikof et Siewireov (?) étaient campées entre Dackovka et Vorkalabov ; toute l'armée, infanterie, cavalerie, artillerie était là, attendant que le pont à jeter sur le Dnieper à trois verstes en arrière de Dachkovka, fût fait pour passer le fleuve. On fit charger hier soir les armes et seller les chevaux pour commencer la retraite et le passage, mais le pont n'était pas encore prêt ; ils croient que tout le corps est en mouvement pour passer le fleuve.

La division qui a donné le 23, a extrêmement souffert, deux régiments ont été défaits en entier, ils ont eu une quantité prodigieuse de blessés ; pour le bonheur de cette division, la troisième division de Bagration est arrivée à 9 heures du soir, sans cela, il y aurait eu une déroute complète. Platof est aussi arrivé dans la nuit qu'il a passé avec l'armée ; le déserteur le plus grand l'a vu avant-hier ; tous les bagages étaient attelés hier soir pour se retirer, si le pont avait été fait. Je reviens là-dessus, car je ne puis concevoir qu'ils viennent faire un mouvement semblable sous les yeux de Votre Excellence, mais ces deux déserteurs assurent que tout était préparé pour la retraite. Ils ajoutent avoir entendu dire à leurs officiers qui entendaient jouer la musique de la retraite : jouez, jouez, vous avez perdu la Pologne ».

Rapport du domestique du Major des hulans de Lithuanie qui a quitté son maître le 24 et est venu aux avant-postes (AN) :

« Le régiment de hulans de Lithuanie était pendant l'affaire du

23 juillet en bataille dans la plaine, en avant (pour les Russes), de Novosielki ; le 24, tout le corps qui s'était battu, est resté en position en avant de Dachkovka. Le soir, l'artillerie a commencé un mouvement rétrograde sur le chemin par lequel elle était venue et s'est portée sur Saint-Biekhov.

Une partie de l'infanterie et toute la cavalerie, excepté quelques régiments de Cosaques, a suivi ce mouvement. Il ne peut dire si toute l'infanterie a quitté sa position, parce qu'il a déserté dans l'intervalle.

De ce côté-ci de Saint-Biekhov, à vingt-sept ou vingt-huit verstes de Mohilev, les Russes jettent un pont sur le Dniéper ; il ne l'a pas vu, mais il sait qu'on y a travaillé le 24 avec beaucoup d'activité ; il a entendu dire aux officiers que trois régiments avaient été détruits. Les blessés Russes se retirent à pied faute de transports ; beaucoup restent en chemin ».

Rapport d'un déserteur (AN) :

« Un déserteur du régiment de Lithuanie a quitté son régiment à trois verstes en arrière de Novosielki où le régiment était en position le 24, le lendemain de l'affaire, avec tout le corps qui s'était battu. Le même jour, dans la journée, ce corps avait reçu un renfort de trois régiments d'infanterie, les hussards d'Izumski, un régiment de cuirassiers, trente-six pièces de canon et deux régiments de Cosaques amenés par Platof même ; il était minuit quand il a déserté, et l'ordre était donné pour se mettre en marche à une heure du matin. Cet ordre avait été primitivement donné pour 9 heures, mais il avait été retardé parce que le pont près de Biekhov n'était pas achevé. Il croit que tout le corps a passé le Dniéper, et qu'il ne reste de ce côté-ci que Platof et des Cosaques.

Un autre déserteur du même régiment confirme les dépositions du premier, excepté quelques-unes qu'il ignore ».

A 11 heures du soir, un troisième rapport d'émissaire éclaircissait complètement la situation. Un espion envoyé à Vorkalabov avait vu passer à deux heures après-midi, en retraite sur Biekhov, la partie de l'armée russe qui couvrait le village. D'après le curé catholique de Dachkovka, les Russes avaient jeté deux ponts à Saint-Biekhov et Nov-Bouïkhov où ils passaient le Dniéper.

Bordesoulle à Davout, 11 heures 1/2 du soir (AN) :

« Un des émissaires que j'ai envoyés ce matin à Vorkalabov, après s'être glissé à la faveur des seigles derrière les piquets des Cosaques qui couvraient Dachkovka a vu filer, à deux heures après midi, la partie de l'armée russe qui a passé par ce village pour se porter sur Biekhov ; d'après ce que lui a dit le curé catholique de Dachkovka, l'ennemi a fait jeter des ponts sur le Dniéper, à St-Biekhov et Nov Bouïkhov; ce prêtre est revenu aujourd'hui de Biekhov où il a vu le pont qui n'était pas encore fini; celui de Nov Bouïkhov n'était pas fini non plus; il ne sait pas si on en a fait un troisième au-dessous de Dachkovka; il croit que c'est possible, puisque les Russes ont ramassé plus de dix mille paysans pour la construction des ponts; celui-là serait alors pour la cavalerie de Platof, qu'on pourra reconnaître sur la rive droite. Les Russes avouent qu'ils ont perdu beaucoup de monde le 23; les piquets de Cosaques ont été relevés il y a quatre heures.

Les deux déserteurs qui partent pour le quartier général de Votre Excellence, et que je confronte, m'assurent qu'ils ont vu travailler au pont qui est fait à trois verstes de Dachkovka, que celui de Biekhov a dû être fait, mais que celui de Nov Bouïkhov a dû être abandonné parce que les Français..... Les Russes ont une peur extrême de l'armée française; ils ont été jour et nuit sur le qui-vive dans la crainte d'être attaqués par les Français; ces déserteurs ajoutent que, si on avait empêché de faire le pont et l'armée de passer, ils seraient morts de faim.

Platof n'a ici que deux régiments de Cosaques, deux régiments de dragons : l'un, appartenant au général Siewers, et l'autre, à un colonel dont il ignore le nom; deux régiments de cuirassiers et un de hulans dont il a déserté plus de 500 hommes. L'armée est horriblement fatiguée, marchant jour et nuit, sans vivres pour les hommes ni pour les chevaux; au moment du combat du 23, le général Siewers dit aux hulans et à tout ce qui était sous ses ordres qu'il leur ferait donner des croix s'ils se battaient bien. Les Russes ont eu quatre pièces prises ou hors de service. Le prêtre qui est venu aujourd'hui de Biekhov, a dit à mon émissaire qu'il avait ouï dire que Bagration était à Biekhov dans le château.

Je reçois seulement en ce moment la lettre de Votre Excellence, en réponse à celle que j'ai eu l'honneur de lui écrire ce matin de dessous la Lokhova; j'ai eu l'honneur de lui dire que je me porterai à un quart de lieue en arrière de l'embranchement des deux routes de Biekhov, laissant mes postes sur la rivière; mais j'ai prévenu les intentions de Votre Excellence en ne faisant que de me porter à la nuit un peu plus à gauche, sans me retirer. J'ai fait ordonner de préparer des vivres pour l'armée dans tous les villages voisins sur les deux routes de Biekhov. »

Corps de Poniatowski. — Nous n'avons aucun renseignement sur les mouvements du Ve corps.

Corps de Latour-Maubourg. — Nous retrouvons enfin le 4e corps de cavalerie; il est établi à Ghlousk, surveillant Bobrouisk.

Deux régiments de lanciers sont à Borisovtchizna avec trois compagnies de voltigeurs ; un à Ghorodok afin d'établir la liaison avec le Ve corps. Vers Bobrouisk, un régiment de lanciers occupe Viltscha avec trois compagnies de voltigeurs ; deux autres sont en arrière, surveillant les directions de Broja et de Paritschi. A Ghlousk, se trouvent les cuirassiers et le 17e régiment d'infanterie.

Peut-être trouvera-t-on que ces positions ne reserraient guère Bobrouisk où il n'y avait que 5 à 6.000 hommes d'infanterie de nouvelle levée.

Les renseignements sur Bagration, sont exacts ; sauf un point important nous n'en parlerons pas, les ayant déjà trouvés ailleurs ; aucune partie de cette armée n'avait filé sur Mozouir, ce qui s'y trouvait de troupes avait été formé au moyen de trente bataillons de réserve.

Au dernier moment, un déserteur annonçait que le prince Bagration marchait sur Retschitsa ; le général y croyait peu, sauf au cas où Bagration, averti de l'occupation de Mohilev, serait revenu sur ses pas.

Latour-Maubourg à Berthier, Ghlousk (AN) :

« J'ai eu l'honneur d'adresser à Votre Altesse Sérénissime la composition par division du corps du général Bagration ; un prisonnier qui est rentré depuis peu de jours, et qui paraît intelligent, m'a donné des détails du nombre de régiments dont ce corps est composé ; il ne peut nommer les divisions, mais il a compté le nombre des régiments qui ont défilé devant lui entre Ghlousk et Bobrouisk.

Cinquante-neuf régiments d'infanterie, six régiments de hussards, quatre régiments de dragons, cent quatre-vingt-douze pièces d'artillerie..

Les corps du prince Bagration et Platof sont arrivés à Bobrouisk le 18 juillet. Avant l'arrivée de Bagration à Bobrouisk, il n'y avait d'autres troupes dans cette ville que des bataillons de réserve, leur nombre ne montait pas au-delà de 5.000 et on présume que les mêmes s'y trouvent, le prince Bagration ayant emmené tout son monde.

Bagration et Platof ont quitté Bobrouisk le 19 pour marcher sur Mohilev ; le corps du prince Bagration était fort de 60.000 hommes, celui de Platof de 10.000.

Huit escadrons de cavalerie ont marché de Bobrouisk sur Mozouir ; le corps de troupes qui occupe Mozouir est commandé par le général Ertel ; ce corps fait partie de l'armée de Tormassof et son quartier général est à Dubno.

D'après un autre rapport, le prince Bagration est parti le 20 de

Bobrouisk ; il s'est porté sur Biekhov et Mohilev avec toutes ses troupes ; Platof a quitté Bobrouisk le 21. Les bagages, les éclopés, les ambulances et tout ce dont on a pu se passer, a marché sur Paritschi, moitié par terre, moitié par la Bérézina ; quelques troupes de dragons et de Cosaques formaient l'escorte et conduisaient quelques prisonniers français et polonais.

Le général Ignatief commande à Bobrouisk. La garnison, assure-t-on, est de 6.000 hommes ; la ville a été armée le 20 et le 21 avec des pièces de campagne ; le 22, on a retiré les pièces de campagne pour placer des pièces de siège. Les pièces de campagne retirées ont été envoyées au corps du prince Bagration et ont marché sur Biekhov sous l'escorte de quelques troupes de Platof; le reste de l'artillerie a été embarqué sur la Bérézina pour Kiew.

L'armée ennemie éprouve une grande désertion ; les Polonais au service de Russie sont désarmés ou gardés à vue. Depuis les 17 et 18, il m'est arrivé au moins deux cents déserteurs; on a fait une centaine de prisonniers que j'ai fait filer sur les derrières à mesure qu'ils sont arrivés.

Les renseignements que je viens de donner à Votre Altesse sont les résultats des rapports des déserteurs et des renseignements pris dans le pays.

L'ennemi n'avait envoyé de Sloutsk et Ghlousk sur Mozouir que des détachements ; je suis arrivé hier à Ghlousk avec le 4e corps de cavalerie, un bataillon de voltigeurs et le régiment d'infanterie que m'a donné M. le prince Poniatowski arrive ici aujourd'hui. Ce régiment et un bataillon de voltigeurs forment une brigade, ce qui fait à peu près 2.400 hommes. J'ai fait rétablir les ponts de Ghlousk qui avaient été brûlés par l'ennemi, celui en avant d'Ourietsché sur la Orésa et celui d'Ivan sur le bras du Sloutsk ont été rétablis.

J'ai l'honneur d'adresser à Votre Altesse l'emplacement des troupes aujourd'hui 25 juillet.

Deux régiments de lanciers au pont de Borisovchtchisna ; un à Ghorodok qui doit établir ma communication avec la cavalerie légère du Ve corps ; un à Viltscha ; deux en réserve en avant de la ville, pour éclairer les directions de Broja et de Paritschi ; trois compagnies de voltigeurs au pont de Borisovchtchisna ; trois dans la direction de Viltscha ; le 17e régiment d'infanterie à Ghlousk, la division de cuirassiers à Ghlousk, gardant et éclairant la direction de Mozouir.

Les détachements que j'avais envoyés de Sloutsk sur Starobin et Pétricovo ne sont pas encore rentrés ; ils tâcheront de revenir directement de Pétricovo à Ghlousk.

Le régiment qui est à Viltscha doit pousser des reconnaissances aussi près que possible de Bobrouisk et de Paritschi.

Aussitôt que j'aurai communiqué avec le Ve corps, et que le corps d'armée de M. le prince de Schwarzenberg se sera rapproché de moi, je me porterai sur Bobrouisk. Je ne crois pas devoir le faire avant que des troupes soient à portée de garder et d'éclairer toutes les directions sur Mozouir.

On a formé un corps de réserve de trente bataillons de dépôt d'infanterie et de dépôt de cavalerie; il était sous les ordres du général Ertel, ancien membre de la police de St Pétersbourg. Ce général ayant eu une autre destination, le général Essen, qui avait été appelé au gouvernement de Riga, va remplacer le général Ertel dans ce commandement d'armée de réserve. Ce corps est placé au-delà du Pripet qui a son principal débouché à Mozouir.

Tous les moyens de passage depuis Minsk jusqu'à Mozouir ont été détruits par les Russes.

Un déserteur qui arrive prétend que le corps du prince Bagration s'est dirigé sur Retschitsa ; ce dernier avis paraît n'avoir aucun fondement, à moins que ce corps, qui s'était porté sur Mohilev, ayant appris qu'il avait été prévenu par Son Excellence, le prince d'Eckmühl, n'ait rétrogradé de Biekhov sur Roghatschev et Retschitsa.

J'ai eu l'honneur d'adresser tous les jours à Votre Altesse Sérénissime des rapports, ne pouvant les lui faire parvenir que par le Ve corps, par des postes de correspondance très étendus ; j'ignore si ces rapports lui seront parvenus exactement ».

Dans la journée, Latour-Maubourg apprenait l'insuccès du prince Bagration à Mohilev ; cette nouvelle avait été apportée le 24 à Bobrouisk par un courrier. Il avait annoncé également que le prince revenait sur Bobrouisk.

Latour-Maubourg, Ghlousk (AN) :

« J'ai l'honneur de rendre compte à Votre Altesse que je suis arrivé ici, hier 24, avec le IVe corps de cavalerie et un bataillon de voltigeurs. Le 17e régiment d'infanterie sera ici dans deux heures.

Le pont avait été brûlé; on y travaille et il va être rétabli.

L'ennemi n'avait envoyé de Ghlousk et de Sloutsk que des détachements sur Mozouir et pas de divisions entières, comme on nous l'avait rapporté. Il paraît certain, les déserteurs et les habitants le confirment, que les corps de Platof et du prince Bagration se sont portés sur Biekhov et Mohilev ; les bagages, les ambulances, enfin tout ce dont on a pu se passer, ont été envoyés partie par terre, partie par la Bérézina sur Kiew.

Il y a à Bobrouisk, environ 5 à 6.000 hommes de garnison et 3 à 400 Cosaques; le général Ignatief y commande. De l'autre côté du Pripet, on a formé un corps de trente bataillons et de dépôt de cavalerie, ce corps doit être commandé par le général Essen à la place du général Ertel qui avait d'abord été désigné.

Les troupes qui sont à Mozouir dépendent du corps du général Tormassof qui a son quartier général à Dabno, le 26 juillet.

Les renseignements d'un homme sorti hier de Bobrouisk, sont qu'un courrier y est arrivé le 24 au soir, portant la nouvelle qu'il y avait eu un engagement près de Mohilev; il n'a point dit les résultats de cet engagement, mais il a annoncé que le prince Bagration rétrogradait sur Bobrouisk. On travaille beaucoup aux fortifications de Bobrouisk, les ouvrages sont en terre revêtus de gazon.»

VIIe Corps. — L'avant-garde du VIIe corps entrait à Janovo après un léger combat de cavalerie; le gros s'arrêtait à Bezdej. Vers l'Ouest, le détachement de lanciers poussé à Brest était en partie enlevé; il était recueilli par le régiment du roi qui, marchant sur Brest, s'était arrêté à Bulkov.

Rapport du VIIe corps (AN):

« L'avant-garde des deux escadrons partis de Bezdej, arriva à minuit vers Janovo, trouva les avant-postes russes et les repoussa jusqu'à une garde d'infanterie, placée à l'entrée de la ville, dont le feu l'arrêta, tandis que l'ennemi le chargea; une mêlée s'engagea, les escadrons qui arrivent en soutien de leur avant-garde, forcent les Russes à rentrer dans la ville et retournent ensuite à une petite distance. Dans cette mêlée, on prend trois dragons russes. Deux officiers de hussards et dix hussards et dragons légers saxons sont blessés. On apprend des prisonniers que Janovo était occupé par trois escadrons de dragons et cent hommes d'infanterie, que six escadrons de hussards se sont dirigés sur Pinsk et que le pont sur la Pinsk est gardé par quelques bataillons d'infanterie et de l'artillerie, que c'est un détachement du corps du général Kamenski, parti de Kanewkaczirki il y a quelques jours, mais qu'on ignore où est le général Kamenski.

Lorsque la cavalerie légère arriva devant Janovo, les dragons russes tentèrent d'abord de faire résistance, mais deux coups de canon de l'artillerie légère leur fit prendre la fuite; on les poursuivit et ils s'arrêtèrent à Ratka où d'autres troupes les soutinrent, et ils sont encore à une demi-lieue du pont sur la Pinsk.

Le corps d'armée marche sur Bezdej, le général Reynier y reçoit le rapport de l'officier envoyé porter des dépêches au préfet de Siedlec au commandant de Zamosc, et au commandant de la Galicie autrichienne, qui annonce qu'en arrivant à trois heures du matin, à une demi-lieue de Brest, il a entendu une fusillade et vu fuir des chevaux polonais qui lui avaient dit avoir été attaqués par beaucoup de cavalerie russe. Ils se sont repliés ensemble jusqu'à Boulkov, où le régiment du roi les a reçus ; des hommes du détachement de lanciers qui marchent avec le régiment du roi et qui étaient détachés dans un village à gauche de la route, sont venus annoncer qu'ils avaient été attaqués par une cavalerie supérieure, et que plusieurs d'entre eux étaient blessés; les prisonniers qu'ils ont ramenés ont déclaré qu'ils faisaient partie d'un corps de 3.000 hommes de cavalerie qui marchait sur Brest. L'officier est venu à Kobrin pour envoyer son rapport ; il demande des ordres. On ignore encore si le régiment du roi aura continué sa marche sur Brest ; ou aura du se replier sur Kobrin. On n'a encore aucune nouvelle de l'escadron détaché à Pinsk ; il est commandé par un bon officier qui se sera probablement retiré par la route de Slovino.

D'après un nouveau rapport, le détachement de lanciers qui marchait avec le régiment du roi s'était avancé le 24 à Brest, et 60 hussards autrichiens qui occupaient le poste, en étaient partis le soir pour rejoindre leur corps.

Le capitaine Blanc, attaqué à trois heures du matin à Brest, a été tué après avoir repoussé deux fois la tête de la colonne de cavalerie russe. Il manque encore une partie du détachement ; on ignore les hommes qui ont été pris ou tués. Les régiments de dragons et de Cosaques qui ont marché à Brest sont de la division de cavalerie du général Tschaplitz et du corps du général Kamenski ».

Les renseignements sur l'ennemi, transmis au général de Klengel par le général Zechmeister, l'indiquaient comme fort de 45 à 50.000 hommes ayant pris position à Luzk. Aussi son rapport au général Reynier ne témoigne-t-il d'aucune crainte. Il s'attendait si peu à une attaque, qu'il avait dirigé sur Brest le régiment du roi.

Le reste de la brigade et les hulans prirent position en avant de la ville, sur la rive droite du Moukhavets ; un piquet de quarante chevaux était poussé sur la route de Divin à Plosky ; il était soutenu en arrière par un poste d'infanterie. Les routes d'Antopol, de Brest et de Horodets étaient également occupées.

De Klengel à Reynier, Kobrin (AG) :

« J'ai l'honneur d'annoncer à Votre Excellence que je suis arrivé avec les troupes sous mes ordres, hier, à huit heures du matin. Le régiment du roi a continué sa marche jusqu'à cinq lieues d'ici, pour arriver aujourd'hui, aussitôt que possible, à Brest. J'ai rencontré en chemin le prince de Schwarzenberg dont je ne saurais me louer assez, tant des procédés honnêtes, que des moyens qu'il avait employés pour ne pas gêner en chemin les troupes respectives. Il m'a dit nous avoir laissé beaucoup de vivres ici et dans les environs et, comme cela se vérifie pour le moment, j'ai pris des arrangements pour que j'en sois toujours fourni pour quatre jours. Pour remplir cet ordre avec persévérance, j'ai commencé à établir un magasin ici. J'ai aussi rencontré en chemin le colonel Suden, commandant l'arrière-garde, et auquel le Prince paraît mettre beaucoup de confiance. Il ne put me donner que des notices générales sur ce que je souhaite savoir.

D'après les ordres de Votre Excellence et les vœux du prince de Schwarzenberg, j'ai accéléré ma marche autant que possible, particulièrement celle des hulans pour occuper les postes d'ici et de Brest, ce qui a été exécuté hier. Le général Zechmeister, qui est parti d'ici hier à cinq heures après midi, me les a enseignés. Le temps est trop court pour remettre à Votre Excellence un plan ou croquis du terrain que j'ai à occuper, mais je m'en acquitterai sitôt que le colonel Goebhard m'aura envoyé son rapport. Le poste de Brest pourrait être mis en bon état de défense sous peu de temps et peu de frais. Toutes les nouvelles que j'ai su tirer de l'ennemi, tant de ses forces que de sa position, se rapportent unanimement, que les deux armées des généraux Kamenski et Tormassof montent à peu près à 45, presque 50.000 hommes. Leur position doit être à la hauteur de Luzk et à quelque distance.

Les Cosaques s'étendent sur leur aile gauche jusqu'à Czersk. Ils font des courses continuelles et sont bientôt d'un côté ou de l'autre. Tout est occupé chez l'ennemi à évacuer les magasins et à les transporter en arrière ; ce qui ne saurait l'être, est brûlé.

J'ignore si la volonté de Votre Excellence est de rentrer en rapport avec un espion ; plusieurs Juifs se sont offerts ; me défiant de leur honnêteté, j'ai pris conseil du général Zechmeister qui m'a recommandé un jeune homme dont il s'est servi de temps en temps avec succès.

Je viens de recevoir, à l'instant même et à quatre heures du matin, l'ordre que Votre Excellence me donne d'établir quatre fours, ainsi que de l'établissement d'un magasin ici. Je prendrai à tâche de remplir l'un et l'autre objet avec célérité et exactitude. »

L'attaque des Russes vint faire disparaître cette fausse quiétude ; dès huit heures, on connaissait à Bulkov l'enlèvement d'une partie du détachement des lanciers. A une heure, le colonel Bruley, envoyé à Brest avec le régiment du roi pour fortifier ce poste, mandait de Bulkov que, d'après les prisonniers, les troupes qui avaient marché sur Brest formaient l'avant-garde de la division Lambert, et qu'actuellement, ce général devait être dans cette ville.

Colonel Bruley à Reynier, une heure de l'après-midi, Bulkov (AG) :

« Les chevaux nous ayant manqué sur la route, nous n'avons pu arriver que ce matin à huit heures à Bulkov où nous avons trouvé le régiment du roi en position sur la rive gauche de Moukhavets. Les quatre-vingt hulans qui étaient attachés à ce régiment avaient été coucher hier à Brest-Litowski ; le piquet de cavalerie autrichienne qui se trouvait à Brest se retira aussitôt l'arrivée des hulans. A deux heures du matin, les quatre-vingt hulans furent attaqués dans Brest par des Cosaques et par le régiment d'hulans de Clorinsk. Nos quatre-vingt hulans repoussèrent la première charge avec avantage, mais, pressés par un trop grand nombre, ils se retirèrent après avoir éprouvé une perte de quarante hommes tant tués que prisonniers. De ces derniers, on compte le capitaine et le sous lieutenant du détachement. Nos hulans se replièrent de Bulkov sur le régiment du roi et emmenèrent avec eux trois hulans prisonniers du régiment de Clorinsk ; ils sont tous les trois de la Lithuanie, ils rapportent que leur régiment fait partie de la division Lambert, qui est composée de douze régiments, dont quatre de cavalerie, savoir : un d'hulans, un d'hussards, un de dragons et un de Cosaques. Au rapport de ces trois prisonniers, le général Lambert commandait lui-même l'expédition de Brest-Litowski. Le régiment de hulans et l'escadron de Cosaques avec qui nos hulans ont eu affaire ce matin, n'étaient que l'avant-garde de sa division ; le général Lambert doit être dans ce moment à Brest où il a dû faire prendre position à sa division. Cette division était depuis longtemps en Moldavie ; et ce n'est que depuis cinq semaines qu'elle a occupé la Volhynie, elle était cantonnée dans le district de Zytomirsk. Le colonel du régiment du roi, qui se disposait à aller aujourd'hui de Bulkov pour Brest, a jugé à propos, d'après le rapport des quarante hommes qui se sont repliés, de suspendre son mouvement et de prendre position à Bulkov, derrière le Moukhavets. Cette position est assez militaire. Le Moukhavets a, dans cette partie, la rive gauche plus élevée que la droite ; il n'est guéable que dans deux endroits qu'on garde avec de forts piquets. A peu de distance en arrière, se trouve le village de Bulkov, qui a été autrefois retranché et dont on peut encore tirer parti pour la défense. Les Cosaques sont venus poursuivre nos hulans jusqu'à Kobrin ; ils y sont restés plusieurs heures, et une patrouille qui revient en ce moment de cet endroit, annonce qu'ils se sont entièrement retirés sur Brest.

Le régiment reste toujours dans sa position de Bulkov jusqu'à ce qu'il ait reçu ordre ; de vous ou du général Klengel, d'avancer sur Brest ou de se retirer sur Kobrin. Quant à moi, je suivrai le mouvement de ce régiment et, s'il entre à Brest, je suivrai les ordres que vous m'avez donnés pour mettre le régiment du roi à l'abri des insultes des Cosaques. »

En apprenant l'événement de Brest, le général de Klengel, d'après les campagnes des Saxons, aurait exprimé ses craintes au général Reynier, et lui aurait rendu compte que l'ennemi se montrant en forces vers Brest et Divin, il ne se sentait pas capable de lui résister.

Pourtant, dans un billet conservé aux archives de la guerre, qui semble être celui dont parle l'ouvrage cité plus haut, le général se déclare décidé à garder sa position après avoir rallié le régiment du roi et à ne la quitter que sur des ordres ultérieurs.

Klengel à Langenau, Kobrin (AG) :

« J'apprends, par un rapport qui vient de me parvenir, que les Russes sont concentrés près de Brest, et que l'affaire qu'ils ont eu ce matin avec le capitaine Heyman qui s'y trouve détaché avec quatre-vingt chevaux, a été fâcheuse pour eux.

Comme l'ennemi, composé la plus part de cavalerie, a poussé les avant-postes jusqu'à un quart de lieue vers ceux du régiment du roi, et qu'il est à présumer que ce régiment sera serré de près encore aujourd'hui par la cavalerie ennemie, j'ai ordonné au colonel de Goephardt de se retirer ce soir sur Kobrin, mais de renvoyer de suite les équipages du régiment. Après leur arrivée à Kobrin, je ferai filer tous les équipages de la brigade sur la route de Khomsk, jusqu'à quatre lieues d'ici.

Je garderai ma position en arrière de la ville derrièrre la Moukhavets ; j'y recevrai le régiment du roi et ne quitterai mon poste qu'après avoir reçu des ordres ultérieurs à cet effet. »

Le général Klengel plaçait sa brigade et les hulans en avant de la ville ; un piquet de quarante chevaux était poussé sur la route de Divin à Plosky, un piquet d'infanterie le soutenait à demi-distance ; les routes d'Antopol, de Brest et de Horodets étaient également occupées.

Le mouvement de Reynier sur Pinsk avait été fait avec l'assurance d'y rencontrer la colonne autrichienne qui passait par cette ville, et de faire ensemble une démonstration sur la Volhynie. Les Autrichiens étant partis avant son arrivée, le général arrêtait alors de rejeter les troupes russes qu'on lui signalaient vers Pinsk, puis de se rendre à Kobrin.

Reynier à Davout, Kartouzka-Bériouza (AN) :

« J'ai reçu par duplicata votre lettre du 19 juillet. Sa Majesté le Roi de Westphalie en avait remis, avant son départ, les instructions au prince de Neufchâtel, et je suis en marche pour les remplir. J'ai eu, il y a trois jours, une conférence avec le prince de Schwarzenberg, qui reçut, pendant que j'étais chez lui, des lettres de Varsovie où on est très alarmé d'une invasion commune par Strabusko à Dubenka. Mais, comme il a reçu en même temps un rapport du général Hauke, qui annonce que ce n'est que cinq à six cents hommes, il n'a pas jugé convenable de s'arrêter. Il a séjourné hier à Slonim et doit repartir ce matin avec la forte moitié de son corps ; l'autre moitié, qui passe par Pinsk, devait y séjourner hier. J'étais convenu avec le prince Shwarzenberg qu'il donnerait l'ordre à cette colonne de s'arrêter jusqu'à demain, afin de faire des démonstrations de marche en Volhynie et de donner le temps à mes troupes de s'arrêter à Janovo et d'occuper le passage de la Pina sur la route de la Volhynie ; mais j'ai appris hier par un officier que j'avais détaché, et parti avec un escadron à Pinsk ; que les Autrichiens en sont partis hier matin. Cet officier est parti pour aller à Douboï observer le passage de la Pina. Mais je reçois à l'instant des avis que les Russes ont passé la Pina. J'ai envoyé hier soir des escadrons pour soutenir et communiquer avec les escadrons détachés vers Pinsk. Mon avant-garde va aujourd'hui à Janovo et fera repasser la Pina aux Russes, si ce n'est qu'une petite troupe. S'il y a 4.000 hommes, comme un rapport l'annonce, et comme cela paraît être s'il ont réuni tout ce qu'ils avaient à Lïoubachevo pour attaquer les postes autrichens qu'ils savent faibles et dont ils ont appris le départ, et tâcher de brûler le magasin qu'on leur a pris à Pinsk, je les attaquerai demain, afin de les forcer à repasser la Pina et de menacer de prendre cette route pour entrer en Volhynie, et de retenir ainsi ce qui aurait l'intention de faire une invasion dans le Grand-Duché.

J'irai ensuite probablement m'établir à Kobrin, mais je suis bien faible, car ayant l'ordre de détacher un régiment de Prague et un bataillon à Byalistock, il ne me reste guère que 5.000 combattants d'infanterie, 1.600 de cavalerie avec 46 pièces de canons à garder. Tandis que le général Kamenski est dans Kowel avec 14.000 hommes, dont le détachement qui est sur la Pina, fait partie, et que le général Tormassof est à Luszk avec deux divisions.

Si j'avais au moins les trois régiments de cavalerie que j'ai dû détacher aux 3e et 4e réserves de cavalerie, je pourrais un peu plus m'étendre et m'éclairer ».

Corps autrichien. — Le corps autrichien arrivait à Polonka.

Xe Corps. — La division Grandjean restait sur ces positions, se bornant à pousser des patrouilles en avant de Kreutzbourg et vers Dinabourg. Cette inaction doit d'autant plus surprendre, que le maréchal s'attendait à l'évacuation de Dinabourg par les Russes.

Macdonald à Grandjean (AG) :

« Il faut faire occuper par des postes d'infanterie et de cavalerie les points guéables entre Jakobstadt et Friedrichstadt et le général Radzivil, et envoyer prendre connaissance de l'état des magasins.

Vous enverrez ordre au général Radzivil de faire observer Dinabourg par un bon poste, et, si la ville était évacuée, il en donnera promptement avis, afin qu'il soit pris d'autres mesures. Chargez le général de prendre des renseignements sur les gués et s'il se trouve sur la rivière quelques moyens de passage d'ici Dinabourg. Je joins ici la lettre du général Radzivil qui est venue bien lentement, pour être expédiée hier à 7 heures du soir ».

Macdonald à Grandjean (AG) :

« Aucun rapport ne m'est encore parvenu sur ce que l'on a vu, ou entendu dire des reconnaissances de Kreutzbourg. Comme l'infanterie ne doit point s'éloigner de ce village, encore moins s'aventurer en plaine, vous pouvez, si vous le croyez utile, faire passer une dizaine de hussards à Kreutzbourg, et envoyer de ce point un officier intelligent, avec quelques-uns d'entre eux pour escorter, à quelques milles sur la route de Riga pour voir et interroger les habitants, mais sans s'engager. A leur retour, s'ils n'ont rien vu, dirigez une autre reconnaissance sur la route de Dinabourg ; pendant ce temps, faites placer quelques vedettes sur les hauteurs, afin de faire avertir l'une ou l'autre reconnaissance qu'elle ait à rentrer, si l'on apercevait quelques découvertes plus fortes de l'ennemi. Au cas de cavalerie supérieure, les hussards repasseront immédiatement la Dvina. Je suppose que vos postes d'observation d'ici, et même en arrière de Stabben sont établis ; ils doivent être dans des lieux couverts sans être vus, mais bien observer ce qui se passe sur la rive droite et en rendre immédiatement compte.

Mêmes instructions pour la route de Dinabourg ».

OPÉRATIONS RUSSES DU 20 AU 28 JUILLET

Projets de Barclay de Tolly.

Première Armée.

En s'arrêtant à Polotsk, comme nous l'avons vu, Barclay avait eu pour but de se garder libre les lignes de retraite de St-Pétersbourg et de Moscou. Cette intention n'était pas restée cachée à Murat ; le 20, à 6 heures et demie du soir, il en avait rendu compte à l'Empereur. Mais, déjà à ce moment, l'armée russe avait commencé son mouvement de retraite sur Vitebsk. Le Ier corps recevait ordre de couvrir la route de St-Pétersbourg ; nous reviendrons plus loin sur l'instruction qui lui fut donnée.

Ici se présente une légère difficulté ; Danilewski cite un ordre du 21, d'après lequel on aurait voulu passer la Dvina pour marcher sur Orcha ; au contraire, d'après Bogdanowitsch, ce projet, qui fut réellement discuté, aurait été abandonné dès le 19.

Le mouvement fut exécuté sur deux colonnes.

Le 20, la colonne de gauche, IIe et Ve corps, arrivait à Obol-Jesouitski.

La colonne de droite, IIIe et IVe corps, à Ostrovlianouï ; le VIe corps, à Polotsk ; les 2e et 3e de cavalerie, à Baraouk.

Le 21, Barclay et la colonne de droite entraient à Klimovo ; la colonne de gauche, à Sirotino ; le VIe corps, à Ostrovlianouï ; les arrière-gardes prirent position à une demi-marche en arrière.

Barclay de Tolly voulut passer la Dvina à Boudilova, et alors se porter, par Sienno et Kokhanov, au devant de la deuxième armée ; le manque de vivres força à y renoncer.

L'armée russe continua alors son mouvement sur Vitebsk. « Le 23, écrivait-il à Bagration, j'entrerai à Vitebsk, afin de me réunir promptement avec vous, et je reprendrai l'offensive contre notre ennemi. J'envoie par Boudilova et Sienno un corps de partisans, afin de reconnaître les forces ennemies existantes entre Orcha et Borisov, et, si la nécessité l'exige, je m'y rendrai moi-même (1) ».

Le 22, la colonne de gauche arriva à Pogorelitsa ; la colonne de droite à Staroé Sélo ; le VIe corps à Klimovo.

Le 23, le quartier général fut établi à Vitebsk ; les IIIe, IV, V^e corps et 1er de cavalerie passèrent la Dvina et occupèrent la rive droite de la Loutchésa sur la route de Béchenkovitschi ; le IIe corps et 2e de cavalerie demeurèrent sur la rive droite près Vitebsk ; le VIe prit position à Kowalowtchina ; le 3e corps de cavalerie resta encore à une petite marche en arrière (2).

En entrant à Vitebsk, Barclay y trouva la fausse nouvelle de l'occupation de Mohilev par Bagration. Dès lors, il tint la réunion des deux armées pour effectuée (3).

« Notre réunion, grâce au ciel, a enfin eu lieu, écrivait-il à Bagration, et maintenant, il dépend de nous de prendre de concert l'offensive contre Napoléon » (4). En conséquence, il le priait de porter Raeffskoï sur Chklov.

Il en était si pleinement convaincu qu'il l'annonçait aux généraux et gouverneurs de province. « Notre réunion s'est enfin opérée et nous commençons à agir offensivement avec le prince Bagration »(5).

Cette nouvelle ayant été reconnue fausse, Barclay résolut de rester quelque temps à Vitebsk. « Les troupes, écrivait-il à l'Empereur, ont besoin de repos, après plusieurs jours de mouvements si rapides. Je veux utiliser ce temps pour organiser et assurer leurs vivres ».

Il n'avait pas encore renoncé à son projet de marcher sur Orcha. A cet effet, le 24, le général major Touchkof était dirigé sur Babinovitschi avec quatre bataillons de chasseurs, douze escadrons, un régiment de Cosaques et six pièces.

Nous ne croyons pouvoir mieux exposer les idées de Barclay qu'en reproduisant ici le mémoire qu'il adressa à l'Empereur sur ses opérations, ce document étant peu connu en France.

« Le but primordial de l'ennemi et l'objet de ses principales opérations avaient été de tenir séparées nos deux armées l'une de l'autre, et de s'ouvrir, par là, un chemin direct dans l'intérieur de la Russie.

(1) Barclay de Tolly à Bagration, 21 ; Danilewski, 237.
(2) Boutourlin, tome 1, page 212.
(3) Barclay à Tormassof, 23 juillet : « L'avant-garde du prince Bagration d'après les dernières nouvelles, est déjà à Mohilev. »
(4) Barclay à Bagration, 23 juillet.
(5) Barclay à Platof, 23, et au gouverneur de Smolensk, 24.

Pour rendre vaine cette tentative, Votre Majesté daigna approuver le projet que je lui avais proposé ; d'après celui-ci la première armée devait remonter la Dvina pour prévenir l'ennemi à Vitebsk, point où l'espace entre la Dvina et le Dniéper est le plus reserré. Les premières marches sur Polotsk furent couvertes par le corps de Doktorof ; il se plaça à quelque distance de la Dvina. Mon intention était d'établir un camp à Polotsk. Là, j'aurais mieux observé les mouvements de l'ennemi, et j'aurais pu soutenir plus facilement le comte de Wittgenstein, qui avait pour mission de protéger les routes de Nevel et de Sebej, d'où je tirais mes vivres.

Mais, bientôt, après mon arrivée à Polotsk, je remarquais que de tous côtés une grande partie de l'armée ennemie s'avançait contre Vitebsk, et que l'on ne pouvait perdre une minute pour prévenir l'ennemi sur ce point important.

L'armée atteignit ce point par des marches forcées ; la suite montra que, si nous étions entrés à Vitebsk seulement douze heures plus tard, nous aurions trouvé ce point important occupé par l'ennemi. Dès lors, il aurait été impossible de réunir les deux armées, et de protéger la route de Moscou, que l'ennemi cherchait précisément à occuper. »

Motifs pour lesquels on voulait accepter une bataille à Smolensk :

« Les combats opiniâtres et glorieux livrés à Vitebsk le 26 et le 27 avaient déjà été portés à la connaissance de Votre Majesté Il était impossible de les éviter ; on devait les livrer, puisque tout le VIe corps n'avait pas encore rejoint ; il couvrait le long convoi du parc d'artillerie, des pontons, des voitures chargées de vivres et de malades qui, de différents côtés, avaient été dirigées par Welikuliki vers Toropez, et par Gorodok sur Suraj.

Mon intention était de livrer bataille à Smolensk ; je pouvais le risquer :

1° Parce que l'ennemi n'avait pas encore rassemblé toutes ses forces ; il n'avait sous la main que le IIIe corps Ney, le IVe Vice-Roi d'Italie, une partie du Ier autour de Sienno, les deux corps de cavalerie du Roi de Naples et les gardes.

2° Parce que la bravoure et la décision que les troupes avaient montrées dans les combats du 13 et du 14, me paraissaient être une sûre garantie du succès.

3° Parce que j'obtenais par là le but important d'arrêter l'ennemi, d'attirer sur ce point son attention, et que je voulais faciliter au prince Bagration de s'approcher de la première armée.

Les instructions nécessaires furent données aux généraux pour le lendemain ; tout était dans l'attente d'une action de guerre extraordinaire. Pourtant, dans la nuit du 27 juillet, je reçus du prince Bagration l'avis de son attaque non couronnée de succès sur Mohilev, et que, par suite, il était forcé de se porter plus à droite, qu'il avait perdu l'espoir de s'unir à la première armée, parce que le maréchal Davout avait rassemblé toutes ses forces à Mohilev. Avec douleur, il exprimait que, ni lui, ni moi ne pourrions empêcher le maréchal Davout d'occuper Smolensk avant nous.

Dans une telle situation, il aurait été peu réjouissant de livrer bataille à Vitebsk, car la victoire la plus complète aurait été inutile du moment où Davout occupait Smolensk. Les affaires prenaient une mauvaise tournure. J'aurais, sans aucun avantage, sacrifié vingt à vingt-cinq mille hommes, sans même avoir les moyens, en cas de succès, de pouvoir poursuivre l'ennemi, car, en occupant Smolensk, Davout se serait trouvé sur les derrières de la première armée. Si j'avais voulu me porter contre lui, Napoléon m'aurait suivi, et j'aurais été entouré. Ma seule retraite, même après une victoire, aurait dû s'effectuer par Suraj sur Velij, et m'aurait encore plus éloigné de la deuxième armée. Par suite de ces considérations, je me décidai à marcher sans retard sur Smolensk. Tous les parcs d'artillerie et l'artillerie de réserve, qui avaient été dirigés sur Suraj, reçurent ordre de se porter sur Poriétsche. Il fut laissé au gouverneur de Smolensk et au maréchal du gouvernement de prendre toutes les dispositions pour la nourriture de l'armée.

Afin d'exécuter cette retraite dans le meilleur ordre possible, et sans que l'ennemi me suivît à la trace, je résolus de rester solidement en face de son armée jusque dans l'après-midi, et de me donner l'apparence de préparer une bataille. Je supposais que l'ennemi perdrait son temps avec de simples reconnaissances, et des combats d'avant-garde, et placerait toutes ses forces en arrière. Ce plan fut très bien exécuté. Je renforçai l'arrière-garde et lui prescrivis d'opposer une résistance opiniâtre. Dès que le jour parut, elle eut à combattre et défendit vaillamment chaque pas ; je disposai alors l'armée en ordre de bataille, et envoyai en avant la cavalerie avec une grande partie de chasseurs.

Celle-ci formait en avant, sur les hauteurs, en quelque sorte une aile devant l'armée ; tandis que les chasseurs occupèrent la ville, et remplirent l'espace entre l'armée et les troupes avancées. L'armée fit, avec son aile gauche, un mouvement sur la gauche, comme si elle voulait entourer l'aile droite ennemie ; cette dernière fut alors forcée de s'arrêter, pour porter en avant une partie de la seconde ligne. Cependant, l'armée opérait sa retraite en trois colonnes.

L'arrière-garde, soutenue par les chasseurs, arrêta l'ennemi jusqu'au soir, traversa aussitôt la ville, et se réunit avec la cavalerie qui avait été laissée pour la soutenir. Celle-ci fut également partagée en trois fractions, comme arrière-garde, derrière chaque colonne. Le général major Schewitsch commandait la première de ces fractions; le général major Korff, la deuxième; le général major Pahlen, la troisième. Seule, cette dernière fut légèrement poursuivie par l'ennemi; dans cette circonstance, quelques prisonniers furent faits par les chasseurs de la garde française.

C'est de cette façon que s'opéra, en présence d'un ennemi entreprenant, un mouvement des plus dangereux et des plus difficiles, et cela, avec un ordre et une précision tels qu'on les rencontre rarement dans les manœuvres ordinaires de paix. »

Nous avons préféré donner sans interruption toute cette partie du mémoire, afin de pouvoir mieux saisir les intentions de Barclay.

Il nous faut maintenant reprendre le cours des événements. Le 25, Barclay, informé de l'approche de l'armée française, envoya vers Ostrovno le IVe corps sous le général Osterman, avec vingt escadrons de Cosaques et de dragons.

Son but était de retarder le mouvement des Français, afin de gagner le temps de rappeler sur la rive gauche le VIe corps et Pahlen ; son intention était toujours de marcher sur Orcha.

En conséquence, il expédiait à Bagration l'ordre suivant :

« Après m'être pourvu ici de vivres, je me porterai à marches forcées sur Orcha, pour m'approcher de vous, et ensuite opérer de concert contre l'ennemi. S'il donne toute sa force contre la première armée, elle ne pourra pas résister à ses forces supérieures, et elle se trouvera en danger, parce que le corps important de Wittgenstein, qui est également chargé d'opérer offensivement contre lui, en a été détaché. En face de votre aile droite, il ne se trouve actuellement que des forces insignifiantes qui, du reste, se sont portées vers Sienno, et se tournent contre l'armée qui m'est confiée. Je tiens pour mon devoir de vous dire, que la première armée, certes, peut livrer bataille, mais les suites de cette bataille peuvent être nuisibles. Qui sauvera la patrie si l'armée qui doit couvrir l'intérieur souffre considérablement dans une défaite, que tous ses efforts ne peuvent rendre impossible ?

Le sort de l'Empire ne peut être confié à une seule armée contre un ennemi très supérieur ; la réunion la plus rapide possible des deux armées est notre devoir le plus sacré, afin que la patrie soit protégée par leur appui, et qu'à elles deux, par des efforts communs, elles obtiennent une victoire certaine qui est le but de nos efforts mutuels.

Je vous prie donc très humblement (ganz ergebenst), en réponse des rapports que vous recevrez de moi, de me donner des renseignements exacts et aussi fréquents que possible sur la position de vos troupes et sur tout ce qui fait partie de votre armée. De même, informez-moi toujours, aussi rapidement que possible, de toutes les mesures que vous avez déjà prises ou que vous avez l'intention de prendre, afin de pouvoir ordonner mes mouvements en conséquence.

Devant la pensée que la protection de la patrie nous est confiée, nous devons faire taire dans ce moment décisif toute autre considération, et tout ce qui, dans des circonstances ordinaires, pourrait exercer une certaine influence sur nos actes. La voix de la patrie nous invite à l'union, c'est la plus sûre garantie de nos victoires et de leurs suites utiles, car faute d'union, même les héros les plus célèbres n'ont pu se préserver de la défaite.

Réunissons-nous donc et combattons les ennemis de la Russie ; la patrie bénira notre union (1). »

Bernhardy a apprécié justement cet ordre : « C'est, a-t-il écrit, une triste situation pour un général en chef, ou celui qui devrait l'être, de chercher, dans des moments décisifs, à obtenir par des paroles émouvantes, ce qui devrait être simplement l'objet d'un ordre et de l'obéissance » (2).

Cette dépêche nous semble ajouter au degré de véracité du récit de Wollzogen : « Le 23, a-t-il écrit, au moment où le général Barclay de Tolly voulait se rendre à l'arrière du corps d'Osterman, qui combattait avec les Français, je me décidai à lui communiquer mon opinion que le moment était venu de s'unir avec l'armée du prince Bagration. Barclay me répondit qu'il avait à déjà plusieurs reprises, invité par écrit le prince d'exécuter cette union, mais toujours sans succès. Il ne savait pas si Bagration ne l'avait pu ou voulu ; mais il croyait à ce dernier motif, parce que lui Barclay était plus jeune général, et pourtant, par suite de sa position de ministre de la guerre, il aurait le commandement des deux corps, ce qui serait très sensible à l'orgueil de Bagration. Je lui répondis que ces considérations devaient se taire ici, que je croyais être en bons termes avec Bagration, et que je tenterais, s'il me l'ordonnait, d'opérer la réunion des deux armées. Si vous les réunissez, répondit Barclay, vous rendrez un grand service à la Russie. Je ne sais pas où Bagration a actuellement son quartier général, je le

(1) Danilewsky, p. 239.
(2) Toll, I, p. 359.

suppose pourtant à Mohilev. Ayez soin seulement que Bagration marche par Orcha sur Smolensk, et dites-lui que je veux vivre avec lui comme avec un frère, et n'agir que de concert avec lui ».

Le fond de ce récit est peut-être vrai ; en tous cas, il est certain que cet entretien n'eut pas lieu au moment où Barclay se rendait auprès d'Osterman, puisque ce combat eut lieu le 25, et non le 23.

Mais avant d'exposer le résultat de cette mission, il nous faut parler du combat d'Ostrovno et suivre les mouvements de la premième armée russe.

Le 25, le corps d'Osterman était battu à Ostrovno ; le 26, la division Konownizin soutint le choc, le IVe corps étant en réserve ; dans la nuit les IIIe et IVe corps russes repassèrent la Loutchésa.

D'après le mémoire de Barclay de Tolly, son intention était de livrer bataille ; aussi, dans la nuit l'avant-garde du comte de Pahlen repassait-elle la Loutchésa.

Dans la nuit, arriva la nouvelle de l'échec de Bagration.

Le général Yermolof appuya alors fortement auprès de Barclay pour que l'armée se retirât.

« Cette circonstance nous sauve, dit-il, que le front de la position est couvert par la Loutchésa, que l'on ne peut franchir à gué qu'avec peine. Si l'ennemi découvre les gués, nous devons évacuer de suite la position et commencer notre retraite ou toute l'armée succombe au danger d'une retraite ».

Un conseil de guerre ayant été rassemblé. Le général Touchkof proposa de rester en position jusqu'au soir. « Et, qui nous répond, répliqua le général Yermolof, que nous ne serons pas battus avant le soir. Napoléon s'est-il engagé à nous laisser en repos jusqu'au soir (1) ? »

Barclay se rangea alors à ce dernier avis.

14 bataillons, 32 escadrons et deux régiments de Cosaques furent laissés au général Pahlen pour couvrir la retraite. L'Empereur n'ayant pas l'intention de s'engager à fonds dans cette journée, cette arrière-garde fut peu pressée et remplit parfaitement son rôle.

A 4 heures, l'armée russe se retira en trois colonnes.

La colonne de droite, IIe et IVe corps par la route de Souraj ; la colonne du centre, IIIe et 2e corps de cavalerie par la route de Poriétsche ; la colonne de gauche, Ve, VIe corps et 3e corps de cavalerie par la route de Roudnïa.

(1) Bogdanowitsch, p. 185.

Deuxième armée russe.

Comme nous l'avons vu dans le premier volume, le 19, le prince Wolkonsky entra à Smolensk, apportant l'ordre de se diriger sur Orcha. Le 19, la 7e division d'infanterie, avec la cavalerie du général Siewers, avait marché sur Mohilev.

Le 20, le VIIIe corps se mit en mouvement ; il fut suivi par les grenadiers de Woronzov.

Le 21. Platof arriva à Vorkalabov, et Raeffskoï à Staroï Biekhov ; le 22, toute l'armée s'y rassembla.

Le prince se décidait alors à livrer bataille.

« Afin, d'atteindre le but qui m'a été indiqué par Votre Majesté, écrivait-il à l'Empereur, je dois, pour couper à l'ennemi le chemin de Smolensk, marcher immédiatement sur Mohilev, et y passer le Dniéper, parce que l'on ne peut atteindre les autres passages que par des détours. Cela est absolument nécessaire, car si on laisse l'ennemi à Mohilev, l'armée peut passer où elle voudra, elle se trouvera toujours en danger de se trouver entre deux corps que l'on doit supposer très fort, dont l'un restera à Mohilev, tandis que l'autre marchera d'Orcha vers Smolensk » (1).

N'ayant nullement l'intention de donner un récit de cette bataille, nous nous bornons à de simples indications.

Le général Raeffskoï chargea la division Kojulbakin d'enlever le pont de Saltanovka de front, tandis qu'à sa gauche le général Paskéwitsch marcherait sur Fatova, et tenterait de tourner la droite française. Une première attaque sur le pont fut repoussée ; ayant cru distinguer que sa gauche gagnait du terrain, le général Raeffskoï en avait ordonné une seconde, lorsqu'un avis lui parvint du général Paskéwitsch, annonçant que le terrain de son côté était impraticable.

Raeffskoï reconnaissant l'impossibilité de forcer la position de front, se décidait alors à battre en retraite. Il n'y eut pas de poursuite.

Les pertes avaient été considérables : 2.504 hommes.

On peut se demander pourquoi Bagration n'engagea qu'une partie de ses forces ; il semble qu'en portant tout le reste de son armée vers la gauche, il aurait pu déborder la droite du Maréchal et menacer Mohilev. Davout l'avait si bien senti, qu'il avait placé à sa droite la majeure partie de ses forces.

(1) Bagration à l'Empereur, Bogdanowitsch, p. 193.

Le 24, Bagration se décidait à se replier. Le général Raeffskoï demeura à Dachkovka; le reste de l'armée passa le Dniéper à Nov Bouïkhov; le corps de Platof passa le Dniéper à Vorkalabov, et s'avança entre ce fleuve et la Soj, pour se joindre à la première armée; le 27, il passait le Dniéper à Doubrovna.

Le 25, le gros de l'armée s'arrêtait à Staroï Biekhov, Raeffskoï à Nov Bouïkhov.

Les historiens russes que nous avons pu consulter se taisent sur les intentions que le Prince avait alors. Nous ne pouvons donc apprécier le degré de véracité des mémoires de Wollzogen ; nous nous bornons à les rapporter.

« Le 25, j'arrivai à Nov Bouïkhov, où je transmis au Prince l'ordre modifié par moi, d'après les circonstances, de se joindre à Smolensk avec la première armée, en passant par Mstislav.

Le Prince reçut cette communication avec un visible déplaisir; il chercha à me montrer que son armée ayant supporté un combat glorieux, mais désavantageux par ses suites, il lui était impossible de s'exposer aux risques d'avoir chaque jour des rencontres avec l'ennemi, étant obligé de s'avancer à marches forcées. En outre, Davout était bien plus près de Mstislav que lui, les Français le préviendraient, et lui ôteraient tous ses moyens de vivre. Il serait donc bien préférable qu'il franchît la Soj, et s'avançât dans l'Ukraine, où il pourrait rétablir complètement son armée, et la renforcer par de nouvelles levées ; ensuite, il opérerait énergiquement contre le flanc droit et les derrières de Napoléon.

Je lui répondis que cette opération excentrique ne le conduisait à rien, puisque les recrues qu'il avait l'intention de lever ne seraient pas aussitôt exercées. Chacune des deux armées russes était trop faibles, isolément, pour résister aux Français qui lui étaient opposés. Il s'agissait avant tout de se réunir pour sauver Moscou. Le fait qu'il était plus ancien général que Barclay ne pouvait l'empêcher de faire son devoir, puisque ce dernier avait promis de n'exercer le commandement en chef que de concert avec lui. Dans de tels moments, toutes les passions personnelles devaient se taire devant le bien de la généralité. Si par sa faute, la patrie succombait, il verrait sa conscience chargée d'avoir contribué à sa ruine. Enfin, il devait se souvenir que s'il n'obéissait pas aux ordres de Barclay, pour la seconde fois, il agirait contre la subordination. S'il avait marché de suite de Volkovitch sur Minsk, lorsque l'Empereur lui en avait donné l'ordre de Vilna, il n'aurait éprouvé aucune des difficultés que le corps de Davout lui avait fait éprouver; au contraire, à partir de Minsk, il serait resté lié avec la première armée.

Maintenant, il était encore sur le point de ne vouloir pas obéir. Je laissai à son honneur de décider s'il voulait s'en rendre responsable envers son honneur et sa patrie.

Ce qu'il avait dit, touchant la crainte que Davout ne le pût atteindre Mstislav avant lui, n'était pas fondé, puisque ce dernier, d'après tous les avis, était faible et avait été tenu en respect par le combat de Mohilev.

Du reste, comme il le savait, des rapports étaient déjà arrrivés (1), portant que Davout ne songeait pas à abandonner Mohilev ; qu'il le faisait fortifier, et qu'il osait à peine envoyer des patrouilles au delà du Dniéper.

La marche des Cosaques à travers ses quartiers, « Tschinkewitsch, en quittant le 23 juillet l'armée de Bagration, comme on l'a déjà dit, les avait accompagnés, en tournant Mohilev, pour se rendre à Orcha », ordonnait de la prudence au général en chef français, et celui-ci devait croire que la rive gauche du Dniéper, en face de Mohilev, était fortement occupée. En outre, ce dernier ne pouvant, pendant plusieurs jours, recevoir de nouvelles de Napoléon, il devrait attendre ce que ces démonstrations de Cosaques signifiaient.

En ce qui concernait la nourriture de son armée, à mon arrivée à Smolensk, j'étais convenu avec le général Winzingerode que des vivres suffisants seraient transportés à Mstislav pour assurer complètement la nourriture des troupes. Je pouvais par suite lui garantir qu'il serait aussi satisfait, cette fois, de mes dispositions, qu'il l'avait été pendant sa marche de Luszk à Proujanouï ».

Il nous est impossible de savoir ce qu'il y a de vrai dans ce récit. Bernhardi, d'après le témoignage du duc de Wurtemberg (2) y croit.

Bogdanowitsch ne mentionne nulle part cette intervention du colonel Wollzogen.

Quoi qu'il en soit, Bagration marchait alors sur Smolensk. Le 26, il arrivait à Propoisk.

Corps de Wittgenstein.

En marchant vers Polotsk, Barclay de Tolly avait confié au corps de Wittgenstein le soin de défendre les routes de St-Pétersbourg.

Le 19, il lui expédiait l'ordre suivant :

(1) Ces rapports étaient parvenus dans la matinée au général de Kreutz qui se trouvait en face de Mohilev ; ils avaient été fournis par un gentilhomme polonais qui, étant au service russe, s'était glissé, déguisé en jardinier avec des fruits au quartier général de Davout.

(2) Mémoires de Toll, p. 371.

« Toutes les circonstances, aussi bien que les renseignements qui nous sont parvenus, nous livrent la preuve que l'ennemi veut séparer avec ses forces principales la première armée de la deuxième armée, et qu'il veut pénétrer dans le cœur de la patrie. Son inactivité pendant les trois marches que j'ai entreprises pour le prévenir, me confirme dans mon opinion, et je suis, par suite, décidé à m'approcher à marches forcées de Vitebsk avec l'armée qui m'est confiée.

Pour surveiller les mouvements de l'ennemi, et pouvoir vous appuyer en cas de besoin, j'ai laissé le VIe corps vers Disna. Je masque en même temps mon mouvement, et, en outre, j'ai laissé encore en arrière une arrière-garde sous le général de Korff; mes troupes sont donc très dispersées. Pour les rapprocher un peu, je reste aujourd'hui avec l'infanterie dans mon camp. Hier soir, un parti de cavalerie est parti vers Béchenkovitschi pour chasser tous les partis ennemis qui, dans cette direction, s'avancent sur Vitebsk. Le matin, le 1er corps de cavalerie a suivi, et, demain, je me mettrai en marche avec toute l'armée et, avec l'aide de Dieu, j'espère prévenir l'ennemi dans ses intentions.

Votre Excellence reste actuellement séparée de l'armée, et notre gracieux monarque vous confie, avec pleine confiance, la protection de cette partie de terrain où vous opérez, et, dans tous les cas, vous devez agir d'après votre idée. La base de vos opérations est Sebej, Pskow et Novogrod. Vous avez à contenir l'ennemi qui vous est opposé, s'il est possible, à le battre, et à protéger Riga contre un siège.

Au cas où il vous serait nécessaire de vous replier, je vous prie d'ordonner de suite le transport de tous les bagages et des hôpitaux dans l'intérieur de l'Empire. De même, je vous prie de me faire parvenir vos nouvelles au moyen de courriers à Vitebsk, en les faisant passer par Nevel.

Il m'est agréable de pouvoir vous communiquer la nouvelle qui m'est arrivée hier : le corps de Platof, avant-garde du prince Bagration, dans sa marche pour se réunir avec la première armée, a battu neuf régiments de cavaliers ennemis et les a presque détruits. Plus de cinquante officiers supérieurs et autres et mille hommes ont été faits prisonniers. A la suite de cette victoire, j'ai fait célébrer à mon armée un service divin. »

Les forces laissées à la disposition du général montaient à 24.681 hommes, auxquels venaient s'ajouter la garnison de Dinabourg, forte de 3.300 hommes.

En recevant cet ordre, Wittgenstein laissa d'abord ses troupes dans leurs positions.

A gauche, le général Hamen occupait Dinabourg avec 3.300 hommes ; l'avant-garde, sous le général Kulnef, était à Balin ; le gros, sur la Sarija, à Pokosvotsouï ; la réserve, en face du camp de Drissa. Toute la rivière, de Dinabourg à Drissa, était surveillée par des postes.

Afin de faire craindre un passage à Drissa, Wittgenstein ordonnait d'y reconstruire le pont ; le général Hamen fut prévenu d'avoir à évacuer la tête du pont ; au cas où de nombreuses forces passeraient la Dvina vers Jakobstadt, cette garnison devait se replier sur Ljuzin, de façon à couvrir les derrières du corps.

Le 20, le prince formait, sous le commandement du général Balk, un détachement; composé de deux bataillons, un régiment de dragons et six pièces, et le détachait vers Disna, avec mission de surveiller la Dvina. Le général Balk s'établit à Lechkowa.

Le lendemain, 21, il en recevait la nouvelle de l'approche de la Grande Armée ; s'attendant à ce que les Français passeraient la rivière à Disna, Wittgenstein prescrivait à son détachement de regagner la rive droite, et de s'établir à Valéintsouï, derrière la Drissa.

Les troupes signalées, le 20, par Sebastiani, vers Drissa, et par certains rapports vers Valéintsouï, y avaient donc bien été.

Le détachement de Balk fut alors renforcé ; ses forces furent portées à sept bataillons, cinq escadrons et douze pièces ; le tout fut mis sous le commandement du général Kasatschkowsky. En cas de besoin pressant, il se replierait sur Osvéia.

Considérant l'espace qui séparait le corps d'Oudinot de celui de Macdonald, Wittgenstein résolut de franchir la Dvina à Drouïa, de se jeter entre les deux masses ennemies, et de tomber sur les derrières d'Oudinot.

A cet effet, le 23, l'avant-garde venait à Proudinki; le reste du corps, afin d'éviter la grande route de la Dvina, d'où il aurait pu être vu, prenait un chemin de traverse pour Chamenki. Les dernières troupes du 1er corps ne devaient quitter Pokosvotsouï qu'à l'arrivée du général Kasatschowski, celui-ci s'y rendait de Valéintsouï; deux bataillons de grenadiers, trois escadrons et six pièces restèrent en ce dernier point pour couvrir la gauche de l'armée. A Dinabourg, le général Hamen couvrait la droite.

L'ennemi pouvant déboucher pendant l'opération sur la route de Saint-Pétersbourg, les détachements placés à Pokosvotsouï et Valéintsouï eurent ordre, au cas où l'ennemi passerait en force la Dvina, de se replier sur Zamoché et Osvéia, derrière la Sarija, d'y détruire le passage et d'arrêter l'ennemi, tandis que le gros se porterait sur Ljuzin contre le flanc gauche du corps d'Oudinot.

Le 24, on commença à construire le pont ; le gros vint à Proudinki ; la réserve, à Rasizi. Dans la journée, des renseignements fournis par le général Kasatschkowski vinrent annoncer qu'un nombreux ennemi se mouvait le long de la Dvina ; de Dinabourg, le général Hamen mandait que Macdonald faisait construire un pont.

Wittgenstein conclut de ces mouvements à un projet des généraux français, ayant pour objet d'opérer sur ses derrières.

Renonçant alors à son plan primitif, il se contenta de lancer Kulnef sur la rive gauche ; avec le gros de ses forces, il résolut d'occuper une position centrale, d'où il tomberait sur le corps qui viendrait à déboucher le premier.

Cet excellent plan, écrit Bogdanowitsch, dont l'exécution réussit par l'inactivité de Macdonald et l'indécision d'Oudinot, procura au chef russe de nombreux avantages.

Tout le corps fut rassemblé à Rasizi. Le général Kulnef passa sur la rive gauche, où il enleva différents convois et fit environ cinq cents prisonniers.

Ayant appris que des forces considérables s'approchaient de Drissa, et étant sans nouvelle du général Balk à Valéintsouï, le général Kasatschkowski craignit d'être coupé d'Osvéia ; il brûla alors les magasins de Drissa, et se replia vers cette ville, mouvement qui contraignit le général Balk à se retirer également sur Sebej.

Ce faux mouvement laissait la Dvina sans aucune surveillance ; aussitôt qu'il en fut informé, Wittgenstein ordonna de reprendre les positions de Valéintsouï et de Pokosvotsouï ; le commandement du corps fut confié au général Helfreich ; le général Balk fut renforcé de quatre escadrons.

Le 26, le détachement de Kulnef repassait la Dvina et vint prendre position à Drissa ; le 27, il rejoignit sur la Svolna le détachement du général Balk.

Les renseignements procurés par le général Kulnef portaient qu'un ennemi nombreux débouchait de Disna ; de Dinabourg, le général Hamen rendait compte que Macdonald avait franchi la Dvina, et qu'en conséquence, il se retirait sur Ljuzin. Le 1er corps russe allait donc être menacé sur ses deux flancs.

Corps de Tormassof.

L'armée du théâtre sud de la guerre avait été placée sous les ordres du général Tormassof; elle se composait de 54 bataillons, 76 escadrons, 9 régiments de Cosaques et 14 compagnies d'artillerie; le total s'élevait à 46.000 hommes et 164 pièces. Toutefois, ces forces n'étaient pas complètement disponibles; bien que l'Autriche eût assuré à plusieurs reprises vouloir se borner au corps auxiliaire, la prudence commandait de ne pas dégarnir les frontières.

Au début des opérations, attendant les événements Tormassof était demeuré immobile.

« Le prince Bagration m'informe, écrivait-il, que les Français l'ont prévenu à Minsk et qu'il s'est porté sur Bobrouisk. Il peut se produire que la route de Bobrouisk lui soit également coupée, et qu'il soit obligé de se rendre à Mozouir pour prendre position sur la rive droite du Pripet. Si cela se produit, je me verrai forcé de m'approcher de Shitomir, pour rester en liaison avec la deuxième armée et ne pas procurer à l'ennemi la facilité de couper ma retraite sur Kiew (1). »

Vers le milieu de juillet, le général Tormassof résolut d'opérer dans le Grand-Duché; à cet effet, le comte Lambert passa le Bug, et annonça le projet de marcher sur Lublin. Le 17, un ordre de l'Empereur vint prescrire au général Tormassof d'attaquer sur leurs derrières les troupes qui opéraient contre Bagration. Le général Lambert fut alors rappelé.

« Sa Majesté l'Empereur a reçu la nouvelle que le corps autrichien mis à la disposition de l'Empereur français, a été envoyé en Prusse par le duché de Varsovie, à cause du peu de confiance que l'on a en lui. Il doit protéger le rivage de la mer Baltique. Vous pouvez donc vous considérer comme tranquille du côté de la frontière autrichienne.

L'Empereur vous ordonne de détacher une fraction spéciale des troupes confiées à vos ordres en Volhynie et en Podolie, afin d'y maintenir le bon ordre et la tranquillité, en employant au besoin la rigueur, et d'assurer les communications de l'armée du Danube avec les vôtres.

2° Au cas où des forces supérieures pénétreraient vers Shitomir, ce détachement se retirerait sur Kiew et en renforcerait la garnison. Afin de surveiller plus facilement les frontières autrichiennes,

(1) Tormassof à Barclay, 13 juillet; Danilewski, Tome I, p. 290.

ainsi qu'une partie du Grand-Duché de Varsovie, on laissera à la disposition du général commandant ce détachement le nombre nécessaire de troupes irrégulières.

3° Après avoir réuni l'armée qui vous est confiée, vous opréerez un mouvement en avant et agirez avec force contre les flancs et les derrières des forces ennemies qui pressent le prince Bagration; celui-ci a pris la direction de Sloustk et de Bobrouisk. L'ennemi qui a passé à Brest, marche sur Pinsk (1). »

Pendant l'opération, le général Sacken, avec six bataillons de la 36e division et douze escadrons de dépôt, dut couvrir la Volhynie et la Podolie, en prenant position à Sastaf et à Staroï-Constantinof; les six autres bataillons allèrent renforcer le général Ertel à Mozouir. Le général Chrustchof, avec deux régiments de dragons et deux de Cosaques, resta sur les frontières du Grand-Duché, afin de lier le gros du corps avec les troupes du général Sacken. Avec le restant de ses forces, le général Tormassof résolut de se porter contre Reynier. En conséquence, le 20, il donnait l'ordre suivant :

Ordre pour l'attaque des forces ennemies placées à Brest, Kobrin et Pinsk Kowel, 20 juillet :

« L'armée marchera en une colonne par Ratno; un détachement sous les ordres du général comte Lambert remontera le Bug, se portant sur Brest. Pour l'appuyer, une colonne partira de Ratno; elle sera commandée par le général Schtscherbatof; elle sera composée des troupes suivantes :

Cavalerie : deux régiments de Tartares;

Infanterie : deux régiments d'infanterie, un bataillon de chasseurs;

Artillerie : deux batteries.

Dans l'ordre de bataille, le général Kamenski commandera l'aile droite; le général Markof, l'aile gauche; le général Tschaplitz, l'avant-garde; celle-ci sera composée de un régiment de hussards, un régiment de chasseurs, un régiment de Cosaques, une compagnie de pionniers, une batterie à cheval.

Le corps de bataille : deux régiments de dragons, neuf régiments d'infanterie; trois batteries de position, cinq batteries légères.

La réserve, sous les ordres du général Chowanski, de quatre bataillons de grenadiers, un régiment de chasseurs, deux batteries.

Un détachement sous les ordres du général major Melissino occupera Lioubatschévo, et observera les chemins conduisant de Minsk

(1) Barclay à Tormassof, 13 juillet; Danilewski, p. 292.

vers Pinsk, ainsi que l'ennemi qui est à Pinsk. Il sera composé de trois escadrons de hussards, un régiment de dragons, deux bataillons de grenadiers, un régiment de chasseurs.

D'après la route de marche, le général major Lambert atteindra Brest le 23 de ce mois. Le prince Schtscherbatof y arrivera également avec ses troupes. Pour tout ce qui sera, dans la suite, relatif à l'attaque de Brest, les deux commandants s'entendront ; ils assureront leur liaison par des patrouilles.

On me rendra compte aussitôt du succès de l'attaque sur Brest.

De Brest, les deux détachements marcheront sur Kobrin pour attaquer, avec toutes nos forces réunies, l'ennemi qui s'y trouve ; je donnerai à ce sujet une instruction particulière.

Les régiments emmèneront avec eux leurs voitures à munitions, leurs voitures à bagages et un approvisionnement de dix jours. Chaque régiment d'infanterie aura deux voitures à malades, chaque régiment de hussards, une. Les généraux pourront emmener deux voitures ; les colonels une ; toutes les autres voitures resteront sous le commandement du quartier-maître général des voitures Rutanof à Kowel ; on y dirigera également la colonne de bagages de la 15e division. Les malades de tous les régiments seront de suite dirigés sur Olesk (?).

Les régiments et les compagnies d'artillerie de la colonne du général major prince Schtscherbatof se mettront en mouvement aujourd'hui, et arriveront à Ratno exactement le 22 de ce mois.

Les régiments et les compagnies du gros partiront aujourd'hui.

Je me tiendrai auprès du corps de bataille ».

Ces mouvements s'accomplirent avec une précision étonnante.

D'après Bogdanowitsch (1), ce serait le mouvement du général Melissino qui aurait déterminé Reynier à marcher sur Pinsk. Il y a là une erreur, car, comme nous l'avons vu, ce mouvement fut convenu le 22 avec le prince Schwarzenberg. De plus, il semble que les partis poussés par les Russes ne furent pas bien importants, puisque l'escadron détaché à Pinsk s'y maintint.

Le 24, en arrivant à Roudnïa, le général Schtscherbatof apprit que Brest n'était occupé que par une faible garnison.

Laissant alors son infanterie à moitié chemin, il se dirigea sur Brest avec la brigade Knorring et deux pièces à cheval ; le 25 à trois heures du matin, il y entrait, et enlevait vingt-six hommes et un officier aux lanciers saxons qui s'y trouvaient.

(1) Page 299.

Dans la journée du 25, les détachements des généraux Lambert et Schtscherbatof se réunissaient à Brest.

Le 26, après avoir laissé un escadron de hussards pour surveiller les frontières du Grand-Duché, et un autre à Brest, les deux généraux marchèrent sur Kobrin et atteignirent Boulkov.

Le 27, le comte Lambert se remettait en marche avec sa cavalerie; l'infanterie devait suivre quatre heures après. A 7 heures, le comte Lambert arrivait devant Kobrin.

A la suite de l'ordre du général Reynier de défendre Kobrin à tout prix, le général Klengel avait pris les dispositions suivantes :

Deux compagnies du régiment de Niesemenchel furent envoyées à Proujanouï.

Chacun des débouchés des routes de Brest, Divin et Antopol fut occupé par deux ou trois compagnies avec deux pièces ; un bataillon avec deux pièces resta en réserve sur la place ; deux compagnies, sur la rive droite du Moukhavets. Un escadron de cavalerie surveillait la route de Brest ; un autre, la route de Divin, un troisième était en réserve sur la rive droite.

Sept escadrons de la colonne Lambert, ayant réussi à passer le Moukavets à un gué, vinrent couper la route de Proujanouï. Sur la route de Brest, s'avançait la colonne de Lambert ; sur celle de Divin, l'avant-garde du général Tschaplitz, qui fit couper la route d'Antopol.

Dès lors, cernée de tous côtés la brigade saxonne dût mettre bas les armes. Elle avait eu 76 tués, 182 blessés. 76 officiers et 2.382 hommes furent faits prisonniers.

26 JUILLET

Ordres donnés par l'Empereur.

L'armée était encore trop dispersée, pour qu'il fût possible de livrer bataille, en amenant tous les corps en ligne; pour la journée du 26, l'Empereur avait résolu de se borner à une forte reconnaissance. Murat était chargé de l'exécuter avec toute la cavalerie sous ses ordres, renforcée par les cuirassiers Defrance; une division du IVe corps était mise à sa disposition pour l'appuyer.

En outre, en pressant trop les Russes, l'Empereur craignait de ne pas leur laisser le temps de se réunir, et par suite de leur ôter l'envie de livrer bataille. Aucune action ne devait être engagée, sauf contre un corps de 10 à 12,000 hommes.

Le IIIe corps était appelé à Béchenkovitschi.

Le IIe corps recevait ordre de prendre l'offensive contre Wittgenstein. Tout en préférant qu'il débouchât de Polotsk, où il était plus rapproché de la gauche de l'armée, l'Empereur lui donnait carte blanche.

Sur la rive droite, en réponse à sa dépêche du 25, Montbrun était dirigé vers Ostrovno; deux bataillons d'infanterie légère étaient mis à sa disposition.

Napoléon à Berthier, 4 heures du matin, Béchenkovitschi (AG) :

« Mon Cousin, donnez l'ordre au général Defrance de partir avec sa division ce matin pour se rendre à l'avant-garde, sous les ordres du roi de Naples. Il enverra un aide de camp au roi pour lui annoncer sa marche.

Donnez ordre au duc d'Elchingen de marcher aujourd'hui dans la direction de Vitebsk; de laisser à Béchenkovitschi, pour garder la rive droite et la rive gauche et travailler à la tête de pont, sa 25e division, qui, par ce moyen, aura le temps de se rallier.

Ecrivez au duc de Reggio pour l'instruire qu'il est indispensable qu'il manœuvre sur la rive droite pour contenir Wittgenstein et dégager toute la Dvina ; que, s'il peut faire son opération en partant de Polotsk, ce serait préférable ; mais qu'il peut lui seul décider ce qu'il peut faire ; qu'il a donc carte blanche ; mais qu'il doit prendre tous les moyens pour correspondre promptement avec nous ».

Berthier à Montbrun, Béchenkovitschi (AG) :

« Je reçois votre lettre, monsieur le général Montbrun ; je l'ai mise sous les yeux de l'Empereur ; Sa Majesté me charge de vous faire connaître que les 2 bataillons du 7e d'infanterie légère qui sont à la tête de pont, sont mis à votre disposition. Vous les ferez prendre, j'ai donné des ordres en conséquence au général Leclerc.

L'Empereur vous recommande de ménager ces deux bataillons, et qu'en cas d'événement leur retraite soit toujours assurée sur Béchenkovitschi ; la cavalerie, pouvant passer à gué, pourra rejoindre facilement l'armée. L'intention de l'Empereur est que vous arriviez le plus tôt possible à Ostrovno, en voltigeant, sans cependant nous compromettre, et que vous communiquiez toutes les fois que vous le pourrez pour donner de vos nouvelles. Sa Majesté va se rendre à l'avant-garde ; le duc d'Elchingen sera ici ce soir ».

Napoléon au prince Eugène, Béchenkovitschi (AG) :

« Mon Fils, j'ai écrit au roi de Naples de s'avancer près de Vitebsk avec sagesse et précaution, et sans engager d'autre affaire qu'une grosse affaire d'avant-garde. Il peut attaquer un corps de 10 à 12.000 hommes, mais non engager une affaire générale qu'elle ne soit bien préparée. Ou l'ennemi veut se battre ou il ne veut pas se battre. Si l'ennemi veut se battre, c'est très heureux pour nous.

Il pourrait en être empêché par la non-réunion d'un ou deux de ses corps ; il n'y a donc pas d'inconvénient de lui laisser faire sa réunion, puisque, autrement, ce pourrait être pour lui un prétexte pour ne pas se battre. Je suppose que la division italienne est en marche pour vous rejoindre. Réunissez tout votre corps et soutenez le roi de Naples. S'il devait y avoir une bataille, il ne me paraît pas qu'elle pût avoir lieu avant le 28 ; mais il serait bon d'être le plus tôt possible en position. Le prince Poniatowski arrive aujourd'hui avec son corps, à la hauteur du prince d'Eckmühl ; ce maréchal se trouve actuellement en force. »

A midi, la dépêche de Grouchy du 25 à 5 heures, venait le mettre au courant des événements de sa droite et du succès obtenu par le maréchal Davout à Mohilev.

Voulant se débarrasser à tout prix du danger que Wittgenstein faisait courir à la ligne d'opérations de l'armée, et s'assurer toute liberté en vue d'une bataille décisive, l'Empereur invitait le maréchal à marcher de Polotsk sur Sebej. Afin de le déterminer à agir vigoureusement, il lui mandait que l'infanterie russe ne s'élevait pas à plus de 10.000 hommes.

Plus à gauche, le duc de Bassano devait presser le maréchal Macdonald de passer la Dvina.

Au cas où les Russes tiendraient, l'Empereur voulait livrer bataille le 28.

Napoléon à Grouchy, midi, Béchenkovitschi (AG) :

« Monsieur le comte Grouchy, je reçois votre lettre du 25 juillet à 3 heures du soir. Je n'ai rien reçu du prince d'Eckmühl depuis la lettre du général Romeuf, du 23, à 6 heures du soir. J'en étais encore à cette nouvelle, et j'ai été bien aise de savoir que cette affaire était terminée. Mandez cependant au prince d'Eckmühl que j'en désire les détails et un rapport en règle. La cavalerie s'est couverte de gloire hier, près du village d'Ostrovno; elle a fait huit cents prisonniers, enlevé douze pièces et couvert le champ de bataille de morts. Les hussards de la garde russe ont perdu près de trois cents hommes. Je vais partir dans une heure pour me rendre aux avant-postes. Si l'ennemi attend avec son armée, nous l'attaquerons après-demain, 28, et nous lui livrerons bataille. Je vous ai envoyé une brigade de cavalerie légère pour vous soutenir. Liez vous avec nous sur Vitebsk, et ayez soin que les communications avec le prince d'Eckmühl soient très rapides. Je suppose que les Westphaliens doivent être arrivés aujourd'hui ainsi que les Polonais. Vous ne m'avez pas encore fait connaître la quantité de farines que vous avez trouvé à Orcha ».

Napoléon à Berthier, Béchenkovitschi (AG) :

« Mon Cousin, expédiez de Thermes, l'aide de camp du duc de Reggio. Vous ferez savoir au duc que nous marchons sur Vitebsk et que le prince d'Eckmühl a battu Bagration à Mohilev. Dites-lui qu'il faut qu'il balaye la rive droite et qu'il pousse Wittgenstein l'épée dans les reins; qu'il doit toujours laisser dans Polotsk une petite garnison, dans le cas qu'il se jetât sur la gauche; qu'après être arrivé à Vitebsk je dirigerai un corps sur Nevel, qui se mettra en communication avec lui. Il est à présumer que si, de Polotsk, le duc faisait un mouvement sur Sebej, il obligerait Wittgenstein à s'élever pour couvrir la route de Pétersbourg; comme Wittgenstein n'a que 10.000 hommes d'infanterie, il peut marcher haut la main sur lui ».

Napoléon au duc de Bassano, Béchenkovitschi (AG) :

« Monsieur le duc de Bassano, j'ai reçu vos lettres du 24. Je pars à l'instant pour me porter devant Vitebsk. Si l'ennemi tient, nous livrerons bataille après-demain. On dit l'empereur Alexandre à Smolensk. Le prince Poniatowski et les Westphaliens rejoignent. Les affaires ne sauraient mieux aller. La cavalerie légère a pris hier douze pièces de canon et fait 800 prisonniers. Les hussards de la garde russe ont perdu 300 hommes. C'est le général Ostermann qui commande le corps d'armée, qui était devant nous, qui est composé de deux divisions. Le général Ostermann a succédé à Schouvalof.

Donnez ces nouvelles au prince Schwarzenberg et au général Reynier. Je suis fondé à penser que les divisions régulières chercheront à gagner Moscou. Le pays est beau, la récolte superbe et nous trouvons partout de quoi vivre. Instruisez le maréchal Macdonald de ces nouvelles. J'attends avec impatience d'apprendre qu'il a passé la Dvina, qu'il a cerné Dinabourg et qu'il a fait avancer l'équipage de siège contre Riga. Je compte être bientôt à Vitebsk. Le prince d'Eckmühl a non seulement repoussé l'attaque de Bagration, mais il n'a engagé que dix de ses bataillons. Il n'a en tués ou blessés qu'une centaine d'hommes. Les Russes ont eu un millier d'hommes tués, blessés ou faits prisonniers ».

Mouvements des corps.

Cavalerie de Murat. — A 5 heures du matin, le Roi avertissait l'Empereur de la disparition du corps que l'on avait combattu la veille ; à son avis la retraite des Russes était définitive. Peut être semblera-t-il étonnant que la poursuite n'ait pas été menée plus vigoureusement ; mais, comme nous l'avons vu, il n'entrait pas dans les intentions de l'Empereur de s'engager à fond ; pour cette journée, il n'était question que d'une forte reconnaissance appuyée par une division d'infanterie. L'ordre de marche adopté pour le IVe corps, où les divisions suivent à une heure de distance, prouvent que, même le contact retrouvé, on ne s'attendait pas à une forte résistance.

Murat à l'Empereur, Ostrovno, 5 heures du matin (AN) :

« L'ennemi s'est retiré, ses vedettes qui étaient restées hier en face des nôtres, ont disparu ; dès deux heures du matin, des reconnaissances sont parties sur les deux routes. Je n'ai pas encore de rapports, preuve que les Russes firent décidément hier leur retraite à l'approche du corps de Son Altesse le Vice-Roi.

Je compte me mettre en marche à six heures. Il faut bien ce

temps-là pour faire manger les chevaux et la journée d'aujourd'hui ne les repose pas.

Tout le corps du Vice-Roi est réuni ; la garde même est en marche pour se rendre sur la position. Je prierai le Vice-Roi de faire soutenir, par une de ses divisions, la forte reconnaissance qu'ordonne Votre Majesté.

J'espère que l'officier que je vous ai envoyé hier, vous aura donné beaucoup de détails ».

Un régiment de hussards russes ayant été rencontré, le roi accompagné du prince Eugène se portait alors en avant.

Murat à l'Empereur, (AN) :

« Je monte à cheval ; l'avant-garde a rencontré un régiment de hussards ennemis au premier village. Je vais le faire serrer et j'arriverai sur le gros de leur troupe. La division Delzons appuiera la cavalerie ; le Vice-Roi marche avec moi. J'aurai soin de donner des nouvelles à Votre Majesté ».

Cette marche en avant donnait lieu à un nouveau combat. Nous publions de suite les rapports que le prince Murat et le prince Eugène adressèrent à ce sujet à l'Empereur.

.Rapport au roi Murat, (AN) :

« Dans la nuit du 25 au 26, le Roi reçut l'ordre de l'Empereur de faire une forte reconnaissance sur l'ennemi avec toute sa cavalerie et beaucoup d'artillerie, et de se faire appuyer par la division Delzons.

A 3 heures du matin, le 1er corps de réserve se mit en marche avec les deux bataillons du 8e d'infanterie légère ; la division Delzons suivit le mouvement.

L'avant-garde rencontra l'ennemi à deux lieues d'Ostrovno, il était avantageusement placé derrière un ravin profond et escarpé ayant ses flancs et une partie de son front couvert par des bois assez épais, il avait de l'infanterie et de l'artillerie en derrière de la cavalerie.

Notre avant-garde s'engagea, on se tira des coups de fusil et on échangea quelques coups de canon, l'infanterie ennemie forçait notre cavalerie de se retirer ; les deux bataillons du 8e régiment furent envoyés pour la soutenir et pour arrêter le mouvement.

Pendant ce temps, la division Delzons arriva, on fit les dispositions d'attaque et on marcha à l'ennemi qui bientôt fut chassé de sa position et mené tambour battant jusqu'au bois qu'il avait en arrière de lui.

Une brigade de cavalerie légère avait eu ordre de longer la Dvina pour suivre et protéger le mouvement de l'aile gauche et déboucher dans la plaine avec l'infanterie ; le reste de la division de cavalerie légère marchait sur la chaussée, et suivait le mouvement prête à déboucher.

Les cuirassiers furent laissés en arrière du ravin, et leur artillerie mise en batterie pour servir au besoin.

L'ennemi fut chassé du premier bois et mené grand train jusqu'à la deuxième position avantageuse qu'il prit et où il se défendit vigoureusement ; la cavalerie légère fut poussée dans une petite plaine à gauche près la Dvina. L'ennemi ayant reçu renfort, marcha sur nous et nous replia dans le bois ; mes troupes le reprirent et poussèrent une seconde fois les Russes qui nous ramenèrent de même jusque près du ravin. Il y avait de la confusion dans les rangs, la gauche était culbutée, la droite était débordée, le centre se retirait précipitamment, l'artillerie de la division Delzons était compromise et allait tomber au pouvoir de l'ennemi, lorsque le roi de Naples marche sur la gauche, se met à la tête des 6e et 8e régiments de lanciers polonais, poussa une charge vigoureuse sur l'infanterie qui s'avançait dans la plaine, enfonça tous les bataillons et les détruisit entièrement ; pas un homme ne s'échappa.

Pendant ce temps, les troupes qu'on avait pu rallier au centre chargèrent de nouveau (?) au cri de vive l'Empereur, le culbutèrent, le chassèrent du bois et les canons furent sauvés.

Tout ce que l'ennemi avait porté par sa gauche sur notre droite, après les succès de la gauche et du centre, dut se retirer très vite sur sa seconde position où il fit mine de tenir; mais il fut délogé bien vite, et par le mouvement que le Roi ordonna au général Girardin pour tourner la droite de l'ennemi et par le feu du régiment d'infanterie auquel on fit attaquer de front la position que l'ennemi défendit faiblement, et par une charge de cavalerie faite par le général Piré sur la gauche de l'ennemi qui ne dut son salut qu'aux bois et ravin que rencontra la cavalerie, et qui retarda son mouvement.

Alors tout le corps russe se mit en retraite sur la chaussée et fut suivi par l'infanterie jusqu'au débouché dans la plaine, et ensuite chassé par la cavalerie jusqu'à l'entrée du grand bois près du village de   , où on le canonnait, lorsque l'Empereur arriva. Il ordonna au Roi de continuer sa marche avec la cavalerie et le IVe corps et de chasser l'ennemi hors du bois pour être maître du débouché. Le Roi marcha et entra dans le bois avec la division Delzons suivi par la cavalerie ; l'ennemi fit une faible résistance et se retira vers le ruisseau de   et prit position sur les hauteurs de l'autre côté du ravin. Il était déjà nuit, les troupes prirent aussi position en avant du bois ; la division Delzons en première ligne, ayant sur son front et sur sa droite la brigade Piré.

La division Broussier était en seconde ligne.

Toute la cavalerie du Ier corps et les deux divisions de cuirassiers du 2e corps de la réserve bivouaquèrent en arrière du bois qui est fort long.

L'Empereur vint aux avants-postes, le Roi prit son quartier général au village de .

Dans cette journée l'ennemi a éprouvé une très grande perte, et je crois qu'on peut évaluer à 4 ou 5.000 hommes le nombre des morts et des blessés. Nous avons eu de notre côté plusieurs blessés, mais très peu de morts ; les états seront envoyés à Votre Altesse ».

Rapport du prince Eugène, (AN) :

« Sire, j'ai l'honneur d'adresser à Votre Majesté les rapports des combats qui ont eu lieu les 25, 26 et 27 juillet, et auxquels le IVe corps que je commande a pris part.

« Votre Majesté donna l'ordre au roi de Naples, commandant la cavalerie de l'armée, de partir de Béchenkovitschi et de se diriger sur la route de Vitebsk. Je reçus celui de mettre à sa disposition le 8e régiment d'infanterie légère.

Le roi de Naples rencontra l'ennemi en avant d'Ostrovno. et engagea différentes charges de cavalerie qui obtinrent de beaux résultats. Environ 600 prisonniers et 8 pièces de canon furent les trophées de cette journée. Le général de division Delzons me rend compte que le 8e eut plusieurs engagements, qu'il soutint avec valeur.

Le 26, le roi de Naples reçut l'ordre de continuer son mouvement sur Vitebsk, et moi de marcher avec une division pour soutenir le mouvement de la cavalerie. Je me rendis avant le jour chez le roi de Naples, et nous convînmes ensemble de l'heure à laquelle le mouvement commencerait.

Je donnai ordre à la 13e division de suivre la cavalerie, à la 14e et à la garde de marcher à la suite de la 13e division, mais par échelon et à une heure de distance. La route traversait un pays boisé, et le 8e fut bientôt engagé pour ouvrir le chemin que l'ennemi disputait avec de l'infanterie. Vers dix heures du matin, le 8e régiment, après avoir chassé du bois tous les tirailleurs de l'ennemi, le rencontra formé et tenant une position avantageuse sur un plateau d'une belle élévation, protégé par une artillerie nombreuse, ayant devant lui un ravin profond, et sa gauche appuyée à une forêt tellement épaisse, qu'il était impossible à des masses, sans se rompre de la pénétrer.

C'était le corps du général Ostermann, fort de deux divisions d'infanterie, qui occupait cette position; alors j'ordonnai au général Delzons, commandant la 13e division, de se former pour l'attaque, le régiment croate et le 84e sur la gauche de la route, le premier déployé, le second en colonne par division. Un bataillon de voltigeurs et le 92e régiment furent placés sur la droite en échelon par bataillon L'attaque commença ; elle fut vive et l'ennemi fut abordé avec intrépidité ; les Croates et le 84e firent plier les bataillons qui leur étaient opposés.

Le général Huard, qui commandait cette attaque, y déploya autant de valeur que de capacité. Sur la droite, les voltigeurs et le 92e éprouvèrent une plus grande résistance : ils avaient à pénétrer la forêt, à déboucher et à se former sous le feu de l'ennemi, qui avait placé à sa gauche ses principales forces; ce ne fut pas sans des efforts multipliés que le général Roussel pût parvenir à prendre position au débouché du bois et à en chasser l'ennemi ; il fallait la valeur des troupes et l'opiniâtreté du général qui commandait pour réussir dans une attaque aussi difficile.

Cependant le centre et la gauche qui ne pouvaient voir la lenteur des progrès de la droite disputés dans la forêt, poursuivirent leurs succès un moment peut-être avec trop d'ardeur; la cavalerie et l'artillerie, pressées de déboucher, suivirent les premiers avantages du centre et de la gauche et s'engagèrent précipitamment dans le reste du défilé qu'il fallait encore parcourir pour pouvoir se déployer, et l'ennemi qui voyait sa gauche se maintenir, fit porter sa réserve sur sa droite où il se sentait plus vivement pressé. Les Croates et le 84e furent à leur tour poussés et débordés; la cavalerie fit un mouvement rétrograde, et l'artillerie allait se trouver compromise, lorsque le roi de Naples, avec sa valeur brillante et la promptitude de l'éclair, détermina une charge de cavalerie vigoureuse qui arrêta l'ennemi. Le chef de bataillon Ricard, avec une compagnie de carabiniers du 8e se précipite à la tête des pièces ; le chef de bataillon Dumay et le capitaine Bonardelle, avec une intrépidité rare, maintiennent le plus grand ordre dans la colonne d'artillerie. Pendant ce temps-là, le général Roussel débouche de la forêt, charge l'ennemi avec le 92e en colonne et se rend maître de la position. Les Croates et le 84e, soutenus de deux bataillons du 106e régiment tenu en réserve jusqu'à ce moment reprennent leurs premiers avantages. c'est alors que tout fut rétabli et que nous restâmes maîtres du terrain que l'ennemi avait fortement disputé.

Après quelques moments de repos pour rallier les troupes et reformer les colonnes, l'ennemi fut de nouveau poursuivi et forcé promptement dans toutes les positions qu'il chercha encore à défendre; il fut ainsi ramené jusqu'à deux lieues de Vitebsk, où la 13e division prit position vers neuf heures du soir. La 14e se plaça sur la route en seconde ligne, avec ordre d'éclairer par des postes les bords de la Dvina. La garde se plaça également en arrière à droite de la 13e division ».

Nous n'avons aucun renseignement sur les mouvements de la cavalerie sur la rive gauche de la Dvina.

Sur la rive droite, le général Montbrun venait prendre position à hauteur d'Ostrovno.

D'après les prisonniers, la plus forte partie de l'armée russe était restée sur la rive droite; un homme, venu de Vitebsk, rapportait également qu'il avait vu sur la rive droite soixante pièces de canon, et que les troupes qui s'y trouvaient ne faisaient aucun préparatif de départ.

Pourtant, à midi, Montbrun n'avait encore rencontré que des Cosaques.

Montbrun, En route sur Vitebsk, midi (AN):

« Un habitant que nous venons de rencontrer, et qui a couché la nuit dernière à six lieues de Vitebsk, rapporte qu'il est parti hier de cette ville à une heure après-midi, qu'il avait vu au moment de son départ un grand nombre de troupes sur la rive gauche de la Dvina, près de Vitebsk, au nombre desquel était le régiment de Préobrachenski et une quantité prodigieuse de canons, et qu'il n'y avait qu'un seul pont sur pilotis sur la rivière et fort bon. En passant sur cette rive, il a aperçu sur une hauteur des troupes dont il n'a pu dire le nombre et plus de 60 pièces de canons, que ces troupes ne faisaient aucune dispositions de départ, et que l'arrière-garde ennemie, que nous avons poussée hier, s'est arrêtée dans le même endroit où il a passé la nuit.

Mon avant-garde vient de rencontrer quelques Cosaques; les prisonniers que nous avons faits prétendent qu'il y avait bien plus de troupes sur cette rive que sur l'autre, mais, que celles qui étaient sur la rive gauche, y attendaient, disent-ils, Platof et d'autres troupes venant des frontières de Turquie.

Bientôt, je serai à la hauteur d'Ostrovno, et je ferai pousser l'ennemi par ma tête de colonne, et je prendrai position de manière à connaître les mouvements que pourrait faire l'ennemi.

On ne trouve point sur cette route de seigneurs, ni d'autres habitants capables de donner des renseignements ».

IIIe Corps. — Le IIIe corps atteignait Dubischa (1).

(1) Miller, p. 37.

VIe Corps. — Le VIe corps, à la suite d'un ordre mal compris par Gouvion, restait à Ouchatsch (2).

IIe Corps. — Dans la nuit du 26, le maréchal Oudinot apprenait que les Russes avaient brûlé leurs magasins de Drissa, ce qui semblait indiquer une retraite.

Jusqu'au moment où le IIe corps aurait pris pied sur la rive droite, de façon à tomber sur les derrières de Wittgenstein, il lui était toujours facile de franchir la Dvina. Jugeant sa gauche particulièrement menacée, le maréchal Oudinot arrêtait de laisser la division Merle à Disna, avec toute la cavalerie légère, de façon à éclairer vers Dinabourg, la division Verdier prenant position à Bezdiédovitschi.

Dans la journée, cent chevau-légers se rendraient à Ghmzéléva, pour surveiller la route de Sebej ; le restant irait à Jourovitschi sur celle de Nevel ; deux régiments d'infanterie s'établiraient entre ces deux routes entre Spas et Zakharina. Le pont fini, le restant de la division passerait sur la rive droite ; la deuxième irait à Lozovka, afin de se lier avec la troisième ; les cuirassiers viendraient à Zakharina.

Oudinot à Berthier, vis-à-vis Polotsk, 2 heures du matin (AN) :

« Je suis arrivé hier vis-à-vis Polotsk avec la division du général Legrand et la 3e division de cuirassiers, ainsi que j'ai eu l'honneur de le mander par ma lettre du 23 à Votre Altesse Sérénissime ; je comptais, à la vérité, me rendre à cette hauteur par la rive droite, mais, outre que le pont n'était point achevé à mon départ, il avait été fait avec si peu de soins et de solidité qu'une partie s'est écroulée avant qu'on en ait fait usage ; d'un autre côté, ce pont coupait le gué, en sorte qu'infanterie et cavalerie, j'ai été obligé de tout faire passer par la rive gauche. J'ai laissé un officier supérieur du génie et des sapeurs à Disna pous réparer et achever le pont, et j'espère qu'il sera demain praticable pour les troupes, mais on doute que l'artillerie puisse jamais y passer sans inconvénient.

Le général Merle, qui s'est porté hier du camp de Drissa sur Disna, me mande que l'ennemi avait encore des forces en cavalerie, artillerie et infanterie devant Drissa, mais, que vers le soir, il en vit filer une partie et un nombre assez considérable de voitures descendant la Dvina, et, ce qui serait un signe encore moins équivoque d'évacuation, que les Russes avaient brûlé leurs magasins.

(2) Prince de Thurn et Taxis, p. 241.

Cependant, comme on n'a pu dérober le mouvement des troupes, puisqu'on est découvert de la rive opposée, qui est continuellement battue par des patrouilles de Cosaques, cela ne me laisse pas entièrement tranquille sur ma gauche, et il est à croire que l'ennemi ne s'éloignera tout à-fait de la Dvina que lorsque je pourrai manœuvrer par la rive droite, et cela ne pourra se faire efficacement que lorsque j'aurai un pont ici ; on m'a bien demandé trois jours pour l'achever, mais j'espère que je pourrai passer après-demain matin.

Quoi qu'il en soit, j'ai pensé que la position de Disna était la plus exposée, puisque je ne puis encore passer ici sur la rive droite, et cela m'a décidé à laisser sur ce point toute ma cavalerie légère, afin de donner au général Merle la facilité de s'éclairer sur Drissa et Sebej et de pousser des partis sur Dinabourg, afin d'avoir des nouvelles du maréchal duc de Tarente ; c'est pour les mêmes motifs, que j'ai laissé la deuxième division d'infanterie en échelon, à Bezdiédovitschi, entre Disna et Polotsk.

Aujourd'hui, je fais passer au bac cent chevaux qui se porteront à Ghmzéléva, à l'embranchement des routes de Disna et de Sebej ; le 3e régiment de chevau-légers ira prendre position à Iourovitschi sur la route de Nevel, deux régiments d'infanterie avec deux pièces de canon passeront aussi au bac pour prendre position sur la même route entre Spas et Zakharina, leur droite à la Polota, leur gauche à un lac.

Aussitôt que le pont sera terminé, je porterai sur ce point le reste de la première division, je placerai les cuirassiers à Zakharina, et j'enverrai la deuxième division à Lozovka pour se lier avec la troisième division. Dans cette position, je serai, je pense, en mesure d'agir selon les circonstances et d'exécuter les ordres de l'Empereur.

Le général Merle est chargé de poursuivre les travaux de la tête de pont de Disna ; quant à Polotsk, l'étendue de la ville qu'il faudrait embrasser, exigerait des travaux immenses ; nous tâcherons de mettre ce point à couvert par des ouvrages détachés. »

A 8 heures du matin, Oudinot rendait compte que les Russes se retiraient sur Sebej, après avoir incendié leurs magasins de Drissa.

Oudinot à Berthier, vis-à-vis Polotsk, 8 heures du matin (AN) :

« Le général Merle me rend compte que l'ennemi a évacué Drissa dans la nuit du 24, après avoir brûlé des magasins immenses qu'on évalue à un million. Les Russes, dans leur retraite, ont descendu la Dvina jusqu'à deux lieues au-dessous de Drissa ; après quoi, ils ont changé de direction à droite; tous les paysans que le général Merle s'est fait amener ont déclaré qu'ils se retiraient dans la direction de Sebej ; dès l'instant où je pourrai déboucher, je m'assurerai plus positivement de la marche de l'ennemi.

Le général Merle a eu, le 23, seize hommes et un officier blessés. »

Oudinot à Berthier, vis-à-vis Polotsk, 8 heures du matin (AN) :

« On dit ici que l'empereur Alexandre a ordonné deux fois des *Te Deum* pour célébrer les prétendus succès obtenus par Bagration ; qu'il a fait circuler que ses Cosaques avaient, dernièrement, pris deux régiments, que Bennigsen est de nouveau disgracié et retiré de l'armée, que les Moscovites sont indignés de ce que leurs troupes ne se sont pas encore mesurées, et que le Sénat de Moscou a dû le témoigner par une députation à l'Empereur, à Nevel. On porte l'armée russe à 180.000 hommes, y compris le corps de Wittgenstein, mais distraction faite de celui de Bagration, on la dit en très bon état, et qu'on la flatte en l'assurant que l'armée française est moins nombreuse et qu'elle s'affaiblit tous les jours par le défaut de subsistance dans lequel ils la supposent; enfin, on croyait généralement qu'ils tiendraient à Vitebsk. »

Dans la journée, voulant se rendre compte par lui-même de l'état de choses, Oudinot passait sur la rive droite afin d'en exécuter la reconnaissance ; il y rencontrait le Supérieur des Jésuites; celui-ci lui fournissait les renseignements que nous avons déjà lus dans une dépêche antérieure de Murat.

Oudinot à Berthier, Polostk (AN) :

« Au retour d'une reconnaissance que j'ai faite sur la rive droite, je me suis entretenu quelques instants avec le prieur des Jésuites, que l'on dit émigré français et qui, du moins, parle bien notre langue.

Il m'a dit que l'Empereur de Russie était à Nevel, qu'il y concentre des forces dans le dessein d'y livrer bataille; que le général Wittgenstein doit avoir reçu ordre de rejoindre l'armée ; que l'armée russe est belle et demande à combattre ; mais que les mouvements rétrogrades qu'on lui fait faire, ôtent la confiance en ses chefs ; que cette armée, qui marchait d'abord sur Vitebsk, a quitté la grande route pour prendre une traverse par Obol et Sirotino.

Par ordre du gouverneur militaire de Vitebsk, M. le duc de Wurtemberg, on a chanté, lundi 20 juillet, un *Te Deum* pour une prétendue victoire remportée par le prince Bagration et dans laquelle il publie qu'il a détruit à Mir, six régiments français, fait huit cents prisonniers, pris vingt canons ; que le Sénat de Moscou a envoyé une députation à l'empereur Alexandre pour lui demander d'un ton peu respectueux, de couvrir cette capitale et lui reprocher de n'avoir pas mieux défendu la frontière.

Les religieux et les seigneurs de cette contrée réclament contre tous leurs paysans qui s'insurgent et se livrent au pillage ; je voudrais savoir quelle conduite il conviendrait de tenir à cet égard sur la rive droite de la Dvina. »

Une dernière dépèche avait pour objet d'avertir qu'il était facile d'établir des hôpitaux à Polotsk, et qu'on y travaillait à l'établissement des fours.

Oudinot à Berthier, Polotsk (AN) :

« On trouve ici plusieurs couvents et de grandes maisons qui seraient propres à former des hôpitaux et autres établissements ; j'y fais travailler à la construction de fours ainsi qu'à Disna.

J'ai l'honneur de remettre ci-joint à Votre Altesse, le plan proposé par M. le colonel du génie Blein, et que je ferai exécuter autant qu'il sera en mes facultés. »

De Disna, le général Merle transmettait un rapport fourni par le colonel Lagrange laissé à Drissa avec 100 chevaux. D'après ce dernier, beaucoup de troupes se seraient montrées à Drissa. Il est toutefois difficile d'expliquer comment il pouvait écrire que le général Kulnef ne s'était pas porté en avant puisque, d'après les troupes russes, ce général avait franchi la Dvina le 25.

Général Merle à Oudinot, Disna (AN) :

« J'ai l'honneur de mettre sous les yeux de Votre Excellence un rapport du colonel Lagrange au général Corbineau. J'avais laissé ce colonel au camp de Drissa avec 100 chasseurs et ma troisième brigade pour la couvrir dans sa marche sur Disna. Ce rapport est ainsi conçu :

« Mon Général, j'avais reçu l'ordre le 24, de M. le général Merle, de former la troisième brigade de la troisième division du IIe corps. Lorsqu'elle était partie, j'ai fait passer la rivière à six hommes. Les paysans m'ont assuré que l'armée, forte de vingt-quatre régiments, s'était dirigée sur Wolivize, Naschiedisch (?) et Nadiesch (?) ou Nasiesch (?). Un sous-officier de dragons Kargo Paule que mes hommes ont pris de l'autre côté de la rivière, dit que l'armée s'est dirigée sur Sebej, et qu'elle va joindre un autre corps d'armée commandé par le prince Repnin. Le corps qui était à Drissa était commandé par M. Kulnef. Il paraît certain que ce corps ne s'est jamais porté en avant; il est composé de troupes qui étaient depuis un an dans cette position, et de corps qui arrivent de l'intérieur.

Il y a, dit-on, 5.000 hommes de cavalerie. Les hommes à qui j'avais fait passer la rivière, ont été poursuivis par vingt-cinq dragons noirs Jerniolant.

Le sous-officier prisonnier m'a déclaré avoir fait dans la journée précédente soixante-trois prisonniers de nos troupes étrangères. Ce sous-officier n'avait que douze hommes et les autres se sont rendus volontaires ; il paraît que ce sont des Croates et des Espagnols.

J'ai fait moi-même les questions suivantes à ce sous-officier de dragons :

D. — De quel régiment êtes-vous ?

R. — Kargopolski.

D. — Comment s'appelle le général qui vous commande ?

R. — Polkownik.

D. — Quelle est la force des troupes qu'il y avait à Drissa en infanterie et cavalerie, et sur quel point s'est retirée cette troupe ?

R. — La force des troupes étaient de deux corps de 24.000 hommes chaque, tant infanterie que cavalerie. Cette troupe s'est retirée sur Sebej.

J'ai fait beaucoup d'autres questions auxquelles il n'a pu répondre.

Il est certain, Monseigneur, que pendant deux jours, que j'ai resté à Drissa, il a continuellement défilé des troupes, et, si je n'avais pas cru, que c'était les mêmes que l'on faisait défiler plusieurs fois pour faire voir des forces que l'ennemi n'avait pas, j'aurais écrit à Votre Excellence que j'avais vu plus de trente mille hommes.

Les quatre ponts que l'ennemi avait à Drissa et qu'on avait dit être détruits, n'ont été brûlés qu'hier au matin, c'était quatre ponts tout neufs, parfaitement construits et d'une largeur à pouvoir y faire passer deux pièces d'artillerie de front.

A force de chercher des gués. M. le général Castex est parvenu à en trouver un à trois lieues au dessous de Disna, qui, quoique mauvais, à fait passer une découverte de vingt-cinq hommes. Cette découverte nous rapportera certainement des renseignements sur les mouvements de l'ennemi que j'aurai soin de vous faire parvenir, aussitôt que je les aurai reçus ».

I^e Corps. — *Colonne de Grouchy.* — Conformément à l'ordre de Berthier, en date du 25, le général Grouchy se portait sur Orcha avec la division Lahoussaye. Dans la journée, le maréchal Davout avait renvoyé à Chklov la division Chastel ; pour le lendemain, Grouchy l'appelait à lui ; avec ses deux divisions réunies il comptait marcher sur Babinovitschi, Guyon venant à Obol. Ainsi placé, il répondait à la prescription de former une colonne d'observation sur la droite de l'armée.

D'après les renseignements recueillis à Orcha, Grouchy ne prêtait pas aux Russes l'intention de livrer bataille à Vitebsk; il les croyait en pleine retraite sur Smolensk, ce que semblait confirmer un fréquent passage de troupes à Lïadouï.

Grouchy à Berthier, 7 heures du soir, Orcha (AN) :

« J'ai l'honneur d'accuser réception à Votre Altesse de sa dépêche du 25, par laquelle elle me prescrit de former une colonne de cavalerie qui se lie avec la droite de l'armée de Sa Majesté entre Orcha et Vitebsk.

Arrivant à l'instant à Orcha, je suis en mesure de remplir les intentions de l'Empereur. La cavalerie légère du général Chastel sera ce soir à Chklov ; je lui mande d'arriver en hâte ; elle me ralliera demain ici, et je me trouverai avec la division Lahoussaye et la division Chastel à Babinovitschi le 28. Je marque au général Guyon de marcher sur Obol, et je me lierai avec lui de Babinovitschi.

Mes rapports, depuis mon arrivée à Orcha, confirment tout ce que j'ai mandé hier à Sa Majesté, et, notamment, que le mouvement des Russes sur Smolensk paraissait bien prononcé. Il passe beaucoup de troupes en ce moment à Lïadouï, et je m'étonnerais que l'ennemi voulût courir les chances d'une grande bataille à Vitebsk. Pardonnez si j'ose émettre cette opinion qui peut être erronnée.

P. S. Afin qu'Orcha ne soit point découvert, et les magasins compromis, j'engage le général Tharreau à y porter deux ou trois bataillons et sa cavalerie légère. »

Troupes commandées par le maréchal Davout. — Toute la correspondance de Davout nous ayant manqué pendant plusieurs jours, il a été impossible de suivre la suite des idées du maréchal.

Vraisemblablement, Grouchy avait dû lui parler d'un mouvement des Russes sur Orcha ; le 26, il lui répond, qu'à son avis, ce projet a véritablement existé, mais que l'insuccès de Mohilev y a fait renoncer l'ennemi. D'ailleurs, la marche de la Grande Armée sur Vitebsk, en l'amenant sur les derrières des Russes, rendait ce mouvement impossible.

Davout à Grouchy : (AN)

« Je reçois votre lettre du 25, à 4 heures du matin ; j'en ai reçu en même temps une du Major Général, du 24, qui m'annonce que l'Empereur aura le même jour son quartier général à Béchenkovitschi, et que la cavalerie est déjà à Ostrovno, et que l'Empereur marchait sur Vitebsk. Il devient donc alors impossible à l'armée russe de faire les mouvements dont il était question dans la lettre du général Colbert, puisqu'elle serait attaquée sur ses derrières. Je crois que ce plan de campagne a existé, et a dépendu des événements qui viennent de se passer à Mohilev. Il n'y a pas de doute que, si j'eusse été battu, tout le corps de Bagration et beaucoup d'autres troupes qui suivaient, plus ou moins mauvaises, mais qui eussent pu compter pour des forces après des succès, eussent marché, pour faire leur jonction sur Orcha et Borisov. Mais il est arrivé là ce qui arrive souvent dans le monde, les Russe sont compté sans leur hôte; au surplus, il serait à désirer que l'empereur Alexandre suivît ce beau projet, conçu, je le répète, avant les événements de Mohilev. Quoi qu'il en soit, je vais faire porter ce soir de l'infanterie et de la cavalerie entre Mohilev et Chklov. Je fais partir à l'instant pour Chklov le général Chastel avec sa division. Dès ce moment, il est mis à votre disposition pour que vous lui donniez des ordres selon les circonstances.

Le colonel de dragons qui est à Chklov fait très mal son service. Il lui a été recommandé expressément de faire retirer les bateaux qui se trouvaient sur le Dniéper, depuis Kopouï jusqu'à Mohilev, il n'en a rien fait. Réitérez-lui l'ordre de le faire de suite, depuis Treboukhi jusqu'à Kopouï; je le fais faire par de l'infanterie depuis Treboukhi jusqu'à Mohilev.

Ce colonel devra placer des postes de dragons dans des lieux, sur la rive gauche, d'où ils puissent tout voir, sans être vus, principalement dans les lieux de communication qui se trouvent sur le Dniéper. Ces postes devront faire le rapport de tout ce qu'ils verraient sur la rive gauche. Ce colonel a maintenant tout son régiment réuni. Il faut bien rappeler aux dragons qu'ils ont un grand avantage, puisqu'ils peuvent faire le service de l'infanterie et de la cavalerie, en mettant pied-à-terre dans les défilés, et combattant avec leur arme à feu.

Annoncez que le prince Poniatowski arrive demain à Mohilev, et que je me porte sur Orcha.

L'arrière-garde de l'ennemi est aux environs de Dachkovka. Les rapports annoncent qu'une partie des troupes du prince Bagration, qui ne se sont point battues, passent le Dniéper à Rogatschev. Ils doivent aussi jeter un pont à Biekhov, pour y faire passer leur arrière-garde. Les rapports disent que le combat du 23 a jetté une grande consternation dans leur armée; on a compté 2.000 cadavres russes, le nombre de leurs blessés est en proportion; nous avons eu en notre pouvoir ceux qui ont été blessés dans les derniers moments, et n'ont pas eu le temps de se retirer du champ de bataille.

Y compris les prisonniers, cela se monte à un millier d'hommes, mon estimation est tellement exacte que les blessés que nous avons ont presque tous des blessures très graves. Nous avons eu de cent à cent-vingt hommes tués et de sept à huit cents blessés, dont la plupart légèrement blessés par de petites balles, comme des chevrotines.

C'est une nouvelle invention des Russes de ces derniers temps, aussi la majeure partie des blessés sera bientôt dans les rangs ; les chirurgiens ont dit qu'ils n'ont été dans le cas de faire que vingt à vingt-cinq amputations.

Envoyez, mon cher Général, copie de cette lettre à Sa Majesté à qui j'écrirai ce soir, car il est important qu'il connaisse ma position. J'ai l'assurance du prince Poniatowski qu'il sera rendu le 27 à Mohilev ; je l'attends avec une vive impatience, car, avant son arrivée, je ne puis faire de mouvements à moins de circonstances extraordinaires.

Je dirai au général Chastel de pousser ce soir en avant de Chklov, et de prendre position sur la rive droite de la Trosna, sur le chemin de Kopouï.

P.-S. — Un bataillon russe avait été tourné le soir et avait mis bas les armes ; on l'a maladroitement laissé échapper, il s'est enfui à travers les bois. Comme nous n'avons que de l'infanterie, il n'est pas facile de faire des prisonniers. Je vous envoie un duplicata de mon premier rapport à Sa Majesté, je vous prie de le lui faire parvenir ».

Dans la journée, l'exploration de Bordesoulle ne laissait plus de doute sur le passage des Russes sur la rive gauche. Deux partis s'offraient au Maréchal, déboucher également de Mohilev, ou marcher sur Orcha ; l'armée polonaise n'arrivant que le 28, le Maréchal adoptait ce dernier. A 4 heures du soir, Grouchy était averti que toutes les troupes portées en avant de Mohilev étaient rappelées et que le mouvement du Ier corps vers Orcha commencerait le 27.

En attendant l'arrivée du Ier corps, le général Tharreau recevait ordre, en cas de besoin, d'occuper Orcha.

Davout à Grouchy, 4 heures du soir (AN) :

« J'ai reçu votre lettre du 26, que vous m'avez fait remettre par M. de Montesquiou. Je vois que l'ennemi évacue la Dvina et se porte sur le Dniéper. Tout le corps de Bagration a passé le Dniéper du côté de Biekhov ; de l'infanterie a été vue entre Tschaouzouï et Mohilev.

Pour empêcher la jonction, il faudrait que je débouchasse par le pont de Mohilev, mais l'armée polonaise qui ne sera ici qu'après demain, ne me permet pas de le faire ; je ne puis que penser à empêcher le prince Bagration d'arriver avant moi à Orcha. Il est probable que c'est dans les environs de cette ville qu'une bataille aura lieu. J'ai préparé aujourd'hui mon mouvement, je rappelle toutes les troupes qui étaient en avant de Mohilev, et je les place sur la route de Chklov.

Un point fort important à garder, mon cher Général, c'est la hauteur de Kopouï. Je suppose que le pont n'existe plus, ou que vous le faites garder. Je mande au général Tharreau de se porter, si vous lui en faites la demande à Orcha, et d'avoir une brigade entre Chklov et Orcha pour observer Kopouï et toute la rive du Dniéper. Faites-lui remettre ma lettre ».

A 6 heures du soir l'Empereur était averti de la résolution du Maréchal. Dès lors, rien n'empêchait plus le prince Bagration d'arriver à Smolensk.

Davout à Napoléon, 6 heures du soir, Mohilev (AN) :

« J'ai l'honneur d'adresser à Votre Majesté différents rapports, tous confirment les grandes pertes que l'ennemi a faites dans le combat du 23 ; ces deux divisions sont tellement réduites qu'elles ne peuvent plus compter pour grand'chose.

Suivant les rapports, plusieurs généraux auraient été blessés ; le général Paskéwitsch l'aurait été gravement.

Les Russes ont évacué leur camp de Dachkovka ; l'infanterie et l'artillerie paraissent avoir passé le Dniéper à Biekhov, la cavalerie paraît l'avoir passé à des gués qui sont très fréquents.

Beaucoup de cavalerie légère s'est montrée à quelques lieues de Mohilev sur la rive gauche ; quelques rapports annonçent qu'il y est venu de l'infanterie.

J'eus débouché par le pont de Mohilev pour marcher sur ces troupes, si les troupes du prince Poniatowski eussent été plus rapprochées ; mais Votre Majesté verra par sa lettre, que ce ne sera que du 27 au 28 que sa tête de colonne arrivera. Pendant ce temps, les troupes du prince Bagration fileront, et feront leur jonction avec le corps russe parti de Smolensk, et qui, d'après les rapports du général Grouchy, doit être à Doubrovna.

Je regarde comme nécessaire de me tenir en mesure d'appuyer le général Grouchy sur Orcha. Je m'y prépare aujourd'hui, en portant une partie du corps d'armée en avant de Mohilev entre cette ville et Chklov à une ou deux lieues.

Le général Tharreau est arrivé ce matin à Kokhanov avec le VIIIe corps. Je lui fait connaître que, dans le cas où le général Grouchy jugerait sa présence à Orcha nécessaire, il devra s'y porter avec ses troupes. Dans le cas d'une attaque de l'ennemi avant mon arrivée, le plus ancien des deux prendrait le commandement.

J'ai pressé le prince Poniatowski d'activer sa marche et d'arriver de sa personne ici demain, et suivant les circonstances et les ordres de Votre Majesté qui peuvent m'arriver pendant ce temps je déboucherai par Mohilev et marcherai sur Orcha ».

Les deux rapports suivants qui ne portent pas de date, étaient transmis avec cette lettre.

Rapport d'un chef de bataillon prisonnier, (AN):

« L'armée de Bagration est composée des VIIe et VIIIe corps ; le VIIe est commandé par le général Raeffskoï ; il est composé de la 12e division d'infanterie sous le général Koljubakin ; de la 26e division du général Paskéwitsch ; et de la 27e division, général Newjerowski.

Le VIIIe corps est commandé par le général Borosdin, il doit être composé de quatre divisions, dont la deuxième de grenadiers.

La cavalerie de l'armée de Bagration est composée de six régiments de cuirassiers, trois régiments de dragons, quatre de hussards, huit de Cosaques.

Le prince Bagration n'a pas quitté l'armée pendant l'affaire du 23 ; il était à Biekhov avec le VIIIe corps ; il doit s'être réuni à Raeffskoï dans la position de Dachkovka, où il attend le général Ertel qui était resté à Bobrouisk, ou il doit être remplacé par le général Japolski venant de Mozouir.

Le général Ertel commande le deuxième corps de réserve formé des troisièmes bataillons du corps de Bagration ; le général Japolski commande le corps de réserve formé des troisièmes bataillons du corps de Tormassof ; le corps de Tormassof doit se composer des divisions venues de la Moldavie et des bords du Dniester ; on doit y réunir l'armée de Turquie.

Il y a dix jours, ce chef de bataillon prisonnier a dîné à Mozouir avec le courrier qui portait la nouvelle de la paix conclue avec les Turcs. Les Turcs, par ce traité, céderaient jusqu'au Pruth, paieraient une contribution considérable en argent et fourniraient une armée de 100.000 hommes en observation sur leurs frontières, pour maintenir les Autrichiens. Il ignore où se trouve Platof; il sait seulement qu'il a avec lui le 5e de chasseurs, le meilleur de l'armée russe.

Le régiment de Nichgrod avait perdu, le 23 à 4 heures, près de 400 hommes.

Il assure que tous les régiments des deux divisions, excepté le 5e de chasseurs, ont donné le 23 ».

Rapport : (AN) :

« Un employé du gouvernement de Mohilev, venu aujourd'hui 25, de vingt lieues sur la rive gauche dans la direction de Soukhari, n'a rencontré aucun Russe ; il avait tâché de les éviter. Il assure qu'il y a 9.000 hommes à Smolensk, et que le dépôt de Roslaw y a marché.

Dans le district de Klimovitsch, il y a 1.200 à 1.500 soldats mariés établis dans des villages, cultivant la terre, comme des paysans, mais qui marcheraient au premier ordre ».

Exploration de Bordesoulle :

« Dès cinq heures du matin, Bordesoulle rendait compte que, d'après les paysans, les Russes avaient abandonné leur camp de Dachkovka.

Bordesoulle à Davout, 5 heures 1/2 du matin, Gouslichtchi (AN) :

« L'officier que j'ai envoyé à une lieue, à minuit sur le camp des Russes, à travers les bois, me fait dire qu'il apprend de tous les paysans, que l'ennemi est déjà retiré. Il n'a trouvé personne à Dachkovka, l'ennemi en a retiré ses dernières troupes en cavalerie à deux heures et demie ou trois heures. Il marche sur le camp où les Russes, à ce que croient les paysans, ont mis le feu ; ils ont cette idée, parce qu'ils ont vu beaucoup de feu de ce côté hier vers minuit.

Beaucoup de troupes de toutes armes ont passé par Dachkovka se retirant vers Biekhov.

Un autre émissaire m'a assuré, il y a une demi-heure, avoir vu hier soir toute l'armée russe allant sur Biekhov ; il n'a pu la suivre dans la crainte d'être arrêté par les Cosaques. J'ai cinq partis dehors qui ne me font rien dire, ce qui ne me laisse pas le moindre doute sur la retraite de l'ennemi. J'ai envoyé, hier à minuit, un émissaire sur le pont qu'on m'a dit exister à trois verstes en arrière de Dachkovka. Il n'est pas encore rentré, et ne peut l'être avant 8 ou 9 heures, étant obligé d'aller à pied à travers les bois, et Dachkovka étant éloigné d'ici de quatre lieues ».

A 9 heures du matin, une patrouille entrait au camp de Dachkovka qu'elle trouvait évacué. Cette nouvelle était transmise à 10 heures à Davout ; d'après tous les habitants, il n'y avait plus aucun Russe jusqu'à Biekhov.

Bordesoulle à Davout, 10 heures du matin (AN) : Gulitschi.

« L'ennemi n'est plus dans son camp, d'où une reconnaissance arrive avec l'émissaire que j'y avais envoyé, il a brûlé ses baraques, avant de se retirer, après avoir cassé tous les pots et baquets qu'il y avait. On a aperçu seulement cinq à six hommes à cheval qui se retiraient en toute hâte, l'infanterie s'est retirée au grand pas, elle s'est toute portée sur Biekhov ; elle a commencé son mouvement entre 2 et 3 heures de l'après-midi.

Tout doit être sous Biekhov en ce moment, on a déjà passé le Dniéper.

On ne voit plus un seul Russe dans toute cette partie à trois ou quatre lieues, d'après mes rapports et les guides qui les tiennent des paysans qu'ils ont rencontrés, et qu'on m'a amenés ».

Rapport d'un sous-lieutenant du 3e chasseur, 9 heures du matin, Dachkovka (AN) :

« L'officier commandant le second parti, chargé de se glisser à travers les bois pour arriver dans le camp ennemi, en arrière de Dachkovka, l'a trouvé évacué en totalité. Je l'ai parcouru dans toute son étendue ; il devait contenir une armé considérable; l'ennemi a commencé son mouvement de retraite dès le matin ; d'après ce que m'ont dit quelques Juifs cachés dans les bois, le gros de l'armée s'est retiré vers 2 heures après-midi.

Les Cosaques ont commencé à se retirer vers 4 heures, et sont disparus en totalité vers le soir. Le gros de l'armée s'est porté sur Biekhov, la cavalerie légère sur Kloster Vorkalabov. J'ai suivi le camp qui était placé à la droite et à la gauche de Dackovka, qui est resté sans être détruit. Il a seulement cassé les ustensiles dont il s'était servi; quelques baraques seulement ont été brûlées à la gauche près des bois, ce camp était placé dans la plaine traversée par la route, il était couvert de bois à droite et à gauche.

La ville de Dachkovka qui n'est qu'une bicoque, partageait le camp, je n'y ai pas trouvé un seul habitant.

La partie du camp qui se trouvait en avant de la ville de Dachkovka, était aussi couverte de bois sur ses flancs et par un lac marécageux sur son front à gauche.

La route qui va d'ici à Dachkovka est couverte de bois très épais, le fond en est solide partout, mais elle est étroite, c'est tout ce que l'artillerie pourrait faire que d'y passer ; la cavalerie ne pourrait y passer par quatre ; on trouve peu d'éclaircies sur cette route.

Je n'ai rencontré aucune troupe française ni russe ; il y a quatre fortes lieues de Goulitschtchi à Dachkovka.

Les Juifs auxquels j'ai parlé, m'ont dit que les Russes avaient perdu considérablement de monde à la bataille du 23.

Ve Corps. — Nous ignorons les mouvements du Ve corps pour cette journée.

Le IVe corps de cavalerie garde les positions de la veille ; s'attendant à apprendre l'approche du prince de Schwartzenberg, qu'il croit en marche sur Sloutsk, Latour-Maubourg remet à plus tard de se porter sur Bobrouisk, bien que le bruit courût d'un mouvement rétrogade du prince Bagration sur cette ville.

La liaison avec le Ve corps n'est pas encore établie ; vers le Sud, on n'a pas de nouvelles du détachement envoyé vers Petricovo et Starobin.

Latour-Maubourg à Berthier (extrait), Ghlousk (AN):

« L'ennemi a envoyé de Sloutsk et de Ghlousk sur Mozouir, il paraît que le principal but de ces détachements a été de donner le change sur la marche réelle du prince Bagration.

J'ai l'honneur d'adresser à Votre Altesse l'emplacement de nos troupes aujourd'hui 26 juillet.

La 28e brigade de cavalerie légère, avec une demi-batterie d'artillerie légère, trois compagnies de voltigeurs au pont de Borisovchtchizna ayant un régiment à Ghorodok, pour pousser des reconnaissances dans les directions de Lapitschi et Svilotsch, et établir ma communication avec la cavalerie du Ve corps.

La 29e brigade de cavalerie légère en avant de Ghlousk ayant un régiment à Viltscha, cette brigade éclaire les directions Broja et de Paritschi, des partis jusqu'à Ghorbatschévitschi. Le 17e régiment d'infanterie, à Ghlousk.

La 7e division de grosse cavalerie en arrière de Ghlousk ; elle garde la direction de Mozouir et envoie des reconnaissances jusqu'à Kasaritschi. Le détachement que j'ai envoyé de Sloutsk sur Starobin et Petricovo, n'est pas encore rentré, et doit tâcher de se rendre directement de Petricovo à Ghlousk.

J'espère que je communiquerai aujourd'hui avec le Ve corps ; de toute manière je compte faire occuper Ghorbatschévitschi.

Je me serais déjà porté en avant, si j'avais appris que le corps de M. le prince de Schwartzenberg s'approchait de Sloutsk. Je n'ai pas cru devoir le faire, avant que des troupes soient à portée d'éclairer et de couvrir les différentes routes de Mozouir.

Mes reconnaissances sur Bobrouisk, Paritschi, Lapitschi, Viltscha, Kasaritschi me donnent à peu près les mêmes renseignements que j'ai l'honneur d'adresser à Votre Altesse Sérénissime.

Un propriétaire des environs de Broja vient d'arriver ici, il est parti, hier matin 25, de Bobrouisk ; il ne sait pas précisément la quantité de troupes qu'il y a dans cette ville, mais il croit qu'il n'y a pas plus de 300 Cosaques et 5 à 6.000 hommes d'infanterie.

Un homme que j'ai envoyé à Bobrouisk, et qui est de retour, fait le même rapport et ajoute que cette infanterie est en partie composée de recrues.

Le propriétaire de Broja soutient que, le 24 au soir, un courrier est arrivé à Bobrouisk, venant de Biekhov, qui apportait la nouvelle d'un engagement qui avait eu lieu près de Biekhov, le 23. Il ne connaît pas le résultat de cet engagement, mais il ajoutait que le corps du prince Bagration revenait sur Bobrouisk.

Mes partis n'ont pas encore communiqué avec la cavalerie du Vᵉ corps. J'espère que mes rapports précédents sont parvenus à Votre Altesse Sérénissime ».

VIIᵉ Corps — Le général Reynier avait d'abord eu l'intention de se diriger sur la Pina ; mais pendant la marche, il recevait les rapports concernant l'affaire de Brest ; à Pinsk, l'escadron qui y avait été détaché s'y était maintenu. Le général, jugeant alors que le gros des forces ennemies était à l'Ouest, se décidait à marcher vers Kobrin. A cet effet, il arrêtait de venir dans la journée à Droghitschin, et le 27, à Antopol.

Quant à la brigade Klengel, elle prendrait position sur la rive gauche où elle aurait pour retraite les routes de Proujanouï et de Kartouzka ; les routes de Brest et de Divin étant surveillées par des avants-postes.

Rapport du VIIᵉ Corps (AN) :

Le corps d'armée part à 3 heures du matin, et prend la route de Janovo pour joindre la cavalerie et aller attaquer les troupes russes qui occupent le pont de Kozelice sur la Pina, et les pousser vivement sur la route de Lïoubachévo.

Le général Reynier reçoit des rapports sur l'affaire de Brest.

De quatre-vingts lanciers qui y avaient relevé les détachement de hussards autrichiens, quarante-trois sont revenus avec trois hussards russes prisonniers du régiment Fatarsky Horinsk.

Les prisonniers disent que leur régiment a marché sur Brest avec deux régiments de Cosaques et Baskirs et un régiment de dragons, qui sont commandés par le général Lambert, et sont suivis par huit régiments d'infanterie.

Le général Klengel annonce qu'il a fait revenir à Kobrin le régiment du Roi qui s'était arrêté à Boulkov sur la route de Brest, qu'il envoie des reconnaissances sur la route de Brest et sur celle de Divin, et attend des renseignements. On reçoit des nouvelles de l'escadron de lanciers qui s'est maintenu à Pinsk. Le général Reynier renonce à sa marche sur la Pina qui l'éloignerait trop de Kobrin et de Brest. Il fait changer la route des troupes qui étaient à moitié chemin de Bezdej à Janovo, et les fait marcher à Droghitschin.

Il envoie l'ordre à l'escadron de lanciers, détaché à Pinsk, de rejoindre à Janovo, à la cavalerie d'aller à Droghitschin, lorsqu'elle serait certaine que l'escadron de Pinsk aurait reçu l'ordre et pourrait rejoindre. Le général Reynier fait écrire au général Klengel que le corps va à Droghitschin ; il sera le lendemain à Antopol ou à Horodetz, on lui recommande d'envoyer très souvent des rapports, de faire faire des reconnaissances sur le chemin de Brest et de Divin, et de tâcher d'avoir des renseignements précis sur les ennemis et leurs forces, qu'on approuve la position qu'il a fait prendre derrière la Moukhavets, n'ayant dans la partie de la ville sur la rive gauche de cette rivière et en avant sur les routes de Brest et de Divin, que des avant-postes, position d'où on avait pour retraite la route de Proujanouï et le chemin de Kartouzka Bériousa par le pont de Lueztik sur la Moukhavets, et cette rivière marécageuse devant son front.

On lui ordonna de faire observer avec beaucoup de soin les routes de Kobrin et Brest à Proujanouï, où les postes ennemis pourraient venir, et de couvrir ainsi un convoi d'argent qui devait venir de Byalistock à Proujanouï ».

A Kobrin même, on devait se croire peu menacé, puisque, à midi, le colonel Bruley mandait que la brigade Klengel pourrait y tenir, même contre des forces supérieures.

Bruley à Reynier, Kobrin, midi (AG) :

« Je suis arrivé à 3 heures du matin à Kobrin avec le régiment du Roi, je me disposais à me rendre près de vous, lorsque le général Klengel m'a fait part de la lettre que lui a écrite M. le colonel Langenau. Je me suis alors décidé à rester à Kobrin. J'ai fait lever les positions de Boulkow et de Kobrin avec l'emplacement des troupes. La brigade Klengel peut se défendre à Kobrin contre des troupes bien supérieures en nombre.

Vous avez dû recevoir hier mon rapport sur l'affaire de Brest ».

Dans la même journée, le duc de Bassano mettait le général Reynier au courant de la situation à la date du 24. Nous ignorons quand sa dépêche arriva.

Duc de Bassano à Reynier, (AG) :

« J'ai l'honneur de vous envoyer la copie des rapports que je reçois de Varsovie. Ils prouvent, selon moi, qu'il n'y a autre chose au delà du Bug que 1.200 à 1.500 pillards qui n'osent point avancer et qui auraient fui à la première démonstration. J'écris cependant à l'ambassadeur, et j'insiste fortement pour qu'on autorise les dispositions proposées par le préfet de Lublin et par le commandant de Zamosc.

Je demande qu'on profite de cette fausse alarme pour porter sur le Bug tous les moyens dont on peut disposer, soit en troupes régulières, s'il y en a, soit en gardes nationales, soit en levées de volontaires. Lorsqu'ils y seront arrivés et que les pillards ennemis auront disparu, on choisira parmi les troupes et les levées quelques milliers d'hommes d'élite qui puissent concourir à l'opération de la Volhynie.

Je vous prie, monsieur le Comte, de faire continuer à mon courrier sa marche sur Varsovie, et de vouloir bien donner à l'ambassadeur les détails qui seront à votre communication.

Sa Majesté m'écrit, à la date du 24 juillet, qu'elle est arrivée à Kamen ; que le Vice-Roi est à Béchenkovitschi, et que l'ennemie paraît être à Vitebsk. Sa Majesté ajoute, nous y marchons. Le prince Bagration paraît être entre Mohilev et Bobrouisk.

Auriez-vous la complaisance, monsieur le Comte, de faire parvenir, par la correspondance militaire, les lettres ci-jointes au prince Poniatowski et au prince de Schwarzenberg, elles ont pour objet de faire connaître les dispositions de Sa Majesté ».

Corps autrichien. — Son avant-garde entrait à Nesvij, où le Prince espérait avoir le lendemain la plus grande partie de son corps réuni.

Au cas où le prince Poniatowski ne l'appellerait pas à lui, il continuerait à marcher sur Minsk. Les rapports, tant de Brest que de Pinsk, ne lui avaient rien signalé d'inquiétant.

Schwarzenberg au duc de Bassano, Stalowitchi (AN) :

« J'ai arrêté le courrier de Votre Excellence qui est arrivé hier, pour pouvoir donner un peu d'intérêt à ma lettre par les rapports que j'attendais de Pinsk. Le général à qui j'ai confié ma colonne chargée de protéger l'évacuation d'une partie du grand magasin que j'ai pris à Pinsk, s'est très bien acquitté de sa commission, et j'espère être parvenu de cette manière à me former un approvisionnement de huit à dix jours, qui m'était d'autant plus nécessaire, que celui de vingt jours amené de la Galicie est resté presque en entier dans le Grand-Duché, où on ne lui fournissait plus de chevaux.

Les 22 et 23, les Russes ont fait mine de vouloir rétablir le pont sur la Pina que j'avais fait détruire, qui est situé entre Douboï et Lubice à Kuczeliczin. Mais mon infanterie légère les en a empêchés. Comme les Cosaques et hussards venaient sonder avec de longues perches la profondeur de l'eau et des marais sous la protection de leurs tirailleurs, mais à cheval, et sans être couverts, on leur fit encore assez de mal, tandis que je n'ai eu qu'un ou deux hommes de blessés ; mes chasseurs étant cachés dans les fossés préparés à la défense de ce passage. Les troupes du général Reynier ont relevé mes postes et ma colonne venant de Pinsk est à deux marches de Nesvij, où je serai rendu demain avec une partie de mon corps d'armée. Mes rapports de Pinsk disent que l'armée de Volhynie a eu ordre de s'unir à Mozouir avec l'armée du prince Bagration, et que de forts détachements tâchent de côtoyer la Pina pour couvrir cette marche. De Nesvïj on me mande que le prince Bagration veut se jeter sur Luban dans des marais presque inaccessibles ; mais j'ai de la peine à y croire, car, si l'entrée est difficile, il paraît que la sortie le deviendrait davantage encore.

Le régiment de hussards que j'ai dû laisser entre Kobrin et Brest a été relevé le 24, et tout était tranquille de ce côté-là. J'attends à toute heure le retour d'un courrier que j'ai envoyé avant-hier au général Reynier, mais je n'ose plus retarder le départ de votre courrier.

Mon avant-garde est à Nesvïj, j'y serai demain avec une partie de mon corps d'armée, et j'espère y trouver de nouvelles instructions.

Si cependant, le prince Poniatowski ne juge pas nécessaire que j'appuie sa droite, je continuerai ma marche sur Minsk. Recevez mes remerciements, monsieur le Duc, des nouvelles que vous m'avez communiqué sur les mouvements de l'armée, et veuillez être persuadé que j'aurai soin de vous informer exactement de tout ce qui pourrait vous intéresser. Je joins ici un état de ce que j'ai remis contre quittance au VIIe corps d'armée, formant le reste du magasin que j'ai pris à Pinsk.

Je prie Votre Excellence de vouloir bien faire passer la lettre ci-jointe à l'intendant général comte Dumas ».

Xe Corps. — Bien que le maréchal eût été informé de l'évacuation de la tête de pont de Dinabourg, il ne se décidait pas à marcher en force contre cette ville. Un ordre à la division Grandjean éparpillait la brigade Radzivil entre Dinabourg et Jakobstadt.

Macdonald à Grandjean (AG) :

« Envoyez l'ordre au général Radzivil de faire observer Dinabourg par un fort poste d'infanterie, 200 hommes environ et 50 chevaux, de manière à contenir la garnison de Dinabourg si elle voulait passer, et pour observer les routes qui aboutissent à cette ville. Il sera mis un poste de même force entre Illoukst et Dinabourg. Le surplus du bataillon, dont je suppose que ces postes seront tirés, sera posté à Illoukst.

Deux autres bataillons à hauteur de Kazimirichki et de Dveten, fournissant des postes de lieues en lieues jusqu'à Poddunaï inclusivement.

Le 4e bataillon, à Amenghof, fournissant des postes de la même force de Poddunaï à Jakobstadt.

Il leur sera attaché, tous les trois à trois lieues, quelques hommes de cavalerie.

Le général Radzivil se tiendra de sa personne à Illoukst. Les postes et les troupes devront être placés de manière à ne point être exposés ou aperçus, s'il est possible, afin d'en cacher la force.

Il sera fait une reconnaissance exacte de tous les passages et gués, et l'on renforcera naturellement les postes qui se trouveront placés devant.

Vous ordonnerez l'établissement, par voie de réquisition, de trois à quatre voitures qui pourront se relever tous les deux ou trois jours pour la correspondance des officiers ; nul ne pourra s'en servir sans un ordre signé des généraux. »

Au général de Grawert, il répondait qu'en tenant fortement Dahlenkirchen et St-Olaï, jamais les Russes n'oseraient s'aventurer entre lui et la mer.

Ayant été informé par le duc de Bassano de la situation de la Grande Armée, à la date du 20, il lui en faisait part et le prévenait de l'évacuation de la tête de pont de Dinabourg.

Macdonald à Grawert (AG) :

« J'ai reçu hier soir la lettre que Votre Excellence m'a fait l'honneur de m'écrire, le 23, à 9 heures du matin ; je n'ai point donné d'autre ordre au général d'Yorck que ceux dont vous avez eu connaissance à son départ de Rossiena ; mais, il est vrai qu'ils renferment ceux qu'il vient d'exécuter ; ils remplissent l'objet que je m'étais proposé, en vous autorisant à tirer ce renfort de Memel et Libau. Il doit vous suffire pour le moment, ainsi les autorisations précédentes doivent être considérées comme non avenues, sauf une demi-batterie, au lieu de la batterie entière, étant peut-être nécessaire que l'autre moitié demeure avec le général d'Yorck, puisque ce général reste à votre gauche. Recommandez-lui de nouveau de bien observer la côte de Memel à Libau. Ce général et les troupes qu'il commande sont immédiatement sous vos ordres.

D'après la nouvelle que je reçois de ma droite, les Russes ont évacué la tête de pont et détruit le pont de Dinabourg. On assure que la ville est bornée à une garnison ; la rive droite est garnie de postes russes en observation.

Des lettres officielles m'apprennent que le général Bagration a été prévenu à Bobrouisk, et forcé de se retirer pour passer plus bas.

Nos troupes, après être entrées à Orcha, et s'être emparées d'immenses magasins, ont passé le Borystène pour courir après un parc de 130 pièces de canon qui se dirigeait sur Smolensk. J'aurai sans doute bientôt à vous annoncer des succès plus importants.

Je me réfère à mes précédentes lettres, tant que vos forces seront réunies à Dahlenkirchen et St-Olaï ; vous maîtriserez la garnison de Riga. Vous n'avez rien à craindre par les routes de St-Anne et de St-Jean à votre gauche, n'étant pas présumable que les Russes fassent la faute de se laisser couper de leur garnison, comme il arriverait infailliblement, par votre position.

Du reste, Votre Excellence, est sur les lieux, elle connaît les localités, et peut mieux juger que moi ce qu'il convient de faire. Elle a toute latitude d'ordonner ce qu'il conviendra. On ne peut remettre en de meilleures mains les dispositions convenables à exécuter. »

Dans une seconde lettre, il insistait sur l'importance de Dahlenkirchen et il assurait le général de Grawert de la confiance qu'il mettait dans le corps prussien.

Macdonald à Grawert (AG) :

« Mon aide de camp Tamney arrive, et me remet la lettre de Votre Excellence, du 24. Il est peu probable que les Anglais aient quelques troupes à Schlock ; la meilleure preuve est l'évacuation du magasin. C'est sans doute quelques soldats de marine qui auront été mis à terre pour aider à cette évacuation.

Je regarde comme un point très important l'occupation de Dahlenkirchen ; c'est elle qui doit former notre chaîne, et couvrir la Dvina.

Vous avez maintenant quatorze bataillons, onze escadrons et quarante bouches à feu. Disposez de cette force suivant que vous le jugerez à propos, ne considérant que comme but principal de contenir la garnison de Riga.

Je n'ai rien à ajouter à ma précédente lettre.

Pour plus de sûreté dans notre correspondance, il faut l'établir par Mittau, Bauske, Schrönberg, Kourmen, Mouremouiché, Zettsen, Selburg et Jakobstadt ; c'est un peu plus long, mais plus sûr. »

Macdonald à Grawert (AG :

« J'ai reçu, avec la lettre que Votre Excellence m'a fait l'honneur de m'écrire le 23 juillet, le renvoi des deux lettres d'avis du major général.

Je suis fâché que la communication amicale, que je vous ai faite d'un rapport insignifiant et hasardé, ait produit une aussi pénible impression sur vous ; les hommes d'honneur n'ont pu douter un instant de celui qui animait le corps prussien, dont l'exemple leur était donné par leur digne chef.

C'est par des faits que l'on parvient à confondre la calomnie. Vous n'aviez besoin, à vos yeux, que d'une occasion, elle s'est présentée, et vous avez imposé silence à vos détracteurs. Si mes sentiments et mes suffrages peuvent vous être d'une faible consolation, vous n'avez rien à désirer de ce côté. »

A deux heures, le maréchal prévenait le major général que la tête de pont de Dinabourg était évacuée, qu'une brigade était chargée d'observer cette ville, et de tenter de se lier avec le Duc de Reggio.

Macdonald à Berthier, 2 heures après midi (AN):

« Je reçois la lettre que Votre Altesse m'a fait l'honneur de m'écrire le 20 de ce mois, par laquelle elle m'informe que l'ennemi a évacué son camp retranché de Drissa, que le Duc de Reggio doit l'occuper, le faire raser, et doit tenir un corps d'observation sur la rive gauche vers Dinabourg.

Une brigade de la division Grandjean arrive aujourd'hui devant Dinabourg. Les avis qu'elle me transmet, portent que toute la rive droite est observée, et que Dinabourg est occupé par une forte garnison; suivant les mêmes avis, la tête de pont de cette ville est évacuée, et le pont détruit.

Je donne ordre à cette même brigade de pousser des partis par sa droite; pour tâcher de communiquer avec la gauche du Duc de Reggio.

Toutes les dépêches qui m'ont été adressées par Vilna et Poneviej ont été dirigées sur Bauske et Friedrichstadt; ce détour est immense. Je fais diriger maintenant la correspondance par Illoukst, Ezoros et Vidzouï.

Les avis que je reçois par émissaires, annoncent que les troupes russes restées sur les derrières de la rive droite de la Dvina, ou qui, de Dinabourg, n'ont pas pu joindre leur armée, se reportent sur cette ville, Riga et la rive droite.

Le général de Grawert me paraît fort inquiet de sa position, je crains d'apprendre à chaque instant que sa droite, qui est à Dahlenkirchen, n'ait été forcée de se replier. »

A 4 heures, le maréchal recevait connaissance par le duc de Bassano de la position générale de l'armée à la date du 22; la même dépêche lui apportait l'ordre de passer la Dvina.

De nouveau, il prétendait ne pouvoir marcher sur Dinabourg avec les forces à sa disposition. Une brigade était vers Dinabourg; une autre à Jakobstadt; la troisième vers Friedrichstadt; le corps prussien vers Riga. En réalité, le Xe corps ne formait qu'un cordon bordant la Dvina, sans avoir personne en face.

Macdonald à Berthier, 4 heures après midi (AN):

« Le duc de Bassano me fait connaître par ordre de Sa Majesté que le prince d'Eckmühl est entré le 20 à Mohilev, que le roi de Naples s'est porté sur Polotsk et inonde la rive droite de la Dvina de sa cavalerie, et que Sa Majesté l'Empereur est partie de Ghloubokoé, le 22, pour se porter à Kamen.

Le duc de Bassano ajoute que Sa Majesté est informée, mais sans en être assurée positivement, que l'ennemi n'a laissé que trois bataillons à Dinabourg ; si cette nouvelle est vraie, d'investir cette place, et, dans le cas contraire, c'est-à-dire s'il y a des forces plus considérables, de l'observer.

J'ai déjà mandé à Votre Altesse que je faisais reconnaître la Dvina et ramasser les moyens de jeter un pont.

Par ma lettre de ce matin, j'ai fait connaître à Votre Altesse les avis que j'ai reçus sur les mouvements de l'ennemi ; à Dinabourg, Riga et sur la rive droite ; ils me paraissent très naturels, d'après ceux que l'Empereur a ordonnés. Je prie Votre Altesse de faire remarquer à Sa Majesté que, quoique j'ai sous mes ordres de 25 à 26.000 hommes suivant les états de situation, ils sont répandus à Tilsit, la pointe du Curische Nehrung, Memel, Polangen, Libau, employés à l'investissement de la tête du pont de Riga, et de ce point jusqu'à Dinabourg. Je n'ai donc qu'une toile d'araignée dans cette immense étendue, et, par conséquent, aucune force réunie, sauf la majeure partie du corps prussien devant Riga.

Le duc de Bassano me mande en outre que l'équipage de siège est arrivé à Tilsit, et que Sa Majesté suppose que je l'ai fait débarquer et mettre en mouvement pour le siège de Riga. Mais, par les ordres antérieurs de Votre Altesse, cet équipage de siège ne devait partir de Kœnigsberg que lorsque la Grande Armée aurait passé la Dvina. J'en ai seulement reçu l'avis, il y a quelques jours, (que l'on mettait cet équipage à mes ordres ici) ; par conséquent, je n'ai encore pu lui en donner aucun et je suis porté à croire qu'il y a eu un malentendu.

Enfin, le duc de Bassano ajoute que la 1re brigade de la division Dandels doit être arrivée à Labiau, et que Sa Majesté approuve que, si j'en ai besoin, je la fasse approcher de Tilsit. Ceci me paraît encore une erreur, car de quelle utilité pourrait m'être cette brigade à Tilsit? C'est ici, sur la Dvina, que j'aurai besoin de forces pour les opérations de Dinabourg et de Riga.

Sa Majesté jugera sans doute convenable pour le prompt succès de ces opérations, de faire arriver en toute hâte, sur Mittau et Friedrichstadt, des forces capables de contenir Dinabourg, nettoyer la rive droite de la Dvina, et avoir un corps d'observation dans la Russie blanche pour couvrir le siège de Riga, qui ne peut être entrepris que par la rive droite ; il est sans doute inutile d'observer le grand besoin de cavalerie, pour opposer à celle de l'ennemi, dont le grand intérêt sera de défendre Riga, Dinabourg et la Livonie.

Les forces nécessaires que je demande, peuvent être puisées, indépendamment de la division Dandels, dans le IXe corps qui est sur les derrières, et que le duc de Bassano m'annonce devoir arriver du 8 au 9 août à Tilsit.

Au moyen de ces renforts, toutes mes opérations pourront marcher de front ; l'équipage de siège pourrait venir sur Mittau en deux colonnes de Tilsit et de Memel.

Je prie Votre Altesse de m'informer de ce que Sa Majesté aura décidé. La nouvelle ligne de communication peut être établie du quartier général de Sa Majesté par Vidzouï, Ezoros et Illoukst.

Une brigade de la division Grandjean devant couvrir aujourd'hui toute la rive gauche jusque devant de Dinabourg inclusivement ; une autre brigade est ici, et la troisième va observer le cours de cette rivière à hauteur de Friedrichstadt. Dans cette immense étendue du cours de la Dvina, de Dinabourg à Riga, des partis ennemis ont passé cette rivière, mais sans autre résultat que de donner de l'inquiétude. »

Au duc de Bassano, le maréchal exposait la même situation ; sans renforts, il lui était impossible de rien entreprendre.

Macdonald au duc de Bassano, Jakobstadt (AN) :

« Je reçois la lettre que Votre Excellence m'a fait l'honneur de m'écrire le 24. Ainsi que je le lui ai mandé, l'ennemi a évacué la rive gauche de la Dvina, la tête de pont de Dinabourg, et brûlé le pont. Il a laissé garnison dans la place, mais on ne peut encore en préciser la force. La rive droite est garnie de postes de cavalerie, plus ou moins forts, en observation.

Des avis d'émissaires annoncent que les troupes qui n'ont pu rejoindre à temps l'armée russe, et d'autres, stationnées dans la Russie blanche et la Livonie, se portent sur Riga, Dinabourg et sur la rive droite de la Dvina. Ces troupes sont probablement destinées à former un corps propre à soutenir ces deux places et à couvrir les routes de Pétersbourg.

Je suis si étendu que je n'ai d'autres forces que celles qui contiennent l'ennemi devant la tête de pont de Riga.

Je ne puis, suivant le désir de Votre Excellence, lui envoyer un officier d'état-major. Cet état-major, malgré toutes mes sollicitations, n'est point encore formé ; je suis seul, sans administrations, et avec des troupes dont on ne peut se faire comprendre. Lors même que je ferais avancer une brigade de la division Dandels sur Tilsit ; à quoi me servirait-elle, éloigné, comme je le suis, de ce point ?

Sans bureau de poste, sans payeur, nous nous trouvons privés de fonds pour la moindre chose, et de toute correspondance. Les troupes que Votre Excellence m'annonce, devraient marcher sur

Mittau et Friedrichstadt, pour me mettre à même de passer la Dvina, et d'entreprendre le siège de Riga et de Dinabourg. Il n'est pas douteux que les Russes ne fassent de grands efforts pour défendre ces places.

Je ne puis raisonnablement faire mouvoir le parc de siège, qui ne peut être attelé que par les moyens du pays, que lorsque j'aurai des forces suffisantes pour rassembler ces moyens, et favoriser nos entreprises.

Je n'ai qu'un officier du génie ; il parcourt la Dvina, pour reconnaître les points favorables de passage, ramasser des matériaux pour construire des radeaux, car tous les bateaux sont détruits, et je n'ai point d'équipage de pont.

Je prie Votre Excellence de faire parvenir les dépêches ci-jointes au major général.

A 8 heures du soir, une troisième dépêche prévenait que les Russes montraient beaucoup de cavalerie sur la rive droite. On ignorait encore si les Russes avaient complètement détruit le pont de Dinabourg.

Berthier : 8 heures du soir (AG) :

« Au moment d'expédier à Votre Altesse des duplicata de mes deux lettres de ce matin, je reçois l'avis de la brigade de la 7e division, dont la tête est arrivée à hauteur de Dinabourg, que quatre escadrons de cavalerie et beaucoup de Cosaques se sont mis en bataille sur la rive droite ; on n'avait point encore poussé jusqu'à la tête de pont ; on croyait que le pont n'était point détruit et qu'à la vue de nos troupes l'ennemi en avait seulement retiré les bateaux. Ces nouvelles seront plus amplement éclaircies par les nouveaux rapports que j'attends. Il faut que l'ennemi ait laissé bon nombre de cavalerie entre Rige et Dinabourg, car les rapports que je reçois de toute la ligne font mention que l'on en voit partout.

Le général Grawert prétend avoir treize escadrons devant lui et il n'en a que onze. Un douzième à Memel et Libau. J'en ai deux entre Jakobstadt et Dinabourg, deux autres sont entre Jakobstadt et Dinabourg. Voilà toute ma cavalerie affaiblie par des pertes, des malades et beaucoup de détachements. »

27 JUILLET

Ordres donnés par l'Empereur.

Nous n'avons aucun ordre de l'Empereur pour cette journée, sauf une indication de diriger le parc du Ier corps sur Vitebsk.

Berthier à Grouchy, Au camp devant Vitebsk (AG) :

« Le parc d'artillerie du 1er corps se dirige sur Minsk par Kokhanov ; donnez-lui ordre de se diriger de suite ici, c'est-à-dire sur Vitebsk, par Sienno et Ostrovno. »

Mouvements de l'armée.

La journée se passait à des combats d'arrière-garde. Nous publions de suite les rapports de Murat et du prince Eugène, les seuls que nous ayons sur ces affaires.

Rapport de Murat :

« Le 27, à la pointe du jour, d'après les ordres de l'Empereur, le Roi prit le commandement de toute la cavalerie, ainsi que du IVe corps d'armée, et marcha à l'ennemi.

La brigade de cavalerie légère du général Piré fut dirigée de loin, par la droite, sur le village de , pour éclairer le pays. Le pont sur le ruisseau, que l'ennemi avait brûlé, fut réparé ; on établit douze pièces d'artillerie sur les hauteurs du village de , à gauche de la route, pour protéger le passage et pour canonner la cavalerie ennemie qui se trouvait en bataille dans la plaine, en avant de Vitebsk, et qu'on força de s'éloigner.

La division Broussier opère son passage, on la porte sur les hauteurs ; elle est formée par bataillons carrés ; l'ennemi ne présentait encore que de la cavalerie. La division Delzons suit le mouvement, elle s'établit en seconde ligne ; la cavalerie, qui se trouvait très en arrière, tardait d'arriver. Le 16e régiment de chasseurs à cheval, pour la protection d'une division entière d'infanterie et d'une nombreuse artillerie, avait eu l'ordre de passer un petit ravin, de se former en avant par échelons, pour observer la cavalerie ennemie, et de se retirer, s'il était trop pressé.

Le colonel crut devoir mettre tout son régiment en bataille adossé au ravin ; à peine fut-il reformé que les Cosaques de la garde le chargèrent ; au lieu de se porter en avant, il reçut l'ennemi à coups de carabine ; il fut enfoncé et précipité dans le ravin. Une cinquantaine de Cosaques le suivirent jusqu'au milieu des carrés de la division Broussier, d'où ils furent ramenés et rejetés à leur tour dans le ravin ; le 16e a perdu peu de monde, les Cosaques ont eu une vingtaine d'hommes tués.

Pendant ce temps, la cavalerie arrivait et se formait en avant du petit ravin ; alors l'ennemi démasqua plusieurs pièces d'artillerie qu'il avait sur la route derrière une maison, dans une position avantageuse, et fit feu sur notre cavalerie.

Dans cet état, Sa Majesté envoya demander les instructions de l'Empereur. Il ordonna au Roi de marcher, le laissant le maître de ses mouvements.

Alors le Roi ordonna à la division Broussier de marcher sur les hauteurs par sa droite, pour aller s'emparer d'une position avantageuse, sur le flanc gauche des Russes, qui tournait la batterie, et qui, occupée, forçait l'ennemi à la retraite. Le mouvement se masqua à l'aide d'un petit bois. La division Delzons reçut ordre de marcher aussi parallèlement sur les hauteurs et par sa droite pour se porter rapidement sur la Loutscheza et derrière l'ennemi, afin de lui barrer le passage, lorsqu'il serait poussé et par la cavalerie et par la division Broussier. La division Delzons fut appuyée par une brigade de cavalerie légère et par une division de cuirassiers.

Toute la cavalerie se portait lentement en avant dans la plaine pour donner le temps à l'infanterie d'exécuter son mouvement ; la tête de la division Broussier arriva à la position, en chassa l'ennemi et s'en empara ; les échelons se formèrent. Le Roi fit attaquer sur-le-champ un petit hameau et un ravin défendus par quatre bataillons d'infanterie, et fait prendre en écharpe et à revers, par dix pièces de canons, la batterie qui tirait sur notre cavalerie ; ce mouvement eût le plus heureux succès, nos troupes s'ébranlent au pas de charge, enlèvent le hameau, chassent l'ennemi du ravin et le poursuivent jusque sur les pièces qui, se sentant exposées, quoique soutenues par deux bataillons, se sauvent au galop et à la prolonge. Les bataillons se retirent en arrière sur une hauteur où ils prirent position, se ralliant aux bataillons chassés du hameau et du ravin, où ils laissèrent bon nombre de morts et blessés, et aux troupes de réserve établies sur la grande communication.

Ce mouvement fut le signal de la retraite de la cavalerie ennemie qui gagna grand train, par sa gauche, sur Vitebsk, pour passer la Loutscheza, craignant d'être coupée par le mouvement de notre droite qui, malheureusement, fut un peu lent. Notre cavalerie avait ordre de suivre la cavalerie ennemie, mais elle fut arrêtée par de l'infanterie placée à dessein dans des broussailles et dans un village sur la Dvina, pour protéger la retraite de la cavalerie russe.

Le Roi envoie l'ordre à toute sa cavalerie légère de se porter par la droite derrière l'infanterie ; pendant ce temps, le Roi fait marcher sur la dernière position de l'ennemi que notre artillerie foudroya ; l'attaquer, l'enlever, culbuter l'ennemi fut l'histoire d'un moment. Alors l'infanterie russe se précipite dans la vallée et court à toute jambe pour passer la rivière. Le Roi fait avancer toutes ces colonnes sur la Loutscheza, fait canonner l'ennemi sur l'autre rive, et prend ses dispositions pour passer la rivière et le ravin par la droite, et attaquer l'ennemi qu'on croyait déjà voir en retraite, lorsqu'un ordre de l'Empereur fit rester en position. L'Empereur, lui-même, arriva un instant après et le Roi prit les ordres de Sa Majesté.

Votre Altesse est arrivée un moment avant qu'on attaqua la dernière position ; elle a pris part à ce mouvement décisif, et, marchant avec les premières troupes, elle a été à même de voir et de juger de tous les mouvements.

Tout le monde a bien fait dans cette journée, ainsi que dans les deux qui l'ont précédée. Les corps ont rivalisé de courage et de dévouement ; le Roi a été très content de la division du général Broussier, qui n'a pas hésité un instant, et qui partout, a chargé et culbuté l'ennemi avec la plus grande bravoure.

L'ennemi doit avoir perdu, dans cette journée, beaucoup de monde ; il a laissé plusieurs morts sur le champ et bon nombre de blessés ; nous avons eu très peu de blessés et encore moins de morts. »

Rapport du Prince Eugène : (AN) :

« Le 27, Votre Majesté ordonna à la cavalerie et au IVe corps de continuer le mouvement sur Vitebsk. Ce jour-là, la 14e division prit la tête. Le général de brigade Bertrand de Sivray fut détaché avec le 18e régiment d'infanterie légère et trois compagnies de voltigeurs : il s'empara d'un village occupé par l'ennemi sur la rive droite et suivit la crête des hauteurs, dont il se rendit maître ; le reste de la division marcha en avant, se forma sur la gauche de la route en présence de l'ennemi, établit son artillerie, fit taire celle qui lui était opposée, et força les Russes à reculer leurs lignes des bords du ravin qu'ils occupaient derrière un pont brûlé.

Le général Broussier, profitant de ce mouvement rétrograde de l'ennemi, passa la rivière avec sa division, forma en avant ses régiments en carré double, par échelon, sous la protection d'un feu très vif de son artillerie ; ce fut là qu'il protégea le ralliement du 16e régiment de chasseurs, ramené dans une charge par des Cosaques de la garde, et qu'il sauva des pièces d'artillerie prêtes à tomber au pouvoir de l'ennemi. Ce fut le carré du 53e régiment, qui se trouvait le plus rapproché, qui, par un feu bien dirigé, dégagea les pièces qui allaient être prises. La cavalerie ennemie essaya plusieurs fois de charger les carrés, mais leur feu et leur contenance lui en imposa toujours.

Je présente à Votre Majesté l'état des pertes que les 13e et 14e divisions ont éprouvées dans ces différents engagements. Une perte bien vivement sentie a été celle du général Roussel. Je demande ses bontés en faveur des officiers et soldats qui se sont le mieux comportés, et j'ai l'honneur de lui proposer quelques avancements dans la Légion d'honneur.

J'implore la bienveillance de Votre Majesté en faveur de la veuve du général Roussel. Je demande une pension pour elle, l'admission de ses enfants aux lycées impériaux et la transmission du titre de baron et de la dotation à son fils aîné. »

Nous n'avons aucun rapport concernant les mouvements de la cavalerie sur la rive gauche.

Sur la rive droite, dès 9 heures, Montbrun rend compte que, d'après les paysans, les Russes faisaient repasser le 26, à 3 heures de l'après-midi, les canons qu'ils avaient sur la rive droite, et que les troupes qui s'y trouvaient étaient également prêtes à suivre ce mouvement.

Montbrun, 9 heures du matin, en route sur Vitebsk (AN) :

« Je m'empresse d'adresser à Votre Altesse copie de la lettre que m'écrit le général Sebastiani, à 8 heures du matin, et dont le contenu est ci-dessous :

« La reconnaissance dirigée sur Vitebsk a rencontré les vedettes ennemies à une lieue de cette ville ; celle dirigée sur Roubino rapporte qu'un gentilhomme a assuré qu'il y avait hier beaucoup d'infanterie et de cavalerie sur la route de Sirotino à Vitebsk, à la hauteur de Roubino, lesquelles se sont toutes portées sur Vitebsk. M.Reiset, capitaine adjoint et chef d'état-major du général Beurman, qui a été en reconnaissance sur Vitebsk, me dit qu'un paysan lui a assuré que l'armée russe a passé en entier sur la rive gauche. On se canonne vigoureusement, ce qui fait croire que ce dernier rapport est vrai, et que nos troupes sont aux prises avec l'ennemi sur la rive gauche.

Huit paysans qu'on m'amène maintenant, et qui sont partis hier à 3 heures après midi de Vitebsk, assurent que, lorsqu'ils ont quitté cette ville, l'ennemi avait fait repasser sur la rive gauche une grande partie du canon qu'il avait sur la rive droite, et que le reste continuait à y passer, que les troupes qui étaient encore sur cette rive étaient prêtes à suivre ce mouvement.

Je marche à Vitebsk pour inquiéter l'ennemi le plus que je pourrai. »

IIe Corps. — Le pont de Polotsk ayant été achevé le 27, le maréchal Oudinot ordonnait à la première division de s'établir entre Zakharina et Iourovitschi ; à la deuxième, de venir de Bezdiédovitschi et de prendre position en avant de Polotsk ; aux cuirassiers, de se placer à Ghmzéléva ; à la 5e brigade de cavalerie, d'occuper Bieloé ; à la 6e brigade, de se rendre à Lozovka ; deux brigades de la troisième division passeraient sur la rive droite et lui serviraient de soutien.

Les reconnaissances poussées la veille à cinq lieues sur les routes de Nevel et de Sebej n'avaient rien trouvé. Toutefois, avant de prendre un parti définitif, le maréchal attendait les rapports de sa gauche.

Oudinot à Berthier, 6 heures du matin, Polotsk (AN) :

« Le pont ayant été terminé dans la nuit, la division du général Legrand achève son passage pour aller prendre position entre Zakharina et Iourovitschi à la tête de bois sur la route de Nevel. La deuxième division, partant ce matin de Bezdiédovitschi, prendra position aujourd'hui en avant de Polotsk, à l'embranchement des routes de Nevel et de Disna ; demain, si rien ne s'y oppose, cette division se portera en avant sur la route de Sebej.

La troisième division des cuirassiers se porte à Ghmzéléva.

La 5e brigade de cavalerie légère a ordre de passer la Dvina à Disna, si, comme je n'en doute pas, le pont est achevé, et de se porter par la rive droite à Bieloé, route de Sebej.

Dans la même supposition, la 6e brigade de cavalerie légère prendra demain position à Lozovka, et deux brigades de la troisième division d'infanterie s'établiront aujourd'hui en avant de Disna, sur la rive droite.

Mes reconnaissances n'ont rien rencontré hier, à une distance de cinq lieues sur les routes de Nevel et de Sebej. Les gens du pays assurent que l'empereur Alexandre s'est rendu à Moscou.

Je fais travailler à la construction d'un second pont qui, je l'espère, sera en état de servir après-demain.

C'est particulièrement ce qui se passe vers Drissa et Dinabourg qui déterminera mes mouvements ultérieurs, et j'attends avec la plus vive impatience les rapports des partis que j'ai envoyés sur ces points, pour en rendre compte à Votre Altesse. »

Dans la journée, le maréchal ayant reçu un rapport où le général Merle signalait la destruction des magasins de Drissa, en concluait que les Russes avaient évacué la Dvina. En conséquence, il se décidait à porter son corps en avant sur la route de Sebej, bien que les habitants lui signalassent de grands rassemblements sur la route de Nevel, et qu'il crût l'ennemi bien plus fort que lui, ce qui était exact.

Pour le 28, la 5e brigade légère irait à Sivochina ; la première division d'infanterie, en avant de Bieloé ; la deuxième à Bieloé ; la troisième division avec la 6e brigade, à Lozovka ; les cuirassiers avec la réserve d'artillerie, en arrière de Bieloé.

Oudinot à Berthier, Polotsk (AN) :

« J'ai l'honneur de remettre ci-joint à Votre Altesse Sérénissime, copie du rapport qui m'a été adressé hier par le général Merle (1) ; il me semble que, de ce rapport, comme de l'incendie des magasins de Drissa, on peut conclure qu'il n'y a plus d'ennemis sur la Dvina. J'attends à tout moment le retour d'un officier d'état-major que j'ai envoyé au duc de Tarente, et d'un parti que j'ai porté sur Dinabourg, pour être en toute sécurité à cet égard.

Au surplus, je ne balance point à marcher dans la direction de Sebej qu'il paraît certain que Wittgenstein a suivie ; quant à ses forces, je crois qu'elles ont toujours été plus considérables que l'Empereur ne les suppose, et elles se sont grossies des bataillons de réserve qui étaient sur la Dvina, et, à ce qu'il paraît, de quelques renforts venus de l'intérieur. Ainsi, à moins qu'il n'ait fait des détachements sur la Grande Armée, je dois supposer les choses comme à peu près égales ; quoi qu'il en soit, si je parviens à le joindre, j'espère qu'il ne m'arrêtera pas.

Je dois faire observer à Votre Altesse que les gens du pays persistent toujours dans l'opinion qu'il se forme une grande réunion de forces à Nevel, et que cette ville touchant à la frontière de la Russie proprement dite, toute la nation se soulèverait si

(1) Voir page 243.

l'armée nous la laissait franchir sans une défense rigoureuse. Je ne doute pas, au surplus, que Sa Majesté ne soit à cet égard beaucoup mieux informée que moi.

Voici, Monseigneur, le mouvement que j'ai ordonné pour demain :

La 5e brigade de cavalerie légère se portera à Sivochina ;

La première division d'infanterie prendra position en avant de Bieloé ;

La deuxième division d'infanterie prendra position à Bieloé ;

La troisième division d'infanterie avec la 6e brigade de cavalerie légère, partant de Disna, prendront position à Lozovka ;

La troisième division de cuirassiers, en arrière de Bieloé, ainsi que la réserve de l'artillerie.

Le 29 et les jours suivants, je poursuivrai ma marche sur Sebej.

Je laisse à Polotsk un de mes faibles bataillons, on y achèvera demain le second pont, et un officier du génie y restera pour faire continuer les ouvrages projetés et la construction de douze fours ; je laisse également à Disna une garnison d'environ 300 hommes que je ne tarderai pas à rappeler mais qui, lors même qu'elle ne servirait qu'à rallier les traîneurs, et diriger les petits convois et détachements isolés, nous sera pendant quelques jours d'une grande utilité.

IIIe Corps. — Le IIIe corps s'arrêtait à Ostrovno ; il était invité à être rendu le 28 à Vitebsk.

VIe Corps. — Le VIe corps n'ayant pas reçu d'ordre de mouvement, se reposait à Ouchatsch.

Gouvion à Berthier, Ouchatsch (AN) :

« N'ayant point reçu d'ordres ultérieurs, le VIe corps est à Ouchatsch depuis deux jours. Le repos qu'il a pris lui a déjà fait infiniment de bien sous tous les rapports.

Au nombre des avantages qu'il lui a procurés, je dois citer l'arrivée de l'artillerie, celle de quelques milliers de rations de pain donnés à Vilna après le départ de la troupe, et qui n'avaient encore pu nous joindre, l'achèvement des fours que nous avons trouvés commencés ici, l'espoir d'y faire, avec le peu de grain qu'on a pu ramasser, autant de pain que le permettra le mauvais état des moulins dont on se sert, et enfin le changement de caractère de cette dyssenterie qui affligeait le corps d'armée, et qui nous présage la diminution de cette maladie.

J'ai été forcé de laisser encore en arrière de Ghloubokoé, pour marcher à petites journées, un bataillon de 500 malades conduit par des officiers. Je l'attends ce soir, on m'annonce d'ici à deux jours l'arrivée d'un petit convoi d'effets, parmi lesquels se trouvent 4.000 paires de souliers qui nous sont si nécessaires, et qui pareront toujours pour le moment aux besoins les plus urgents. Enfin, pour peu que nous restions encore ici, j'espère que nous nous trouverons bien plus en mesure d'exécuter les ordres de Sa Majesté.

On organise en ce moment un petit hôpital où je compte laisser environ 500 hommes des plus malades. »

A 4 heures 1/2 du soir, Gouvion recevait seulement un ordre daté du 25, qui lui prescrivait de se diriger sur Vitebsk. A 6 heures du soir, il ébranlait la tête de son corps d'armée.

Gouvion St-Cyr à Berthier, 4 heures 1/2 du soir (AN) :

« Je suis désolé de penser que je suis à plus de marches de vous que je ne devrais l'être, et je ne puis concevoir comment l'officier qui aura été chargé de m'apporter votre premier ordre à Ouchatsch, aura pu s'égarer sur une grande route.

Je reçois en ce moment, 4 heures du soir, les deux mots que Votre Altesse m'a fait l'honneur de m'adresser d'Ostrovno le 25 juillet.

Avant 5 heures, le VIe corps sera en route, et je vais faire tout ce qui sera possible pour exécuter promptement l'ordre de Votre Altesse. »

Ier Corps. — *Colonne de Grouchy.* — Conformément à l'ordre du 26, à deux heures du matin, Grouchy rend compte qu'il va se porter sur Babinovitschi avec les divisions Chastel et Lahoussaye. Son départ découvrant Orcha, il invite le général Tharreau, dont la tête est entrée le 26 à 7 heures du soir à Kokhanov, à faire occuper cette ville.

Grouchy à Napoléon, 2 heures du matin, Orcha (AN) :

« Votre Majesté à dû recevoir maintenant tous les détails relatifs à l'affaire du prince d'Eckmühl à Mohilev. J'ai eu l'honneur de les faire passer hier de Kokhanov à 1 heure 1/2 du matin. J'ai écrit à mon arrivée ici, hier soir à 7 heures, au prince de Neufchâtel, et je me trouve en mesure de remplir les intentions de Votre Majesté et de me lier avec elle sur Vitebsk.

J'espère rallier dans la journée une partie de la division Chastel et la totalité de la division Lahoussaye, quelque fatiguée que soit une partie de ces troupes qui arrivent de Mohilev, sans pour ainsi dire avoir fait halte ; je ne lui donnerai que deux heures de repos et me porterai de suite sur Babinovitschi.

J'ai écrit au général Tharreau d'envoyer deux ou trois bataillons ici et de la cavalerie légère, car l'ennemi est avec de l'infanterie et de la cavalerie à Doubrovna. Il arrive à tout moment des troupes à Liadouï, et il est probable qu'il se porterait sur Orcha, du moment où je l'aurais quitté.

La tête de colonne du VIIIe corps a parue hier, fort tard, à Kokhanov, et le général Tharreau me mandait, à 7 heures du soir, devoir y attendre avec son corps les ordres du prince d'Eckmühl et ceux du prince Poniatowski ; mais je lui ai récrit de nouveau pour le presser d'envoyer quelques troupes à Orcha ; elles arriveront ici dans la journée.

Il reste à Orcha environ 80.000 rations d'avoine, 120.000 rations d'eau-de-vie et de quoi confectionner 80.000 rations de pain ; mais le cercle est abondamment fourni de denrées, et je suis assuré que l'armée de Votre Majesté pourra y avoir 200 à 300.000 rations de pain, quand les ordres que je laisse, pour réunir le plus possible de vivres, seront exécutés.

P.-S. — Il y a ici un commencement de manutention établie par les Russes, je la fais achever, et laisse l'ordre d'y faire construire des fours. »

Dans la journée, Orcha est occupé par six bataillons ; en outre, le général insiste pour qu'une brigade du VIIIe corps occupe Kopouï et Aleksandréïa. Avec sa cavalerie, Grouchy compte arriver le lendemain de bonne heure à Babinovitschi.

Grouchy à Napoléon, 8 heures du matin, Orcha (AN) :

« J'ai l'honneur de transmettre à Votre Majesté la lettre que je reçois à l'instant du prince d'Eckmühl. Je fais passer en toute hâte celle qu'il m'adresse pour le général Tharreau, et j'insiste pour que ce général fasse occuper, sans le moindre délai, par une de ses brigades, Aleksandréïa et la hauteur en face de Kopouï.

Orcha sera occupé par six bataillons du VIIIe corps dans la journée.

Il n'existe point de ponts sur le Dniéper. J'en ai fait amener et échouer sur la rive droite toutes les barques, mais le fleuve est guéable en une infinité d'endroits. Ma cavalerie file sur Babinovitschi ; nous y serons demain de bonne heure. »

Troupes aux ordres du maréchal Davout. — Dans la matinée, le maréchal voulant se rendre compte par lui-même de la situation sur la rive gauche, en exécute la reconnaissance. Vraisemblablement, le prince Poniatowski n'a pas encore rejoint ; aussi le Ier corps ne pousse-t-il pas son mouvement sur Chklov. Seule, la cavalerie du général Gérard se trouve engagée avec l'ennemi sur ce point ; elle ne peut l'obliger à l'évacuer, preuve qu'elle n'était pas soutenue.

Le VIIIe corps reçoit ordre de venir border le Dniéper; un tiers de ses forces doit être à Orcha ; un tiers entre Chklov et Kopouï ; un tiers à Baranouï. Il est difficile de saisir les motifs qui déterminaient le maréchal à éparpiller ainsi son monde en un long cordon, puisque tous ses ordres nous manquent.

Romeuf à Grouchy, Mohilev (AN) :

« Monsieur le Maréchal a reçu votre lettre du 26 à 5 heures du soir ; comme il était occupé d'une reconnaissance sur la rive gauche du Dniéper il me charge d'avoir l'honneur de vous faire connaître qu'il a aussitôt expédié un officier auprès du général Tharreau, à Kokhânov, pour lui faire porter l'ordre de se mettre de suite en marche et de disposer ses troupes de la manière suivante.

Un tiers de son corps à Orcha, portant des partis sur Rasasna, observant avec soin Doubrowna et se liant avec vous par des postes de cavalerie ;

Un autre tiers à Boranié avec la réserve d'artillerie ;

Le restant occupant Kopouï et Chklov. Toutes ces troupes ont l'ordre d'observer le cours du Dniéper, qui demande d'autant plus de surveillance, que, comme vous l'observez, il est guéable partout dans cette partie. »

Davout au général Tharreau, Mohilev (AG) :

« Ayant été occupé à faire ce matin une reconnaissance sur la rive gauche du Dniéper, pour avoir des nouvelles plus précises sur la marche du prince Bagration, j'ai chargé le général Romeuf, mon chef d'état-major, de vous mander de porter à Orcha le tiers de votre corps d'armée, un autre tiers à Boranié, et de partager le reste de votre troupe entre Chklov et la position qui se trouve à la hauteur de Kopouï. Je désire que ce mouvement soit exécuté le plus promptement possible.

Il est entendu que si l'ennemi se porte sur Orcha, vous y réunirez toutes vos troupes, en laissant entre Orcha et Chklov quelques partis de cavalerie pour observer le cours du Dniéper et conserver communication avec moi.

Faites reconnaître par des officiers intelligents tout le cours de la Loutschésa (?). Il me semble que ce doit être une position défensive ; si elle est marécageuse, comme je le suppose, il faudra porter des troupes sur tous les points de passage et faire faire en avant de petites tranchées. Cent hommes relevés de trois en trois heures, peuvent facilement faire tous ces ouvrages en vingt-quatre heures, et, avec le temps, on ajoute des ouvrages plus importants, si l'on voit que l'ennemi est dans le voisinage.

Faites reconnaître les petites rivières qui se jettent dans le

Dniéper, à la hauteur de Makarovka, Kopouï et Nizovka. Je vous serais très obligé de m'adresser un projet de position derrière ces rivières dans le cas où je serais obligé de m'y porter.

Il faut faire descendre à Chklov tous les bois et nacelles qui se trouvent entre ce point et Orcha, et réunir à Chklov tous les matériaux nécessaires pour y jeter un pont en cas de besoin.

Je vous recommande de faire établir des postes pour observer le cours du Dniéper en leur donnant l'ordre de vous faire de fréquents rapports. Il faut placer ces postes sur les points où l'on découvre le mieux ce qui se passe sur l'autre rive.

Je vous invite à envoyer aux nouvelles à Smolensk, à Doubrovna, Ghorki, Rudza, Rïasna (?)

Mettez-vous aussi, par des postes, toujours en communication avec le général Grouchy.

Le général Grouchy ayant retiré tous les dragons qui étaient entre Orcha et Chklov, il est nécessaire que l'officier de chasseurs envoie sur les bords du Dniéper vingt ou trente hommes pour observer ce point et s'assurer si le pont a été détruit. »

Ayant appris par le général Grouchy le combat d'Ostrovno, le maréchal lui observait que cette action indiquait la présence de forces considérables à Vitebsk. Au contraire, des rapports du général, il résultait que la concentration des Russes était déjà effectuée à Smolensk.

Davout au général Grouchy, Mohilev (AN) :

« J'ai reçu votre lettre du 26 à 5 heures du soir.

L'affaire d'arrière-garde qui a eu lieu à Ostrovno prouverait que les Russes sont en force à Vitebsk, puisque, s'ils avaient porté toutes leurs troupes à Smolensk, ils n'auraient pas laissé en arrière de l'infanterie et de l'artillerie, et qu'en pareille circonstance on ne laisse que des Cosaques et des troupes légères.

Mon chef d'état-major a dû vous faire connaître les ordres donnés au général Tharreau.

Comme vous serez en communication avec le grand quartier général, je vous serais obligé de me donner souvent de vos nouvelles et de me faire connaître les opérations qui s'exécutent de ce côté.

J'attends aujourd'hui le prince Poniatowski. »

Dans la journée, le général Bordesoulle entrait à Biekhov. A 5 heures 1/2 du soir, il rendait compte que, d'après les habitants du pays, l'armée russe se retirait sur Propoisk.

A si petite distance de l'ennemi, on n'avait pu, fait qui se renouvelle toujours en pays ennemi, garder le contact ; on en était réduit à envoyer des émissaires. Il est vrai qu'en Russie ce service était particulièrement facilité par les nombreux Juifs qui y pullulaient.

Bordesoulle à Davout, 5 heures 1/2 du soir, Biekhov (AN):

« Le prince Bagration est parti d'ici le 25, à 10 heures du matin, pour aller à Nov Bouikhov ; l'armée a commencé à se retirer le 24 ; elle a continué son mouvement les 25 et 26. L'avant-garde, composée de deux pulks de Cosaques, commandés par le colonel Bukowof, est passée ici à minuit; ils ont envoyé ici une petite reconnaissance, ce matin à 8 heures ; leurs partis pillent encore en ce moment dans les villages aux environs à une grande lieue de la ville. L'armée a passé le Dniéper le 25 au soir, d'après ce que m'a dit M. Juchnowski, directeur général des biens du prince Sapicha. Il a entendu dire à plusieurs officiers, même au gouverneur, que l'armée allait passer par Propoisk, pour aller sur Smolensk. Ces messieurs ne peuvent l'assurer positivement, mais ils savent que l'armée a pris à gauche en sortant de Nov Bouikhov, et que, par conséquent, elle n'a pu prendre une autre route. Par cette direction, le mouvement qu'a fait Platof en passant le fleuve au-dessous de l'embouchure de la Lokhva, semblerait confirmer la marche sur Propoisk. Tous les malades et blessés ont été dirigés sur Retschitsa, pour être de là transportés sur Tschélschersk.

Un médecin qui se trouve ici au nombre des prisonniers, revenu hier au soir de Nov Bouikhov, me dit avoir ouï dire que l'armée se portait sur Tschétschersk; c'est à des officiers particuliers à qui ils l'ont entendu dire, ce qui ne s'accorderait cependant guère avec le mouvement de Platof. Comme les Cosaques ne laissent passer personne, j'ai envoyé des émissaires, l'un juif et l'autre paysan, par la rive gauche du Dniéper sur la route de Nov Bouikhov à Propoisk, à l'insu l'un de l'autre, pour savoir s'ils suivent cette route.

Nous avons fait ici treize prisonniers russes qui étaient égarés. Il existe aussi prisonniers, à l'hôpital : 1 capitaine et 78 soldats ainsi qu'un chirurgien major, dont l'état est ci-joint. J'aurai l'honneur d'en adresser par ma première l'état nominatif.

On me dit que l'armée est très belle, et qu'elle espère trouver un terrain où elle pourra se mettre en ligne contre nous; elle n'a point de magasins à sa suite, mais elle vit de la même manière que nous et ne souffre pas.

Deux juifs qui arrivent de Nov Bouikhov, et qui en sont partis à 3 heures après midi, ont vu passer les deux régiments de Cosaques sur la rive gauche; il ne reste plus que des piquets sur cette rive, qui ravagent le pays, ils en ont rencontré un à deux milles d'ici, qui, après les avoir arrêtés pendant quelque temps, leur a dit :

« Allez à Bouikhov, vous y trouverez déjà les Français »; ce qui prouve qu'ils sont très bien instruits de nos mouvements.

Lorsque Siewers a marché sur Mohilev, il savait, par le gouverneur, qu'il n'était arrivé devant cette ville que deux bataillons et huit cents chevaux sans canon. Il croyait l'armée encore à deux jours de marche.

Il y a eu ici, à l'hôpital, 79 hommes blessés du 3e régiment de chasseurs, les 8 officiers et le colonel, qui a deux blessures dans le côté droit et une sur la poitrine. Il en avait six autres légères; je le tiens du médecin de la ville qui l'a pansé.

Les juifs de Nov Bouikhov ont dit aux deux qui en sont partis à 3 heures, que les dragons et cuirassiers s'étaient portés du côté de Mohilev, ce qui annoncait la marche sur Propoisk. On n'a laissé ici aucun magasin d'aucune espèce, on a déposé seulement en magasin cent sacs de farine pour les hommes aux hôpitaux, et pour l'arrière-garde qui n'en a pas pris.

Je commande des vivres dans tout le pays pour le passage de l'armée; je prendrai des mesures pour enlever tout ce que je pourrai avoir.

Je puis aussi ramener quelques bestiaux, si Votre Excellence le désire.

L'ennemi a laissé 4 à 500 hommes dans Bobrouisk.

Les habitants juifs et autres paraissent très portés pour les Français ; les paysans se révoltent contre leurs seigneurs en disant que les Français étaient là, qu'ils n'étaient plus esclaves ; plusieurs propriétaires sont déjà venus me demander des secours, je les ai donnés, en faisant dire aux paysans que l'Empereur venaient les tirer de l'esclavage, mais non les rendre indépendants de leurs seigneurs auxquels ils devaient toujours obéir. C'est cette classe qui se montre la plus zélée pour nous et qui s'armerait, si on voulait l'insurger.

Je vais m'établir en arrière du ruisseau marécageux qui coupe la route avant d'arriver à St-Biekhov, où j'attendrai les ordres de Votre Excellence et le rapport des émissaires que j'ai envoyés pour connaître la marche de l'armée russe, qui, je crois, se porte sur Propoisk.

On me ramène de plus cinq prisonniers.

Les blessés russes qui se trouvent ici, y sont en trop grand nombre pour être transportés. »

Ve Corps. — Le Ve corps était attendu dans la journée à Mohilev ; peut-être son avant-garde y entrait-elle.

4e Corps de cavalerie. — Le 4e corps de cavalerie reste sur ses positions ; ses patrouilles sur Mozouir et Petricovo ne lui signalent aucun ennemi ; les reconnaissances sur Bobrouisk et Paritschi ne rencontrent pas non plus les Russes, preuve certaine que le prince Bagration ne revenait pas sur Bobrouisk.

La liaison n'est pas encore établie avec le Ve corps, bien que Latour-Maubourg sache qu'il doit passer à Iakchitsouï le 25.

Latour-Maubourg à Berthier, Ghlousk (AN) :

« Malgré tout ce que j'ai pu faire hier pour communiquer avec la cavalerie du Ve corps, je n'ai pu y parvenir, quoique j'aie envoyé à Lapitschi et au delà de Khalouï ; cependant, le Ve corps a dû arriver le 25 à Iakchitsouï.

J'espère que la communication entre ce corps et moi sera établie aujourd'hui. Mes reconnaissances d'hier, qui ont descendu la Plitsch dans la direction de Mozouir et de Petricovo, n'ont rien rapporté de nouveau ; celles sur Bobrouisk, ne m'ont donné d'autres renseignements que ceux que j'ai eu l'honneur d'adresser à Votre Altesse. Les hommes envoyés à Bobrouisk, pour savoir ce qui s'y passe, paraissent avoir été retenus.

J'ai dans ce moment-ci des reconnaissances jusqu'à Paritschi, et celles sur Bobrouisk doivent aller jusque sous le canon de la ville.

J'ai l'honneur d'adresser à Votre Altesse l'emplacement de mes troupes aujourd'hui 27;

La 28e brigade de cavalerie légère au pont de Borisovchtchizna, ayant un régiment à Ghodorok, on doit envoyer des partis jusqu'au delà de Svislotsch ;

La 29e brigade à Viltscha, ayant un régiment à Ghorbatschévitschi, un escadron à Broja ;

La 7e division de grosse cavalerie est repartie en avant et en arrière de Ghlousk, ainsi que le 17e régiment d'infanterie ;

Le bataillon de voltigeurs est reparti avec les deux brigades de cavalerie légère.

On m'assure que le corps du prince de Schwarzenberg n'est pas très éloigné ; aussitôt que j'en aurai la certitude, et que les directions de Mozouir seront observées et gardées, je compte me rapprocher de Bobrouisk, et manœuvrer entre Ghorodok et Svislotsch, autant pour me joindre au Ve corps que pour le couvrir, soit qu'il fasse ou non des mouvements. N'ayant pas encore communiqué avec le Ve corps, je prends le parti d'envoyer un officier en poste porter mes dépêches à Votre Altesse Sérénissime.

VIIe Corps. — De grand matin, le général Klengel avait connaissance du danger qu'il courrait ; sur la route de Brest et sur celle de Divin, ses patrouilles lui signalaient des colonnes importantes. Il aurait été possible à la brigade saxonne de se replier sur Proujanouï; mais ayant reçu ordre de tenir cette ville jusqu'au 28 (1), le général Klengel se décidait à s'y maintenir; deux compagnies envoyées vers Proujanouï devaient tenter de maintenir la route ouverte.

Nous avons vu plus haut le sort de cette brigade ; à midi, cernée de toute part, elle devait capituler.

Klengel au colonel de Langenau, Kobrin (AG) :

« Les patrouilles que j'avais envoyées pendant la nuit, retournent dans ce moment et rapportent que l'ennemi occupe encore son ancienne position. Des patrouilles très considérables se sont fait voir hier après-midi à mes avant-postes du côté de Ploski, cependant aucun engagement n'a eu lieu.

Je ne doute pas d'être attaqué aujourd'hui ; toutes les mesures nécessaires sont prises de mon côté ; mais il m'a été presque impossible d'avoir des nouvelles certaines sur la force et la position de l'ennemi. J'espère avoir des renseignements plus sûrs par mes espions qui devront retourner aujourd'hui.

Je n'ai pu faire de fortes reconnaissances, comme j'aurai voulu, pour ne pas me donner un démenti sur le très petit nombre de combattants qui sont à ma disposition.

Plusieurs patrouilles que j'avais envoyées sur la route de Brest, ont de même rapporté que l'ennemi se trouvait encore dans son ancienne position. Il m'a donc été imposible de pousser plus avant le régiment du Roi.

Deux compagnies que j'ai détachées du régiment de Niesemeuchel, sont parties hier soir pour Proujanouï. J'ai ordonné au commandant de ces compagnies de surveiller la route de Proujanouï à Brest, de se défendre autant qu'il sera possible, et de couvrir en cas de retraite, celle du convoi d'équipage et de la caisse de guerre. Il me sera imposible d'envoyer le moindre renfort à ces compagnies, si elles devaient en avoir besoin, étant éloigné de douze lieues d'elles.

J'ai communiqué les ordres reçus au commandant des équipages, pour ce qui le regarde.

Vu qu'il y a déjà de la cavalerie ennemie sur la route de Brest, je

(1) Cet ordre est aussi donné dans les campagnes des Saxons : « Tenir jusqu'au 28 Kobrin dans tous les cas ; diriger son attention sur la route de Brest ; occuper de nouveau cette ville ; entretenir la liaison avec Antopol ; entreprendre de fortes reconnaissances sur l'ennemi, sans cependant exposer les troupes et, enfin envoyer un régiment, ou au moins la moitié, vers Proujanouï, pour couvrir la caisse de guerre qui s'y trouve ». Page 27.

suppose que la communication avec Proujanouï deviendra assez difficile.

Je ne dois pas vous taire que le général Zechmeister, lorsque je vins le relever de son poste, ne savait absolument rien de l'approche et de la marche des ennemis.

P.-L. — J'apprends dans ce moment qu'une très forte colonne de cavalerie ennemie se fait voir sur la route de Brest ».

Le 28, le général Klengel adressait le rapport de cette affaire au général Reynier,

Klengel à Reynier, Kobrin (AG) :

« A 6 heures du matin, des colonnes ennemies furent remarquées du côté de Brest. Les hulans marchèrent à leur rencontre et peu après le combat s'engagea. Le premier escadron fut canonné à mitrailles. Il fit plusieurs attaques heureuses, pendant lesquelles plusieurs officiers furent blessés. La cavalerie ennemi se multiplia considérablement, et de fortes colonnes ennemies se firent voir sur mon flanc gauche. Ma cavalerie fut donc obligée de se retirer jusqu'à la ville et le feu de canon commença.

Il me restait encore deux chemins pour opérer ma retraite, celui de Proujanouï et celui de Antopol. Cependant, ayant conçu les ordres reçus, comme quoi je devais tâcher de tenir le poste de Kobrin, je résolus de rester. Bientôt une forte cavalerie passa le gué, et le feu fut mis à la partie de la ville située à la rive droite de la Moukhavets.

De cette manière, la ville était presque entièrement cernée à 8 heures, et il ne me resta que la défense la plus opiâtre jusqu'à ce que du renfort pouvait arriver. Toutes les sorties furent longtemps défendues quoique le feu mis à la ville rendait la défense fort pénible. Le reste de ma cavalerie essaya de se faire jour et passa le pont, pour gagner le chemin de Proujanouï ; mais à peine eut-elle passé le faubourg, que douze escadrons ennemis entourèrent ce peu de troupes et les obligèrent de rentrer dans la ville, le combat devint toujours plus sanglant, toute la ville était en flammes. Je défendais, avec la plus grande partie de l'infanterie, une ancienne redoute située dans la ville, le pont et le couvent. A une heure et demie, toutes les cartouches étaient tirées, la redoute fut prise et je fus obligé de me rendre avec le reste de mes troupes après une défense de six heures.

Deux compagnies du régiment de Niesemeuchel sont parties la veille pour Proujanouï ; j'ignore ce qu'elles sont devenues.

Lorsque la brigade fut attaquée, il y avait présent sous les armes :

Du régiment du Roi..	960 hommes
Id. de Niesemeuchel..	685 »
Artillerie et train....	100 »
Hulans..............	840 »
Total.......	1.985 hommes

Dont 1.100 ont été faits prisonniers de guerre; huit canons et quatre drapeaux sont également tombés aux mains de l'ennem i.

Quoique les résultats de cette affaire ne pouvaient être que fâcheux, vu la grande supériorité de l'ennemi, chaque arme s'est sérieusement bien battue, et a donné des preuves de grande valeur. J'aurai pu me défendre plus longtemps si la poudre n'avait pas été tirée.

Je ne peux vous transmettre dans ce moment la liste des officiers blessés et tués.

MM. les généraux Tormassof, Kamensky, Lambert, Siéwers, Knorring, ont unanimement rendu justice à la bravoure des troupes saxonnes, et M. le général en chef Tormassof a rendu lui-même les épées à tous les officiers ».

Le gros du corps se portait de grand matin sur Antopol ; la cavalerie restant vers Droghistchin, afin de surveiller ce qui venait de la Pina. Le général Reynier y entrait à 9 heures. Le bruit du canon s'étant fait entendre dès 6 heures 1/2 la marche continuait par Horodets où la tête arrivait à 1 heure. Les troupes étant éreintées, le général les laissait reposer, bien que le bruit de la canonnade continuât à retentir vers Kobrin.

Appréciant du premier coup la difficulté de sa position, il en faisait part au prince de Schwarzenberg, et l'invitait à venir à son secours. A son avis, les généraux Tormassof et Kamenski marchant sur Kobrin, menaçaient le Grand-Duché et coupaient les communications avec Varsovie.

Dès lors, avec le VIIe corps il allait chercher la jonction vers Proujanouï.

Reynier au prince de Schwarzenberg, Antopol, 9 heures du matin (AN et AG) :

« Ayant reçu de nouveaux rapports de Kobrin, qui confirmaient ceux qui m'avaient été envoyés après l'interrogatoire des prisonniers faits dans la mêlée de Brest, sur les régiments qui ont marché sur Brest, et l'annonce que des troupes se rapprochaient par Divin, et ayant aussi eu des nouvelles de l'escadron qui s'est maintenu à Pinsk et avec lequel on s'est mis en communication ; j'ai renoncé au projet que j'avais de marcher d'abord sur les troupes qui étaient sur la route de Lïoubachévo, ce qui m'aurait éloigné de deux marches de Kobrin. J'ai dirigé hier ma marche sur Droghitschin et ce matin sur Antopol.

Les rapports de Kobrin ont annoncé que les ennemis se présentaient sur la route de Divin, que Brest était toujours occupé par beaucoup de cavalerie, et qu'on avait rappelé à Kobrin le régiment qui était en marche pour Brest. En route, j'ai entendu le canon tirer à Kobrin, et on l'entend à peu près depuis une heure ; mais je n'ai aucun rapport de Kobrin, et il paraît que la route directe est interceptée par l'ennemi. Un officier que j'ai envoyé jusqu'à Horodets, où il y a un poste de cavalerie détaché de Kobrin, m'a annoncé qu'une colonne marchait par Bolda.

Les habitants annoncent que le général Kamenski marche par Divin sur Brest, que le général Lambert est à Brest avec plusieurs régiments de cavalerie. On a vu hier soir aussi plus de troupes vers Koselice auprès de la Pina. On m'a dit que le général Tormassof était, il y a quelques jours, à Kolki, ce qui serait la route de Lïoubachévo. C'est le général Milowiez qui commande à Koselice sur la Pina.

Je vais marcher aussitôt que mes troupes seront arrivées et reposées, au secours de la brigade qui combat à Kobrin. Si je ne puis repousser ce qui attaque cette brigade et vois que l'ennemi soit trop nombreux, et qu'il s'avance aussi sur Brest et Lïoubachévo, je ne pourrai peut-être pas gagner par Proujanouï les bords du Bug pour aller au secours de Varsovie, où peut-être je suis déjà prévenu par l'ennemi ; alors je devrai me rapprocher de vous par Roujana et Slonim ; parce que je pense que vous arrêterez votre mouvement, et que, d'après les instructions du Major général, et sa lettre qui dit que Votre Altesse doit juger pour le commencer ou le continuer, si le Grand-Duché est imminemment menacé, et c'est bien le cas, si Kamenski et Tormassof marchent sur moi.

Ayant peu de cavalerie, je ne peux avoir des renseignements et des communications promptes. J'ai un régiment à Kobrin, les deux autres étaient à Janovo, ils vont arriver sûrement à Droghitschin, et doivent observer les troupes qui viendraient au pont sur la Pina à ma suite. Ainsi je n'ai pas de réserve de cavalerie pour aller promptement au secours de la brigade qui est à Kobrin.

J'enverrai ce soir un autre officier pour vous prévenir des résultats de cette journée, et si je dois me replier vers le corps de Votre Altesse, afin que réunis nous puissions battre les ennemis qui s'avancent sur moi et renouer nos communications avec Varsovie.

P.-S. — Un officier qui m'a été envoyé de Kobrin au commencement de l'attaque, m'annonce que c'est une forte colonne qui arrive par la route de Brest; mais qu'on voit arriver d'autres colonnes par la route de Divin et par Bolota ».

A une heure, Reynier devait avoir reçu la dépêche du général Klengel du matin.

Il mandait au duc de Bassano que, d'après le rapport d'un officier venu de Kobrin, 8.000 Russes arrivaient par la route de Brest, et une plus forte colonne par celle de Divin. D'après plusieurs renseignements, le corps de Kamenski était passé par Brest ; Tormassof avec la 9e division était devant Kobrin ; on ignorait la position de la 15e division.

Reynier au duc de Bassano, Antopol (AN) : 1 heure de l'après-midi,

« Le courrier que Votre Excellence m'a envoyé, vient de me remettre les lettres du 24.

Etant dans ce moment très occupé à prendre des renseignements sur les routes que je peux prendre pour aller au secours de la brigade qui est attaquée à Kobrin et sur le chemin que je pourrais suivre, si je suis obligé de me retirer ; je vous envoie copie de mes rapports d'hier et d'avant-hier et de la lettre que j'écris au prince Schwarzenberg, pour l'engager à s'arrêter et s'il est à (illisible) à revenir au-devant de moi, ce qui sera long, car nous sommes à huit ou neuf marches l'un de l'autre.

Les renseignements que Votre Excellence avaient sur les troupes restées en Volhynie, ne sont pas exacts. Le général Kamenski a sous ses ordres à peu près 14.000 hommes ; la division de cavalerie du général Lambert est avec lui, c'est celle qui a marché à Brest ; le général Tormassof avait en outre deux divisions ; la 9e est du nombre ; on n'a pas de nouvelles de la 15e qui est celle du général Markof.

Si le général Tormassof était il y a quelques jours à Kolki, et s'avance par Lïoubachévo, j'aurai beaucoup de peine à me retirer pour rejoindre le prince de Schwarzenberg.

Je prie Votre Excellence de communiquer cette lettre et les rapports au Major général, à qui j'ai adressé hier des rapports qui retarderaient trop le départ du courrier, si je lui écrivais, et je dois continuer ma marche aussitôt que mon infanterie aura achevé une halte pour se réunir. Le canon continue toujours à se faire entendre ; un officier qui vient d'arriver de Kobrin, envoyé par le général Klengel au commencement de l'attaque, dit que, d'après les rapports, ils sont attaqués par 8.000 hommes qui viennent de Brest, et qu'on voit arriver une plus forte colonne par le chemin de Divin et une autre par Bolota ».

Tandis que les troupes se reposaient, Reynier portait une reconnaissance sur Kobrin ; celle-ci tombait sur un corps d'infanterie considérable et ne rapportait aucun renseignement.

Craignant de voir déboucher sur son flanc l'ennemi par les routes de Divin et de Bolota, Reynier se décidait alors à se porter sur Illosk pendant la nuit.

Rapport du VIIe corps, (AN) :

Le corps se met en marche au point du jour pour aller à Antopol ; la cavalerie légère vient à Droghistchin avec l'escadron qui avait été détaché à Pinsk. Des lettres envoyées de Kobrin arrivent de grand matin. Le général Klengel écrit que les reconnaissances envoyées sur Brest, ont été au-delà de Boulkov, et ont vu, entre Boulkov et Brest, des avant-postes de cavalerie russe ; celles sur le chemin de Divin ont aussi rencontré des reconnaissances ennemies, mais qu'elles n'ont pu obtenir de renseignements sur les projets et la marche des ennemis. Il dit qu'il envoie ses équipages à Lueztik, sur le chemin de Kartouzka Bériouza, qu'il a fait partir deux compagnies de Proujanouï et envoyé éclairer de Brest à Proujanouï.

A 6 heures 1/2 du matin, on commence à entendre une forte canonnade dans la direction de Kobrin, elle continue jusqu'à midi ; le feu augmente et l'on entend des feux de bataillons, ensuite le feu cesse tout à fait. La tête des troupes arriva à une heure après-midi à Horodets ; elles étaient très fatiguées d'une marche de sept lieues, et se trouvaient encore à cinq lieues de Kobrin.

La cessation du feu prouvait que l'affaire était décidée. Pour aller directement de Horodets à Kobrin, il faut passer le canal royal à Horodets et le laisser sur la droite ainsi que la Mouhkavets, formant une ligne de marais impraticables, tandis que sur la gauche les ennemis avaient deux chemins pour arriver de Divin et Bolota à Horodets, et couper la retraite. On ne pouvait hasarder cette marche, la cavalerie étant encore en arrière, sans savoir si elle était encore utile, et avoir plus de renseignements ; on fit partir une reconnaissance sur Kobrin, pendant que les troupes se reposaient.

Cette reconnaissance trouva à Salezie, à deux lieues de Kobrin, des postes de Cosaques qu'elle fit un peu replier, et ensuite vint sur un corps d'infanterie et de cavalerie ; cette reconnaissance fut poursuivie et rentra à Horodets, sans avoir rien aperçu, ni rien appris sur les troupes qui s'étaient battues à Kobrin.

Le corps partit à la nuit pour aller à Illosk, près Lucztik (?) où on envoya de suite pour voir si les troupes s'y étaient retirées de Kobrin, ou avaient conservé leur position, et d'où on pouvait ensuite marcher par les chemins qui conduisent d'Illosk à Kobrin, Proujanouï ou Kartouzka Bériouza.

Xe Corps. — Dans la journée, le général de Grawert opéra lui-même la reconnaissance de la portion de terrain située au confluent de la Missa et de l'Eckau, et y fit construire deux têtes de ponts, l'une à Sillgraos à gauche de la Missa; l'autre à droite, non loin de la Krug an halt.

Ainsi que nous l'avons vu, à la suite de prélèvement, le détachement du général Yorck avait été réduit à deux bataillons.

En conséquence, le général Yorck s'adressait au Maréchal pour rejoindre le gros des troupes prussiennes.

Yorck à Macdonald, Mémel (AG) :

« Je viens de recevoir l'ordre du général Grawert de faire partir encore deux bataillons et deux canons pour Schrunden, à moitié chemin d'ici à Mittau. Je reste donc ici avec deux bataillons. Lorsque j'ai pris le commandement des huit bataillons que Votre Excellence détacha pour Mémel, j'ai cru qu'un détachement de cette force me mettrait bientôt au prise avec l'ennemi, et je ne désire que d'être actif. La diminution de ce détachement me met presque hors d'activité. J'ai déjà eu la douleur de me voir éloigné de l'affaire d'Eckau ; Je serai au désespoir de manquer encore à d'autres actions. Je vous supplie donc, Monseigneur, de me faire rejoindre moi-même au plus tôt possible, le gros du corps de mes troupes.

Mon ancienneté et la destination, que le Roi mon maître m'a donné comme général en second, rendront ma très humble demande encore plus juste aux yeux de Votre Excellence, et je la réitère d'autant plus assidûment que j'espère l'accomplissement des hautes bontés de Votre Excellence ».

Les convois pour Friedrichstadt ayant manqué, l'intendant général prussien crut devoir s'en excuser dans la lettre suivante.

Ribbentrop à Macdonald, Mittau (AG):

« J'ai eu l'honneur de mander à Votre Excellence sous la date du 21 juillet, les dispositions que j'ai prises, pour pourvoir aux besoins de la 7e division.

En suite de ces dispositions, le premier envoi de voitures du train prussien, chargé de vivres et de farine, est parti de Bauske pour Friedrichstadt ; mais y étant presque arrivé, il fut averti par un officier polonais qu'il ne s'y trouvait point de troupes prussiennes. Cela le décida de retourner et d'aller à Mittau, où il vient d'arriver.

Cette circonstance m'est très désagréable, et pour y redresser, autant qu'il est possible, j'ordonne à une colonne du parc prussien de partir de suite pour Bauske, d'y prendre une charge de pain, dont la 7e division manquera certaiment, et d'aller à Friedrichstadt ; un employé y va partir de même pour recevoir la charge et la délivrer au commissaire des guerres Desnoyers.

Votre Excellence m'a daigné donner la connaissance de la prise d'un magasin ennemi, où l'on a trouvé une quantité de farine de 1.000 sacs. La 7e division a de cette manière une provision suffisante de farine, et c'est ce qui me motive de n'en envoyer point.

J'ai demandé au commissaire des guerres Desnoyers connaissance de tous les besoins de la 7e division, je l'attends, et emploierai tous mes soins de l'en pourvoir ».

28 JUILLET

Ordres donnés par l'Empereur.

Le 28 au matin, l'armée française se trouvait dans une étrange situation ; l'armée russe, dans la nuit, avait disparu sans laisser de trace.

« L'évacuation entière de la position qu'avait occupée l'armée russe, et où il ne restait pas une patrouille, un poste ou une vedette, et l'absence de tous les paysans qui s'étaient enfuis ou avaient été chassés de leurs villages, occasionna d'abord quelque incertitude sur la direction qu'avait prise Barclay de Tolly. »

Ce fait est constaté par tous les historiens ; le seul ordre donné par l'état-major français, qui ait été conservé pour cette journée, l'avoue complètement.

Berthier à Grouchy, Vitebsk (AG) :

« M. le général Grouchy, nous sommes entrés ce matin à Vitebsk, que l'ennemi a évacué. On croit qu'il se retire sur Smolensk. Dans cette situation de chose, l'Empereur vous laisse le maître de faire ce que vous jugerez plus convenable au bien dû service, suivant les circonstances. Ayez soin de me faire connaître ce que vous vous serez décidé à faire. »

Ne possédant pas les ordres de l'Empereur pour cette journée, nous indiquons les mouvements de l'armée d'après Vaudoncourt (1).

« Le IIIe corps se dirigea sur Biélévo, pour prendre la route Falkovitschi, Lïozna, Roudnïa.

Le IVe corps, la garde et Murat avec les corps de Montbrun et de Nansouty marchèrent sur Vitebsk. De là, Murat, avec la cavalerie, se porta sur la route de Souraj.

Le IVe corps s'engagea d'abord à la suite du IIIe sur la route de

(1) Vaudoucourt, page 114.

Roudnïa; ayant reçu contre-ordre à Teclowa, il se rabattit à gauche, traversa le gros ruisseau qui vient de Skouratovo et rejoignit près de Iurkowiszna la route de Souraj. L'Empereur apprenant que Murat avait rencontré quelques Cosaques, se rendit à l'avant-garde et passa la nuit en avant de Knejino.

Les divisions du Ier corps marchèrent sur la route de Babinovitschi (1). »

Le général Vaudoncourt a certainement commis une erreur dans la position de la cavalerie. La cavalerie de Sebastiani précédait le IIIe corps sur la route de Falkovitschi.

Mouvements de l'armée.

Cavalerie de Murat. — Dans la soirée, Murat arrêtait sa cavalerie à l'embranchement des routes de Souraj et de Ianovitschi, à Aghaponovchtchina. Autant que l'on en peut juger par les rapports, la division Bruyère avait poussé la brigade Roussel sur la route de Ianovitschi; la brigade Piré sur celle de Souraj.

Sur la route de Ianovitschi, les reconnaissances de Roussel étaient arrêtées à trois quart de lieue; elles se bornaient à rendre compte qu'elles avaient rencontré l'ennemi.

Roussel à Bruyère (AN):

« J'ai l'honneur de vous rendre compte que la reconnaissance envoyée sur Ianovitschi a trouvé l'ennemi posté sur la chaussée, à trois quart de lieue d'ici, à la même place où il était hier, que je fus moi-même reconnaître. Le sous-officier qui a été envoyé est un homme sûr et intelligent; il dit avoir vu autour de trois feux l'ennemi, dont il s'est approché en se glissant dans le bois.

Les reconnaissances envoyées sur Souraj ne sont pas encore rentrées. »

D'après les habitants, peu de monde aurait passé sur la route de Souraj; le gros de l'armée russe se retirait sur la route de Ianovitschi.

Piré à Bruyère, bivouac d'Aghaponovchtchina, 10 heures du soir (AN):

« L'ennemi a encore en ce moment un poste de Cosaques au premier village en vue du bivouac sur la route de Souraj; on ne peut donc, en ce moment, envoyer aucune reconnaissance sur ce point,

(1) Vaudoncourt, page 115.

à moins d'attaquer ; mais on a appris, par les habitants du pays, qu'il était passé très peu de troupes sur la route de Souraj, et que la plus grande partie de l'armée russe s'était retirée disait-on sur Smolensk, en passant par Ianovitschi.

On espère avoir, dans quelques instants, un habitant du pays en état de donner des renseignements ; on l'enverra de suite au quartier général de la division.

Sur la route de Roudnïa, nous trouvons la division Sebastiani. Ses renseignements se bornent à annoncer que de grandes forces, ont passé sur la route de Falkovitschi, entre autre la garde : les rapports s'accordent tous pour indiquer la concentration de l'armée russe, comme s'opérant sur Smolensk.

Sebastiani à Berthier, En avant de Falkovitschi (AN) :

« Plusieurs habibants m'ont assuré que des troupes d'infanterie de cavalerie et beaucoup d'artillerie ont passé hier à Falkovitschi, se rendant à Roudnïa. Ces troupes ont commencé à passer à quatre heure du matin, et ont continué à défiler jusqu'à sept heures du soir.

Il n'a passé aujourd'hui que quelques détachements de cavalerie. Une colonne nombreuse a parcouru, hier et aujourd'hui, la petite route de Vitebsk à Janovitschi qui passe à la gauche et à trois quarts de lieue de Falkovitschi. Un hulan russe que nous venons de prendre, avait été envoyé ce matin à 8 heures en ordonnance par le général Emé, qui se trouvait dans un village à dix verstes de Vitebsk avec six régiments d'infanterie et deux régiments de cavalerie au général Korf, que ce hulan a laissé, aujourd'hui à une heure, en position avec 15.000 hommes, presque tous de la garde, au village de Koralovo; ce village est à trois lieues de Falkovitschi, sur la route de Roudnïa.

Le hulan russe ne connaît pas le nom du village où se trouvait ce matin le général Emé, ni la route laquelle il marche ; mais il m'assure qu'il se rend en toute hâte à Smolensk. Il paraît que c'est sur ce point que l'ennemi dirige une grande partie de ses forces pour opérer sa jonction avec Bagration. Le régiment des chevaliers-gardes, hulans de la garde, hussards de la garde et infanterie de la garde, Ismaïlof, Preobrajenski, Semenof, sont au nombre des troupes du général Korf. »

Le même rapport était adressé à Ney.

Sebastiani à Ney : (AN) :

« Le général Korf était aujourd'hui à une heure après midi à Koralovo, qui est à une lieue et demie de Falkovitschi, sur la route de Lïozna. Tout cela s'accorde parfaitement avec les rapports d'une quinzaine de prisonniers que je viens de faire dans un bois. L'ennemi se rend à Smolensk par toutes les routes. »

En résumé, avec près de 30.000 de cavalerie, on avait tellement perdu le contact avec l'armée russe, qu'on en était réduit à des suppositions relativement aux directions sur lesquelles elle se retirait.

IIIe Corps. — Le IIIe corps s'arrêtait à Falkovitschi, d'où le maréchal Ney adressait le rapport suivant à l'Empereur.

Ney à Berthier, 10 heures du soir, Falkovitschi (AN) :

« J'ai l'honneur de mettre sous les yeux de Votre Altesse Sérénissime, extrait du rapport que je reçois du général Sébastiani :

« Les 9e et 14e brigades de cavalerie légère arrivent à l'instant ; je les ai placées pour aujourd'hui au camp de l'infanterie ; elles seront mises demain à la disposition du général Sebastiani.

La 14e brigade a eu, le 26 de ce mois, sur la rive droite de la Dvina, une affaire très honorable qui a coûté à l'ennemi 180 hommes. Le général Montbrun se loue particulièrement du général Beurmann et du colonel Boulnoir du 4e régiment de chasseurs. »

IIe Corps. - Le IIe corps s'avançait sur la route de Sebej ; la 5e brigade de cavalerie légère et un bataillon prirent position en avant de Sivochina ; les première et deuxième divisions campèrent entre Biéloé et Sivochina ; la troisième division, partie de Disna, s'avança jusqu'à Lozovka ; la 6e brigade de cavalerie couvrait la marche de cette division. Dans sa marche en avant, elle fut attaquée par 1.400 à 1.500 chevaux, le 8e régiment de chevau-légers eut à y supporter une perte de 80 chevaux. Sur la route de Sebej, la brigade du général Castex rencontra deux escadrons des dragons de Riga.

VIe Corps. — Le VIe corps était parti d'Ouchatsch le 27 à six heures du soir ; vu son mauvais état, seule, la tête arrivait à parcourir quatre lieues. Dans la journée du 28, le VIe corps atteignait Botschéikovo.

Ses pertes avaient eté effrayantes ; la division de Wrede laissait dans cette journée 465 hommes en route.

Gouvion Saint-Cyr, Voropojischisna (?) (AN) :

« Hier, à 4 heures 1/2 du soir, je reçus de Son Altesse le Major général, l'ordre de faire marcher le VIe corps sur Ostrovno. L'adresse dont il était revêtu, me fait supposer qu'un premier ordre m'aura été expédié pour partir d'Ouchatsch, où le corps d'armée a séjourné un jour et les deux tiers d'un autre, et que l'officier porteur de la dépêche se sera égaré ; au moment où j'écris, il n'est point encore paru.

Une heure après la réception de l'ordre du Prince major général, le VIe corps est parti d'Ouchatsch. Le repos qu'il venait d'y prendre me faisait espérer qu'il pourrait encore faire au moins quatre lieues ; mais les têtes de colonne seulement sont arrivées à leur position. Une partie du reste rejoint peu à peu.

Aujourd'hui le VIe corps a continué sa marche et se trouve placé à un petit mille en arrière de Botschéikovo ; demain, je le porterai autant en avant que je pourrai.

J'ai la douleur d'apprendre à Votre Altesse que les maladies affligent toujours le corps d'armée de plus en plus. La 20e division, qui a eu l'honneur, à Vilna, de défiler devant Sa Majesté, forte de 10.000 combattants, est réduite aujourd'hui à 6.000.

La 19e division a éprouvé de plus fortes pertes encore. Il résulte d'un rapport que je reçois en ce moment du général comte de Wrede, que sa division a laissé dans la marche de ce jour 465 hommes en arrière, et que ces hommes sont attaqués d'une hémorrhagie, par suite de laquelle ils deviennent hors d'état de marcher. J'ai été forcé de laisser encore à Ouchatsch 1.075 malades; mais ce qui pourra arriver n'en brûle pas moins de faire preuve de dévouement à Sa Majesté l'Empereur et Roi. »

Ier Corps. — *Colonne de Grouchy.* — Grouchy arrivait à Babinovitschi avec la plus grande partie de son corps ; le reste (une partie de la division Chastel) devait rejoindre le lendemain. L'occupation de ce point avait eu lieu sans difficulté ; on n'y avait trouvé que quelques Cosaques ; les postes russes étaient plus au nord, vers Dobrino.

Afin d'avoir des ordres, Grouchy tentait de se lier vers Obol avec la brigade Guyon ; au cas où le lendemain il entendrait le canon, il se porterait sur la route de Vitebsk. Quoique à petite distance de la colonne gauche russe qui se repliait sur la route de Liozna, Grouchy semble n'en avoir eu aucune connaissance. Quant à l'armée de Bagration, d'après le rapport d'une patrouille qui, en entrant à Doubrovna, avait appris que cent dragons russes venaient d'en partir en annonçant l'arrivée d'infanterie, il croyait qu'elle remontait le Dniéper.

La présence de Cosaques à Kopouï et en face d'Orcha semblait confirmer cette hypothèse.

Ces villages venaient d'être occupés par le VIIIe corps.

Grouchy à Napoléon, Babinovitschi, 4 heures 1/2 du soir (AN) :

« J'ai l'honneur de rendre compte à Votre Majesté que j'arrive ici avec l'avant-garde de la cavalerie sous mes ordres ; une partie de la division Chastel est encore en arrière, mais elle me joindra demain. Il n'y avait que quelques Cosaques à Babinovitschi ; les postes ennemis sont du côté de Dobrino et de Poloviki ; ils ont évacué Babinovitschi à notre approche.

J'ai envoyé ce matin un parti d'Oréhki à Obol pour communiquer avec la brigade Guyon, et j'en envoie un second sur le même point avec cette lettre, en priant Votre Majesté de me transmettre ses ordres ultérieurs ; d'ici à ce que je les aie reçus, je vais pousser des partis sur la route de Babinovitschi à Vitebsk, et y marcherai avec tout ce que j'aurai, demain, si j'entends tirer le canon de ce côté. Malheureusement, tout le pays est boisé et sans une seule éclaircie d'ici à Poloviki. Cent hommes d'infanterie arrèteraient une division de troupes à cheval ; il en est de même d'ici à Oréhki ; on ne saurait voir un terrain moins propre à la cavalerie.

Voici les dernières lettres que j'ai reçues du prince d'Eckmühl :

Les renseignements que j'ai recueillis à Orcha et mes reconnaissances d'hier sur Doubrovna, m'annoncent que le prince Bagration remonte à grandes marches par la rive gauche du Dniéper. Un de mes partis a passé à Doubrovna, hier, un moment après qu'une centaine de dragons russes venaient d'en sortir ; les derniers ont annoncé l'arrivée d'infanterie et de troupes à cheval qui ne peuvent être que du corps de Bagration, ou venir de Smolensk.

Des Cosaques bordent maintenant la rive gauche du Dniéper ; ils ont paru, m'assure-t on, à Kopouï, et même en face d'Orcha. Le général Tharreau y est arrivé hier avec la plus grande partie du VIIIe corps et sa cavalerie légère.

Troupes aux ordres du maréchal Davout. — Dans la matinée, le maréchal apprenait, par le général Gérard, l'apparition de l'ennemi à Chklov ; il se décidait alors à s'y porter en force. Le prince Poniatowski arrivant à Mohilev y resterait avec sa première division ; les autres divisions s'échelonneraient entre ce point et Chklov. Peut-être trouvera-t-on encore le Ve corps bien éparpillé, et contre qui devait-on couvrir Mohilev, puisque toute l'armée de Bagration était signalée comme remontant vers le Nord ?

En outre, il nous semble que l'ordre du 27 ne prescrivait pas à Tharreau de se concentrer à Orcha.

Comme nous le verrons plus loin, bien qu'étant à l'aile droite, le maréchal avait été laissé dans une ignorance complète des mouvements de la droite. C'est ainsi qu'il s'attendait à voir le prince de Schwarzenberg arriver vers Svislotsch. On n'avait même pas de nouvelles de Latour-Maubourg, sinon par les Russes ; ceux-ci parlaient des troupes commandées par le roi de Westphalie, comme étant vers Bobrouisk.

En ce qui concerne la première armée russe, le maréchal, d'après les rapports de Grouchy, la croyait concentrée à Smolensk, n'ayant laissé que quelques troupes devant Vitebsk.

La présence de troupes russes à Doubrovna paraissait l'étonner ; il prescrivait à Tharreau de s'en assurer et de porter sur Rasasna la portion de ses troupes qui était à Chklov.

Davout à Napoléon, 9 heures du matin, Mohilev (AN) :

« J'ai l'honneur d'adresser à Votre Majesté un rapport du général Bordesoulle sur les mouvements du prince Bagration (1), un du général Gérard, qui vient de me parvenir à l'instant : il a rencontré hier l'ennemi à Chklov ; c'est la première nouvelle qu'il m'en soit parvenue.

J'y avais cependant 150 chevaux du 2e de chasseurs.

Je marche sur Chklov.

Dans les derniers rapports du général Grouchy, qu'il a probablement adressés à Votre Majesté, il annonçait qu'il y avait quelques troupes russes à Vitebsk, et que le mouvement de l'ennemi sur Smolensk était à peu près terminé ; il parlait d'un rassemblement assez considérable de troupes russes à Doubrovna. Il est fâcheux que le général Grouchy ait quitté Chklov et Orcha, avant d'y avoir été remplacé.

Le prince Poniatowski m'a rejoint avec une brigade d'infanterie, sa 1re division d'infanterie arrive dans la journée ; je vais le laisser à Mohilev, pour couvrir cette place, et ses divisions seront placées sur la route de Ckklov à Mohilev, afin que dans le cas où l'ennemi porterait des forces majeures sur Chklov et Orcha, il puisse se réunir à moi.

Les rapports des reconnaissances sur la rive gauche confirment tous ceux du général Bordesoulle.

Le général Tharreau a eu l'ordre de se réunir à Orcha ; je le lui réitère, en lui recommandant, s'il entend le canon du côté de Chklov, de s'y porter.

P.-S. — Le prince Poniatowski n'a point de nouvelles du général Latour-Maubourg. »

Davout à Tharreau, Mohilev (AG) :

« Le Ier corps d'armée, que je commande, fait un mouvement sur Chklov, et occupera cette ville dans la journée ; je désire, en conséquence, que vous veuillez bien en retirer la partie de vos troupes qui s'y trouve, et la porter sur Rasasna.

Donnez-moi, je vous prie, de vos nouvelles, et faites-moi savoir les renseignements que vous vous êtes procurés sur les Russes

(1) Voir page 273.

qu'on disait être à Doubrovna. Peut-être que, de ma personne, je n'irai pas aujoud'hui à Chklov. »

Exploration de Bordesoulle. — De Biekhov, à 10 heures du matin, Bordesoulle rendait compte que, d'après des déserteurs, partis le 27 à minuit, l'armée russe se retirait sur Tschérikov par la route de Jouravitschi.

En même temps, il communiquait un état de l'armée russe, composé au moyen des déclarations des personnes et des déserteurs. La 9e et la 15e division y figuraient, comme appartenant à l'armée russe de l'Ouest; cette erreur pouvait avoir les plus graves conséquences, puisque, comme nous le savons, ces deux divisions étaient restées avec le général Tormassof.

Bordesoulle, Biekhov, 10 heures du matin (AN) :

« J'ai retardé jusqu'à cet instant, pour avoir l'honneur de faire mon rapport à Votre Excellence, parce que je n'avais rien appris de plus positif. Le parti que j'ai envoyé sur Nov Bouihkov, me renvoie trois déserteurs; l'un du 41e de chasseurs et deux des dragons de Kiew.

Ils ont quitté leur régiment de l'autre côté du Dniéper, hier à minuit ; ils étaient d'arrière-garde. Ils me rapportent qu'ils ont vu l'armée suivre la route de Jouravitschi, qui est celle de Tschétschersk, pour marcher sur Tschérikov. Les trois déserteurs font le même rapport; un d'eux est de ce pays, et connaît bien la route de Jouravitschi. Ce rapport semble ne pas laisser de doute ; il sera vérifié par les émissaires envoyés sur la rive gauche et l'officier envoyé sur Nov Bouihkov, que l'ennemi a totalement évacué, après avoir brûlé le pont.

Hier au soir, des paysans vinrent m'apprendre qu'un officier et quinze Cosaques étaient à piller dans un château à une grande lieue d'ici, et s'offrirent d'y conduire un détachement pour les enlever. J'y envoyai un officier et douze hommes ; ils trouvèrent les Cosaques sortant du château, ils les chargèrent aussitôt qu'ils les aperçurent. Trois ont été tués, les autres sabrés, cinq et l'officier fait prisonniers ; le reste s'est sauvé dans les bois ; comme il était nuit, on n'a pu les retrouver, les paysans en ramènent un à l'instant, on leur a repris un soldat du 61e qu'ils emmenaient.

Ce que j'ai eu l'honneur de dire à Votre Excellence sur la manière dont vit l'armée, ne prouve pas que tout ce qui la compose, vit abondamment. Comme elle ne vit que de ce qu'elle trouve chez les habitants, il y a toujours des individus qui souffrent ; bien qu'outre cela, ils frappaient des réquisitions qui étaient en partie fournies.

J'ai laissé l'infanterie à la garde du pont de Vorkalabov, je l'y laisserai jusqu'à ce que la cavalerie polonaise soit arrivée pour me couvrir contre les partis de Cosaques qui courent le pays sur la rive gauche de la Droutsk et qui sont en piquet à trois lieues d'ici, à Loubianka, et qui pourraient se porter de ce côté, si, comme les habitants me le disent avec certitude, il y a deux pulsks sur la rive droite de cette rivière, chargés de couvrir le pays entre Bobrouisk et de couvrir cette ville, où on doit avoir laissé neuf bataillons. Il est présumable que ceux qui ont été pris hier, font partie de ces deux pulks, je n'ai jamais pu le leur faire avouer ; ils ont été pris sur la droite de la route de Bobrouisk.

Personne n'a ouï parler, que par les Russes, de la marche des troupes françaises du côté de Bobrouisk Ils ont parlé du roi de Westphalie ; ainsi cela devrait être le général Latour-Maubourg qui serait à Svislotsch. Je lui adresse trois lettres, ainsi que Votre Excellence me l'a ordonné. Je lui ai fait connaître la bataille du 23 avec détail, son résultat et la marche de l'ennemi, en lui transmettant les intentions de Votre Excellence sur la garde de Svislotsch jusqu'à l'arrivée du prince de Schwarzenberg, auquel M. le général Latour Maubourg fera connaître le résultat de la bataille du 23. J'ai fait établir un pont sur la Lokhva à Vorkalabov. Le grand pont sera long à réparer, il faut beaucoup de bois et beaucoup de travail. Mon infanterie, cavalerie et artillerie peuvent passer sur celui que j'ai fait établir à côté en y passant avec précaution ; j'ai ordonné que tous les autres fussent refaits.

J'envoie un parti sur la nouvelle route de Bobrouisk ; en général je m'éclaire beaucoup sur cette partie.

Le capitaine qui est ici blessé, ainsi que le chirurgien major laissé pour le traitement des malades et blessés, auxquels j'ai communiqué l'état de l'armée de l'Ouest, me disent qu'il est exact en partie. Le corps de Doktorof n'est plus à cette armée. Il s'y trouve la 23e division, commandée par le comte Vasenskof ; la 15e division commandée par le général Markof, qui commande le corps. Le général Raeffskoï commande le IIe corps ; le général, prince Charles de Mecklembourg en commande la première division; le général Raeffskoï commande la 26e qui est la deuxième de son corps. Il n'y a pas dix régiments d'infanterie par division, comme ils les comptent ; ils les portent à 20.000 hommes, mais elles ne sont peut-être pas de dix. L'armée a perdu beaucoup par les maladies et par la désertion. Le général Baraëzia (?) commande le IIIe corps composé des 2e et 9e divisions ; la première, commandée par le général Newjérowski et l'autre par celui qui commande le corps.

Platof a huit ou neuf régiments, dont deux de hussards; ils sont très incomplets.

Le général comte Siewers commande trois régiments de hulans dont plus de la moitié est désertée ; six régiments de dragons, et deux de cuirassiers ; on ne peut me dire le nom de tous les corps, ni de tous les généraux. La plus grande partie de ceux qui sont portés sur l'état qui m'a été remis, sont à cette armée.

Le général major Stowiski commande l'artillerie dont chaque division a trois brigades, formant 36 pièces.

Le général Paskéwitsch n'a pas été blessé ; son cheval a été tué et Paskéwitsch a eu une contusion en tombant ; je le tiens d'un habitant chez qui il l'a dit.

L'ennemi porte ses tués ou prisonniers au nombre de plus de 3.000 ; il a plus de 2.000 blessés. Les officiers et les généraux ont toujours de la jactance, mais les premiers n'ont pas de confiance dans les derniers, et les derniers n'en ont aucune dans le général en chef, dont ils se plaignent assez hautement ».

A 3 heures du matin, le général Gérard rendait compte qu'il s'était heurté devant Chklov à des forces russes considérables, qu'il n'avait pu rejeter. Il s'était alors replié sur Kniajitsouï.

Gérard à Davout Kniajitsouï, 3 heures 1/2 du matin :

« J'ai l'honneur de rendre compte à Votre Excellence, qu'en conformité des ordres du 25, qui m'ont été transmis par M. le général Chastel, je me suis rendu à Chklov, en passant à Golovnino, route qui m'avait été tracée.

Arrivé près de Chklov, je rencontrai l'ennemi qui occupait la ville et les bois. Je n'ai pas hésité à faire marcher dessus pour m'assurer s'il était en force ; ce qu'il a montré, était infiniment supérieur à ce que j'avais ; l'on s'est battu jusqu'à la nuit, j'ai eu trois hommes tués et dix-huit blessés, vingt chevaux tués ou pris. L'ennemi a eu plusieurs morts dont un décoré, beaucoup de blessés, six chevaux pris.

Ignorant la direction qu'avait pu prendre M. le général Chastel, je me suis retiré à Kniajitsouï où j'arrive à l'instant, il est 3 heures.

Nous avons été 18 heures à cheval, les chevaux sont très fatigués. L'ennemi avait passé la rivière à gué, j'espère qu'il se sera retiré ».

Ve Corps. — La première division du Ve corps entrait à Mohilev.

4e corps de réserve de cavalerie. — Le 4e corps de cavalerie demeurait sur ses emplacements, sauf un régiment de cavalerie qui allait comme renfort à Ghorbatschévitschi.

Une reconnaissance dirigée sur Bobrouisk arrivait jusqu'aux faubourgs, et constatait que, d'une hauteur située à proximité de la place, il était possible de lui faire le plus grand mal.

Par des habitants de Bobrouisk, on apprenait les succès du Ier corps. De Mozouir, où en contradiction avec les renseignements précédents, on signalait de 15 à 20.000 hommes, on était sans nouvelle.

Aussi, le général Latour-Maubourg ayant été informé de l'arrivée du général Mohr à Kletsk, le priait-il de venir le plus rapidement possible à Ghlousk, d'où il pourrait surveiller les routes venant du Sud. Son intention était de se rapprocher du Ve Corps.

Latour-Maubourg, Ghlousk (AN) :

« J'ai eu l'honneur de rendre compte hier à Votre Altesse Sérénissime de l'emplacement des troupes du 4e corps de cavalerie. Il n'y a rien de changé aujourd'hui, si ce n'est un régiment de plus que j'ai porté à Ghorbatschévitschi.

Le détachement parti de ce dernier endroit pour reconnaître Bobrouisk, a vu devant lui quelques Cosaques qui ont été poussés jusque dans la ville, et ce détachement est entré jusque dans le faubourg ; dans ce même moment, on a tiré de la place une trentaine de coups de canon, probablement sur quelques troupes du Ve corps qui venaient de Svislotsch.

L'approche de la place de Bobrouisk par le chemin de Ghlousk est très facile pour l'infanterie; le bois arrive jusqu'aux faubourgs, et on parvient sans obstacles jusqu'aux remparts. Les ouvrages de cette place sont assez étendus et sont armés de beaucoup de pièces d'artillerie.

Il y a à gauche du fort une hauteur assez considérable, et assez proche de la ville pour lui faire beaucoup de mal avec quelques obus.

Les paysans qui arrivent des environs de Roghatschev, disent que les Français ont battu le corps du prince Bagration, près de Biekhov, que la bataille a duré deux jours, que les Russes ont été obligés de passer le Dniéper, près de Biekhov, la cavalerie à la nage et l'infanterie sur le pont qui a été brûlé. Une division d'infanterie qui était à Roghatschev avec 1.500 Cosaques ont passé le Dniéper.

Des hommes venus de Bobrouisk disent avoir parlé à des gens revenant de l'armée du prince Bagration. Ils déclarent qu'on s'est battu près de Biekhov les 23 et 24, que les Français ont passé le Dniéper, les uns à Biekhov, les autres à Roghatschev. L'armée russe a été mise dans le plus grand désordre ; vingt-deux régiments russes doivent avoir beaucoup souffert.

J'ai envoyé des reconnaissances dans la direction de Mozouir à une grande distance, afin de connaître ce qu'il peut y avoir de troupes dans ces endroits, et qu'on prétend se monter à 15 ou 20.000 hommes, ce qui est contradictoire avec d'autres rapports que j'ai reçus.

L'escadron de lanciers que j'ai envoyé hier à Paritschi, a rencontré sur la grande route de Bobrouisk à Paritschi un convoi de bagages escorté par des Cosaques et de l'infanterie. L'escadron est rentré en ordre, sans avoir été entamé. Il a eu trois hommes tués et six blessés.

Le corps du prince ds Schwarzenberg doit être arrivé à Nesvij, le général major Mohr m'écrit de Kletsk que le 28 il se portera sur Timkovitschi et Romanov. Je lui réponds, et je l'engage à presser sa marche sur Ghlouskh, afin de couvrir la direction de Mozouir. De toute manière, je me rapprocherai du Ve corps, aussitôt que j'aurait communiqué avec lui, et que je connaîtrai le mouvement qu'il doit faire ».

Les mêmes renseignements étaient fournis au prince Poniatowski.

Latour-Maubourg à Poniatovski, Ghlousk (AN) :

« J'espère que le rapport que j'ai eu l'honneur de vous envoyer hier vous sera parvenu ; il doit avoir été porté jusqu'à Svislotsch, et jusqu'à ce qu'on trouve des détachements de cavalerie du Ve corps.

Je suis très étonné de n'être pas encore parvenu a établir la communication avec les deux corps. Votre Altesse aura su beaucoup plus tôt que moi les succès du Ier corps ; s'ils sont aussi fondés que j'aime à le croire, je dois cependant lui rendre compte des nouvelles qui me sont parvenues aujourd'hui.

Des paysans venant de Roghatschev et de Biekhov rapportent qu'on s'est battu près de ce dernier endroit les 23 et 24, que les troupes russes se sont retirées dans le plus grand désordre, et ont repassé le Dniéper à Biekhov et Roghatschev ; la cavalerie à la nage.

Cette circonstance me porte encore davantage à faire un mouvement en avant, et certain qu'on aura communiqué aujourd'hui avec les troupes du Ve corps, je n'attends que les ordres de Votre Altesse, afin de connaître les mouvements du Ve corps et règler les miens sur eux.

Hier au soir, j'ai reçu une lettre du général major Mohr, commandant l'avant-garde du corps du prince de Schwarzenberg. Il était à Kletsk le 28, et se dirigeait sur Timkovitschi et Romanov. Le prince de Schwarzenberg devait arriver le même jour à Nesvïj. Je lui ai répondu, et je l'ai engagé fortement à venir à Ghlousk, où ses troupes seraient mieux, et couvriraient les directions de Mozouir et de Petricovo.

Ce corps autrichien marche très lentement. J'ai envoyé hier jusqu'aux pieds des remparts de Bobrouisk où on arrive par des bois qui touchent le faubourg. Les ouvrages sont assez étendus, ils sont bien garnis d'artillerie ; il y a sur la gauche près de la ville une hauteur et qui la domine. Dans le même moment que cette reconnaissance s'approchait de Bobrouisk, on a entendu une trentaine de coups de canon tirés de la ville dans la direction du chemin de Svislotsch. Il est probable que ce sont les troupes du Ve corps qui sont venues reconnaître Bobrouisk. Je n'en ai pas encore la certitude. J'ai envoyé hier un escadron de lanciers sur Paritschi, en arrivant sur le grand chemin de Bobrouisk à Paritschi, cet escadron a vu un convoi de bagages allant à Paritschi escorté par 5 ou 600 Cosaques et de l'infanterie ; il y a eu un petit engagement dans lequel l'escadron a eu trois hommes tués ou pris et six de blessés, et ayant devant lui des forces trop supérieures, cet escadron s'est retiré sur Broja, sans être inquiété.

J'ai une reconnaissance au loin sur le chemin de Mozouir, où on prétend qu'il y a 15 ou 20.000 hommes, ce qui ne s'accorde pas avec les renseignements que j'avais reçus précédemment.

Le général major Zapolski commande à Mozouir.

Voici l'emplacement de mes troupes :

La brigade Dziemanowsky, à Borisovchtchizna, ayant un régiment à Ghorodok.

La brigade Turno un régiment à Viltscha ; deux régiments à Ghorbatschévitschi ; un escadron à Broja.

Le 17e régiment d'infanterie et la division de cuirassiers à Ghlousk ; le bataillon de voltigeurs reparti en avant de Ghlousk et au pont de Borisovchtchizna.

Si on n'a pu encore communiquer aujourd'hui avec les troupes du Ve corps je me porterai à Ghorbatschévitschi.

Son Altesse le prince de Wagram m'ayant ordonné de lui écrire tous les jours, j'ai l'honneur de lui faire passer la lettre ci-jointe.

Dans une seconde dépêche, Latour-Maubourg annonçait qu'il croyait que les Russes allaient abandonner Bobrouisk ; il supposait même que le convoi signalé la veille appartenait à la garnison de cette place.

En conséquence, il annonçait qu'il allait se porter sur Ghorbatschévitschi, pour la surveiller de plus près.

Latour-Maubourg à Poniatowski, Ghlousk (AN) :

« Si la nouvelle de la défaite du corps du prince Bagration est vraie, comme cela paraît être, et que cette armée ait repassé le Dniéper, Votre Altesse pensera peut-être que la garnison de Bobrouïsk n'ayant aucun secours à espérer, cherchera à se sauver, après avoir fait filer ses convois de bagages et d'artillerie. Il serait même possible que le convoi qu'on a vu passer hier du côté de Paritschi fût des munitions ou des bagages que l'ennemi a le plus d'intérêt à sauver d'abord. Si l'ennemi a l'intention d'abandonner la place, il ne peut le faire que sur deux points, sur Rogatschev et Paritschi, ou sur tous les deux à la fois.

Je ne suis pas à portée de surveiller les mouvements de cette garnison du côté de Rogatschev, mais je prescris au général Turno, qui est à Ghorbatschévitschi de faire surveiller les deux points de Bobrouisk et de Paritschi. Si la cavalerie légère du Ve corps a passé en partie la Bérézina, elle sera peut-être à portée de savoir si les convois se dirigent de Bobrouisk sur Rogatschev.

Je me porterai probablement demain à Gorbatschévitschi, afin d'être plus à portée de Votre Altesse, dont le quartier général est, à ce qu'on m'assure, à Holinka (?), et pour être aussi plus à portée de faire suivre l'ennemi s'il a l'intention de quitter Bobrouisk.

D'après un rapport que j'ai reçu, la garnison de Bobrouisk est composée de 3.000 recrues et 4.000 anciens soldats. Il doit y avoir sur les remparts 300 pièces de canon. »

Corps saxon — Dans la journée, le général Reynier s'étant convaincu du désastre de la brigade Klengel, se repliait sur Selets ; la cavalerie du général de Gablenz reçut ordre de se rendre directement de Droghistschin à Kartouzka Bériouza. Le général avait parfaitement reconnu que le gros de l'armée de Tormassof se trouvait devant lui et que, vers Lioubachévo, les troupes russes ne formaient qu'un simple détachement.

Il convient de faire observer que loin d'avoir prescrit de considérer Kobrin comme un avant-poste, l'ordre expédié au général de Klengel portait de tenir en tous cas cette ville jusqu'au 28.

Rapport du VIIe corps, (AN) :

« Les troupes prirent position à Ilosk, en attendant le rapport de la reconnaissance envoyée sur Kobrin ; on apprit qu'un convoi d'équipages et de bœufs, venant de Kobrin par le pont de Lueztik (?), avait passé à 3 heures après midi, et par des habitants venus de près de Kobrin, que les troupes saxonnes se défendaient encore fort bien à midi.

La reconnaissance marcha jusqu'à une lieue de Kobrin, où elle rencontra des habitants qui disent que les troupes saxonnes avaient été accablées par le nombre et prises, et des soldats qui s'étaient échappés de Kobrin.

Elle trouva aussi plus près de la ville un poste de Cosaques qui la poursuivit pendant sa retraite.

On apprit par les soldats échappés de Kobrin et par les habitants que les troupes s'étaient très bien battues depuis 5 heures du matin jusqu'à midi, que des colonnes ennemies venant de tous côtés et les entourant entièrement, on avait défendu la ville et particulièrement la partie de la ville sur la rive gauche de la Moukhavets, que le feu mis aux maisons a gêné les soldats et les canons dans leur défense, que le général Klengel a été pris dans une rue, et qu'on a ensuite ordonné de cesser le feu, qu'il y a eu beaucoup de morts et de blessés ; les soldats disent que l'infanterie russe se battait fort mal. Tous les rapports des soldats échappés sont fort obscurs, et on ne conçoit surtout pas comment le général Klengel s'est enfermé dans la partie de la ville qu'il avait le projet de ne garder que comme avant-poste, et a abandonné la position qu'il avait d'abord choisie, et qu'il avait une retraite assurée par Lehkéta.

Il est certain que le général Tormassof commandait en chef cette attaque, qu'il avait avec lui le général Kamenski, le général Tschaplitz commandant une division de cavalerie, Le général d'artillerie Siewers avec 36 pièces de canon, le général d'infanterie Dombrowski et le général Bahilow.

Six régiments d'infanterie de ligne, chacun de 2.000 hommes avec quatre pièces de canon. On ne sait le nom que de deux de ces régiments: les régiments Bayski et Dembrowski ; le 13e de chasseurs à pied fort de 2.000 hommes, le régiment de Polowracki hussards, cinq escadrons du régiment Alexandrowiski hussards, trois escadrons de Twerski dragons, quelques escadrons du régiment Aktiersky hussards, le régiment de hulans tartares commandés par le général Knorring, quatre régiments de Cosaques, un de Tartares, un de Baskirs.

Quatre de ces régiments de cavalerie font partie de la division du général Lambert, qui est en route pour venir de Kowel avec six régiments d'infanterie, beaucoup d'artillerie, et en outre le régiment d'hussards Kowno Litowski.

On n'a pas pu savoir où étaient les autres troupes du corps de Tormassof, dont les habitants estiment la force à 40.000 hommes.

Les autres escadrons de hussards Alexandrowiski et de dragons Twerski sont sur la route de Lïoubachévo à Pinsk, sous les ordres du général Milewicz avec des détachements d'infanterie et de l'artillerie.

Des habitants, partis de Kobrin à 9 heures du matin, disent que les généraux et les troupes indiqués ci-dessus, y étaient toujours.

Le corps d'armée ne pouvant plus rien entreprendre et étant exposé en restant si près d'un corps beaucoup plus fort, partit aussitôt après la rentrée de la reconnaissance pour aller à Selets ».

Au prince de Schwarzenberg, Reynier mandait également que le général Klengel avait agi contre ses intentions. Il l'informait que le VIIe corps allait se rapprocher de Kartouzka Bériouza, d'où il agirait suivant les circonstances.

De nouveau, il l'invitait à marcher à son secours, ne pouvant résister avec son corps à l'armée de Tormassof.

Reynier à Schwarzenberg, (AN) :

« Je n'ai pu arriver à temps pour secourir les troupes que j'avais à Kobrin, elles ont voulu se défendre en m'attendant, quoique j'eusse annoncé que je n'étais qu'à Antopol ou à Horodets et se sont bien défendues depuis 7 heures du matin jusqu'à midi. Je suis arrivé à Horodets à une heure après midi.

On n'entendait plus le canon ni la fusillade et l'on voyait la fumée de l'incendie de la ville. J'ai envoyé des reconnaissances qui ont été à deux milles de Horodets et à un mille de Kobrin; on a rencontré de la cavalerie et de l'infanterie russe.

J'ai marché ici pour avoir un chemin par lequel je puisse aller sur Kobrin, sans courir risque d'être pris en flanc et d'avoir ma retraite coupée, afin d'être sur le chemin par lequel le général Klengel pouvait se retirer, et de pouvoir d'ici marcher sur Proujanouï et Kartouzka Bériouza. Je viens d'apprendre par une reconnaissance, qui est allée jusque près de Kobrin, et qui a arrêté des habitants qui venaient de Kobrin, et qui est actuellement poursuivie par la cavalerie russe, que le général Klengel ayant été entouré, et ayant presque épuisé ses munitions, s'est rendu hier à deux heures après midi. Il a eu près de mille hommes tués ou blessés.

Je me retire cette nuit à Kartouzka Bériouza, où je réunirai mes troupes. Je prendrai ensuite position derrière la Iasiolda sur la route de Roujana. Je verrai ce que fera le général Kamenski, qui était encore ce matin à Kobrin avec beaucoup de troupes, mais qui en a déjà envoyé sur Proujanouï; si je pourrai m'y maintenir, d'après ce que feront les ennemis, ou remarcher en avant, ou aller vers le grand-duché de Varsovie, ou si je devrai me replier sur vous ; mais dans tous les cas, je crois qu'il est nécessaire que vous reveniez de ce côté, afin que nous puissions de concert battre les ennemis, les chasser des communications de l'armée et du Grand-Duché et les renvoyer plus loin qu'ils n'étaient.

Je n'ai que peu de renseignements sur cette affaire ; quelques soldats égarés, que ma reconnaissance a trouvés, ne sont pas même arrivés. Deux Polonais sortis ce matin de Kobrin, vers 9 heures, disent que les généraux Tormassof, Kamenski et Lambert étaient hier et encore ce matin à Kobrin, qu'ils ont vu six régiments d'infanterie de ligne, beaucoup d'artillerie, des bataillons de chasseurs à pied avec des escadrons des régiments Alexandrowski houssards, Tschernoï hulans, Twerski dragons. un autre régiment d'hulans, et beaucoup de Cosaques, qu'il y en a d'autres qui arrivent à Ploski par la route de Divin, et sur d'autres points.

Le général Klengel, après avoir longtemps défendu la ville et le pont, a été entouré ; le feu mis à la ville a embarrassé les soldats postés par lui pour la défense du pont ; il a été pris avec 28 officiers. Les lanciers de Clément se sont fait jour et retirés par la route de Proujanouï. Je ne conçois pas encore comment, d'après la manière dont les troupes étaient placées, le général Klengel ne se soit pas retiré par Luszezik sur Illosk où les équipages se sont pas retirés pendant l'affaire. Il n'y avait pas encore de troupes cette nuit à Proujanouï ; mais on m'assure qu'il y marche une forte colonne.

Il paraît certain que les corps de Tormassof et Kamenski sont entièrement en marche, ainsi je pense que Votre Altesse n'hésitera pas à marcher à mon secours ».

Corps autrichien. — Le prince de Schwarzenberg, complètement rassuré par les rapports qu'il avait reçus, se décidait à marcher sur Minsk. Il est à remarquer, que dans sa dépêche, contrairement au dire du général Reynier, le prince prétendait être convenu de laisser vers Pinsk, non le corps de Frimont, mais seulement deux compagnies.

Schwarzenberg à Berthier, Nesvïj (AN) :

« L'ordre que Votre Altesse a bien voulu me communiquer en date du 20 juillet, porte que j'aurai à appuyer le prince Poniatowsky en cas d'événement ; mais que, s'il n'y a aucun danger, je devrai marcher sur Minsk. Comme il résulte de tous les rapports que l'armée du prince Bagration se retire, je continuerai ma marche sur Minsk, où je serai arrivé le 3 août avec tout mon corps d'armée.

Le général Frimont que j'avais chargé du commandement de la colonne de la droite, mande que les Russes ont essayé de rétablir le pont que j'avais fait couper sur la Pina, entre Lïoubachévo et Douboï sur le chemin de Pinsk à Kowel ; ce qui occasionna une fusillade pendant la journée du 22 et une partie de celle du 23. Les Russes abandonnèrent leur projet, et se retirèrent sur ce point.

Le général, suivant son instruction, se mit en marche le 24, après avoir chargé une grande partie du magasin sur les chariots, qu'il avait emmenés à cette fin. A l'entrevue que j'ai eue le 22 à Deviatkovitschi avec M. le général Reynier, il m'a fortement sollicité de laisser les deux compagnies d'infanterie légère au pont de la Pina, jusqu'à ce qu'il les aurait fait relever. J'y ai consenti, quoique ce détachement ne fût établi que pour assurer le flanc droit de la colonne pendant sa marche par Pinsk sur Nesvïj ; l'ordre en fut expédié au général Frimont sur-le-champ et porté par un courrier qu'il venait de m'envoyer. Mais la difficulté des communications occasionna un tel retard, que le général ne reçut cet ordre que le 24 au soir, où il s'était rendu suivant l'itinéraire de la première disposition avec toute sa colonne à Loghichin ; après avoir été relevé par un escadron saxon commandé par M. Seidlitz.

Le général Reynier me mande que la cavalerie n'ayant pu empêcher le rétablissement du pont, les Russes l'avaient passé, y ayant laissé de l'infanterie et du canon. Il me semble que le général les forcera de se retirer avec perte, puisqu'ils n'auront fait cette expédition que pour se venger du mal que le détachement de Pinsk leur a fait journellement, sans se douter aucunement qu'ils rencontreront des forces aussi considérables.

Un détachement de hussards qui cotoyait la marche de la colonne eut connaissance d'une troupe de Cosaques qui cherchaient des chariots entre Poghost et Lakhva pour évacuer le magasin de Davouïdghorodok; les hussards les ayant joints en tuèrent quelques-uns et emmenèrent quelques prisonniers ; le détachement n'étant pas assez fort, a dû se retirer de Davouïdghorodok et y abandonner un très grand magasin. J'ai appris depuis que les Russes sont occupés à le faire transporter sur les derrières.

J'ai l'honneur de joindre ici les paquets que MM. les généraux Reynier et Latour m'ont chargé de faire parvenir à Votre Altesse ».

Xe Corps. — Le maréchal Macdonaldt rendait compte que d'après le général de Grawert, les Anglais songeaient à débarquer à Schlock. Vers Dinabourg, les rapports annonçaient que la brigade. qui se trouvait de ce côté, avait essuyé le feu de la place. En réalité, sur le bruit du passage de la 7e division, les Russes évacuaient Dinabourg dans la journée.

Du reste, Macdonald n'avait pu se procurer de renseignements certains, ni vers Riga, ni vers Dinabourg, et bien que n'ayant personne en face de lui, il demandait à l'Empereur de le renforcer.

Macdonald à Berthier, (AG) :

« Les nouvelles que j'ai reçues des Prussiens m'annonçent un débarquement d'Anglais vers Riga ; cet avis m'est confirmé par un déserteur de cette nation qui m'est arrivé, il faisait parti d'un transport de 42 bataillons.

Le nombre des troupes me paraît outré d'après la capacité des bâtiments ; l'embarquement a eu lieu en Angleterre dans le courant de juin. Les Anglais occupaient Schlock. Le général de Grawert y avait envoyé une reconnaissance qui a dû se replier ; mais deux bataillons et un escadron venant de Mémel ont été dirigés sur ce point dont je n'ai pas reçu de nouvelles ultérieures.

On a entendu ici hier soir une très forte canonnade vers Riga ; la cavalerie russe se montre sur toute la ligne ; mais je conserve jusqu'ici le poste de Kreutzbourg sur la rive droite, tandis que l'on prépare tous les moyens d'établir un pont de radeaux, lequel, d'après les reconnaissances, ne pourra être établi d'une manière favorable qu'à deux milles au dessous de cette ville.

On ne peut avancer que lentement, les outils et les bras manquant tout à fait.

La brigade de la 7e division qui est devant et sur la route de Dinabourg, essuie le feu de cette place et escarmouche continuellement d'une rive à l'autre. Malgré tous mes soins, il m'est impossible de me procurer des renseignements certains sur les forces de l'ennemi à Riga et Dinabourg ; aucun émissaire n'a pu y pénétrer. Nous pouvons juger, qu'il s'y trouve une nombreuse cavalerie ; on assure même, mais je ne le garantis pas, qu'un fort parti de plusieurs escadrons inquiète la rive gauche du côté de Braslav.

Je prie Votre Altesse de demander à Sa Majesté de m'envoyer des renforts en cavalerie et en infanterie en nombre suffisant pour tenir la campagne sur la rive droite, observer Dinabourg sur les deux rives, contenir Riga par celle de gauche, tandis que j'attaquerai cette place par la droite ».

29 JUILLET

Ordres donnés par l'Empereur.

A 4 heures du matin, l'Empereur s'était décidé à arrêter la poursuite. Il se bornait à faire suivre les arrières-gardes russes par de la cavalerie soutenue par quelques compagnies d'infanterie.

A cet effet les divisions du Ier corps et la garde recevaient ordre de s'arrêter.

Le IIIe corps devait prendre position à Falkovitschi, ayant devant lui la division Sebastiani, qui pousserait sur Roudnïa.

Le IVe corps porterait une brigade de la division Pino sur la route de Souraj ; deux bataillons appuieraient la brigade Piré qui marchait sur Ianovitschi ; le reste demeurerait à l'embranchement des routes de Souraj et de Ianovitschi.

La division Broussier s'y rendrait également prête à déboucher ; la division Delzons se tenait prête à remplacer cette dernière.

Ordre, Bivouac d'Aghaponovchtchina, 4 heures du matin (AG) :

« Aux divisions Morand, Friant, Gudin et à la garde de s'arrêter la position où ils se trouvent, de manger la soupe et de se reposer ».

Berthier à Sebastiani, (AG) :

« Ordre au général Sebastiani de soutenir ses reconnaissances, d'éclairer le pays, de suivre l'ennemi dans la direction de Roudnïa.

Le général Grouchy doit être à Babinovitschi ; le général Sebastiani se liera avec lui.

Le duc d'Elchingen se rend avec son corps d'armée à Falkovitschi il a l'ordre de le soutenir avec quelques compagnies d'infanterie légère et de l'appuyer avec sa cavalerie légère ».

Berthier au maréchal Ney, (AG) :

« Ordre au duc d'Elchingen de faire prendre à son corps d'armée une bonne position afin qu'il puisse se reposer de sa fatigue. Il fera appuyer le général Sebastiani qui est sur la route de Roudnïa, par quelques compagnies d'infanterie légère et par la cavalerie légère.

Le général Sebastiani est sur la route de Roudnïa; le général Grouchy est à Babinovitschi.

Le duc d'Elchingen prendra sa position à Falkovitchi sur la route de Roudnïa et fera bien reposer ses troupes ».

Berthier au général Pino, (AG) :

« Ordre au général Pino de faire partir la 1re brigade de sa division sur Souraj ; le reste de la division viendra se placer à l'intersection des routes.

Deux bataillons de la division Pino soutiendront une brigade de cavalerie légère qui poussera jusqu à Ianovitschi.

La division Broussier prendra les armes et se portera à l'intersection des routes, afin de pouvoir déboucher sans délai.

Le général Delzons sera prêt à prendre les armes pour remplacer la division Broussier, si elle débouche ».

Les premières mesures étaient alors complétées ; le IVe corps devait se concentrer à Souraj occupant Ianovitschi, Ousviat, Poriétsche, à cheval sur les deux rives de la Dvina.

Murat recevait ordre de se porter sur la route de Ianovitschi à la poursuite de l'armée russe. Il rallierait le corps de Montbrun à Roudnïa ; celui de Nansouty sur la gauche ; le corps de Grouchy à Babinovitschi ; les corps d'armée placés en arrière devaient fournir l'infanterie.

Berthier à Eugène, Bivouac d'Aghaponovchtchina, (AG):

« L'intention de l'Empereur, Monseigneur, est que vous réunissiez votre corps d'armée à Souraj ; vous aurez sous vos ordres vos quatre brigades de cavalerie légère, le régiment de Bavarois et la brigade Guyon qui sont à Vitebsk et viendront vous joindre demain, passant par la rive droite. Occupez Ianovitschi, Velij, Ousviat, Poriétsche, étendez votre commandement aussi loin que vous pourrez dans cette direction, afin de faire des magasins et d'assurer vingt jours de vivres en biscuit ou pain biscuité à vos troupes.

Vous éclairerez toute la rive droite de la Dvina et votre gauche sera appuyée à la cavalerie du roi de Naples.

Ayez de bons ponts sur toutes les rivières, faites reconnaître par vos ingénieurs géographes toutes les directions, l'intention de l'Empereur étant qu'on emploie les sept à huit jours à rallier l'armée, à lui donner du repos et à se procurer des vivres.

Faites placer de Souraj à Vitebsk trois postes ; celui de Vitebsk sera fourni par la garde, trois par vous, afin que la communication soit extrêmement rapide ».

Berthier au roi de Naples, (AG) :

« L'Empereur, Sire, ordonne que vous vous portiez à la suite de l'ennemi qui paraît vouloir, par Ianovitschi, se retirer sur Smolensk. L'intention de l'Empereur est que vous ralliez le corps de Montbrun sur la droite du côté de Roudnïa, et le corps de Nansouty sur la gauche ; le corps du général Grouchy, à Babinovitschi.

Votre Majesté se trouvera donc avoir les trois corps dans la main.

Le Vice-Roi sera à Souraj.

Le duc d'Elchingen entre Falkovitschi et Roudnïa.

L'un et l'autre vous fourniront l'infanterie dont vous aurez besoin.

De votre quartier général, à Vitebsk, établissez des postes de manière que la communication soit rapide.

Le prince d'Eckmühl est à Orcha.

Le prince Poniatowski à Mohilev ».

Au maréchal Davout, l'Empereur faisait part de son intention de laisser reposer l'armée sept ou huit jours.

Il l'invitait à concentrer le gros de ses troupes à Orcha ; un corps restant à Mohilev. Dans cette position, il pouvait se porter sur Vitebsk en quatre jours, et sur la Kasplia en trois. A ce moment, l'on n'avait pas encore de nouvelles de Grouchy.

Par son mouvement sur Chklov, Davout n'avait donc fait que devancer les intentions de l'Empereur.

En apprenant par la dépêche de Grouchy, du 28 à 4 heures de l'après-midi, l'entrée du 3e corps de cavalerie à Babinovitschi, l'Empereur faisait mettre le Général au courant de la situation et l'invitait à établir de suite, une tête de pont à Orcha Par sa position, il couvrait le flanc droit de la division Sebastiani et assurait la liaison avec le 1er corps.

Napoléon à Berthier, Vitebsk (AG) :

« Mon Cousin, écrivez au général Sebastiani que le général Grouchy est arrivé hier à Babinovitschi ; qu'ainsi son flanc droit se trouve parfaitement assuré.

Ecrivez au général Grouchy que je reçois à l'instant sa lettre du 28, à quatre heures après midi ; qu'il est nécessaire qu'il place trois postes de correspondance entre Babinovitschi et Vitebsk ; qu'il fasse garder les postes et qu'enfin il prenne toutes les mesures nécessaires pour qu'on puisse communiquer rapidement ; que le duc d'Abrantès, qui est allé prendre le commandement du VIIIe corps, lui aura donné à son passage des nouvelles de ce qui s'est passé de ce côté-ci; qu'il paraît que l'ennemi s'est retiré, partie sur Souraj et partie sur Smolensk ; qu'il est probable que Bagration se portera sur Smolensk pour faire sa jonction ; qu'il serait nécessaire que nous eussions un pont avec une tête de pont à Orcha ; que notre quartier impérial est à Vitebsk; que le général Sebastiani marche sur la route de Roudnïa (qu'ainsi ils se seront mis en communication); que le Roi de Naples se porte avec sa cavalerie entre la Kasplia et le Borysthène ; que le Vice-Roi est à Souraj ; le duc d'Elchingen à Lïozna ; le duc de Reggio à Polotsk et les Bavarois à Béchenkovitschi ; qu'il transmette ces renseignements au prince d'Eckmühl ; que la correspondance doit actuellement devenir très rapide entre Mohilev et Vitebsk ; qu'il faut organiser les postes de manière que le trajet puisse se faire en quinze ou dix-huit heures ; que nous attendons des nouvelles du prince d'Eckmühl, qui fassent connaître l'état de situation de ses troupes, de celles du prince Poniatowski, du VIIIe corps, du 4e corps de cavalerie et des troupes du général Grouchy.

P.-S. — On reçoit à l'instant des lettres du prince d'Eckmühl du 28 juillet, à neuf heures du matin, qui annoncent que l'ennemi a paru à Chklov, et qu'il y marche. »

Napoléon à Berthier, Vitebsk (AG):

« Mon Cousin, écrivez au prince d'Eckmühl pour lui faire connaître que le Roi de Naples, qui a aujourd'hui son quartier général à Ianovitschi, se porte en avant pour occuper tout le pays entre la Kasplia et le Dniéper ; que le général Sebastiani a son quartier général à Roudnïa; que le duc d'Elchingen marche sur Lïozna ; que le Vice-Roi est à Souraj ; que nous n'avons pas de ses nouvelles depuis plusieurs jours; que la principale intention de l'Empereur, si l'ennemi ne l'oblige pas à des dispositions contraires, est de donner sept à huit jours de repos à l'armée, afin d'organiser les magasins ; qu'il paraîtrait que la position qu'il devait occuper serait Orcha, en faisant garder Mohilev par un des corps qui sont sous ses ordres ; que par cette disposition, il n'y aurait d'Orcha au quartier impérial que quatre marches, et du Dniéper à la Kasplia, c'est-à-dire de la ligne de la Bérézina, que trois marches ; qu'il serait nécessaire qu'il y eût un bon pont avec une bonne tête de pont à Orcha, sur le Dniéper ; que l'armée aurait donc ainsi tous les avantages possibles, puisqu'elle aurait un pont sur la Dvina et un sur le Dniéper, et qu'elle serait très concentrée; que l'ennemi a perdu 7 à 8.000 hommes dans les combats de ces trois jours-ci, et qu'il bat en retraite, avec une grande précipitation, par tous les chemins.

Envoyez cette lettre au prince d'Eckmühl par un de vos officiers qui soit sûr d'arriver.

Ecrivez au général Grouchy pour l'informer de ces nouvelles, et qu'on n'a pas des siennes depuis le 26, ce qui paraît fort extraordinaire. »

Le maréchal Ney recevait ordre d'établir son corps en quartiers de rafraichissement à Lïozna, couvert par la division Sebastiani, à laquelle viendrait se joindre les deux brigades lègères du IIIe corps.

Napoléon à Berthier, Vitebsk (AG) :

« Mon Cousin, faites connaître au duc d'Elchingen qu'après avoir poursuivi l'ennemi jusqu'à Ianovitschi, je suis revenu à Vitebsk ; que je désire qu'il prenne position à Lïozna, mais qu'il y marche à très petites journées, afin que sa troupe ait le temps de se rallier et que toute son artillerie puisse le rejoindre ; que le général Sebastiani le couvrira; que le Roi de Naples est à Ianovitschi ; qu'il va se porter entre la Kasplia et le Dniéper ; que le Vice-Roi est à Souraj, occupant les deux rives de la Dvina ; que je désire qu'il fasse construire, entre Roudnïa et Vitebsk, deux manutentions de six fours chacune, et qu'il réunisse de tous côtés, par voie légale de réquisition, en s'adressant aux autorités du district du gouvernement de Mohilev, où se trouvent Lïozna et Roudnïa, de quoi nourrir son corps d'armée régulièrement et avoir une réserve de biscuit et de pain biscuité pour vingt jours; que la situation de la cavalerie, de l'infanterie et de l'artillerie est telle que je suis résolu, si l'ennemi ne me force pas à prendre de disposition contraire, à rester sept à huit jours dans des quartiers de rafraîchissement, pour reposer l'armée ; qu'il fasse donc placer ses trois divisions dans de bonnes localités, toutes prises dans le gouvernement de Mohilev ; qu'il fasse faire à ses troupes de bonnes baraques où elles puissent être à l'abri de la pluie, et qu'on commence les distributions et les approvisionnements réguliers.

Ecrivez au général Sebastiani que j'ai reçu son rapport ; qu'il va être renforcé des deux brigades de cavalerie légère du duc d'Elchingen, auquel il doit compte de tout ce qu'il y aura de nouveau ; que le duc d'Elchingen pousse sur Roudnïa ; que le Roi de Naples, qui a aujourd'hui son quartier général à Ianovitschi, va occuper tout le pays entre la Kasplia et le Dniéper ; que je désire qu'il place des postes de correspondance de manière à me donner deux fois par jour des nouvelles ; que, du reste, il doit maintenir une sévère discipline et ne pas trop fatiguer sa troupe ; qu'indépendamment des comptes directs qu'il enverra ici, il doit rendre compte au Roi de Naples.

Mouvements de l'armée.

Cavalerie de Murat. — Conformément à l'ordre de l'Empereur, Murat se dirigeait sur Ianovitschi, ayant la brigade Piré sur la route de Souraj, la brigade Roussel sur celle de Ianovitschi. Arrivé à midi à Vouïmno, il transmettait à l'Empereur les premiers renseignements recueillis ; il en résultait qu'il y aurait eu peu de monde sur la route de Souraj, et que le gros de l'armée russe aurait passé par Ianovitschi se dirigeant sur Smolensk.

Murat à Napoléon, Vouïmno, midi (AN) :

« Les deux reconnaissances poussées sur Ianovitschi et Souraj sont arrivées toutes deux à leur destination, sans avoir rencontré l'ennemi. Votre Majesté verra, par le rapport de la reconnaissance poussée sur Ianovitschi, que la majeure partie de l'armée s'est dirigée sur Smolensk, surtout l'infanterie ; mais, selon ce même rapport, l'infanterie, après avoir passé la Kasplia, aurait redescendu cette rivière Souraj. Mais l'officier général qui a dirigé cette reconnaissance aurait dû, ce me semble, demander si cette infanterie était arrivée à Ianovitschi par la même route que nous avons tenue ou bien par la route directe qui doit arriver à Vitebsk directement par cet endroit. C'est une erreur que je rectifierai à mon arrivée à Ianovitschi.

Selon le rapport de la reconnaissance de Souraj, aucune troupe ne se serait dirigée sur ce point par la route de Vitebsk, et les magasins brûlaient au moment du départ de l'officier qui m'a été expédié.

Votre Majesté peut être assurée qu'arrivé à Ianovitschi, je ferai exécuter toutes les dispositions qui sont ordonnées par la dernière dépêche du major général. J'enverrai ce soir à Votre Majesté tous les renseignements que je pourrai recueillir. »

Corps de Nansouty. — Dès le matin, le général Bruyère rendait compte que la brigare Piré s'était portée sur la route de Souraj.

D'après deux déserteurs, une partie de leur corps se serait dirigée sur la route de Souraj ; le mouvement de l'armée était sur Smolensk.

Bruyère à Nansouty, au bivouac (AN) :

« L'officier commandant la reconnaissance envoyée par le général Jacquinot, a dû vous rendre compte qu'il avait poussé très loin cette nuit, sans trouver l'ennemi. Celui qui commandait celle envoyée par le général Piré, et partie plus tard, l'a trouvé au contraire près d'ici ; ce qui me fait présumer que c'était une reconnaissance, car un de mes officiers, que j'ai envoyé, il y a longtemps, avec l'ordre d'aller jusqu'à ce qu'il le trouve, n'est pas encore revenu, ce qui prouve qu'il s'est éloigné.

J'ai donné la brigade Piré à M. le général Pino; cette colonne est déjà en marche.

J'ai l'honneur de vous adresser deux déserteurs, dont l'un paraît assez intelligent; il dit qu'une partie de son corps s'est retirée sur la route de Souraj; mais que cependant le mouvement de l'armée est sur Smolensk.

J'aurai l'honneur de vous adresser les rapports du général Piré à mesure qu'ils arriveront; cet officier, qui, comme vous savez, mon général, est actif et intelligent, convient je pense à la mission dont est chargé le général Pino. »

Au contraire, le premier rapport du général Piré mandait qu'il n'y avait eu que de la cavalerie sur la route de Souraj et quelques bagages, sans aucune infanterie; le gros de l'armée s'étant porté sur Ianovitschi.

Souraj était encore occupé par de la cavalerie russe, sans que les ponts fussent rompus. A 11 heures, la brigade Piré entrait à Souraj sans y trouver de résistance.

Piré à Nansouty, Nischoutki (?) (AN):

« Les renseignements donnés par un habitant de ce village portent qu'il n'est passé sur cette route que quelques escadrons de cavalerie de la garde et des bagages, mais point d'infanterie; que toute l'armée russe s'est dirigée par la route de Ianovitschi; que Souraj est occupé en ce moment par la cavalerie ennemie; qu'ils n'ont point connaissance que les ponts soient rompus; qu'au surplus, il y a un gué en face de Souraj où on peut passer la Kasplia.

Tous les paysans de ce village affirment qu'ils n'est pas passé un seul homme d'infanterie.

P.-S. — Je considère le but de cette reconnaissance comme atteint; on continuera à marcher, mais on n'obtiendra pas de renseignements plus positifs. »

Un premier rapport du général Roussel confirmait celui du général Piré; il indiquait également que les Russes s'étaient repliés par Ianovitschi.

Roussel à Nansouty (AN):

« J'ai l'honneur de vous rendre compte que les Russes se sont retirés sur Ianovitschi, où vous m'avez ordonné d'aller avec ma brigade. Je continue à marcher sur cet endroit, pour vous donner les renseignements que vous désirez. Le pays jusque-là, d'après les informations prises, est boisé. On dit que le fort de l'armée a pris cette direction; je vais m'en assurer. Il est difficile de trouver des habitants; je les fais chercher. »

L'ennemi continue toujours à se retirer, on vient encore de lui faire dix-huit prisonniers que j'ai joints à quinze que mène l'escorte que je charge de vous remettre mon rapport.

Veuillez, mon général, faire part de ma lettre à M. le général Nansouty qui m'a ordonné de lui faire aussi des rapports.

Je désire demander la croix pour le colonel prussien, le major et le capitaine Knoblauch. Veuillez me dire, mon général, quelles sont les démarches qu'il faudrait faire ».

Un second rapport annonçait que les Russes avaient abandonné Ianovitschi, après en avoir brûlé les ponts.

D'après le dire des habitants, l'armée russe se retirait sur Smolensk ; après avoir passé Ianovitschi, une partie de l'infanterie se serait rejetée à gauche sur la route de Souraj, ce qui était bien invraisemblable.

En fait, les Russes s'étaient portés de Souraj sur Ianovitschi.

Roussel à Nansouty (AN) :

« J'ai l'honneur de vous envoyer par l'ordonnance un paysan qui vient de Ianovitschi, et qui dit que les Russes en sont partis, après avoir brûlé le pont, qui est dans le milieu de cette ville sur une petite rivière dont ils ne savent pas le nom; ils ont également brûlé des ponts qui sont sur la chaussée qui conduit dans cette ville ; il faudrait qu'ils fussent réparés pour passer les voitures ; la cavalerie et l'infanterie peuvent passer. Le pays jusqu'à Ianovitschi est bon ; il se trouve des intervalles cultivés, où il y a des villages placés sur des hauteurs, d'où l'on découvre le pays jusqu'au delà de la ville. Les habitants disent que les Russes se retirent sur Smolensk, et qu'un grand nombre est passé par cette route, surtout de l'infanterie qui ensuite s'est portée à gauche sur Souraj, pour aller ensuite à Smolensk. Je continue ma marche et vous rendrai compte, mon général, de mes découvertes. »

A la nuit, la brigade Roussel est établie en avant de Ianovitschi ; comme le général Bruyère le fera remarquer le lendemain, son rapport ne signifie rien

Roussel à Bruyère, bivouac de Grolki (AN) :

« J'ai l'honneur de vous rendre compte que dans la poursuite que j'ai faite aujourd'hui, vers et au delà de Ianovitschi, j'ai fait 78 prisonniers, qui tous ont été remis à l'infanterie ; 30 charettes chargées de pain et de farine ont été également enlevées à l'ennemi. Le pain a été distribué à ma brigade et a suffi pour un jour.

Je prends la liberté, mon général, de vous recommander le capitaine Knoblauch du 2e régiment de hussards prussiens ; il commandait l'avant-garde, il a montré beaucoup d'ardeur ; il s'était également conduit avec la même résolution à la reconnaissance que j'ai faite sur la Dvina. Il s'est trouvé coupé par l'ennemi, et s'est fait jour à travers en faisant encore trois prisonniers; c'est un officier distingué sous tous les points de vue.

Je me suis établi ici, comme me l'avait ordonné M. le général Nansouty; j'ai à trois quarts de lieue d'ici, sur la grande route, un régiment de ma brigade, qui est là pour soutenir la grand'garde que j'ai portée à un quart de lieue plus loin. »

Corps de Montbrun. — Nous verrons, avec le IIIe corps, le résultat de l'exploration du général Sebastiani.

A 9 heures du soir, Sebastiani expédie à Berthier copie du second rapport qu'il a adressé dans la journée au maréchal Ney.

Sebastiani à Berthier, 9 heures du soir, Falkovitschi (AN) :

« J'ai adressé aujourd'hui deux rapports à Son Excellence le duc d'Elchingen, dont le plus détaillé et le plus important est le suivant :

Je suis parti ce matin à 6 heures, et je ne suis arrivé ici qu'à midi malgré la rapidité de notre marche. On doit compter sept fortes lieues et même huit de Falkovitschi à Lïozna ; il y en a quatre de Lïozna à Roudnïa. Le chemin que j'ai parcouru aujourd'hui est généralement difficile et boisé, ce n'est qu'à un quart de lieue de Lïozna que le pays est découvert pendant une demilieue.

Nous avons trouvé en arrivant ici une arrière-garde, sept ou huit cents Cosaques, que nous avons chargés et poursuivis pendant une lieue, nous avons pris une douzaine d'hommes. M. le lieutenant d'Aubusson a été blessé légèrement d'un coup de feu et cinq chevaux du même régiment, le 9e hussards, ont été tués. Notre charge et notre poursuite ont été arrêtées par un ruisseau marécageux et un bois très épais où nous avons été accueillis par une fusillade d'infanterie. Voyant que j'étais absolument sur l'arrière-garde de l'armée ennemie, j'ai pris position de la manière suivante :

J'ai placé le général Mouriés avec sa brigade à Statzowo (?), moitié chemin de Falkovitschi à Lïozna ; j'ai donné ordre à ce général de pousser des partis sur la route de Babinovitschi vers Kouïnki et au-dessus ; il doit en envoyer dans la direction de Ianovitschi.

Le général Beurman avec sa brigade est en arrière de Lïozna, poussant des partis sur Kolouichki.

La brigade Subervie, en avant de la ville à l'embranchement des routes de Roudnïa et de Liouvavitschi.

La brigade d'hussards une lieue en avant de Lïozna, sur la route de Roudnïa.

La brigade de chasseurs à une égale distance de la ville que la précédente sur la route de Lïouvavitschi.

Je pousse demain des partis sur Roudnïa et Lïouvavitschi, il y aurait trop de dangers à les occuper.

L'ennemi continue sa retraite et se porte en toute hâte sur Smolensk. Le corps de Doktorof fait l'arrière-garde. Ce corps se compose de deux divisions, la 7e et la 24e, la première commandée par le général Kapsévitsch, et la seconde par le général Constantinof. Ce corps a commencé sa retraite de Lïozna ce matin à 6 heures. La garde dont j'ai parlé dans mon rapport d'hier, la 4e division et une autre dont on n'a pu me dire le numéro, mais toutes les deux du corps de Bagghowouth ou Touzkof sont parties à minuit. J'évalue la force de ces quatre divisions, de la garde et la cavalerie à 50.000 hommes. Hier Barclay de Tolly, Doktorof et Bagghowouth étaient ici.

On m'assure que Platof avec ses vingt mille Cosaques est à Doubrovna sur le Dniéper à douze lieues de Lïozna et à seize de Vitebsk.

Les Russes disent partout que leur jonction avec Bagration sur Smolensk est assurée et que, près de cette ville, ils comptent livrer bataille à l'armée française.

P. S. — Il est de mon devoir de prévenir Votre Altesse que la force de la division que je commande n'est que de 2.300 combattants dont les chevaux sont harassés. »

IVe Corps. — A 2 heures, le Prince Eugène entrait à Souraj. D'après les premiers renseignements recueillis, les Russes n'auraient pas dirigé de troupes par cette ville, sauf les malades. Ce rapport était exact.

Prince Eugène à Napoléon, Souraj, 2 heures (AN):

« Sire, j'ai l'honneur de rendre compte à Votre Majesté que je viens d'arriver à Souraj ; les troupes de Votre Majesté y sont entrées ce matin à 11 heures, sans aucune résistance. Les Cosaques avaient abandonné la ville ce matin de très bonne heure, après avoir mis le feu aux magasins de foin et d'avoine. Hier matin, ils avaient commencé à évacuer les magasins de farine et quelques dépôts de malades et blessés qui existaient dans la ville ; cette nuit est parti le dernier convoi. Je ferai courir cette nuit sur leurs traces la cavalerie légère.

Tous les habitants sont restés dans la ville, si j'en excepte toutefois les principaux qui ont été emmenés par les Russes ou sont partis avec eux.

J'ai requis les habitants d'ici de donner 25.000 rations de pain, sous deux jours ; il se sont récriés sur l'impossibilité de le faire ; mais je les ai menacés de faire piller leur ville, et j'espère obtenir ma demande.

Cette ville est très petite, et n'a que 1.200 habitants ; le pays à deux lieues aux environs est le pays le plus cultivé depuis Vitebsk jusqu'ici. Tout le pays d'ici à Vélij et Ianovitschi paraît être une vaste plaine, dont un tiers en bouquets de bois, un tiers en terres incultes ou broussailles et le troisième tiers ayant du seigle, du froment et du sarazin.

D'après les premiers renseignements pris, il paraît constant qu'il ne s'est point retiré de corps d'armée par ici, mais seulement les malades et les blessés; ces derniers, dit-on, sont en assez grande quantité. Je fais lever dans ce moment le terrain au delà de la Dvina, et autour d'ici, et j'en enverrai demain le croquis à Votre Majesté par son officier d'ordonnance. »

IIIe Corps. — Les résultats obtenus par l'exploration sur les routes de Souraj et de Ianovitschi étaient peu précis. Au contraire, dès 7 heures du matin, Sebastiani pouvait indiquer que la garde et le corps de Doktorof se retiraient par la route de Roudnïa.

Sebastiani à Ney, Krasing (?), 7 heures du matin (AN) :

« Non seulement le général Korf, avec une partie de la garde, se trouve sur cette route, mais Doktorof avec tout son corps d'armée ; on prétend même que Baggowouth avec le sien s'y trouve aussi.

Les avant-postes des Cosaques étaient cette nuit ici, la plus grande partie des troupes a dû bivouaquer à Lïozna ; les troupes ont défilé hier par Krasing (?) jusqu'à huit heures du soir. A Lïozna, j'obtiendrai de nouveaux renseignements que je m'empresserai de faire passer à Votre Excellence. »

A 10 heures, un premier rapport du maréchal rendait compte, qu'à l'exception de la batterie de 12, toute son artillerie était au camp.

Ney à Berthier, Falkovitschi, 10 heures du matin (AN) :

« J'ai l'honneur de mettre sous les yeux de Votre Altesse Sérénissime le résultat du rapport que je me suis fait donner par le général Foucher, commandant l'artillerie du IIIe corps d'armée.

L'artillerie wurtembergeoise attachée à la cavalerie légère, ainsi que l'artillerie régimentaire attachée aux 10e et 11e divisions sont au camp depuis hier soir.

Les 14 bouches à feu attachées à chacune des 10e et 11e divisions sont arrivées ce matin au camp vers neuf heures avec un caisson par pièce. Les réserves de chacune des divisions étaient hier à quelques lieues en arrière de Vitebsk. Un capitaine d'artillerie est dans cette ville pour la diriger sur Falkovitschi ; cet officier doit également diriger le parc de l'armée.

Le général Martrichevitz est parti de Vilna le 13 juillet pour rejoindre le corps d'armée avec la batterie de 12 ; on lui a envoyé des officiers pour lui faire connaître la direction qu'il devra suivre ; on n'en a pas encore de nouvelles, mais on présume qu'il marche à la suite du IIe corps. »

Le rapport de Sebastiani parvenait au maréchal Ney à 4 heures et demie du soir.

La présence de forces russes considérables à Lïozna le déterminait à ne pas encore étendre son corps dans les quartiers de rafraîchissement.

Ney à Berthier, Falkovitschi, 4 heures 1/2 du soir (AN) :

« Je reçois à l'instant une lettre que le général Sebastiani m'a écrite de Krasing ce matin à 7 heures, et dont je joins ici copie. Votre Altesse y verra que l'ennemi à des forces assez considérables sur la route de Smolensk.

Je ne pourrais donc pas, sans compromettre mes troupes, les étendre trop loin sur cette direction pour les faire vivre, et je les laisserai dans les positions qu'elles occupent maintenant, jusqu'à ce que de nouveaux renseignements parvenus à l'Empereur aient permis à Sa Majesté de faire connaître le parti auquel elle aura jugé convenable de s'arrêter. Au surplus, les nouvelles que j'attends encore du général Sebastiani me mettront peut-être à même de savoir d'une manière positive jusqu'à quel point je pourrai m'étendre sans rien risquer. J'ai fait faire ce matin par chaque division des détachements qui, je l'espère, rapporteront des vivres. »

Sebastiani arrivait à Liozna à midi ; cette ville n'était plus occupée que par une arrière-garde de 7 à 800 Cosaques.

Ces derniers se retirèrent jusqu'à un marais et un bois très épais, où le feu de l'infanterie arrêta notre cavalerie. Sebastiani en conclut qu'il était sur l'arrière garde ennemie.

Le général Sebastiani faisait alors prendre à sa division les positions suivantes :

La brigade Mouriès, à moitié chemin de Lïozna à Falkovitschi, poussant des partis sur la route de Babinovitschi au village de Kouïnki et sur celle de Ianovitschi ;

Le général Beurman, en arrière de Lïozna, éclairant vers Kolouïchki ;

La brigade Subervie, en avant des routes de Roudnïa et de Lïouvavitschi ;

La 8e brigade, sur la route de Roudnïa ;

La 7e brigade sur la route de Lïouvavitschi.

Les renseignements qu'il s'était procurés étaient en partie exacts; la garde et le VIe corps avaient en effet pris cette route; mais il était faux que la 4e division, le général Baggowouth et Barclay de Tolly s'y fussent trouvés.

Fait important, les Russes annonçaient hautement leur intention de livrer bataille à Smolensk, après s'y être réunis à Bagration.

Ier Corps. — *Troupes aux ordres du maréchal Davout.* — En arrivant à Chklov, le maréchal reconnaissait l'exagération du rapport du général Gérard, et réduisait l'affaire de Chklov à une simple échauffourée, occasionnée par un manque de surveillance. Ayant reçu le rapport du 28 de Bordesoulle où celui-ci l'informait de la marche de Bagration sur Smolensk, le maréchal se décidait à continuer son mouvement sur Orcha, prévenant ainsi les ordres de l'Empereur.

Davout à Napoléon; Aleksandria, 2 heures après-midi (AN):

« J'ai eu l'honneur d'adresser hier à Votre Majesté un rapport du général Gérard qui annonçait que l'ennemi était entré à Chklov, au nombre de 3.000 chevaux; peu de moment après, j'ai reçu un rapport du chef d'escadron Josselin, du 2e régiment de chasseurs qui a été surpris à Chklov. Ce rapport confirmait celui du général Gérard. Il ajoutait qu'on avait aperçu des régiments de dragons.

A mon arrivée à Chklov, j'ai eu la certitude que ces rapports étaient exagérés, que ce n'était qu'une échauffourée faite sans aucun plan contre un détachement qui ne se gardait pas, et qui, au lieu de se placer sur les hauteurs, s'était logé en ville, laquelle est entourée d'un lac et du Dniéper. J'adresse à Votre Majesté une déclaration de l'archiprêtre grec de Chklov qui donne des renseignements positifs sur cette échauffourée. Ayant reçu le rapport ci-joint du général Bordesoulle sur la retraite du prince Bagration (1), j'ai continué ma route sur Orcha avec les divisions Dessaix, Compans, Claparède, Valence et la brigade Pajol.

J'ai cru, dans les circonstances actuelles, ce mouvement tout à fait dans l'esprit des opérations de Votre Majesté; j'agirai suivant les nouvelles que je recevrai de Vitebsk, ou suivant les ordres que Votre Majesté voudra bien me faire donner.

Le prince Poniatowski est à Mohilev, le général Tharreau est à Orcha occupant ce pays-ci par de l'infanterie et de la cavalerie.

Un officier d'artillerie est arrivé pour diriger le parc du Ier corps sur Vitebsk, il n'arrive que ce matin à Chklov et aura de la peine à être ce soir à Orcha.

(1) Voir page 292.

J'activerai le plus possible sa marche.

On a vu quelques Cosaques sur les hauteurs entre Chklov et ici ; le général Hammerstein dit qu'on a aperçu un régiment de hussards, mais je crois qu'il s'est trompé. J'ai envoyé un de mes aides de camp sur l'autre rive, à Kopouï, avec quelque infanterie pour avoir des nouvelles. »

A cette dépêche était jointe une déclaration qui confirmait le peu d'importance de l'affaire de Chklov.

Déclaration de l'archiprêtre grec de Chklov (Alexandre Starinkewitz), près de Chklov, minuit (AN) :

« Est parti de Chklov le 10 juillet pour se rendre à Vitebsk. Il est passé par Orcha et Babinovitschi et n'a vu dans sa route ni troupes françaises ni troupes russes. Il est arrivé à Vitebsk le 14 du même mois. Il a passé neuf jours à Vitebsk et n'a vu aucune troupe. La ville était dans la consternation. Le 19 ou le 20, il a vu passer le prince Hohenlohe, prisonnier de guerre, avec six ou sept autres. Il a appris que l'empereur Alexandre allait à Smolensk par Ouswertz, le 21 juillet, avec 400 hommes d'escorte. Le 22 juillet, époque où l'archiprêtre se mettait en route pour revenir à Chklov, il a rencontré à Vitebsk deux officiers d'artillerie qui lui ont dit qu'ils arrivaient de Drissa avec 16 pièces de canon d'artillerie à cheval, qui devaient être suivies par d'autres troupes de cavalerie et d'infanterie aux ordres du Grand-Duc Constantin, et qu'ils se rendaient directement à Orcha par Babinovitschi.

Le même jour, il a vu arriver à Vitebsk le général Beningsen, fort malade. Il est parti de Vitebsk le 22, et est venu coucher à sept verstes de là. Le 23, il a couché à Lïozna. Le 24, à Lïouvavitschi. Le 25, à Doubrovna, et il a passé le Dniéper sur un mauvais pont volant sur lequel les voitures ne peuvent passer. Il a appris que les Français étaient venus plusieurs fois d'Orcha. Il a appris à Doubrovna que l'empereur Alexandre était le 24 à Smolensk.

Le 26, il est arrivé à Chklov, où il a trouvé des Français. On lui a dit à Doubrovna que les habitants de Vitebsk, qui s'étaient sauvés à Smolensk, se sauvaient encore de Smolensk vers l'intérieur de la Russie. Dans toute sa route, il a trouvé les officiers russes fort inquiets du corps de Bagration, dont ils n'avaient pas de nouvelles.

Le 27, vers 6 heures, il entendit quelques coups de fusil sur le Dniéper, et, un instant après, il vit cinq à six Cosaques poursuivant les Français sur la route d'Orcha. Les Cosaques, continuant à passer le fleuve par dix et par vingt, quelques-uns se dirigèrent sur la route de Mohilev, ce qui entraîna le passage de la masse entière, qui ne passait pas 500 hommes, et qui se porta sur la colline qui mène à Mohilev. Au bout d'une demi-heure, les Cosaques sont rentrés en ville, et, avant 9 heures, ils en étaient partis.

Ce prêtre a été appelé par le chef des Cosaques, colonel Melnikoff, pour lui faire donner un chirurgien pour les blessés et pour servir d'interprète entre lui et un gros lieutenant Français prisonnier. Il a appris que le corps de Cosaques du Don, venant de Starodoah, avait ordre d'être rendu à Mohilev le 24 ; qu'ayant appris, à quelques verstes de cette ville, que les Français y étaient, il avait pris son chemin vers Chklov ; et qu'ayant appris qu'il n'y avait que des piquets français, il avait entrepris de les enlever.

L'archiprêtre ajoute que les Cosaques, en quittant les environs de Chklov, se sont dirigés vers Kopiès.

La réserve d'artillerie à cheval, composée de 48 pièces, a passé l'hiver à Smolensk, et devait y être encore à l'époque où l'archiprêtre a quitté Vitebsk. La moitié était aux ordres du capitaine Tebiukow. »

VIIIe Corps. — Dans la journée du 28, des Cosaques étant venus insulter les avant postes français vers Orcha, ce mouvement semblait au général Tharreau avoir pour but de couvrir le flanc gauche de l'armée de Bagration en train de passer le Dniéper, à Doubrovna. Afin de s'en assurer, et pour se conformer à l'ordre de Davout du 28, le général portait deux fortes reconnaissances sur ce point, par les deux rives du Dniéper. A la suite des prescriptions de ce même ordre, il faisait étudier diverses positions défensives pour résister à un ennemi attaquant de l'Ouest.

Tharreau à Davout, Orcha (AN) :

« Mes reconnaissances ont rencontré hier l'ennemi en forces très supérieures, à deux lieues de Doubrovna ; vers les 4 heures du matin, un corps de Cosaques les a poursuivies assez vigoureusement pour rendre leur retraite difficile, si mes hussards n'avaient été appuyés par deux compagnies d'infanterie, qui ont bien reçu l'ennemi et lui ont blessé beaucoup d'hommes. L'ennemi s'est arrêté à une lieue et demie d'Orcha. A deux heures du soir, une colonne a paru devant Orcha et paraissait avoir débouché par la route de Sava. J'étais dans ce moment à visiter deux compagnies d'infanterie placées sur la rive gauche et à la réunion de Sava à celle de Doubrovna.

Les Cosaques ont chargé les postes qui les ont éloignés à coups de fusil. Cependant, ils occupaient un village avec quelques hommes vis-à-vis et à peu de distance d'Orcha. J'ai voulu m'assurer s'ils avaient l'intention de le conserver, ce qui m'aurait convaincu qu'ils avaient un corps d'infanterie. J'ai fait passer deux escadrons au gué, qui auraient été soutenus par un bataillon au besoin.

Le village a été évacué à notre approche ; l'ennemi a marché par sa droite et a gagné la route de Doubrovna.

Sachant que Chklov était évacué, le général Borstel, ayant peu de forces devant lui à Kopouï et en arrière, l'ennemi ayant paru successivement sur toute ma ligne, j'ai supposé que ces Cosaques flanquaient la marche du prince Bagration sur Smolensk par Krasnoï. Pour m'en assurer, j'ai dirigé ce matin deux détachements sur Doubrovna par les deux rives du Dniéper. Le général Hammerstein m'écrit à la hauteur de Svatovchtchitsouï qu'il n'a rien rencontré, et qu'aussitôt que le général Legras, qui marche à sa gauche par la rive droite, sera à sa hauteur, il se porterait de concert à Doubrovna où ils se réuniront.

Ce dernier passera au gué qui conduit à Téolino. Les paysans annoncent que six régiments de Cosaques de Platof ont occupé hier le point où se trouve le général Hammerstein, qu'ils se sont mis en marche à la pointe du jour, et ont passé le Dniéper au-dessus de Doubrovna. Je présume qu'ils paraîtront dans le jour devant le général Grouchy, se dirigeant sur Lïouvavitschi. Je dirige sur Babinovitschi un détachement de 80 cuirassiers du 3e qui rejoint son régiment venant du dépôt ; je chargerai l'officier qui le commande d'une lettre pour ce général. Hier, dans la nuit, je lui ai envoyé une dépêche de Votre Excellence, le porteur n'est pas encore de retour ; j'ignore donc où est le général Grouchy qui peut avoir fait sa jonction.

D'après les rapports que me fait le général Borstel que j'ai chargé de reconnaître la position sur la Trosna et la Borossa, il paraît que cette dernière est la seule tenable ; c'est un ruisseau de deux lieues de cours, partout guéable, dont les bords sont à peu près solides partout, mais le terrain de la rive gauche domine celui de la rive droite et offre des avantages réels. La position qu'occupe la brigade est préférable ; la gauche est bien appuyée au Dniéper et le seul débouché par la grande route d'Orcha est du plus difficile accès ; quant à la position sur l'Orchitsa et en arrière d'Orcha, je l'ai reconnue moi-même. Je crois que l'armée pourrait y recevoir la bataille avec avantage. Il faudrait défendre Orcha comme poste avancé. Si on y était forcé, on détruirait facilement les deux ponts de radeaux que j'y fais jeter, et celui qui existe sur l'Orchitsa. A cette hauteur, cette rivière est plus difficile à passer que le Dniéper. Son cours est légèrement escarpé, mais cependant d'un accès assez difficile pour la cavalerie ; la ligne du camp la domine puissamment et à une distance très convenable. Le terrain est coupé par quelques ravins, mais qui ne nuiraient pas aux mouvements de l'armée.

La gauche pourrait être bien appuyée au premier ruisseau qui passe près de Mochkovo et se jette dans l'Orchitsa, au-dessous de Erochévitschi. La droite serait couverte par la rivière d'Odrov, dont les bords sont très escarpés et d'une assez bonne défense. Deux chemins praticables pour l'artillerie et perpendiculaires à la ligne conduisent à Smolianouï. J'aurai dans quelques heures un pont de radeaux sur le Dniéper vis-à-vis Orcha. Il peut être détruit dans un moment, en cas que les circonstances l'exigent et il me donne les moyens d'attaquer en force les Cosaques aventuriers. J'ai fait établir des batteries sur les points avantageux et qui fortifient ma position trop étendue pour les troupes qui l'occupent.

P.-S. — A l'instant, je reçois la lettre de Votre Excellence ; un nouveau rapport sur l'ennemi me parvient ; j'ai l'honneur de le lui adresser. »

Dans ce rapport, le général Hammerstein rendant compte que le corps qui avait passé à Doubrovna, était celui de Platof et qu'il se rendait à la grande armée.

Hammerstein, Krepievna (?) 11 heures du matin (AN) :

« Arrivé sur la hauteur au-dessus de Doubrovna, je vis quelques colonnes de cavalerie défiler le long de la ville ; aussi, je pris position derrière un ruisseau marécageux ; depuis quelque moment, je suis instruit que cette troupe a suivi la route de Vitebsk, aussi ai-je ouvert ma communication avec le général Legras et nous partons sur-le-champ sur les deux routes pour rentrer à Doubrovna. C'était le corps de Platof qui, en entier, avec ses hussards, chasseurs à pied et artillerie, passe depuis hier, se rendant à la grande armée russe. Je retournerai tard probablement, mais je rassemblerai toutes les nouvelles et renseignements nécessaires. »

Ce mouvement de Platof, au cas où il aurait dirigé sa marche sur Babinovitschi, menaçait directement le général Grouchy ; le général Tharreau l'en prévenait immédiatement, et le priait de le mettre au courant des mouvements de l'armée.

Tharreau à Grouchy (AN) :

« Mon cher Général, je suis ici avec tout ce que je commande ; le corps de Platof a passé le Dniéper au-dessus de Doubrovna, et s'est dirigé suivant les apparences sur Lïouvavitschi, à la hauteur de Babinovitschi ; il serait possible qu'il se fût porté sur Babinovitschi.

Il a passé en vue de Doubrovna ce matin les dernières troupes entre 11 heures et midi. Il est très important, mon cher Général, que j'aie des informations précises sur les positions de l'armée française et de l'armée russe, pour que je me dirige en conséquence. J'attends avec impatience votre réponse. Faites connaître à l'Empereur mon arrivée, parce qu'il est vraisemblable qu'il m'en verra des ordres, ce qui m'empêcherait de prendre une fausse direction. Le corps de Bagration a passé le 26 et le 27 le Dniéper à Nov-Bouikhov. Il n'est pas possible qu'il arrive à Vitebsk auparavant six à sept jours en marchant à marches forcées. Le porteur de ma lettre, dans le cas où vous ne connaîtrez pas mon écriture, vous dira mon nom. Expédiez-moi votre réponse par quelques dragons bien montés qui viendront au galop, alors je pourrai l'avoir vers une ou deux heures du matin. »

Ve Corps. — De Mohilev, le prince Poniatowski faisait part au maréchal Davout d'une conversation qu'il avait eue avec le colonel Latour, aide de camp du prince de Schwarzenberg. Il en résultait que, plutôt que d'engager le corps de réserve du prince de Hohenlohe, la cour de Vienne préférait laisser écraser le corps du prince de Schwarzenberg.

Poniatowski à Davout, Mohilev (AN) :

« J'ai reçu la lettre que Votre Excellence m'a fait l'honneur de m'adresser hier.

Je ne manquerai pas de faire placer, comme elle le désire, des postes pour notre correspondance ; mais leur assurer des fourrages sera bien difficile, et il n'en existe point ici, je ferai occuper sans délai les points qu'elle m'indique

Au moment où j'expédiais hier un officier au prince de Schwarzemberg pour lui renouveler la demande d'accélérer sa marche sur Minsk, le lieutenant-colonel comte de Latour, son aide de camp, m'a remis la lettre dont je fais parvenir ci-joint copie à Votre Excellence. En répondant au prince de Schwarzenberg, je lui ai rendu compte des avantages remportés sur les Russes, tant par l'avant-garde de l'Empereur que par le 1er corps, et en le mettant au fait de la position des différents corps d'armée, je l'ai engagé d'une manière très pressante à accélérer, autant qu'il le pourrait, son mouvement.

J'ai eu avec le comte de Latour une conversation trop remarquable pour que je n'en fasse pas part à Votre Excellence.

En causant avec moi, sur ce qu'on demande au prince de Schwarzenberg, il fit l'observation que, comme d'après l'intention de Sa Majesté l'Empereur, le corps autrichien avait été, ainsi que celui du général Reynier, destiné à couvrir le Duché ; ce dernier, abandonné à lui-même par le mouvement que feraient les troupes autrichiennes, se trouverait trop faible pour remplir ce but en tenant en échec le corps de Tormassof. Je lui répondis que cela pouvait être vrai, mais que probablement les opérations de la Grande-Armée prendraient sous peu une tournure assez favorable pour faireperdre aux Russes l'idée d'une invasion, ou permettre à l'Empereur d'employer plus de troupes de ce côté. J'ajoutai que j'imaginais que, dans le cas d'un danger pressant pour le Duché, le corps de réserve autrichien, sous les ordres du prince de Hohenlohe, ne resterait pas oisif à la vue des progrès que, faute de défense, les Russes pourraient faire de ce côté. Le comte de Latour me dit alors que je n'ignorais certainement pas, qu'aux termes du traité avec la France, l'Autriche ne s'était engagée à fournir contre la Russie qu'un corps de 30.000 hommes, et que celui du prince de Schwarzenberg étant bien positivement de cette force, le reste des troupes de cette puissance ne coopérerait en aucune manière dans cette guerre, que la destination du corps de réserve en Gallicie se bornait à couvrir cette partie des États autrichiens, et que cette destination était si bien connue, même des généraux russes, que le général Kamenski avait eu pendant assez longtemps, sans avoir eu visiblement la moindre inquiétude sur sa position, le corps de Hohenlohe sur ses derrières.

Etonné d'une semblable manière de concilier des intérêts opposés je voulus voir jusqu'où elle allait, et je mandai à M. de Latour, ce que ferait le prince de Hohenlohe dans le cas où, se trouvant assez rapproché du prince de Schwarzenberg pour pouvoir le secourir, il le verrait en danger d'être écrasé par des forces supérieures qu'il pourrait détruire en se joignant à lui, et s'il resterait tranquillement spectateur de la défaite d'un corps autrichien, sans rien faire pour l'empêcher. Le comte de Latour me répondit que le cas serait, en effet, très embarassant, mais qu'il présumait que, même dans cette hypothèse, on ne ferait point agir d'autres troupes que celles qui sont déjà à la Grande Armée.

Ici se termina notre conversation assez extraordinaire dans son genre; comme il peut être bon de savoir à quoi s'en tenir en pareil cas, je n'ai pas voulu manquer de faire part à Votre Excellence de ces données que le hasard me procure sur le degré d'intérêt que l'Autriche apporte aux succès d'une cause, qui devrait être devenue la sienne.

Je viens de passer en revue les troupes qui sont dans ce moment avec moi, et j'avouerai à Votre Excellence que j'ai été effrayé de la faiblesse des régiments ; elle sait que je suis parti avec un corps dont les hommes avaient plus ou moins souffert du scorbut, et qui comptait dans ses rangs près d'un tiers de conscrits qui avaient à peine quelques semaines de service, et n'étaient rien moins qu'habitués à ses fatigues ; celles que le Ve corps a essuyées jusqu'ici ont influé de la manière la plus défavorable sur la santé de tous ; il en est mort un assez grand nombre en route et, à chaque marche, on est obligé de laisser en arrière des hommes auxquels un état de faiblesse bien avancé ne permet pas de suivre. Si les circonstances ne permettent pas de retirer ce que nous avons tant à Grodno qu'avec le 4e corps de cavalerie et dans quelques endroits plus rapprochés, je ne sais vraiment pas avec quoi je me battrais un jour d'affaire. »

D'après une dépêche de Marchand, on aurait ignoré où se retirait l'armée de Bagration. Ceci semble difficile à croire, après les rapports de Bordesoulle. Fait non moins étonnant, on avait perdu tout contact avec Latour-Maubourg.

Marchand à Berthier, Mohilev (AN) :

« Depuis le 22 de ce mois, le prince Poniatowski n'a reçu aucune nouvelle du général Latour-Maubourg. Ce général était en marche pour suivre la direction du Ve corps de Sloutsk sur Svislotsch, lorsqu'il reçut l'ordre du prince d'Eckmühl de se porter de nouveau à la poursuite du prince Bagration en passant par Glousk. Comme le pays qu'il devait traverser était un défilé continuel à travers des marais, le prince ordonna de lui donner une brigade d'infanterie avec laquelle il se remit en marche sur Glousk. Depuis ce moment, on n'a plus entendu parler de lui, on a su seulement indirectement qu'il était arrivé à Glousk. On lui a envoyé hier des officiers sur les directions de Sloutsk et de Svislotsch pour le découvrir et lui porter des ordres, et nous attendons avec impatience d'en avoir des nouvelles.

La marche du prince Bagration est toujours un mystère qu'on ne peut pas dévoiler complètement, il paraît naturel, s'il est venu par le Dniéper, qu'il ait fait attaquer la tête des troupes du prince d'Eckmühl pour masquer son passage de rivière, donner des inquiétudes sur ce point, et se rendre libre le chemin qui conduit à Smolensk le long du Soj ; mais tout cela est incertain et nous aurions besoin du corps de cavalerie du général Maubourg pour pouvoir pousser des reconnaissances à fond jusque sur cette rivière.

Le Ve corps est extrêmement affaibli ; il a le tiers de son monde en arrière, ce qui ne lui permet pas de rien entreprendre dans la position qu'il occupe.

VIIe Corps. — Le VIIe Corps arrivait à Selets.

Rapport du VIIe Corps (AN) :

Le corps a pris position à Selets, le parc d'artillerie qui était resté à Kartouza-Beriouza en est parti pour Roujana. Les postes et reconnaissances n'ont vu aucun ennemi.

Corps autrichien. — A 4 heure du soir, le prince de Schwarzenberg apprenait la marche de l'armée russe sur Kobrin. Il arrêtait alors son mouvement sur Minsk, et décidait de se porter sur Slonim, afin d'y recueillir le général Reynier. Réuni à lui, il comptait reprendre vigoureusement l'offensive.

Schwarzenberg à Berthier, Nesvïj, 4 heures du matin (AN) :

« Je m'empresse d'envoyer à Votre Altesse la lettre que je viens de recevoir à l'instant même du général Reynier. (1) Il paraît que les généraux Tormassof et Kamenski ayant reçu un ordre positif d'agir sur les derrières de l'armée, le général Reynier n'étant pas assez fort, surtout en cavalerie, je ne puis m'empêcher de croire qu'il se verra forcé de se retirer vers Slonim et peut-être plus loin. Dans ce cas, il ne me reste qu'à le recevoir et à attaquer l'ennemi qui le poursuit, de concert avec lui, en observant toujours soigneusement la route de Pinsk. Dans ce moment, je crois agir d'après les intentions de Sa Majesté l'Empereur en suspendant ma marche vers Minsk. En cas de malheur, je dirigerai la retraite de ce côté là en en informant le général Latour-Maubourg et le prince Poniatowski ; plus l'ennemi s'avance, et plus il s'affaiblira, surtout en cavalerie par les détachements qu'il fera, il passera des défilés et nous offrira ainsi un moment favorable que nous tâcherons de saisir.

En envoyant ce rapport à Votre Altesse Sérénissime par le capitaine comte Voyna, j'avertis en même temps M. le duc de Bassano, à Vilna, de cet état de choses, afin de faire parvenir de deux manières différentes la nouvelle du mouvement de l'armée de Volkynie à la connaissance de Votre Altesse.

Le général Reynier était averti de l'arrêt du corps autrichien à Nesvïj. Le prince ne croyait pas que cette diversion fût sérieuse.

Schwarzenberg à Reynier (AN) :

« J'ai reçu ce matin à 3 heures votre lettre du 27 et à 5 heures, j'ai expédié un courrier au quartier impérial pour informer le prince de Neufchatel du mouvement de l'armée de Volhynie, et de la nécessité dans laquelle je croyais me trouver de ne pas abandonner Nesvïj dans ce moment, où il est essentiel de me préparer à recevoir le VIIe corps d'armée, pour aller attaquer ensemble l'ennemi qui, en s'avançant, s'affaiblirait considérablement par les pétachements nombreux qu'il fera.

A moins que je ne reçoive des ordres contraires, j'attendrai ici les nouvelles que vous me donnerez de votre situation. Si ce mouvement de l'ennemi est plutôt une reconnaissance générale tendant à inquiéter les derrières de l'armée et alarmer le pays, et non une

(1) Voir lettre du 27.

attaque réelle dirigée sur l'aile droite, les intentions de l'Empereur, je crois, ne seraient guère accomplies, si je m'arrêtais ici. Les armées sont trop avancées pour que cette diversion puisse être d'un grand effet, car plus ce corps viendrait à s'approcher de l'armée et plus sa défaite serait sûre et complète au moment où l'on dirigerait quelques colonnes contre lui. Le général Latour-Maubourg me mande aujourd'hui qu'il a fait faire une reconnaissance, jusque sur les glacis de Bobrouisk, on a remarqué que les ouvrages sont en terre et d'une assez grande étendue ; la garnison est de 5 à 6.000 hommes d'infanterie et 500 Cosaques ; la place doit être bien armée en canons de 12 et de 24. Des paysans venant de Biekhov et de Roghatschev assurent que le prince Bagration ayant voulu se diriger sur Mohilev, où il était prévenu par le prince d'Eckmühl, un engagement très vif devait avoir eu lieu le 23 et le 24, à la suite duquel les Russes s'étaient retirés dans un grand désordre au delà du Dniéper, la cavalerie à la nage et l'infanterie sur un pont qui a été brûlé ».

Xe Corps. — Ayant reçu une lettre de Murat en date du 19 ainsi que la dépêche du général Merle, le maréchal Macdonald les informait qu'il lui était impossible de passer la Dvina, faute de ponts, et que, même au cas où il en aurait eu son faible effectif, lui aurait interdit autre chose que de pousser quelques colonnes sur la rive droite de la Dvina.

Macdonald au roi de Naples (AG) :

« J'ai reçu hier à 9 heures du soir, la lettre que Votre Majesté a daigné m'écrire le 19 à minuit de Navloki.

Des lettres postérieures des 22 et 24 m'ont informé des mouvements ultérieurs de la Grande Armée.

J'étais le 22 à Jakobstadt ; ma droite devant Dinabourg ; le 26, mon centre devant la tête du pont de Riga ; à la même époque, ma gauche à Libau, Polangen et Mémel.

La Dvina n'est guéable nulle part dans toute cette étendue ; tous les bateaux sont détruits, je n'ai point d'équipages de pont, mais l'on ramasse tous les matériaux convenables pour construire des radeaux. C'est une entreprise qui sera longue, parce qu'il manque le personnel et des outils.

Etendu d'ailleurs, comme je le suis, et manquant de cavalerie, je ne pourrai présenter que des détachements insignifiants sur la rive droite. L'ennemi paraît en avoir abondamment ».

Macdonald à Merle (AG) :

« J'ai reçu à 6 heures ce matin la lettre que vous m'avez fait l'honneur de m'écrire de Disna le 25 juillet.

Je tiens une brigade de la 7e division devant Dinabourg; les deux autres réunies à peu de distance de Jakobstadt, mon centre devant la tête de pont de Riga, ma gauche à Libau, Polangen et Mémel. De Dinabourg, la Dvina n'est point guéable dans son cours; les bateaux sont détruits, et je n'ai point d'équipages de pont. Je manque également de personnel et d'outils; néanmoins on met toute l'activiié désirable à rassembler tous les matériaux nécessaires pour la construction de radeaux.

Je suis si étendu que lors même, que j'aurais un pont, je ne pourrais montrer que quelques détachements sur la rive droite; étant forcé d'observer Dinabourg et Riga par les deux rives; ces points sont fortifiés et fortement occupés, et l'ennemi montre un bon nombre de cavalerie.

Je n'en ai que peu à lui opposer.

L'officier porteur de votre lettre m'assure même qu'il y a un parti de 7 à 800 chevaux sur la rive gauche du côté de Braslav, et qu'une colonne mobile du corps du duc de Reggio est à sa poursuite.

Faites connaître, je vous prie, au duc de Reggio que je suis hors d'état de communiquer avec son corps par la rive droite ».

Au duc de Bassano, le maréchal mandait qu'un fort parti russe était signalé sur la rive gauche, vers Braslav. Il l'informait, que tout en y mettant la plus grande activité, le manque de bras, d'argent et de matériaux était un obstacle sérieux pour la construction du pont.

Macdonald au duc de Bassano (AG) :

« Depuis la réception de la lettre de Votre Excellence du 24, à laquelle j'ai répondu le 26, je n'ai point reçu de nouvelles ultérieures de sa part ni de la Grande Armée. J'ai étendu la 7e division jusque devant Dinabourg. L'ennemi paraît occuper fortement cette place et Riga et observer le cours du fleuve; on dit même qu'il a un fort parti de cavalerie sur la rive gauche du côté de Braslav.

Le pont de Dinabourg est rompu, aucun gué n'est praticable de Dinabourg à Riga.

On met la plus grande activité à réunir tous les matériaux pour la construction des radeaux, on manque de bras et d'outils.

Les Prussiens, devant la tête du pont de Riga, m'ont annoncé un débarquement d'Anglais; un déserteur de cette nation fait le même rapport en exagérant sans doute le nombre des troupes mises à terre.

Je suis si faible, surtout en cavalerie, et si étendu que je ne puis rien entreprendre d'utile ».

Corps prussien. — De Péterhof, le général de Grawert rendait compte au maréchal qu'il avait fait sommer la place de Riga sans grand espoir de succès. Toutefois, il avait voulu utiliser la terreur que l'incendie des faubourgs y avait causée.

De nouveau, il le mettait au courant de l'emplacement de ses troupes ; celles-ci n'avaient pas éprouvé de changement, sauf un bataillon en plus dirigé sur Dahlenkirchen. Le corps prussien était alors placé : trois bataillons, deux compagnies de chasseurs, deux escadrons de hussards et une batterie à cheval, sous le colonel de Horn, à Dahlenkirchen ; huit bataillons, deux compagnies de chasseurs, sept escadrons de dragons et quatre batteries à St-Olai ; deux escadrons, à Boberek ; un bataillon à Schlock ; deux bataillons, sous le colonel de Reuss à Libau ; deux bataillons et une batterie, à Mémel ; deux bataillons qui venaient de Mémel, s'arrêteraient, l'un entre Mittau et Mémel, l'autre à Mittau ; 1/2 batterie de 12 et une batterie de 6 étaient à Tilsit ».

Grawert à Macdonald, Peterhof (AG) :

« J'ai eu l'honneur de recevoir les cinq lettres du 26 que Votre Excellence a bien voulu m'écrire. Je lui suis très reconnaissant des bonnes nouvelles qu'elle m'a communiquées des progrès rapides de la Grande Armée. Nous tous en avons ressenti la plus vive joie, et il est hors de doute que les grandes combinaisons de l'Empereur amèneront à des résultats plus surprenants encore.

La lettre de Votre Excellence m'expriment, comme objet principal, de contenir la garnison de Riga. Je puis bien assurer d'en venir à bout, si des renforts très considérables ne lui arrivent pas. Je ne la juge pas assez forte pour faire des opérations combinées sur les trois points que j'occupe, sans dégarnir entièrement la place, ce qu'elle n'osera se permettre.

Les nouvelles du succès de la Grande Armée et de l'évacuation du camp retranché russe de Drissa d'un côté, et l'avis de l'autre qu'on est à Riga dans une grande consternation, augmentée par un fort incendie qui menaçait de mettre en cendre la plus grande partie de la ville et même l'arsenal, m'ont porté de faire sommer la place. J'ai envoyé pour cet effet hier le major de Hiller avec une lettre au général Essen, sur laquelle j'attends encore la réponse, comme l'on n'a pas fait entrer M. Hiller. Votre Excellence jugera que je suis bien éloigné d'attendre un succès complet de cette démarche un peu gasconne ; cependant, il est possible que des coups d'essai pareils réussissent ou du moins en imposent, raison suffisante pour les tenter.

Dans mon emplacement actuel, j'ai sur la droite le colonel de

Horn, à Daklenkirchen, avec deux bataillons de fusiliers, deux compagnies de chasseurs, deux escadrons de hussards et une batterie à cheval. Je lui enverrai encore le bataillon de fusiliers qui arrive du détachement du général d'York. Un poste intermédiaire à Plakan, assure la communication.

Je me trouve au centre avec huit bataillons, deux compagnies de chasseurs, sept escadrons de dragons, et quatre batteries dont une et demie à pied et deux et demie à cheval.

Sur ma gauche, en avant jusqu'à Boberek, j'ai placé le colonel de Jeanneret avec deux escadrons de hussards, un détachement de chasseurs pris sur les deux compagnies du centre, et un bataillon de fusiliers est à Schlock pour observer la côte.

Libau est occupé par deux bataillons de fusiliers sous le major de Reuss ; à Mémel, resteront deux bataillons et une batterie ; à Tilsitt la demi batterie de 12 et une batterie à pied de 6. Deux bataillons sont en marche de Mémel pour s'arrêter, l'un à moitié chemin de Mémel à Mittau, et l'autre pour faire la garnison de cette place.

Ma communication directe est établie sur ma droite, mais des marais impraticables l'empêchent avec la gauche, et obligent de prendre en arrière route, près de l'Aa.

Je m'occupe à établir une tête de pont sur la Eckau, là où la grande route la traverse, et non loin du confluent de la Missa avec l'Eckau, je fais mettre une flèche pour couvrir le passage. En outre, je fais arranger une position de réserve devant la tête de pont près Zennhof, d'où je suis à même de me porter à droite, à gauche et en avant.

Voilà, Monseigneur, l'esquisse de mes dispositions pour remplir la destination actuelle du corps sous mes ordres et pour être sûr contre tout échec.

Des reconnaissances sur Riga tiennent en haleine la garnison. J'en ai fait faire une hier sous M. le général de Massembach, à laquelle on a reconnu l'ancienne route sur Riga, par laquelle la communication avec Dahlenkirchen pourra être établie plus en avant, dès qu'il sera nécessaire de s'approcher davantage.

Je resterai dans ma position actuelle jusqu'à nouvel ordre, ou jusqu'à ce qu'un corps se sera porté sur la rive droite devant Riga. L'ennemi ne m'inquiète pas, sinon qu'on fait des démonstrations avec des chaloupes canonnières et des bateaux armés vers Dahlenkirchen, sans cependant se permettre des tentatives sérieuses.

J'aurai l'honneur d'adresser sous peu à Votre Excellence un plan très exact de ces contrées, et que je fais travailler à Mittau sur des renseignements qui y ont été trouvés. Le plan achèvera de donner à Votre Excellence une connaissance parfaite de mon emplacement et des travaux que je fais faire.

La carte que vous m'avez envoyée, Monseigneur, pour y faire mettre ma position est très insuffisante et quelque retard sera évalué par une plus grande exactitude.

30 JUILLET

Ordres donnés par l'Empereur.

La dépêche du 29 où Sebastiani signalait la présence de 50.000 hommes sur la route de Roudnïa, servait de base aux premières dispositions de l'Empereur. Admettant que toute l'armée ennemie s'était trouvée le 29 à Lïozna, il donnait ses ordres de façon à concentrer en deux jours l'armée sur Lïozna.

En outre, au cas où les Russes effectueraient réellement leur retraite, celle-ci pouvait s'opérer, soit directement sur Smolensk, soit en passant le Dniéper à Rasasna. L'Empereur s'étant décidé à laisser reposer l'armée, était donc obligé d'abandonner à l'ennemi l'initiative.

En conséquence, le roi de Naples devait appuyer sur Roudnïa ; de façon à surveiller tout le terrain entre la Kasplia et le Dniéper.

Le IVe corps mettrait une division à sa disposition, et se placerait de manière à être concentré en deux jours à Lïozna.

Berthier au roi de Naples, 4 heures du matin (AG) :

« Il paraît que l'ennemi a traversé, hier 29, Roudnïa, il est donc très important que vous vous dirigiez sur Nikoulino route de Roudnïa, afin de pouvoir, suivant les circonstances, couvrir le Dniéper et la Dvina. Le maréchal duc d'Elchingen se rend à Lïozna et l'Empereur fait également appuyer sur cette route les trois divisions du Ier corps. Il est convenable que le Vice-Roi étende sa droite jusqu'à Kolouïchki. Votre Majesté peut prendre la division Broussier, si elle le trouve nécessaire pour aider son mouvement sur Roudnïa ; mais si elle n'en a pas absolument besoin, elle pourrait la laisser entre Souraj et Kolouïcki ».

Berthier à Eugène, Vitebsk, 4 heures du matin (AG) :

« Monseigneur, il paraît que toute l'armée ennemi était, hier 29, à Lïozna, il est donc indispensable de pouvoir se réunir contre elle, si le cas l'exigeait. Le roi de Naples va se rendre à Roudnïa, et

Votre Altesse doit l'appuyer par la division Broussier, en cas que ce soit nécessaire. La division Broussier paraîtrait bien placée entre Souraj et Kolouïchki, de sorte qu'en deux jours, le corps de Votre Altesse pourrait promptement se réunir sur Roudnïa ».

Le maréchal Davout recevait ordre de s'établir à Orcha, il y ferait construire une tête de pont. Cette prescription, répétée à plusieurs reprises, nous montre l'importance que l'Empereur attachait à pouvoir manœuvrer par les deux rives du Dniéper.

Berthier à Davout, 5 heures du matin (AG) :

« Il paraît certain, Prince, que toute l'armée ennemie était hier Lïozna; le général Sebastiani et le duc d'Elchingen la suivent. Il paraîtrait convenable que le général Grouchy couvrît la rive droite du Dniéper. Le bruit du pays est que l'ennemi se retire sur Smolensk. Il serait convenable, Monsieur le Maréchal, que tous les malades que vous avez à Mohilev fussent évacués à Borisov, afin que Mohilev ne soit occupé que par l'extrémité de votre droite. La position naturelle de votre quartier général doit être Orcha, où il faudrait avoir un pont et une tête de pont sur le Dniéper. Il faut voir à présent, Monsieur le Maréchal, le parti que l'ennemi va prendre. Il paraît que l'on ne peut plus empêcher sa réunion, puisqu'on doit supposer que le 30 il est à Roudnïa, et que Bagration est probablement aujourd'hui au moins à la hauteur de Mohilev.

L'armée étant fatiguée a besoin de repos ; on peut donc considérer la première scène de la campagne comme terminée.

Il faut, Monsieur le Maréchal, se former des magasins, se reformer, réunir les hommes qui sont en arrière, reposer la cavalerie et la remettre en état pour les seconds événements de la campagne. Vous devez, Monsieur le Maréchal, continuer de donner des ordres au général Grouchy, toutes les fois que les circonstances l'exigeront.

Recommandez, Monsieur le Maréchal, que chaque corps envoie exactement l'état de ses pertes et que la situation du personnel des hommes et des chevaux soit faite exactement.

Il importe beaucoup à l'Empereur de connaître pour lui seul la vérité ».

Le Maréchal Ney se rendrait à Lïozna.

Berthier au maréchal Ney, 5 heures du matin (AG) :

« Il paraît, Monsieur le Maréchal, que le roi de Naples va se rendre par Kolouïchki sur Roudnïa. pour couvrir tout le pays entre la Kasplia et le Dniéper. Il est donc convenable que vous vous portiez avec votre corps d'armée à Lïozna. Je donne l'ordre aux trois divisions du Ier corps de se diriger sur Falkovitschi. Il paraît que le prince d'Eckmühl s'approche d'Orcha. Il est très important de connaître le mouvement que l'ennemi fera de Roudnïa. Continuera-t-il son mouvement directement sur Smolensk, ou va-t-il sur le Dniéper pour le passer à la hauteur de Lïadoui. Ecrivez au général Sebastiani de bien suivre l'ennemi pas à pas, et de connaître ses mouvements ».

Dans cette situation, le rôle de Sebastiani, devenait capital ; l'Empereur lui recommandait donc de suivre l'ennemi pas à pas, afin de reconnaître s'il se retirait sur Krasnoï, Rasasna, ou Smolensk.

Berthier à Sebastiani, 5 heures du matin (AG) :

« Monsieur le général Sebastiani, je vous recommande de suivre l'ennemi pas à pas, et de bien connaître ses mouvements. Votre rôle devient très important car il paraît que vous êtes sur la piste de sa véritable direction. L'ennemi continuera-t-il à se porter sur Smolensk ? ou se dirigera-t-il sur Rasasna ou sur Krasnoï ? Questionnez et instruisez-vous ? »

Enfin le général Grouchy devait couvrir Orcha sur la rive droite du Dniéper.

Berthier à Grouchy, 5 heures du matin (AG) :

« Il paraît décidé, Monsieur le général Grouchy, que l'ennemi s'est dirigé sur Roudnïa où le général Sebastiani et le duc d'Elchingen le suivent. Il paraît nécessaire qu'avec votre cavalerie, à moins que vous ne receviez d'autres ordres du prince d'Eckmühl, vous vous postiez de manière à couvrir le pays entre Doubrovna et Rasasna et par ce moyen couvrir Orcha du côté de la rive droite du Dniéper.

Le VIe corps était appelé à Béchenkovitschi où il se reposerait ; Les vivres seraient tirés de la rive droite de la Dvina.

Berthier à Gouvion-Saint-Cyr, (AG) :

« L'intention de l'Empereur, Monsieur le général Saint-Cyr, est que vous concentriez toutes vos troupes bavaroises à Béchenkovitschi. Vous placeriez la première division sur la rive droite de la Dvina avec l'ordre de pousser des partis, sur Sirotino et faire des réquisitions régulières sur le pays de la rive droite pour approvisionner Béchenkovitschi, et pour vous procurer pour vingt jours de pain biscuité. Ne tirez rien pour votre corps d'armée de la rive gauche.

Faites construire six fours de plus à Béchenkovitschi et faites fournir par vos divisions un millier de travailleurs pour travailler à la tête de pont. Vous aurez soin de leur faire donner de l'eau-de-vie. L'Empereur veut donner quelques jours de repos à l'armée pour laisser passer les grandes chaleurs. Profitez de ce temps pour vous rallier et bien reposer votre corps d'armée. Instruisez-moi de ce qu'il pourra y avoir de nouveau ».

Au maréchal Oudinot, l'Empereur prescrivait de nouveau de raser le camp retranché de Drissa, et de se mettre en communication avec le maréchal Macdonald qu'il supposait passé sur la rive droite.

Napoléon à Berthier, Vitebsk (AG) :

« Mon cousin, écrivez au duc de Reggio pour lui recommander de nouveau la destruction du camp retranché de Drissa ; qu'il serait bien malheureux si, par des circonstances quelconques, un corps ennemi revenait à Drissa, qu'il pût encore profiter de ses ouvrages ; que le rasement de ce camp retranché est donc de la plus grande urgence ; qu'il est important qu'il se mette en communication avec le duc de Tarente, qui doit avoir passé sur la rive droite près de Dinabourg ».

Dans la journée, l'Empereur se faisait adresser un rapport sur l'état des divisions du 1er corps ; le général Lobau le trouvait suffisamment bon.

Comte Lobau à l'Empereur, Vitebsk (AN) :

« J'ai l'honneur de remettre ci-joint à Votre Majesté, pour satisfaire à ses ordres, les rapports d'appel de ce jour, des 1re, 2e et 3e divisions du Ier corps d'armée ; Votre Majesté remarquera qu'elles offrent encore environ 30.000 hommes présents.

J'ai consulté les généraux de division sur l'utilité qu'il y aurait à ce qu'il restassent en position aujourd'hui.

Le général Friant seul demande la journée de repos, les deux autres inclinent pour le départ dans la soirée, et il est bon d'observer que l'établissement de la division Friant est le meilleur.

Il y a un chemin au-dessus de la ville par lequel pourront passer ces divisions pour gagner la route d'Orcha. Il est praticable pour l'artillerie.

Les divisions mangent passablement aujourd'hui. Elles mangeront encore demain sans le secours de Vitebsk. Il est probable qu'elles trouveront quelque chose dans la nouvelle direction qui leur sera donnée. La viande surtout ne manquera pas.

Le commandant de la troisième division désirerait que la gauche marchât en tête. Celui de la première désire le contraire.

Ces divisions me paraissent avoir encore une grande force d'organisation et un bon esprit ».

L'Empereur se décidait alors à faire appuyer par la division Gudin le général Grouchy. Celui-ci était averti du mouvement qu'une partie de l'armée opérait sur la droite, et recevait ordre de reprendre cette ville au cas où il l'aurait abandonnée, l'empereur croyait en effet, nous ignorons par quels renseignements que ce général avait abandonné Babinovitschi.

Berthier à Gudin, 8 heures du soir (AG) :

« L'Empereur ordonne, Général, que vous partiez demain 31 à 1 heure du matin pour vous rendre à Poloviki, route de Babinovitschi où se trouve le général Grouchy. Vous fournirez à ce général l'infanterie légère dont il aura besoin pour appuyer ses reconnaissances de cavalerie, et, en cas que le général Grouchy soit menacé à Babinovitschi, vous pourrez marcher à son secours. Vous m'enverrez tous les jours des rapports ; il y a sur la route des chevaux de correspondance. Il est essentiel que vous fassiez faire des magasins et que vous viviez des subsistances qui vous seront données par le pays. Il faut que le service de vos vivres soit organisé.

Faites sentir aux autorités du pays que le seul moyen d'empêcher la maraude, est de fournir la subsistance aux soldats et en règle ».

Napoléon à Berthier, Vitebsk :

« Mon cousin, écrivez au général Grouchy que j'ai reçu sa lettre ; que j'espère qu'il n'aura pas évacué Babinovitschi, puisqu'il aura reçu mes lettres d'hier, où je lui faisais connaître que le général Sebastiani marchait sur Roudnïa, et lui recommandais de couvrir le pays de la rive droite du Borysthène. Mandez-lui que le roi de Naples couche ce soir à Kolouïchki, et qu'il sera probablement demain à Roudnïa ; que le duc d'Elchingen est à Lïozna. Dites que j'envoie la division Gudin à Poloviki ; qu'elle part à minuit et qu'elle y sera de bonne heure et fournira des bataillons d'infanterie légère pour bien assurer la position de Babinovitschi. Il est également convenable qu'il fasse occuper Lïouvavitschi ».

Comme nous l'avons fait remarquer, certains rapports portaient à six divisions l'armée de Bagration ; l'Empereur demandait au gouverneur de Minsk de s'efforcer d'éclaircir ce point si important. Pour couvrir sur la droite la ligne d'opérations de l'armée, n'ayant pas encore connaissance de la défaite de Kobrin, il pressait le prince de Schwarzenberg de se rendre à Minsk.

Napoléon à Berthier, Vitebsk (AG) :

« Mon cousin, écrivez à Minsk au général Bronikowski pour qu'il vous fasse connaître quelles sont les divisions que Bagration a renvoyées sur les derrières et celles qu'il a, et pour qu'il indique bien leur numéro.

Renvoyez au Vice-Roi, les reçus des deux officiers italiens, en lui faisant comprendre que cette marche est mauvaise et désorganise tout.

Ecrivez au prince de Schwarzenberg pour qu'il accélère son mouvement sur Minsk. Faites-lui connaître que le prince Poniatowski est à Mohilev, que le prince d'Eckmühl est à Orcha, que le quartier général est à Vitebsk, le roi de Naples à Roudnïa, le Vice-Roi à Souraj ; le duc d'Elchingen à Lïozna ; le duc de Reggio en marche sur Nevel ; que la réunion de Bagration avec la Grande Armée se fera sur Smolensk ; qu'on aurait pu l'empêcher, puisqu'elle ne pourra avoir lieu que dans cinq ou six jours, mais que la chaleur est si forte et l'armée si fatiguée, que l'Empereur a jugé devoir lui donner quelques jours de repos.

Donnez l'ordre au prince de Schwarzenberg de faire occuper Minsk par 12 ou 1.500 hommes d'infanterie, de cavalerie et d'artillerie, Lapitchi et le pont de Svislotsch pour observer Bobrouisk. Mandez-lui que je désirerais qu'il fît connaître le nombre des divisions d'infanterie de Bagration ; en a-t-il quatre ou six ? Que nous sommes incertains là-dessus, ainsi que sur le nombre des divisions de cavalerie ».

A 8 heures du soir, un ordre de l'Empereur au maréchal Davout nous montre qu'il avait connaissance des véritables lignes de retraite des Russes ; l'une passant par Roudnïa, l'autre par Poriétsche. Après lui avoir indiqué la position générale de l'armée, il lui prescrivait de nouveau d'avoir une tête de pont à Orcha et de pousser une avant-garde vers Lïouvavitschi. Le 4e corps de cavalerie devait être appelé le plus rapidement possible sur Orcha où le Maréchal aurait sous ses ordres, son corps et le VIIIe corps ; le Ve corps demeurerait à Mohilev, Au Maréchal, l'Empereur demandait également de tout mettre en œuvre pour s'assurer de la composition de l'armée de Bagration.

Napoléon à Berthier, 8 heures du soir, Vitebsk (AG) :

« Mon cousin, expédiez le Polonais que le prince d'Eckmühl a envoyé ici. Faites-lui connaître que l'ennemi se retire sur deux colonnes : l'une, composée de deux corps et de la garde impériale, par Lïozna et Roudnïa ; l'autre par Ianovitschi et Poriétsche ; que le général Sebastiani sera aujourd'hui à Roudnïa ; que le duc d'Elchingen est à Lïozna, que le général Nansouty doit être ce soir à Poriétsche ; que le vice-roi est à Souraj ; que le roi de Naples couche aujourd'hui à Kolouïchki et se rend à Roudnïa ; que le général Grouchy a abandonné Babinovitschi, mais que je lui ai ordonné de s'y rendre demain, et que je le fais appuyer par la division Gudin. Mandez-lui que mon intention est de donner sept à huit jours de repos à l'armée, qui est très fatiguée ; que j'ai préféré cet avantage à celui d'arriver à Smolensk avant Bagration. Faites-lui connaître que le prince de Schwarzenberg arrivera à Minsk du 1er au 2 août ; que je désire avoir une tête de pont à Orcha, et qu'il ait une avant-garde entre Orcha et Tovkatschi, désirant, conserver la rive de la petite Bérézina. Il faudra établir un pont sur le Dniéper avec une tête de pont ; par ce moyen, cette avant-garde aura une ligne d'opération sur Orcha par la rive droite et même sur Lïouvavitschi et Vitebsk, et tiendra en respect la route de Smolensk sur la rive gauche du Dniéper. Faites-lui connaître que le général Grouchy reste sous ses ordres ; qu'il peut lui donner l'ordre de se porter à Lïouvavitchi, ou même le placer pour former cette avant-garde ; que je désire que des magasins soient formés à Babinovitschi, afin qu'on puisse vivre sans désoler le pays. Dites-lui qu'il est nécessaire qu'il fasse venir le 4e corps de cavalerie que commande général Latour-Maubourg, le plus promptement possible sur Orcha ; qu'il aura le commandement du Ve corps et du VIIIe, ainsi que celui du 4e corps de cavalerie. Recommandez-lui d'éviter toutes les échauffourées de cavalerie en garnissant tous les postes du Dniéper, de Mohilev à Orcha, avec des détachements d'infanterie qui soutiennent la cavalerie. Faites-lui connaître que le prince Poniatowski doit établir des ponts et une tête de pont à Mohilev, pour faire des incursions à 12 ou 15 lieues dans le pays afin de remplir ses magasins ; qu'il faut que la communication d'Orcha à Vitebsk soit très rapide, en faisant établir tous les relais de poste, de manière qu'on puisse communiquer en quatorze ou quinze heures ; également pour la route de Mohilev. Dites-lui que je désire connaître positivement le nombre des divisions qu'a Bagration ; est-ce quatre ou six ? Vous enverrez un duplicata de cette lettre au général Grouchy, qui le fera passer au prince d'Eckmühl, et envoyez-lui le primata par le Polonais qu'il est arrivé d'Orcha »,

Cavalerie de Murat. — A 6 heures et demie du matin, Murat mandait à l'Empereur que l'ennemi se retirait sur Smolensk ; toutefois, il ne pouvait encore lui indiquer la direction prise par les Russes après avoir dépassé Poritsche. En conséquence, la division Bruyère recevait ordre de se porter sur ce point et d'établir son quartier général à Troubilova ; le général Nansouty aurait le sien à Ponizové.

Le général Montbrun était dirigé avec ses deux divisions sur Kolouïchki.

D'après des renseignements fournis par un juif, qui prétendait que l'armée russe avait commencé à passer le 25 à Ianovitschi, Murat croyait n'avoir eu devant lui à Vitebsk, qu'un seul corps.

Murat à Napoléon, Ianovitschi, 6 heures et demie du matin (AN) :

« Je reçois la lettre de Votre Majesté d'hier 29 à 5 heures du soir. Je n'ai pas écrit hier au soir à Votre Majesté, parce que je voulais lui donner des renseignements positifs sur la retraite de l'ennemi. Il est hors de doute qu'il marche sur Smolensk ; mais n'aura-t-il pas changé sa direction de Poriétsche?

Votre Majesté remarquera par les renseignements ci-joints que l'ennemi a commencé à passer ici samedi, que nous sommes à jeudi et que, conséquemment, nous n'avions à Vitebsk qu'un corps d'arrière-garde et toute la cavalerie.

Le général Bruyère reçoit l'ordre de se mettre en mouvement sur Poriétsche ; il aura ce soir son quartier général à Troubilova ; celui du général Nansouty sera à Ponizové. Je dirige le général Montbrun avec ses deux divisions à Kolouïchki.

J'aurai mon quartier général avec celui du général Nansouty ; on reconnaîtra Roudnïa et Babinovitschi pour se lier avec le général Grouchy.

On a fait hier une centaine de prisonniers et pris une quarantaine de voitures. Le pays offrira, j'espère quelques ressources. On a trouvé ici un magasin de fourrages et un de linge à pansement ; on m'assure qu'il existe un magasin d'avoine et deux de vin et de farine à quelques lieues d'ici ; je l'envoie reconnaître.

Je ferai reconnaître la ligne que m'indique Votre Majesté. Je pense qu'il serait peut-être utile d'occuper Poriétsche où notre gauche serait appuyée par la rivière de la Kasplïa et qui est un embranchement de plusieurs routes, et notre droite pourrait être sur Tovkatschi et Doubrovka derrière la Bérézouïnïa. »

Les renseignements dont il est question dans cette dépêche devaient être les suivants ; actuellement, ils sont conservés avec la lettre de 2 heures.

Renseignements pris de sept principaux juifs de Ianovitschi (?) (AN) :

(1) Ils ont entendu la canonnade vendredi, le soir, du côté de Vitebsk et deux heures après a passé un courrier déclarant que c'était le feu de réjouissance de la nouvelle que le renfort des Turcs s'est joint à l'armée de Bagration en Volhynie.

(2) Le Grand-Duc a passé par Ianovitschi, samedi matin, accompagné d'un seul homme, qui était à son côté, en petite calèche ouverte à quatre chevaux et il était précédé de deux courriers de quelques minutes seulement. Le juif X..., un des interrogés lui a

parlé, mais il répondait toujours : des chevaux, des chevaux. L'homme qui l'accompagnait demanda à haute voix si sur la route de Smolensk il y a des chevaux à la poste.

(3) Ils ont entendu qu'il y a plus de quinze jours que l'Empereur de Russie a passé du côté de Polotsk par Nouviaty (?) Vialize, Poriétsche, Smolensk à Moscou, pour apaiser la révolte dont la raison est que l'Empereur a laissé venir la guerre dans son pays au lieu de la faire dans le pays ennemi.

(4) Les généraux ennemis qui ont passé par Ianovitschi sont Barclay de Tolly, Doktorof, Osterman, un prince allemand parent de l'Impératrice, le comte Pahlen, Korf, Bennigsen qui a couché dans ce château lundi dernier.

(5) Depuis samedi soir jusqu'au soir d'avant-hier, ont passé par Ianovitschi chaque jour jusqu'à 700 chariots remplis de blessés de manière qu'on peut évaluer le nombre à 5.000 blessés.

(6) Ils ont entendu que l'ennemi en quittant Vitebsks est posté sur la route par Kolouïchki à Poriétsche et par ici, Ianovitschi à Poriétsche.

(7) Presque tous les régiments qui ont passé Ianovitschi se sont plaints de la perte qu'ils ont essuyée près de Vitebsk et cela a augmenté de beaucoup le découragement et la méfiance qui règne dans l'armée depuis qu'elle se retire.

A deux heures, Murat apprenait par un rapport de Nansouty que beaucoup de Russes se dirigeaient sur Poriétsche. Ayant probablement reçu la dépêche de l'Empereur de 4 heures du matin, il se rendait à Roudnïa. La division Broussier restait à Ianovitschi.

Murat à l'Empereur, Ianovitschi, 2 heures après midi (AN):

« J'envoie à Votre Majesté les rapports (1) que je reçois du général Nansouty ; il paraît que beaucoup de monde se retire sur Poriétsche. J'ai voulu les attendre avant de me mettre en route, pour être en mesure de mieux me diriger ; je pars à l'instant pour Kolouïchki et j'irai, s'il est possible, à Nikoulino d'où je rallierai le général Sebastiani qui doit être sur cette direction. Je laisse ici la division Broussier, puisque le duc d'Elchingen marche sur Lïozna. J'ai cependant fait prendre un bataillon au général Montbrun. J'écrirai ce soir à Votre Majesté et j'espère pouvoir lui annoncer ce qui a passé à Roudnïa. On croit généralement que toute l'armée s'est dirigée sur Poriétsche.

Nous avons découvert ce matin 300 sacs d'avoine et une centaine de farine. »

(1) Voir lettre de Roussel à Nansouty, page 341 et page 342.

A cette dépêche étaient joint les renseignements suivants que confirmaient ceux envoyés le matin.

Renseignements (AN) :

Le nommé X concierge du château de Lozomire à un ou deux quarts de lieue de Ianovitschi, petite ville, homme âgé et bon polonais a donné des renseignements suivants :

(1) Il a vu que près de Vitebsk, il y avait 70 régiments des différentes armes ; car les émissaires qui étaient désignés pour les conduire ont été vus et entendus quand l'on disait à l'autre combien de régiment il doit conduire.

(2) Un prêtre russe qu'on appelle X, a dîné ici mardi dernier et le concierge a entendu lorsqu'il se plaignait de sa séparation avec sa chapelle et ses effets. C'est alors qu'il a appris que l'armée qui a été près de Vitebsk sous les ordres de Barclay de Tolly, s'est divisée en deux portions dont une a passé par ici, et l'autre s'est portée sur Souraj.

(3) Il a entendu pour la première fois vendredi soir, la canonnade du côté de Vitebsk et samedi à midi le grand duc Constantin est venu en chariot à Ianovitschi, et il y a pris trois chevaux avec un juif en poursuivant sa route sur Smolensk.

(4) Depuis samedi midi, ont passé plus de 200 voitures avec les blessés, et le concierge a entendu dire que le nombre des blessés près de Vitebsk se monte à 5.000 hommes.

(5) Le ministre Barclay de Tolly a passé dans ce château l'avant-dernière nuit, et le concierge a entendu dire que l'empereur de Russie est depuis 15 jours à Pétersbourg.

(6) L'armée a filé par ici depuis samedi matin jusque hier matin et une heure après. La cavalerie polonaise est venue ici la première. L'infanterie marchait la nuit et la cavalerie le jour.

(7) L'artillerie et grand nombre de Cosaques filent nuit et jour.

(8) Il y a un magasin de farine et d'eau-de-vie à un mille d'ici à gauche de la route de Smolensk dans le château qu'on nomme Zakasplany.

A 10 heures du soir, la situation était en partie éclaircie ; Murat mandait à l'Empereur que l'ennemi s'était retiré sur Smolensk par Roudnïa, Ianovitschi et Kolouïchki. Se basant sur un rapport de Montbrun, il croyait que toute l'armée russe s'était concentrée sur Poriétsche, ce qui était inexact.

Par contre, le quartier général russe avait en effet pris la direction de Kolouïchki.

Cette concentration des Russes à Poriétsche faisait même supposer à Murat qu''ils avaient l'intention de marcher directement sur Moscou, ainsi qu'ils l'annonçaient hautement.

Avant de se prononcer, il attendait les rapports de Nansouty.

Murat à Napoléon, Kolouïchki, 10 heures du soir (AN) :

« Je m'empresse d'adresser à Votre Majesté un rapport du général Montbrun que j'ai reçu ici ; tout s'accorde à confirmer que l'ennemi a fait sa retraite par Roudnïa, Ianovitschi et Kolouïchki, et que de ces trois points, l'ennemi a marché sur Smolensk par Poriétsche, ce qui sera entièrement confirmé demain dans la journée. Le général Barclay de Tolly a couché ici, dans cette maison, avant-hier. Il est parti hier matin à 7 heures le prince de Wurtemberg, Touchkof, Doktorof et Korf. Enfin, tous les grands personnages de l'armée qui étaient à Vitebsk, ont passé ici et ont pris la route de Poriétsche où l'on dit qu'ils veulent se battre ; le prêtre chez lequel je me suis logé assure avoir entendu dire qu'ils allaient couvrir Moscou et mourir tous pour défendre l'ancienne capitale de l'Empire ; en effet, pourquoi de Vitebsk aller à Poriétsche, si l'ennemi avait le projet de se retirer sur Smolensk ? Au reste, j'espère être demain à Roudnïa, où j'aurai des renseignements plus positifs.

J'en attends aussi du général Nansouty. »

Corps de Montbrun. — Conformément aux ordres reçus, Montbrun s'était porté sur Kolouïchki. De là, il annonçait que toute l'armée russe, après s'être repliée par Ianovitschi, Kolouïchki et Lïozna, s'était retirée sur Poriétsche pour marcher sur Smolensk. Laissant la division Defrance à Kolouïchki, afin de se lier avec la gauche de Nansouty, il se rendait avec la division Wattier à Bel.

La ligne de ses avant-postes serait placée en face des villages de Nivki, Zoubenka, Jitschitsouï, Paloï et vers Roudnïa.

Montbrun à Murat, Kolouïchki (AN) :

« J'ai l'honneur de rendre compte à Votre Majesté, qu'après avoir pris des renseignements sur la marche de l'ennemi, les habitants de cet endroit m'ont assuré que toutes les troupes russes qui étaient à Vitebsk ont pris la direction de Poriétsche en passant par Ianovitschi, Kolouïchki, Lïozna et Bel, et, de Poriétsche, elles se dirigent sur Smolensk ; que les dernières troupes devaient quitter aujourd'hui Poriétsche pour marcher sur Smolensk, et qu'une arrière-garde se trouvait encore ce matin à Zasichowo (?) , à trois quarts de lieue de Bel. Je marche sur cet endroit avec la division Wattier et les deux escadrons de lanciers pour m'assurer si, réellement, il s'y trouve encore des troupes russes et débarrasser le flanc droit du corps du général Nansouty. Je prendrai même position, afin de pouvoir placer mes avant-postes en face des villages de Nivki, Zoubenka, Jitschitsouï, Paloï et dans la direction de Roudnïa ; par ce moyen, je protégerai encore un escadron de lanciers qui doit aller prendre position à Nikoulino, afin de le conserver pour le quartier général de Votre Majesté.

Je laisse le général Defrance à Kolouïchki, communiquant par sa gauche avec M. le général Nansouty sur Ponizové et Troubilova, pour savoir toujours ce qui se passe sur la grande communication et à Poriétsche. J'aurai l'honneur de donner ce soir de mes nouvelles à Votre Majesté. Je laisse mon artillerie en arrière à Kolouïchki.

J'oubliais de dire à Votre Majesté que le général Barclay de Tolly a passé ici l'avant-dernière nuit, où il a reçu un courrier de Bagration ; on ignore d'où il venait. »

Corps de Nansouty. — Sur la gauche, les patrouilles ne rencontraient aucune trace d'ennemi.

Jacquinot à Bruyère Grolki (AN) :

« La reconnaissance que j'ai envoyée sur la gauche n'a pu avoir aucune nouvelle de l'ennemi. Je viens d'en envoyer une nouvelle aussi sur la gauche, mais dans une autre direction. Le général Roussel a envoyé sur Babinovitschi et à Kolouïchki. »

A droite, vers Kolouïchki et Babinovitschi la brigade Roussel avait fourni les reconnaissances, à trois heures du matin, on n'en avait pas de nouvelles.

Roussel à Nansouty, 3 heures du matin (AN) :

« Les reconnaissances envoyées sur Babinovitschi et à Kolouitchki ne sont point encore rentrées.

Le capitaine commandant la grand'garde postée sur la route dans laquelle je suis, m'a envoyé cette nuit encore 6 prisonniers que l'ordonnance porteur de mon rapport escorte, de manière que leur nombre se monte maintenant à 84. Je viens d'envoyer une patrouille en avant pour savoir où se trouve l'ennemi dans ce moment. M. le capitaine Knoblauch m'a fait en même temps annoncer qu'hier, dans une charge faite par les tirailleurs, un hussard prussien et deux hulans polonais avaient été tués, mais qu'un capitaine russe et environ dix hommes ont été tués à l'ennemi. »

Dans un second rapport, malheureusement non daté, Roussel rendait compte que l'ennemi se repliait. Les reconnaissances vers Kolouïchki n'avaient rencontré personne.

Roussel à Nansouty, bivouac de Grolki (AN) :

« Je reçois à l'instant un rapport de M. le capitaine Knoblauch commandant la grand'garde où il me fait annoncer que l'ennemi se met en mouvement pour se retirer, et que l'on ne voit à deux milles d'ici qu'une petite arrière-garde qui fait sa retraite. L'officier envoyé à Kolouïchki en reconnaissance est rentré ; il est allé à un mille et demi d'ici et n'a rien appris de l'ennemi.

Celui envoyé sur Babinovitschi n'est point encore rentré. »

A la suite de l'ordre d'avoir à se porter en avant, Nansouty dirigeait sur Poriétsche la brigade Roussel. Ce dernier informait alors Nansouty que beaucoup de troupes russes s'étaient retirées sur ce point.

Roussel à Belliard, (AN) :

« Je viens de recevoir l'ordre que vous m'avez envoyé ; je vais l'exécuter de mon mieux.

Les habitants de cet endroit disent que les Russes se retirent sur Smolensk, passant par Poriétsche. Tout fait croire que la colonne qui suit cette route prend la même direction, l'infanterie est passée avant-hier toute la journée, et hier tout le long du jour, il est passé de l'infanterie et de la cavalerie par cet endroit.

L'ennemi mène avec lui beaucoup de canons ; il y en avait ici quatre pièces avec l'arrière-garde, qui s'est retirée à la pointe du jour. Le pays continue toujours à être couvert ; la position en arrière de ce village peut être défendue et me paraît avantageuse.

Il y a quatre milles d'ici à Troubilova, que les habitants du pays nomment Grubinen. Jusqu'à ce moment je n'ai rencontré aucune difficulté pour faire passer une armée. Il y a ici de petits chemins qui conduisent de ce village à Zanichino, Kolouïchki et Motachki ; mais on ne peut y passer qu'à cheval et à pied.

Je ne puis rien vous dire des ressources qu'offre ce pays ; je vais faire à ce sujet les perquisitions nécessaires et vous en rendrai compte.

Les villages, ici, sont assez près l'un de l'autre, surtout à gauche du chemin. »

A cette lettre, Nansouty ajoutait le paragraphe suivant :

« Un juif de Kochowitz dit qu'il est passé cette nuit deux régiments, un de hussards avec des Cosaques par le village. Hier, beaucoup de troupes, infanterie, cavalerie et artillerie, ont passé toute la journée ; avant-hier de même et les jours précédents aussi ; le 25, les bagages ont commencé à passer par la ville ; l'empereur Alexandre est passé ici il y a quinze jours ; le grand-duc Constantin vendredi dernier. Les Russes disent qu'ils abandonnent ce pays-ci et qu'ils s'en vont chez eux, qu'ils préfèrent se battre pour leur pays que pour un pays étranger. Les troupes murmurent de ce qu'on n'est pas venu attaquer les Français en Prusse. Ils disent qu'ils se battront à Smolensk. On attend l'empereur Alexandre à Smolensk. Un déserteur dit que l'empereur était à l'affaire de Vitebsk. Le juif dit qu'il est parti pour Moscou, vendredi dernier, et qu'on l'attend à Smolensk ; les déserteurs disent que l'armée est très fatiguée. »

La retraite de l'ennemi sur Poriétsche était d'autant plus vraisemblable que, sur la gauche, les patrouilles n'avaient trouvé nulle trace d'ennemis.

A 10 heures du soir, Nansouty mandait qu'il avait rencontré cinq régiments russes à une lieue et demie de Troubilova. Ne voulant pas engager d'affaire à la tombée de la nuit, il se contentait de les faire canonner. L'arrière-garde russe n'avait pas encore atteint Poriétsche. D'après les déserteurs, l'ennemi avait l'intention de se battre en avant de Smolensk ».

Nansouty, Pouizové à Murat, 10 heures du soir (AN) :

« J'ai eu l'honneur de rendre compte à Votre Majesté que mon avant-garde a trouvé environ trois escadrons en avant de Ponizové ; ces escadrons se sont bientôt retirés, l'avant-garde les a suivis ; à une lieue au delà de Troubilova, elle a trouvé cinq régiments de cavalerie. Savoir : un régiment de dragons, deux de hussards, un de hulans et les Cosaques de la garde. La division Bruyère a soutenu son avant-garde ; nous étions séparés des ennemis par un ravin ; j'ai su qu'en arrière ils avaient de l'infanterie et de l'artillerie et que leur arrière-garde n'était pas encore à Poriétsche. Je n'ai pas voulu engager d'affaire qui pouvait devenir une échauffourée, nous trouvant à l'entrée de la nuit. Je me suis contenté de faire tirer quelques coups de canons et d'obusiers, ce qui a décidé leur retraite. J'ai donné l'ordre au général Bruyère de faire suivre et de pousser, dès qu'il le pourrait, des reconnaissances sur Poriétsche. Le bataillon d'infanterie que le général Belliard m'avait annoncé, n'est point arrivé ; je n'ai point d'autre rapports que ceux que je vous ai adressés.

Les derniers déserteurs disent qu'on dit aux troupes qu'elles se battront de ce côté-ci de Smolensk, et qu'elles se battront de nouveau à Smolensk et que si elles sont battues on demandera la paix. J'ai mandé à Votre Majesté que ce pays offre très peu de ressources ; il n'y a point de comparaison avec la Lithuanie. Ci-joint le rapport sur la reconnaissance de la route depuis Ianovitschi jusqu'à Ponizové ».

IVe Corps. — Pour se conformer à l'ordre de l'Empereur du 29, le Vice-Roi portait dans la nuit du 29 au 30 une brigade italienne sur Velij ; les Bavarois, qui, la veille, avaient couché à Lemnitsa sur Poriétsche ; la brigade Guyon, dès son arrivée de Vitebsk marcherait sur Ousviat. De bonne heure, la communication était établie avec le roi de Naples à Ianovitschi.

Prince Eugène à Napoléon, Souraj (AN) :

« J'ai l'honneur d'adresser à Votre Majesté le croquis qu'elle a désiré de la position de Souraj. Elle voudra bien me faire connaître ses intentions sur la manière dont elle veut occuper ce point. En attendant, j'ai ordonné l'établissement d'un pont de radeaux sur la Dvïna, et j'ai chargé l'artillerie de l'exécution.

Le pont sur la Kasplïa n'était praticable que pour les piétons, et le génie s'est déjà occupé ce matin d'y travailler, pour le rendre capable de porter des voitures.

J'ai déjà communiqué avec le roi de Naples à Ianovitschi. J'ai fait partir cette nuit la brigade italienne pour Velij dans l'espérance d'obtenir des ressources dans cette partie. Les Bavarois étaient hier avec le général Montbrun à Lemnitsa. Ils m'arrivent ce matin et je les dirigerai sur Poriétsche.

Dès que la brigade Guyon m'arrivera par la rive droite, je l'enverrai sur Ousviat.

Hier, j'avais fait passer quelques détachements sur la rive droite avec un de mes aides de camp; il m'a ramené ce matin un convoi de cinquante-cinq voitures d'avoine qui étaient destinées pour l'armée russe; et Votre Majesté croira difficilement que ces voitures venaient de Mittau.

On va s'occuper de faire des recherches dans les environs pour se procurer des farines ou des grains. Il n'y a ici presque point de ressources pour les moutures. Il n'y a, dans tous les environs, que très peu de moulins à vent; et les moulins à eau sont fort éloignés d'ici.

Nous allons construire des fours; nous serons obligés d'aller chercher des briques à sept ou huit verstes ».

A la réception de l'ordre de Berthier du 30, à 4 heures, le prince Eugène l'informait des positions de son corps.

Comme nous l'avons vu, la division Broussier avait été laissée par Murat à Ianovitschi ; la 15e division et la garde étaient à Souraj ; la 13e division, à une lieue en arrière.

Relativement à la cavalerie, le prince observait, qu'ayant dû lui faire occuper par ordre de l'Empereur, Ousviat, Poriétsche et Velij, il lui était impossible de la concentrer en deux jours. A 3 heures du soir, la brigade Guyon n'était pas encore arrivée ; une brigade de dragons de la garde avait été dirigée sur Ousviat jusqu'au moment où elle y arriverait.

Prince Eugène, Souraj, 5 heures (AN) :

« Je reçois à l'instant la lettre de Votre Altesse de ce matin à 4 heures, dans laquelle elle me prévient que toute l'armée ennemie était hier, 29, à Lïozna, et qu'il est indispensable de se placer de manière à se porter rapidement sur Roudnïa, où vous me prévenez que va se rendre le roi de Naples. Je rends compte à Votre Altesse que le IVe corps est placé de la manière suivante :

La division Broussier à Ianovitschi.
La 15e division et la garde à Souraj.
La 13e division à une lieue en arrière d'ici.

Quant à ma cavalerie, je l'ai beaucoup trop étendue pour qu'elle puisse se réunir en deux jours sur Roudnïa ; car j'ai dû, d'après les ordres de l'Empereur, occuper Poriétsche, Velij et Ousviat.

J'ai donc dirigé les Bavarois sur la première de ces villes. La brigade italienne sur la seconde, et j'ai dû envoyer à Ousviat la brigade de la cavalerie de la garde, le général Guyon n'étant point encore arrivé. Je me suis d'autant plus pressé de faire faire ce mouvement aux dragons de la garde que j'ai appris qu'un convoi considérable était parti de Velij par Ousviat. Je prie donc Votre Altesse de vouloir bien me dire, si je dois rapprocher davantage ma cavalerie, en ne tenant ces points éloignés que par des postes, ou si je dois rester tel que je suis placé. »

Il nous est impossible d'indiquer exactement les mouvements de la brigade Guyon pour la journée du 20. Un rapport fourni par ce général est daté de Vitebsk, et nous montre sa brigade explorant vers Ghorodok ».

Guyon à , rive droite de la Dvina, Vitebsk (AG) :

« J'ai l'honneur de vous faire un second rapport sur la marche des reconnaissances dont j'ai eu l'honneur de vous rendre compte hier soir ; elles ont poussé à dix et douze lieues en avant et n'ont rien rencontré. Les renseignements pris annoncent que l'ennemi n'est point dans ces contrées, et qu'il n'y est plus reparu depuis son passage pour revenir sur Vitebsk.

La reconnaissance qui s'est dirigée sur Ghorodok, y est entrée hier soir ; la veille, les gardes magasins russes en étaient partis. La majeure partie des magasins qui y existaient ont été brûlés. L'officier commandant cette reconnaissance me marque qu'il y a trouvé seulement deux cents gros sacs de farine et cent de légumes secs : toutes ces reconnaissances sont en route pour revenir et rentreront dans la journée ».

VIe Corps. — Nous ignorons ou fut placé le quartier général du VIe corps.

IIIe Corps. — Le IIIe corps venait de Falkovitschi à Krasinski.

IIe Corps. — Le IIe corps livrait dans la journée le combat de Klïastitsouï. Bien que le rapport sur cette bataille n'ait été fourni que le 31, nous croyons devoir le donner ici.

Oudinot à Berthier, 31 juillet, 11 heures du soir (AN) :

« Monseigneur, j'ai l'honneur de rendre compte à Votre Altesse

Sérénissime que le 28 de ce mois, je mis les troupes du corps d'armée en marche sur la route de Sebej. La 5e brigade de cavalerie légère et un bataillon prirent position le même jour au gué de Sivochina, où je fis établir un pont; les première et deuxième divisions d'infanterie campèrent entre Biéloé et Sivochina ; la troisième division d'infanterie partie de Disna, prit position à Lozovka; la 6e brigade de cavalerie légère qui était chargée de couvrir la marche de cette division fut attaquée vers le soir par 1.400 ou 1.500 chevaux, hussards de Grodno ou Cosaques qui avaient passé la Drissa au gué de Valéintsouï ; le 8e régiment de chevau-légers qui essuya presque seul cette attaque, souffrit une perte de près de 80 chevaux, quoiqu'il combattit avec beaucoup de courage. Cette brigade harcelée dans sa marche, n'arriva à sa position qu'à 11 heures du soir. De l'autre côté sur la route de Sebej, la 5e brigade de cavalerie légère rencontra deux escadrons de dragons de Riga, que le général Castex fit charger, et à qui on fit quelques prisonniers ; il résultait des divers rapports et des reconnaissances qui furent poussées sur tous le débouchés dans la journée du 29, que le général Kulnef occupait Valéintsouï avec 4.000 hommes d'infanterie, le régiment de hussards de Grodno, deux régiments de Cosaques de 500 chevaux chacun, six pièces d'artillerie à cheval et douze pièces d'artillerie à pied, que le comte Wittgenstein auquel le Prince Repine venait de se joindre avec 15.000 hommes occupait Kokhonovo et Osvéia. L'ennemi annonçait l'intention de se porter sur Polotsk, ce dessein n'était guère probable, mais il était possible et mon parc était encore à Polotsk où il pouvait être enlevé ; en marchant sur Sebej, je faisais un mouvement de flanc toujours dangereux. J'employai donc la journée du 29 à rapprocher le parc et à continuer mes reconnaissances, l'ennemi garda sa position.

Le 30 au matin, je me mis en route sur Kliastitsouï avec la 5e brigade de cavalerie légère et la première division d'infanterie ; la deuxième division et les cuirassiers suivirent ce mouvement et prirent position à Gholovtschitsouï et Sakolitsa ; je laissai la 3e division d'infanterie pour garder le gué de Sivochina, et je lui donnai la 6e brigade de cavalerie légère pour faire observer les gués de Zamchanouï et de Valéintsouï.

En arrivant à Kliastitsouï vers 11 heures du matin, je poussai de suite quelques troupes légères sur Iakoubovo où passe la route qui conduit à Osvéia et Kokhonovo ; elles rencontrèrent une patrouille ennemie qu'elles poussèrent. Le général Legrand prit position à Iakoubovo avec les 26e léger et 56e de ligne et le 24e de chasseurs à cheval. Je lui donnai l'ordre d'envoyer ses reconnaissances sur le Svoïana ; pendant ce temps, le 23e de chasseurs à cheval que j'avais envoyé sur la route de Sebej m'amena un très jeune officier d'état-major russe qui venait de Sebej à Kliastitsouï où le comte de Wittgenstein lui avait donné rendez-vous. Bientôt après, la grand'garde de ce régiment prit un aide de camp de ce général qui venait aussi de Sebej, et qui était porteur de quelques papiers insignifiants et d'état de situation de l'artillerie seulement. Vers 4 heures du soir, je fus informé que ma reconnaissance était ramenée et que l'ennemi s'avançait en force sur Iakoubovo. Il déboucha en effet, et le combat s'engagea avec le 26e léger, qui fit la plus belle défense et que les Russes ne purent jamais parvenir à déposter du village. L'ennemi chercha particulièrement à menacer le flanc de la ligne, en se rendant maître d'un grand bois qui régnait sur la gauche du bassin où se trouve situé le village de Iakoubovo. Le général Legrand y jeta le 56e de ligne contre lequel les Russes envoyèrent de grandes forces, sans parvenir à l'ébranler ; la brigade du général Maison vint se porter en échelon à l'appui de la première ligne. Je ne pus dans une position, resserrée d'un côté par un bois épais et de l'autre par des maisons mettre en batterie plus de 12 pièces de canon ; le bassin s'ouvrant au contraire du côté de l'ennemi, il fit usage de plus du triple d'artillerie et déploya des forces considérables. Cependant le combat se soutint sans le moindre désavantage jusqu'à 10 heures du soir. Je fis venir la division du général Verdier qui fut placée en réserve ; quant aux cuirassiers je les laissai en arrière par l'impossibilité d'en faire usage sur ce terrain.

Je pensais que l'objet de l'ennemi étant de se porter sur Sebej pour couvrir la route de Pétersbourg ; il ne s'opiniâtrerait pas à déboucher sur Kliastitsouï; mais à peine ce matin le jour a commencé à poindre qu'il a renouvelé son attaque avec une grande augmentation de moyens après un feu prodigieux d'artillerie.

Il a fait attaquer le château de Iakoubovo, il était déjà dans la cour, lorsque le 26e léger s'est porté sur lui au pas de charge, lui a tué 300 hommes à coups de baïonnette, lui a fait 500 prisonniers et l'a poursuivi jusque dans les bois.

L'obstination de l'ennemi, le désavantage de ma position, ayant un défilé derrière moi, la nécessité de ménager mes munitions et de ne pas les consommer dans une action qui ne m'offrait de perspective d'aucun grand résultat, enfin mes inquiétudes sur ma gauche qui restait exposée aux entreprises d'un ennemi, qui avait des forces à peu près doubles des miennes, tous ces motifs réunis m'ont décidé à ne pas engager davantage de troupes, et à venir reprendre ma position du 29. L'ennemi m'a fait suivre par ses troupes légères pendant 2 ou 3 lieues ; après quoi, la retraite qui s'est faite dans le meilleur ordre s'est continuée paisiblement ; nous avons eu dans les deux journées 3 à 400 blessés. L'ennemi a considérablement souffert et nous lui avons fait 5 à 600 prisonniers dont plusieurs officiers sans en avoir perdu nous-mêmes.

On m'apprend à l'instant que l'ennemi tente des efforts pour se rendre maître du gué de la Drissa. Je donne ordre aux généraux Albert et Castex, chargés de le garder, de ne pas s'opiniâtrer à le défendre. Si l'ennemi passe, il sera dans la même position d'où je suis sorti. Je ferai en sorte d'en profiter ».

1er **Corps.** — *Colonne de Grouchy.* — Inquiet du mouvement de Platof, qui lui avait été signalé la veille, le général Grouchy, afin de couvrir le flanc droit de la Grande Armée, se décidait à se porter vers la droite.

Grouchy à Napoléon, 5 heures du matin, en arrière de Babinovitschi (AN) :

« Le général Platof ayant passé hier avec tout son corps le Dniéper, près de Doubrovna, paraissant se diriger sur Babinovitschi et mes partis rencontrant ses Cosaques dans toutes les directions, je me suis attendu jusqu'à ce moment à être attaqué ici. J'y ai pris la position la plus favorable pour me bien battre, autant du moins que la nature du pays peut le permettre à des troupes à cheval. Ce ne sont que forêts épaisses à sept ou huit lieues alentour.

Jusqu'à présent, tout est tranquille, et je commence à croire que Platof se sera dirigé sur Liouvavitschi à dessein de se porter sur le flanc de l'armée de Votre Majesté. J'ai en conséquence pensé qu'il convenait de rapprocher d'elle la cavalerie que j'ai.

Si vers 9 heures, l'ennemi ne paraît point, je me porterai à Poloviki où je prie Votre Majesté de m'adresser ses ordres ultérieurs.

Le prince d'Eckmühl dont j'ai reçu à 1 heure du matin la lettre ci-jointe, est à Orcha ; il me charge de transmettre à Votre Majesté la dépêche ci-incluse, que j'ai l'honneur de lui faire porter par un de mes aides de camp.

Jusqu'à ce moment, la communication entre Babintovitschi et Orcha a été assurée par les échelons que j'y ai laissés, mais je suis si peu nombreux que je serai contraint de rappeler ce que j'ai entre Babinovitschi et Oréki ; j'en préviendrai le prince d'Eckmühl, afin qu'il fasse occuper Orcha. Il a gardé jusqu'à ce moment la brigade de cavalerie légère du général Gérard ».

Arrivé vers Dobrino, Grouchy y recevait les dépêches du major général qui lui prescrivaient de couvrir la rive droite du Dniéper ; il retournait alors vers Babinovitschi, et annonçait qu'il prendrait position à Mordachévitschi.

Grouchy à Berthier, route de Vitebsk, près Dobrino, 5 heures du soir (AN) :

« L'officier d'état-major que Votre Altesse m'a dépêché ce matin me joint près de Dobrino. Je rétrograde en conséquence sur Babinovitschi où j'arriverai ce soir fort tard, et d'où je me porterai sur Mordachévitschi, afin de couvrir le pays entre Doubrovna et Rasasna.

Je préviendrai M. le prince d'Eckmühl du mouvement rétrograde que je fais et lui demanderai des ordres ultérieurs. Mais, Monseigneur, le pays où je dois marcher, n'est que bois impraticables. La cavalerie ne peut pour ainsi dire que défiler un par un ; elle y périt faute de vert, et cent hommes d'infanterie arrêteraient partout une division.

L'établissement de postes pour la correspondance est assez difficile, à raison des partis de Cosaques qui infestent le pays et rôdent dans tous ces bois, sans qu'on puisse les déloger. Toutefois je laisserai des postes de correspondance à Poloviki, entre Poloviki et Babinovitschi, à Babinovitschi et enfin à Oréki ; mais je le répète, les distances et la nature du pays rendent presqu'impossible qu'il n'y ait pas quelques officiers enlevés.

J'ai écrit chaque jour à Sa Majesté, il faut qu'il y ait eu plusieurs officiers de pris.

Au moment où je traçais ces lignes, je reçois les dépêches de Votre Altesse, en date du 29 juillet ; je me conformerai aux dispositions qu'elles prescrivent, et regrette bien de ne les avoir pas reçues plus tôt ; elles eussent évité à la cavalerie sous mes ordres, douze heures de marche.

Ier **Corps**. — L'intention du maréchal Davout était de venir prendre position à l'embranchement de la route de Liadouï à Lïouvavitschi ; en conséquence, il se portait le 30 sur Téolino. Le VIIIe corps était concentré à Orcha ; le Ve à Mohilev, ayant une division à Chklov.

Davout à Napoléon, Orcha, 2 heures après midi (AN) :

« J'ai vu, par la lettre du général Grouchy du 29 courant, que Votre Majesté était à Vitebsk.

Je me porte aujourd'hui, en attendant les ordres qu'elle voudra m'envoyer, à Téolino. J'espère que d'ici à demain je recevrai une direction ; sans cela, je continuerai à remonter la rive droite du Dniéper, pour me porter à l'embranchement de la route de Liadouï à Lïouvavitschi.

Le VIIIe corps, commandé par le général Tharreau, est à Orcha, fournissant quelques détachements pour observer à la hauteur de

Kopouï et de Doubrovna, pour observer et empêcher les courses des Cosaques sur la rive droite.

Le corps du prince Poniatowski est à Mohilev, ayant une division à Chklov ; il est toujours sans nouvelle du général Latour-Maubourg.

Les Juifs de Chklov ayant été en partie les auteurs de l'échauffourée du détachement du 2e chasseurs, et s'étant fort mal conduits envers nous à l'entrée des Cosaques, je les ai condamnés à fournir au Ve corps du prince Poniatowski, qui se trouve dans le plus grand dénuement, quelques milliers de paires de souliers et d'aunes de drap.

J'adresse à Votre Majesté copie d'une lettre du prince Poniatowski du 29, qui rend compte d'une conversation assez singulière qu'il a eue avec un aide de camp du prince de Schwarzenberg. Si ce prince exécute à la lettre l'ordre de se porter sur Minsk, et qu'il ne cerne pas Bobrouisk, où il paraît que les Russes ont laissé des forces assez considérables, tout le pays sera tourmenté de partis ennemis.»

Dans la journée, le général Hammerstein, du VIIIe corps, occupait Doubrovna.

Hammerstein, faubourgs de Doubrovna (AN) :

« La longueur de la marche m'a fait arriver trop tard pour m'éclairer sur l'autre rive et y prendre un établissement.

Un bataillon d'infanterie légère occupe le faubourg de Doubrovna et garde le bac et les endroits guéables ; pour le reste de mes troupes, j'ai choisi une position à Zezovki (?) et l'artillerie bat la rive et les routes qui peuvent venir de l'ennemi, et le village et ses ravins offrent une défense à l'infanterie ; demain je m'étendrai. Les principaux habitants de de Doubrovna sont venus me voir et voici ce qu'ils savent sur les mouvements de l'ennemi.

Platof arrivait de Morki, disant lui-même qu'il avait suivi les mouvements de nos troupes vis-à-vis sur la rivière ; il partit de Doubrovna à minuit, et fut rendu à Roudnïa le lendemain mercredi à midi, ayant choisi ce point après un calcul où il se trouvait précisément à une distance égale, 20 lieues entre Vitebsk et Smolensk. Il ne se trouvait point d'autres troupes alors à Roudnïa, à ce que rapportent les guides qui n'ont point observé au delà la marche de Platof.

Le corps russe qui était à Liadouï et devait arriver hier ici ayant beaucoup d'artillerie avec lui, s'est retiré sur Krasnoï. Les habitants ont entendu dire que notre Empereur est entré à Vitebsk et que trois régiments de gardes, sous les ordres du grand duc Constantin, ont été écrasés. »

VIIe Corps. — Le VIIe corps se repliait derrière la Iasiolda ; ses avants-postes restaient vers Selets. Une reconnaissance avait été enlevée vers Proujanouï, divers rapports d'habitants signalaient l'ennemi comme se portant sur Volkovisk et Svislotsch : Reynier en concluait que l'ennemi voulait le couper de Varsovie.

VIIe Corps Rapport (AN) :

Le corps passe la rivière Iasolda ainsi que les marais et les forêts par des chaussées dans des marais et des bois, et d'où on peut prendre diverses routes, pour marcher sur le Bug et le grand duché de Varsovie, ou se rapprocher par Slonim de l'armée autrichienne. Les avants-postes restent à Selets et Kartouza-Bériouza.

Supplément au rapport du 30 (AN) :

« Une reconnaissance envoyée de Selets sur Proujanouï rencontra un convoi venant de Byalistock et parti à 10 heures du soir de Roujana et les Russes n'avaient pas encore paru ; elle continua sa marche et, arrivée à une demi-lieue de Proujanouï, elle rencontra un gros corps de cavalerie réuni qui l'a chargée aussitôt. Un cavalier blessé est revenu à Selets et a fait ce rapport ; le reste de la reconnaissance n'est pas rentré ; elle était commandée par un bon officier à qui on avait bien recommandé de marcher avec précaution, d'éviter tout engagement et de tâcher seulement d'avoir des nouvelles de l'ennemi ; un détachement parti aussitôt après l'arrivée de ce cavalier a été trois lieues sans trouver de traces de cette reconnaissance et voir l'ennemi.

Des juifs venant de Proujanouï ont dit que cette colonne de cavalerie composée d'hussards et de Cosaques, prenait le chemin direct de Roujana qui traverse les marais et est praticable en cette saison, que d'autres colonnes marchaient sur Volkovisk et Svislotsch.

Un parti détaché au pont de Kartouzka-Bériouza a vu venir un corps de huit à dix escadrons de cavalerie par le chemin de Khomsk et s'est replié. La marche de ces têtes de colonne de cavalerie qui s'avancent sur les flancs du corps, et qui le préviennent sur le chemin de Varsovie, indiquent, ainsi que les rapports des habitants, que l'armée ennemie est en marche.

La cavalerie qui était à Selets et gardait les passages du Iasïolda se rapproche dans la nuit de Roujana, parce que, en restant au débouché de la grande route et sur les marais de la Iasïolda, elle pourrait être séparée du corps par la cavalerie qui marche sur les flancs. »

Le général Reynier rendait compte à l'Empereur de l'événement de Kobrin ; il cherchait à en rejeter la faute sur le général Klengel qui n'aurait pas exécuté ses instructions ; pourtant, l'ordre que nous avons reproduit plus haut parlait bien d'une défense à fond. De même, il faisait remarquer à l'Empereur, ce que nous ne pouvons vérifier, que les Autrichiens, contre la convention arrêtée entre les deux généraux en chef, avaient quitté Pinsk avant l'époque fixée.

Reynier à Berthier, Roujana (AN) :

« J'ai l'honneur d'adresser à Votre Altesse Sérénissime les rapports des 26, 27, 28, 29 et 30. J'ai prié Son Excellence le duc de Bassano d'envoyer à Votre Altesse la copie des lettres que je lui ai écrites ainsi qu'au prince de Schwarzenberg sur l'affaire de Kobrin où, je ne conçois pas encore, après les instructions que j'avais données, on s'est laissé attaquer et entourer par un ennemi sept fois plus fort que les troupes qui se trouvaient détachées et s'étaient réunies à Kobrin. Il est possible que le général Saxon ait voulu faire voir mal à propos qu'il ne craignait pas de se battre et que les troupes se battaient bien ; effectivement elles se sont bien battues ; mais on ne peut expliquer comment on a quitté une position assez bonne et d'où on avait une retraite assurée, pour se renfermer dans une ville ouverte et bâtie en bois.

Lorsque Sa Majesté le roi de Westphalie me communiqua la lettre de Votre Altesse qui me chargea spécialement de couvrir Varsovie et le Grand-Duché, et m'ordonnait de renvoyer un régiment à Praga, j'écrivis au prince de Schwarzenberg pour l'en prévenir, concerter les mouvements des deux corps et lui demander tous les renseignements qu'il pourrait me communiquer sur les ennemis et les positions qu'il conviendrait d'occuper, pour contenir et observer les corps ennemis de la Volhynie. Il me demanda de faire occuper promptement Kobrin et Brest, parce qu'il attirerait les ennemis s'il évacuait ces postes, et qu'il désirait ne pas laisser trop en arrière de son corps les troupes qui y étaient. Je chargeai le général Klengel de partir avec sa brigade, composée du régiment du roi qui devait retourner à Praga et du régiment de Niesemeuchel qui avait été précédemment détaché à Modlin et trois escadrons de lanciers de Clement, pour aller relever le général Zechmeister, autrichien, qui occupait Kobrin et Brest et observer les routes qui partaient de ces villes pour aller en Volhynie ; il reçut une instruction détaillée sur la manière d'occuper ces postes, sans se compromettre, et en imposer à l'ennemi. Ayant si peu de cavalerie, une partie des routes étant des digues au milieu des marais, je devais envoyer sur ce point de l'infanterie pour appuyer les postes et partis de cavalerie.

Je voulais aussi rendre le passage du régiment que je devais renvoyer à Praga, utile dans ce moment, pour faire voir plus de troupes que les Autrichiens n'en avaient, afin d'en imposer aux ennemis. Le général Zechmeister devait recevoir l'ordre du prince de Schwarzenberg de donner au général Klengel tous les renseignements qu'il avait sur les ennemis et le pays et de partir avec ses troupes, lorsqu'il serait relevé ; mais le général Zechmeister partit au moment de l'arrivée du général Klengel.

Je vis le prince de Schwarzenberg lorsque nous passâmes l'un près de l'autre ; pendant que nous étions ensemble, il reçut un courrier du Ministre de France à Varsovie et du général Dutaillis qui annonçait une invasion et lui demandait de venir au secours du Grand-Duché, mais, en même temps, des lettres du commandant de Zamosc annonçaient que ce n'était que 5 à 600 hommes qui pillaient sur la frontière. Nous pensâmes tous les deux que cela ne menaçait pas immédiatement le Grand-Duché. Mais, je lui proposai de profiter du passage d'une de ses divisions par Pinsk et du mouvement que je ferai de ce côté pour faire une forte démonstration, en attaquant les postes que les ennemis avaient vers Lïoubachévo et les menaçant encore de marcher par cette route sur leurs derrières en Volhynie, afin de leur ôter pour quelque temps l'envie de faire une expédition dans le Grand-Duché et me donner ainsi le temps de m'établir dans une position convenable pour garder les débouchés de la Volhynie, menacer sans me compromettre, et pouvoir marcher, s'il était nécessaire, avant les ennemis sur Varsovie. Le prince de Schwarzenberg convint de cela et ordonna devant moi à son chef d'état-major d'envoyer au général Frimont, qui commandait cette division, ordre de faire ces démonstrations, et de ne partir de Pinsk que le 26 ou 27.

Je reçus, le 24, d'un officier détaché avec un escadron à Pinsk, l'avis que le général Frimont en était parti dans la nuit du 23 au 24 et que les troupes russes qui étaient sur la route de Volhynie passaient la Pina ; cet escadron était fort exposé, mais commandé par un bon officier, je fis de suite marcher de la cavalerie pour communiquer et soutenir cet escadron, et le suivis afin de tâcher de battre les troupes russes qui étaient sur la Pina et leur donner la chasse sur la route de Volhynie et donner ainsi aux ennemis beaucoup d'inquiétude par ce débouché. Je comptais ainsi avoir le temps de retourner vers Kobrin et Brest et me placer au centre vers Kobrin ou Droghitschin.

Je reçus l'avis de l'attaque du détachement de Brest, je la considérai d'abord comme une simple expédition de cavalerie pour enlever le détachement de 60 hussards autrichiens qui était resté seul pendant quelques jours dans cette ville. Ils partirent la veille à l'arrivée de 80 lanciers saxons; ayant reçu ensuite des rapports qui annonçaient que ce corps de cavalerie était nombreux, je me déterminai à me rapprocher de Kobrin; mais je n'ai pu arriver à temps pour secourir ou faire retirer le général Klengel qui n'a pas eu de bons renseignements sur la marche des ennemis, et n'a pas su se retirer lorsqu'il a vu arriver un corps considérable.

Le général Klengel a été pris avec le régiment du roi presque entier, six compagnies du régiment de Niesemeuchel, l'artillerie de ces régiments et une partie des lanciers de Clément; des soldats échappés disent que la plupart des lanciers se sont faits jour au milieu des ennemis vers la fin de l'affaire; mais ils ne m'ont pas encore joint, et je crains que ce rapport ne soit pas bien exact.

Les troupes se sont fort bien battues, la disposition de se battre dans la ville est inconcevable, mais les soldats ont fait leur devoir, beaucoup ont été tués ou blessés et ne se sont rendus qu'à la dernière extrémité.

Les troupes que j'ai avec moi sont toujours bien disposées, cette perte n'a fait que les animer à chercher l'occasion de venger ou délivrer leurs camarades. La perte que je viens de faire pourrait être promptement réparée, si on m'envoyait le régiment de chevau-légers de Jean et le régiment d'infanterie de Rechten qui sont en colonnes mobiles vers Kœnigsberg, ainsi que le régiment d'infanterie de Lov qui est en garnison à Glogau.

Le général Tormassof ayant bien plus de troupes que moi, j'ai dû m'éloigner, et je me suis placé derrière la Iasïolda, en passant près de Volkovisk et de Bielsk ou de Bialystock, mais prenant le chemin le plus direct, si les ennemis ne me suivent pas.

J'ai écrit au prince de Schwarzenberg pour le prévenir que les ennemis me suivent, je devrai me retirer sur lui et que je le prie de s'arrêter pour que, si les ennemis veulent s'avancer sur les communications de l'armée ou sur Varsovie, nous puissions le battre de concert. Je n'ai pas encore reçu de réponse de lui.

J'ai prévenu le général Dutaillis de cet événement, et l'ai prié de me prévenir de ce que les ennemis pourraient entreprendre dans le Grand-Duché. Jusqu'à l'affaire de Kobrin, ils avaient réuni leurs troupes sur ce point. J'ignore s'ils sont en marche actuellement, mais, dans ce cas, j'arriverai le plus promptement possible à Varsovie.»

Auprès du duc de Bassano, Reynier s'exprimait plus franchement, et rejetait sur le prompt départ des Autrichiens la cause de sa défaite. Il le prévenait qu'au cas où ceux-ci ne reviendraient pas, il prendrait position à Byalistock.

Reynier au duc de Bassano, Roujana (AN):

« Les deux courriers expédiés les 26 et 28 m'ont remis les lettres de Votre Excellence et ont continué leur route pour Varsovie. Je joins des rapports que j'adresse au prince de Neufchâtel. Je vous prie de les lui faire parvenir, après en avoir pris connaissance. Ils vous feront mieux connaître ce qui s'est passé que mes précédentes lettres, et vous donneront les renseignements que j'ai eus sur les troupes qui marchent sur la Volhynie avec le général Tormassof. Je ne peux encore juger des projets de l'ennemi. Le premier officier que j'ai envoyé au prince de Schwazenberg n'est pas encore revenu, aussi j'ignore ce qu'il fera et s'il viendra m'aider à réparer les pertes que le trop prompt départ de ses troupes m'a fait faire, et le trouble que la marche des ennemis causera dans le Grand-Duché.

Si les Autrichiens ne s'arrêtent pas ou ne reviennent pas, la route par Slonim pouvant n'être plus sûre, je crois qu'il sera prudent de faire passer vos courriers par Bialystock. Je me rapprocherai probablement de cette ville pour aller couvrir Varsovie.

L'aide de camp qui vous remettra cette lettre pourra me rapporter vos premières dépêches. Cependant, si elles n'étaient pas pressées, ou si les courriers devaient également aller à Varsovie, je vous prierai de lui permettre d'attendre à Vilna que le directeur de la poste de l'armée, qui a depuis deux mois des lettres pour moi et mon état-major, les lui renvoie par l'estafette. L'envoi des officiers pour vous porter des nouvelles de ce qui se passe, et recevoir vos dépêches est quelquefois difficile, parce que nous n'avons pas ici de fonds pour payer les frais de poste. Je prierai Votre Excellence de les faire rembourser aux officiers que je lui expédierai. »

Une lettre du général Chasseloup le priait de faire échanger le colonel Bruley.

Reynier au général Chasseloup, Rozana (AN) :

« J'avais envoyé, il y a quelques jours, le colonel Bruley reconnaître Brest où les Autrichiens m'avaient dit qu'on pouvait facilement établir un poste à l'abri d'un coup de main, ce qui m'aurait été utile, devant occuper ce point et ayant peu de cavalerie. Il n'a pu aller jusque-là, parce que un corps de cavalerie russe est venu enlever un détachement de cavalerie qui occupait cette ville. Il a rétrogradé avec l'infanterie qui devait aller de Brest à Kobrin où les détachements qui étaient dans cette partie, n'ont pas su voir à temps un corps ennemi très fort et se retirer à temps ; ils ont été pris, et le colonel Bruley avec. On a fait déjà beaucoup de prisonniers russes, et il serait peut-être possible de faire échanger de suite le colonel Bruley.

Je crois que je n'ai besoin que de vous en avertir, et que vous ferez tout ce qu'il sera possible pour délivrer promptement cet officier, dont je regrette infiniment la perte. »

Corps autrichien. — Le prince de Schwarzenberg se décidait à renoncer à son mouvement sur Minsk ; il avertissait le général Reynier qu'il allait marcher sur Slonim où il serait rendu dans quatre marches. A son avis, il convenait de laisser l'ennemi déboucher des bois entre Polonka et Slonim.

Schwarzenberg à Reynier, Nesvïj (AG):

« Je reçois à l'instant, Monsieur le Comte, votre lettre en date d'Ilosk, le 28 du courant. Votre situation me décide, quoique les ordres de l'Empereur me prescrivent de me rendre à Minsk, et que mon corps d'armée n'ait pu être rassemblé qu'aujourd'hui dans ces environs, à marcher de suite à votre appui. Comme vous êtes à portée de juger la force de l'ennemi et ses intentions, je vous prie de me faire savoir le plus tôt possible la direction que vous prenez, le point où nous pourrions nous réunir, si réunis l'ennemi, n'aurait pas une force trop supérieure à nous opposer, si il serait plus avantageux d'attendre qu'il se déploie plus décidément, et, dans ce cas, de prendre une position pour le combattre ou bien d'aller à sa rencontre.

Je me porte directement sur Slonim, il me faut quatre marches pour y arriver ; en cas que l'ennemi l'atteigne avant moi, je pense qu'il sera préférable de le laisser déboucher des bois qui sont entre Slonim et Polonka et de l'attaquer ensuite avec nos forces réunies. Veuillez bien me faire part du plan d'opérations que vous croirez le plus convenable, afin que je sois en état de combiner mes mouvements avec les vôtres.

Xe Corps. — Le maréchal Macdonald invitait le général de Grawert à mieux le tenir au courant des événements et prescrivait différents mouvements à son artillerie ayant pour but de ne laisser que deux batteries, l'une à Memel l'autre au Curische Nehrung.

Macdonald à Grawert, (AG) :

« Je n'ai point de nouvelles depuis le 24, relativement à votre position et à ce qui se passe sur votre front. On croit avoir entendu de votre côté une vive canonnade il y a quelques jours.

Il m'est très important de connaître journellement les événements qui peuvent avoir lieu sur les points que vous occupez, et sur ce qui se dit et se fait dans Riga. Quelle est la force de cette garnison et les différentes armes? S'il y est réellement débarqué des troupes étrangères et si Schlock est réellement occupé par les Anglais.

Les Russes s'amusent à consumer de la poudre à Dinabourg, ils font connaître qu'ils ont de l'artillerie dans cette place. Le prince Radzivil a ses troupes vis-à-vis.

J'occupe toujours Kreutzbourg. J'espère pouvoir incessamment faire passer un cordon de troupes sur la rive droite.

Je n'ai rien à ajouter à mes précédentes lettres sur votre position, sinon que j'insisterais de nouveau pour que votre principale force s'appuie à la Dvina ; par cette situation vous maintenez l'ennemi. Il ne serait pas assez osé de suivre la grande route de Mittau, ni de tourner cette ville par les routes de Sainte-Anne et Saint-Jean, vous avez de plus l'avantage de couvrir les routes de Friedrichstadt et de Bauske, et vous devez considérer cette dernière principalement comme ligne de retraite qu'il n'est pas probable que vous serez dans le cas d'opérer. C'est seulement pour fixer vos idées que je vous l'indique, afin que Mittau ne soit pas encombré.

Les relais de poste étant maintenant rétablis, envoyez-moi tous les jours un rapport. La route de Bauske par Mouremouichki n'est que secondaire, et au cas que la première n'offrirait pas assez de sûreté et de célérité.

Je n'ai point de nouvelles ultérieures de la Grande Armée ».

Macdonald à Grawert, (AG) :

« J'invite Votre Excellence à donner l'ordre à la batterie restée à Tilsit, dont moitié est formée du calibre de 12 de se rendre à Memel. Ces pièces y seront mises en batterie et l'autre moitié de calibre inférieur y restera mobile avec les troupes. Vous pourrez alors retirer et rappeler la demi-batterie restée avec le général d'Yorck ; de cette manière, il ne vous manquera que deux batteries, l'une à Memel et l'autre à la pointe du Curische Nehrung, laquelle devra être remplacée par du gros calibre que l'on attend de Pillau ; aussitôt que je serai informé de l'arrivée de cette dernière, je donnerai une destination ultérieure aux batteries de campagne.

Je préviens de ces dispositions le général Campredon ».

Conformément à l'ordre de l'Empereur, le Maréchal invitait le général Dandels à venir à Tilsit.

Macdonaldt au général Dandels, (AG) :

« Monsieur le Général, d'après l'autorisation de l'Empereur, je vous invite à faire partir votre première brigade qui doit être à Labiau pour se rendre à Tilsit. Je me flatte que Sa Majesté vous destine à concourir avec nous au siège de Riga et de Dinabourg. En attendant les ordres ultérieurs, je vous prie de faire escorter par cette brigade le parc d'artillerie de siège qui est à Tilsit, et qui doit se rendre à Bauske en trois colonnes, l'une de Memel par Telsch, la seconde de Tilsit par Chavli, la troisième de Georgenbourg par Rossiena et Poneviej ».

Au général d'Yorck, le Maréchal exprimait dans les termes les plus flatteurs son regret qu'il n'eût pu assister au combat d'Eckau ; il invitait le général de Grawert à le rappeler. De nouveau, il exposait à ce dernier qu'en s'appuyant à la Dvina, et en ayant la route de Bauske comme ligne de retraite, il n'avait rien à craindre ; jamais les Russes n'oseraient s'avancer pour tourner sa gauche par les routes de Sainte-Anne et de Saint-Jean.

Macdonald à Yorck, (AG) :

« M. le major Mollendorf m'a remis la lettre que vous m'avez fait l'honneur de m'écrire de Memel le 27 ; à cette date, je supposais que vous aviez dû recevoir votre rappel au corps prussien ; car, dès le 23, après le départ des deux premiers bataillons et de l'escadron, pensant que le commandement de la côte serait au-dessous de votre grade et que vos talents seraient plus utilement employés au corps d'armée, j'avais mandé au général de Grawert de vous faire retourner, et j'avais même ajouté qu'il était convenable de vous laisser le commandement titulaire de la côte et que dans le cas où elle serait menacée, de vous renvoyer promptement à Memel avec les mêmes forces que vous y aviez avant le départ des deux bataillons et de l'escadron.

J'ignorais l'envoie de deux autres bataillons à Schrunden, je suppose que M. le général de Grawert les destine à former une colonne mobile prête de soutenir Memel, Libau ou quelques points intermédiaires de la côte, ce sont les plus importants.

Je suis fâché que les circonstances vous aient éloigné de l'action qui a eu lieu à Eckau ; pour mon compte, j'éprouve les mêmes regrets. Il se trouvera sans doute d'autres circonstances où vos mérites et vos talents pourront briller à leur tour ».

Macdonaldt à Grawert, (AG) :

« J'apprends par une lettre du général d'Yorck que vous avez fait porter deux nouveaux bataillons et deux canons à Schrunden. Je suppose que vous destinez cette troupe à former une colonne mobile pour soutenir Libau ou Memel.... illisible.

Intermédiaire entre ces deux points, car je ne vois point son utilité à Schrunden, lieu trop éloigné de Memel, et que d'ailleurs votre gauche ne doit point vous donner d'inquiétude, par les positions que je vous ai indiquées par mes précédentes, étant peu probable que l'ennemi ose faire des débarquements sur la côte du golfe ou s'enférer par les routes de Sainte-Anne et de Saint-Jean.

Le général d'Yorck désire retourner au corps, et par ma lettre, du 23 de ce mois, je vous ai auiorisé à rappeler ce général.

J'étais inquiet de ne point avoir de vos nouvelles, mais l'officier d'état-major que vous avez envoyé reconnaître la route de Dahlenkirchen à Friedrichstadt me rassure, étant parti de votre position le 28. On avait cru entendre d'ici une vive canonnade de votre côté.

Je prie Votre Excellence de m'envoyer tous les détails que je lui ai demandés par mes précédentes et celles de ce matin ».

Corps prussien. — Le général de Grawert faisait savoir au Maréchal que sa sommation au gouverneur de Riga avait été repoussée.

De Grawert à Macdonald, Peterhof (AG) :

« J'ai eu l'honneur d'informer Votre Excellence par ma lettre d'avant-hier que j'avais sommé Riga, en écrivant au général n'étant pas douteux sur la réponse. C'était un de ces coups d'essai que l'on se permet sans compter qu'ils réussissent, et c'est ce qui n'a pas manqué d'arriver. M. de Essen, après m'avoir fait rendre hier matin la visite que je lui avais fait faire la veille par un bataillon, lequel s'est retiré à l'approche du soutien des avant-postes, ayant fait sans effet un feu de peloton pendant quelque temps, m'a fait remettre vers le soir sa réponse dans laquelle il décline positivement mes bonnes intentions pour la conservation de Riga, préférant de ne pas encore se déranger.

Je pense que quand le grand coup sera frappé, M. d'Essen trouvera peut-être plus d'un motif de songer deux fois aux propositions que l'on pourrait lui faire ».

13 JUILLET

Ordres donnés par l'Empereur

A 10 heures du matin, l'Empereur ayant connaissance du mouvement exécuté par le maréchal Davout le long du Dniéper, l'approuvait; il prescrivait au Maréchal de le continuer jusqu'à l'embouchure de la Bérézina. Après l'avoir averti de la position des corps, telle qu'elle résultait des ordres de la veille, il lui prescrivait de lui fournir l'état exact de situation des troupes sous ses ordres, afin qu'il pût prendre son parti en connaissance de cause.

L'état-major de l'aile droite était dissous, le Ve, VIIIe corps et le 4e corps de cavalerie étaient placés sous les ordres du Maréchal.

Napoléon à Berthier, Vitebsk (AG) :

« L'état-major de l'aile droite est dissous.

Le général comte Marchand, chef de l'état major de l'aile droite, prendra le commandement de la 25e division d'infanterie jusqu'à la guérison du prince royal de Wurtemberg.

Les Ve et VIIIe corps d'armée prendront jusqu'à nouvel ordre les ordres du maréchal prince d'Eckmühl.

Le 4e corps de cavalerie fera partie de la grande réserve de cavalerie, mais sera, selon les circonstances, sous les ordres des maréchaux commandant les différents corps d'armée ».

Napoléon au maréchal Davout, Vitebsk (AG) :

« Mon Cousin, je reçois votre lettre du 30 à trois heures après midi; il est dix heures : ainsi l'officier a mis dix-huit heures en route. Le mouvement que vous faites est entièrement dans mes intentions. La continuation de ce mouvement jusqu'à l'embouchure de la Bérézina dans le Dniéper est encore dans mon système. J'approuve que sur la route de Liadouï à Lïouvavitschi vous fassiez construire un pont sur le Dniéper avec une bonne tête de pont afin que vous puissiez manœuvrer sur l'une ou l'autre rive. Le général

Montbrun est à Roudnïa avec tout son corps de cavalerie. Le roi de Naples doit y avoir son quartier général. Le duc d'Elchingen est à Lïozna. J'ai donné ordre au général Grouchy, qui avait évacué Babinovitschi, d'y reprendre sa position, de recevoir vos ordres et de couvrir la rive droite du Dniéper. Envoyez-lui ordre qu'il vienne vous rejoindre, afin que vous soyez en force sur la Bérézina. J'ai envoyé le général Gudin à Pavlovitchi, et je l'ai autorisé à fournir des troupes légères pour éclairer la cavalerie du général Grouchy. Lorsque ce dernier vous aura rejoint, renvoyez ces détachements d'infanterie à leur division, afin que tout reste entier. Les divisions Morand et Friant sont près de Vitebsk ; elles sont en bon état, mais ce repos ne peut que leur être utile.

Le Vice-Roi est à Souraj. Le général Nansouty marche sur Poriétsche ; je suppose qu'il y sera arrivé hier. Cependant l'ennemi paraissait y être encore en force. J'ai envoyé le duc d'Abrantès pour commander le VIIIe corps. La garde que le roi de Westphalie avait retirée, doit être en route pour rejoindre ce corps. Je désire donner quelques jours de repos à l'armée. Réitérez les ordres pour que Latour-Maubourg vous rejoigne. Vous avez sous votre commandement le corps du général Grouchy, celui du général Latour-Maubourg, celui du prince Poniatowski, le VIIIe corps et ce que vous avez du vôtre.

Le prince Poniatowski a une mauvaise correspondance ; il se lamente toujours au lieu de parler positivement. Un état de situation bien fait parle tout seul et ne fait pas de tort au général ; qu'il envoie un bon état de situation. Voilà qu'il séjourne à Mohilev ; je suppose qu'il se sera informé, et qu'il se sera fait fournir par des réquisitions ce qui peut lui manquer.

Envoyez-moi l'état de situation du corps de Grouchy, du VIIIe corps, du Ve corps, du corps de Latour-Maubourg et des divisions que vous avez avec vous. Je suppose que le 33e régiment d'infanterie légère doit se réorganiser ; il serait assez important de faire qu'il vous rejoigne. Un jour d'affaire cela se battra et occupera son poste dans un bois, en tirailleurs. Ralliez vos corps, faites en sorte que vous ayez toutes vos compagnies de grenadiers et de voltigeurs, et envoyez-moi la situation de tout, afin que je puisse décider le parti à prendre, qui ne peut être que le résultat d'une connaissance parfaite des choses. Gardez votre parc d'artillerie que j'avais rappelé parce que je croyais à une grande bataille à Vitebsk. Surtout tâchez d'avoir des distributions régulières. Il faut que votre correspondance s'établisse par Babinovitschi pour qu'elle soit rapide. La division Gudin protège la poste de Pavlovitchi ; mettez de l'infanterie aux postes de Babinovitschi et d'Orekhi, afin que les postes de cette route soient tout à fait à l'abri des Cosaques.

Envoyez-moi donc des états de situation ; envoyez-les moi partiellement, sans attendre que tous vous soient parvenus. Faites-moi connaître aussi le numéro des divisions que vous croyez à Bagration ; il n'a pas la 23e qui était ici. A-t-il trois, quatre ou six divisions ? On prétend que le général Latour-Maubourg a eu un succès assez considérable sur l'arrière-garde ennemie ».

Le prince de Schwarzenberg était autorisé à renoncer à son mouvement sur Minsk ; il était laissé libre d'agir d'après son initiative.

Berthier au prince de Schwarzenberg, 10 heures du matin, Vitebsk (AG) :

« Je ne perds pas un instant, Monsieur le prince de Schwarzenberg, pour vous réexpédier M. le capitaine comte de Woyna, qui m'a apporté votre dépêche du 29, à une heure du matin. Je vous envoie le duplicata de la lettre qu'il vous porte.

D'après votre dépêche du 28 de Nesvïj, l'Empereur approuve le parti que vous avez pris d'arrêter votre mouvement ; cela vous aura donné le temps d'avoir des informations plus précises. Il est difficile de comprendre que l'ennemi ait employé de vieilles troupes à une diversion, lorsqu'il eut été si avantageux pour lui de renforcer Bagration, qui s'est fait battre à Mohilev par le prince d'Eckmühl. Il est donc probable que les divisions, dont il est question, ne sont composées que des troisièmes bataillons comme ceux qui sont aux ordres du général Essen ; et dès lors les deux divisions ne devraient faire que 8 à 9.000 hommes de mauvaises troupes. Toutefois, Monsieur le général prince de Schwarzenberg, Sa Majesté vous laisse maître de vos mouvements jusqu'à ce que les affaires dont il est question se trouvent éclaircies ».

Au duc de Bassano l'Empereur mandait que le mouvement de Reynier sur Kobrin avait dégagé le Duché.

Napoléon au duc de Bassano, Vitebsk :

« Monsieur le duc de Bassano, je vois avec peine que les 3.000 malades qui sont à Vilna sont dans le dénûment et manquent même de paille et que les magasins sont sans aucune espèce d'approvisionnement. Voyez à prendre des mesures pour améliorer cet état de choses.

Vous aurez reçu une lettre du prince de Schwarzenberg du 29, qui vous aura appris que le général Reynier a rencontré l'ennemi le 26 du côté de Kobrin ; c'est ce mouvement qui a dégagé le Duché. Il reste à connaître la force et la nature des troupes que les Russes ont contre lui. Il serait nécessaire que la garnison de

Zamosc, qui est d'un beau régiment, auquel on joindrait 2 à 300 chevaux et six pièces de canon, entrât en Volhynie et rodât en colonne mobile sur la frontière. Ecrivez en conséquence

Vous ferez connaître à l'archevêque de Malines que je ne suis pas satisfait de ce qu'il a écrit au prince Schwarzenberg sur les opérations militaires ; qu'il y avait un moyen plus simple et qui était naturel, celui d'en référer au commandant militaire, le général Dutaillis, qui est autorisé à de pareilles mesures ; mais qu'il est contre la dignité d'un ambassadeur de demander des secours de cette manière ; que la lettre du général Dutaillis aurait eu plus de poids, et que celle que ce général aurai écrite au commandant de Lemberg aurait eu également plus d'influence et n'aurait pas eu d'inconvénient ; qu'il ne connaît pas assez les bornes de sa place.

Je vous envoie deux extraits de journaux russes ; faites-les mettre dans les journaux de Paris ».

Le maréchal Macdonald était mis au courant de la position générale de l'armée.

Berthier à Macdonald, Vitebsk (AG) :

« Il y a fort longtemps, Monsieur le Maréchal, que nous avons reçu de vos nouvelles, et cela nous donne de l'inquiétude.

Je prends le parti de vous expédier un homme du pays qui, j'espère, parviendra jusqu'à vous.

Nous avons repoussé et culbuté l'arrière-garde de l'ennemi jusqu'au delà de Vitebsk, et l'Empereur a jugé convenable de donner quelques jours de repos aux troupes. Le prince d'Eckmühl est sur le Dniéper à Mohilev et Orcha ; le roi de Naples et le duc d'Elchingen sont sur Roudnïa ; le Vice-Roi à Souraj ; le quartier général et la garde impériale à Vitebsk, le corps bavarois à Béchenkovitschi ; le duc de Reggio à Polotsk et sur la droite de la Dvina, marchant sur Nevel.

Faites en sorte de nous donner de vos nouvelles ».

Mouvements de l'armée.

Cavalerie de Murat. — En arrivant à Roudnïa, le roi Murat y trouvait la division Sebastiani avec une brigade de cavalerie du IIIe corps et une brigade d'infanterie. Les renseignements sur l'ennemi lui étaient fournis par ce général.

En ce qui concernait la direction de Poriétsche, il s'en rapportait à Nansouty.

Quant à la situation générale, il l'appréciait on ne peut plus faussement, croyant qu'il suffisait de pousser des têtes de colonne sur Smolensk pour que l'ennemi évacuât cette ville.

Afin de concentrer sa cavalerie, il demandait à l'Empereur de faire occuper Poriétsche par la cavalerie italienne.

Le général Grouchy viendrait alors à Lïouvavitschi, étendant ses postes du Dniéper à Elisevo ; le général Montbrun aurait les siens de ce point à ceux du général Nansouty.

Pour le soutenir, Murat avait fait venir la division Broussier à Kolouïchki. Le quartier général du 1er corps était actuellement à Troubilova ; au cas où l'Empereur approuverait la proposition du Roi de remplacer Bruyère à Poriétsche par la cavalerie italienne, Murat avait l'intention de faire venir Nansouty à Kolouïchki.

Le quartier général s'établissait au centre à Matuzzevo ; la division Defrance était à Nikoulino.

Voulant procurer un repos suffisant à la cavalerie, le Roi priait l'Empereur de faire soutenir chaque corps par une brigade ou une division d'infanterie.

Murat à l'Empereur, 7 heures du soir, Roudnïa (AN) :

« J'arrive à Roudnïa avec le général Montbrun et la division Wattier ; j'y ai trouvé les généraux Sebastiani, Beurman, avec les brigades légères du IIIe corps et une brigade d'infanterie ; le général Sebastiani a ses autres brigades sur sa droite, occupant Lïouvavitschi et reconnaissant Rasasna et Doubrovka. La division Defrance occupe Nikoulino ; mon quartier général est en arrière de Nikoulino, au château de Matuzzevo. J'ai la grande communication de Kolouïchki à Poriétsche, de Roudnïa et de Smolensk. Le général Grouchy occupera demain Lïouvavitschi, et sera chargé d'observer le Dniéper, depuis les postes avancés du prince d'Eckmühl jusqu'à Doubrovka, par sa droite, et depuis ce dernier point sur son front jusqu'à Elisevo ; le général Montbrun depuis là jusqu'aux postes du général Nansouty, qui a son quartier général à Troubilova, le général Bruyère à Poriétsche, si l'ennemi le lui a permis ; de cette manière, les intentions de Sa Majesté se trouveront remplies ; on changera ensuite de front sur la droite à mesure que l'ennemi remontera vers Smolensk.

J'ai cru devoir placer la division Broussier à Kolouïchki, où elle sera en mesure de soutenir Nansouty à Poriétsche et Nikoulino ; lorsque j'ordonnai hier cette disposition, j'ignorais que le maréchal Ney eût envoyé de l'infanterie à Roudnïa. La Bérézina va être reconnue, ainsi que l'autre ruisseau qui descend de Nikoulino dans la Kasplïa.

Sire, votre cavalerie est sur les dents. Votre Majesté a le projet de la reposer, j'ose donc lui proposer de mettre une division ou au moins une brigade avec chaque corps de cavalerie, et je réponds à Votre Majesté qu'elle aura atteint son but. Je propose aussi à Votre Majesté de charger la cavalerie du Vice-Roi d'observer Poriétsche, c'est-à-dire la Kasplia, à partir des villages Vovniki (?) et Matachki.

Le général Nansouty serait rapproché de moi, son quartier général serait placé à Bel ou Kolouïchki et Broussier occuperait Poriétsche.

Je prie Votre Majesté de me faire connaître ses ordres à cet égard.

Cependant, on va réunir des ressources et former des magasins par corps d'armée ou par cantonnements désignés, et, pour éviter la confusion, je vais faire désigner à chaque corps la portion du pays sur lequel il devra vivre.

Je n'ai rien à changer aux renseignements que j'ai donnés hier au soir à Votre Majesté ; il n'est passé ici qu'un corps qu'on croit être celui de Doktorof et une partie de la garde, tout le reste s'est retiré sur Poriétsche ; on m'assure qu'il n'est passé ici aucun courrier, ce qui prouve la ruse de Barclay de Tolly.

Le général Sebastiani a trouvé ici 2 à 3.000 chevaux ; il croyait que c'était des Cosaques de Platof, mais de meilleurs renseignements annoncent que cette cavalerie venait de Lïozna. Je pense que s'il était possible de pousser nos têtes de colonne sur Smolensk, Votre Majesté occuperait cette grande ville sans obstacle ; au reste c'est le général Bruyère qui pourra faire connaître la véritable direction de l'ennemi de Poriétsche et de Pérésoud. Tout le monde croit que l'ennemi ne peut se retirer que sur Doroghobouï avec Bagration, et qu'il cherche d'ailleurs à couvrir Moscou déjà en alarme et peut-être même avec un peu de mauvaise humeur. On assure que le Sénat a offert 70.000 hommes sans armes et Smolensk 20.000, mais que personne ne paraît ; comme tout le monde sortait de Smolensk, l'Empereur ordonna de rester en disant qu'il empêcherait l'ennemi d'en approcher à 50 milles. Ceci est positif. J'ai envoyé deux émissaires à Smolensk et la vieille comtesse Duchâteau ; y a envoyé un homme à elle ; elle m'a fourni beaucoup de ces renseignements ; elle est patriote à outrance.

J'ai écrit aux maréchaux Ney et Davout et au Vice-Roi.

J'enverrai demain à Votre Majesté les rapports sur les trois affaires qui ont eu lieu, principalement sur la première. Votre Majesté a dirigé les autres.

Le pays est parfait pour la cavalerie ; on peut y faire manœuvrer

40.000 hommes, et il offre la plus belle récolte à avoir ; nous avons du foin, et, dans peu de jours, nous aurons de l'avoine.

Je prie Votre Majesté de faire désigner des dépôts de cavalerie où nous enverrons tous les hommes à pied et les chevaux hors d'état de servir avant deux mois. »

La dépêche du roi aux maréchaux avait pour objet de leur faire connaître la position de la cavalerie, et de les informer de la retraite de l'armée sur Smolensk.

D'après ses renseignements, toute l'armée russe, sauf la garde, avait passé par Poriétsche.

Murat à Ney, Matuzzevo, 11 heures du matin (AN) :

« Mon Cousin, je m'empresse de vous annoncer que je ferai occuper aujourd'hui Roudnïa par le corps du général Montbrun ; Lïouvavitschi par le corps du général Grouchy et Troubilova par le corps du général Nansouty, ayant ses avant-gardes sur Poriétsche, sur Inkovo et sur Doubrovka. Vous seriez bien aimable de me faire connaître la position qu'occupe votre corps, afin de vous trouver au besoin. J'établirai vraisemblablement demain mon quartier général au château de Matuzzevo, mais je coucherai ce soir à Roudnïa. Il paraît certain que presque toute l'armée russe s'est retirée sur Poriétsche, à l'exception de la garde impériale qui s'est retirée par Roudnïa sur Smolensk. »

Remarquons en outre que tandis que l'Empereur plaçait le 3e corps de cavalerie sous le commandement du maréchal Davout, le Roi prétendait continuer à le diriger.

A la vérité, dans ce cas particulier, les ordres donnés par les deux chefs concordaient et avaient pour objet de porter le 3e corps à Lïouvavitschi.

Belliard à Grouchy, Matuzzevo, 9 heures du matin (AG) :

« L'intention du Roi, mon cher général, est que vous quittiez votre position de Babinovitschi pour vous porter avec votre corps à Lïouvavitschi, faisant occuper par votre cavalerie légère Chalovo ; elle sera chargée de garder la rivière de Bérézouïnia depuis son embouchure jusqu'à Elisévo ou appuiera la droite du général Montbrun qui va s'établir à Roudnïa. Vous devez, mon cher général, observer et garder aussi le Dniéper jusqu'à l'embouchure de la Bérézouïnia, surtout les gués. Doubrovka devra être occupé légèrement par l'avant-garde d'un régiment qui pourra être placé à l'embranchement des trois routes de Roudnïa, Lïouvavitschi et Smolianouï.

Vous devez aussi, d'après les intentions du Roi, jeter quelques partis sur la rive gauche de la Bérézouïnia et envoyer de fortes reconnaissances sur la route de Smolensk pour avoir des nouvelles.

Le Roi va se rendre à Roudnïa, je crois même que Sa Majesté établira son quartier général à Matuzzevo ou Nikoulino; je vous ferai connaître l'endroit que Sa Majesté aura choisi.

Aussitôt votre établissement, mon cher général, envoyez, je vous prie, deux officiers à Matuzzevo pour prendre les ordres du Roi.

P.-S. — La division d'infanterie qui est avec vous doit rester à Babinovitschi, mais l'intention

Corps de Nansouty. — A midi et demie, Nansouty arrivait sur les bords de la Vïatscha ; de là il mandait que, d'après tous les rapports, les Russes se retiraient sur Smolensk. La veille au soir, on avait rencontré de l'infanterie. Les ponts étant brûlés, on attendait leur rétablissement pour marcher sur Poriétsche.

Nansouty à Murat, midi et demie (AN) :

« J'écris à Votre Majesté des bords de la Vïatscha ; les Russes ont brûlé le pont, on en établit un autre ; il y a bien un mauvais gué, mais où les chevaux enfoncent et impraticable pour l'artillerie ; à gauche, il y a un pont aussi brûlé sur la Kasplia. Tous les rapports sont qu'il est passé beaucoup de troupes sur cette route, et que toutes se rendent à Smolensk. Aussitôt que le pont sera rétabli, et il va l'être dans le moment, on continuera à marcher sur Poriétsche d'où nous ne sommes qu'à une lieue. Les villages que nous avons traversés sont dévastés. Les Russes disent aux habitants qu'ils n'appartiendront plus à la Russie et les pillent. Le pays que nous parcourons n'est pas bon les environs paraissent moins mauvais. Il y avait hier devant Troubilova, indépendamment des cinq régiments de cavalerie, dont j'ai parlé à Votre Majesté, de l'infanterie. Les villages sont mauvais et n'offrent aucune ressource, il y a un second pont qui brûle sur la rivière au delà de la petite rivière sur laquelle nous sommes, ce qui retardera encore notre marche Il n'y a point de route tracée.

P. S. — Quatre escadrons ennemis étaient devant la Vïatscha lorsque l'avant-garde y est arrivée ; ils se sont de suite retirés.

Je demande pardon à Votre Majesté du mauvais papier dont je me sers. »

Le pont ayant été réparé, la brigade Roussel entrait à Poriétsche, malheureusement nous en ignorons l'heure.

Roussel, Poriétsche (AN) :

« Je suis entré dans cette ville dévastée par les Russes, les habitations l'ont en grande partie abandonnée ; on n'y trouve que quelques paysans, elle paraît devoir être la proie des flammes. Le feu du pont s'est communiqué aux maisons, tout ce qui est sur la rive droite ne pourra-pas échapper aux flammes ; j'ai trouvé un poste ennemi à un quart de lieue de ce côté de la rivière, il s'est retiré sur-le-champ. J'ai placé mon avant-garde en avant de la ville et ma brigade en arrière dans des broussailles dont tout ce pays est couvert. Il n'y a pas de pain, ni de farine, à moins que quelques découvertes ne se fassent encore ; au reste, il me paraît que nous ne trouverons ici aucune subsistance. »

Ce rapport ne signifiait rien, ainsi que le faisait remarquer le général Bruyère ; on ne savait même quelle était la direction de retraite de l'ennemi. D'après les renseignements obtenus, il n'aurait passé à Poriétsche que de l'infanterie, la cavalerie aurait traversé la Kasplia au-dessus. Tous les rapports s'accordaient à indiquer la retraite de l'ennemi comme s'opérant sur Smolensk.

Bruyère à Nansouty (AN) :

« J'ai attendu jusqu'à présent pour avoir un rapport du général Roussel, encore ne donne-t-il pas tous les détails qu'on pourrait désirer, tels que la force, la direction et la position des troupes ennemies qui ont passé par Poriétsche, ainsi que le point d'où venait une brigade bavaroise avec laquelle ses troupes se sont tiraillées, les prenant pour ennemis.

Le général Roussel s'occupe beaucoup de pain et de farine, et ne donne pas les autres renseignements ; je vais lui écrire en conséquence.

J'ai passé de l'encre sur la lettre du général Roussel, parce qu'elle était au crayon et que les lettres pouvaient s'effacer. Je me suis dispensé de le faire à l'article pain et farine.

P.-S. — La cavalerie que j'avais hier devant moi ne s'est pas retirée par Poriétsche. Il n'a passé que de l'infanterie par cette ville, la cavalerie a passé la Kasplia au-dessus, mais cependant tout s'est dirigé sur Smolensk. Le général Roussel n'en dit rien et je l'apprends maintenant en questionnant un   que j'avais envoyé pour m'apporter le rapport du général Roussel.

P.-S. — De la main de Nansouty : Aussitôt que j'aurai d'autres renseignements, je vous les ferai connaître. Le général Roussel a ordre de pousser des reconnaissances dans la direction de Smolensk et de Doukhovtchina.

Corps de Montbrun. — A 10 heures du matin, le général Sebastiani, d'après un officier fait prisonnier, confirme les renseignements fournis la veille ; trois corps ont passé par la route de Lïozna ; ce sont ceux de Baggowouth, de Touczkof et de Doktorof. Nous avons déjà fait remarquer que le corps de Touczkof n'avait pas suivi cette route.

D'après les reconnaissances poussées sur Kolouïchki, les troupes qui avaient passé par cette ville, environ 15.000 hommes, s'étaient dirigées sur Poriétsche.

Sebastiani à Murat, 10 heures du matin, Lïozna (AN) :

« Les partis que j'ai dirigés sur Roudnïa et Lïouvavitschi ont rencontré l'ennemi à deux lieues de nos avant-postes qui sont au-delà de la Tschernitza. Notre reconnaissance de Roudnïa a chargé un peloton d'arrière-garde ennemie, et a pris un officier de dragons et trois Cosaques. Cet officier, né Polonais, assure que le corps de Doktorof a couché à Roudnïa et que ceux de Baggowouth et de Touczkof, qui précèdent le premier sur cette route, étaient à cinq lieues de Roudnïa ; Korf a appuyé à gauche, vers Kolouïchki pour se lier avec les troupes qui ont pris le chemin de Ianovitschi.

Barclay de Tolly a dirigé un fort détachement sur Lïouvavitschi, pour faire sa jonction avec Platof qui doit aussi se réunir à l'armée sur Smolensk ; c'est sur ce point que se dirigent toutes les troupes ennemies. Hier, lorsque j'ai arrêté le mouvement de la division, nous étions absolument sur une division d'infanterie.

Les reconnaissances dirigées sur Kolouïchki et Babinovitschi ne sont pas encore rentrées ; j'aurai l'honneur d'adresser ce soir à Votre Altesse Sérénissime leurs rapports. Je vais reconnaître moi-même ce soir Roudnïa.

P.-S. — On m'annonce dans ce moment que Platof est à Liadouï, et que deux régiments français sont à Babinovitschi. Pardon, Monseigneur, le désir de vous faire parvenir plus tôt cette lettre m'empèche de copier ce rapport.

La reconnaissance de Kolouïchki rentre à l'instant de cette ville ; il a passé par cette ville des troupes avant-hier et hier, les dernières en sont parties à minuit. La plus grande partie des troupes qui ont marché par cette route s'est dirigée sur Poriétsche ; quelques corps ont filé droit sur Smolensk. L'officier n'a pu savoir à quel corps d'armée les troupes qui ont passé par Kolouïchi appartiennent ; on croit que leur nombre s'élève à 15.000 hommes.

Les habitants ont dit que les Cosaques étaient dans le plus mauvais état et tombaient de fatigue ; on a ramassé quelques traînards. »

Dans la journée, le général Sebastiani reconnaissait qu'il n'avait eu devant lui que deux corps.

Vers 6 heures, il avertissait que l'ennemi continuait sa retraite sur Smolensk.

Au moment où, pour se conformer aux instructions de l'Empereur, Sebastiani allait suivre les Russes pas à pas, il recevait ordre du Roi de Naples de rejoindre le corps de Montbrun à Inkovo. Auparavant, la brigade Mouriez avait été dirigée sur Lïouvavitschi, la brigade Burthe sur Moghilnia.

Sebastiani à Berthier, 11 heures du soir, Roudnïa (AN) :

« Au moment où j'allais rendre compte à Votre Altesse Sérénissime de la marche d'aujourd'hui, de l'emplacement des troupes, des renseignements que j'ai recueillis sur l'armée ennemie, est arrivée Sa Majesté le Roi de Naples.

Nous avons rencontré ce matin, une lieue avant d'arriver à Roudnïa, 200 Cosaques que le 11e régiment de chasseurs avec deux pelotons a chargés et poursuivis jusqu'ici. A Roudnïa ; nous avons trouvé environ 4.000 chevaux qui ont voulu défendre la position et nous empêcher de passer le défilé. J'ai débouché avec la brigade de chasseurs et deux compagnies de voltigeurs ; l'ennemi a décampé à la course, nous l'avons poursuivi pendant deux heures, nous lui avons pris 14 hommes et tué à peu près un égal nombre ; nous avons perdu trois hommes ; leur retraite s'est opérée sur la route directe de Smolensk.

Deux mille chevaux, de ceux que nous avons combattus aujourd'hui, appartenaient au corps de Platof et arrivaient de la rive gauche du Dniéper qu'ils avaient passée à Rasasna.

Les deux corps de l'armée ennemie, qui ont passé par Lïozna et Roudnïa, se sont rendus à Smolensk par le chemin direct qui passe à la droite et près de Inkovo et qui aboutit vers Olcha sans y passer. J'allais suivre l'ennemi pas à pas dans cette direction conformément aux ordres de Votre Altesse, mais Sa Majesté le Roi de Naples a ordonné que la division que je commande soit rappelée auprès du général Montbrun, et établie à Inkovo, d'où elle battra le pays.

Avant de recevoir les ordres du Roi, j'avais envoyé la brigade Mouriez à Lïouvavitschi et la brigade Burthe à Moghilnia. J'ai donné l'ordre au général Mouriez de faire reconnaître le Dniéper devant Rasasna et au général Burthe à Doubrov Ka sur la route de Krasnoï. Aussitôt que le rapport de ces reconnaissances me sera parvenu, je le ferai passer à Votre Altesse. Ma santé est délabrée ; j'ai demandé et obtenu du roi la permission de me rendre au quartier impérial et profiter de ce moment de repos pour arriver à me rétablir.

Le roi est arrivé ici à quatre heures et en est reparti à neuf.

IVe Corps. — Le IVe corps restait immobile.

De Souraj, le prince Eugène rendait compte à l'Empereur que, la veille, une brigade de cavalerie italienne était entrée à Vélij, où elle avait rencontré quatre bataillons ennemis soi-disant venant de Nevel.

Quant à l'ennemi, il n'en avait aucune nouvelle.

Eugène à Napoléon, Souraj (AN):

« Sire, jai l'honneur de rendre compte à Votre Majesté que la brigade de cavalerie légère italienne est entrée hier, avant midi, à Vélij. Cette brigade a pu donner sur la queue d'un convoi considérable qui était escorté par quatre bataillons d'infanterie.

Le 2e régiment de chasseurs a fait une charge heureuse sur la queue du convoi, qui l'a rendu maître de 150 prisonniers et d'une soixantaine de voitures de bagages et de munition. J'ai dirigé les Bavarois qui sont arrivés ici hier matin sur Poriétsche où ils arriveront dans la journée. On dit cette ville occupée par l'ennemi; mais je ne pense pas qu'elle le soit en force, puisque le Roi de Naples y poussait, de son côté, la cavalerie.

Comme la brigade du général Guyon n'était point encore arrivée par la rive droite et qu'il importait d'occuper Ousviat, j'y ai dirigé hier la brigade de dragons de la garde.

J'espère que ce pays me donnera quelques ressources, et qu'on pourra peut-être encore attraper quelque convoi.

Le général Villata me rend compte de Vélij que la route d'ici à cette ville est très sablonneuse et traverse un très mauvais pays. Ce sont de grandes plaines boisées, fréquemment coupées par des ravins. Tout le pays d'ici à Poriétsche paraît être de la même nature, en ajoutant pourtant qu'il n'y a aucun bon direct chemin d'ici à Poriétsche, et que celui par lequel la cavalerie bavaroise a passé, c'est-à-dire de Veskovié, à Zaselé, est seulement construit avec des branchages dans une terre unie.

Le pont que le génie construit ici sur la Kasplïa sera terminé ce soir, celui de l'artillerie sur la Dvina sera à chevalets et pourra être terminé demain.

On n'a ici aucune nouvelle de l'ennemi ni de ses projets. Les juifs de Vélij prétendent qu'on attendait bientôt dans cette ville un corps d'armée de réserve venant de Pskow.

P.-S. — On interroge en ce moment les prisonniers arrivés cette nuit. On va les diriger sur Vitebsk ainsi qu'une quarantaine de nos blessés. »

Une seconde lettre ne contenait pas d'autres renseignements.

Eugène à Napoléon, Souraj (AN) :

« Sire, j'ai l'honneur de rendre compte à Votre Majesté que la 13e brigade de cavalerie légère, commandée par le général Villata, reçut avant-hier soir l'ordre de se rendre à Vélij, où son avant-garde entra, forte de 200 chevaux, et rencontra quatre bataillons russes qui la défendaient.

Le colonel Banco, à la tête de cette avant-garde, a chargé sans balancer sur cette infanterie, et, malgré son feu, l'a chassée de la ville, et est parvenu à sauver les magasins que l'ennemi y avait encore. Le général Villata me rend compte que les Russes ont perdu dans cette affaire 7 à 800 hommes, tant tués que blessés ou noyés; 200 prisonniers sont déjà arrivés ici et sont dirigés sur le quartier général impérial.

Les 200 chevaux qui ont fait la charge appartiennent au 2e régiment de chasseurs à cheval italien. Le général Villata évalue à 50 ou 60 hommes la perte de ce régiment en tués ou blessés : parmi ces derniers se trouve le chef d'escadron Bucchia, blessé de deux coups de baïonnette ; le sous-lieutenant Giovo, blessé de trois coups de feu, qui a eu son cheval tué, et dont la conduite énergique à la tête de son peloton a beaucoup contribué au succès de l'affaire. Le sous-lieutenant Tomba a été aussi blessé. Le général Villata cite avec éloge la conduite brillante du colonel Banco, commandant cette avant-garde. Le reste de l'infanterie russe a passé la Dvina sur un pont : l'on a trouvé 5 à 600 sacs de farine, et un fort convoi de bœufs a été pris.

Quelques-uns des prisonniers ont été interrogés; d'après leur déclaration, les quatre bataillons venaient de Nevel, et se rendaient à Vitebsk lorsqu'ils ont reçu l'ordre de se diriger de Velij ou sur Twer par Toropets, ou sur Moscou par Doroghoboui. Il n'y avait pas d'autres troupes qu'eux à Nevel.

On a pris aussi un courrier du Ministre de la guerre russe, porteur de dépêches pour différents dépôts. Malheureusement, ces dépêches ont été pillées par les soldats. J'écris au général Villata pour faire des recherches et tâcher d'en sauver, s'il en est temps encore, tout ce qu'il pourra ; ce courrier venant de St-Pétersbourg, s'était dirigé par Porkhovka, Vélikélouki, Ousviat et Vélij. Interrogé s'il avait trouvé des troupes sur sa route, il a répondu n'en avoir point trouvé, mais qu'il avait ouï dire qu'il y avait un corps d'armée peu considérable à Pleskow.

IIe Corps. — Comme nous l'avons vu par le rapport publié plus haut à la date du 30 juillet, le IIe corps était forcé de repasser la rivière. Quelque prétexte que donna le maréchal, c'était un échec sérieux et Wittgenstein avait réussi à débarrasser la route de Sebej.

IIIe Corps. — Le IIIe corps se concentrait à Lïozna ; ayant une brigade d'infanterie en soutien de la division Sebastiani à Roudnïa.

Ney à Berthier, Lïozna, 4 heures de l'après-midi (AN):

« J'ai l'honneur d'adresser à Votre Altesse Sérénissime copie de la lettre que je viens de recevoir du roi de Naples et de ma réponse à Sa Majesté.

Je n'ai pas encore reçu aujourd'hui le rapport du général Sebastiani ; il est probable qu'il attend pour me l'adresser le retour des reconnaissances qu'il aura fait pousser sur le Dniéper. J'en adresserai le résultat à Votre Altesse Sérénissime, aussitôt qu'il me sera parvenu.

A l'exception de la première brigade de la 10e division, qui occupe Roudnïa et Liouvavitschi, toute l'infanterie du corps d'armée, ainsi que le parc d'artillerie et les réserves des divisions sont réunis ici; il ne manque plus que la batterie de 12 qu'on attend d'un instant à l'autre. Nous avons trouvé quelques ressources en vivres dans ce pays. J'ai ordonné des détachements et désigné à chaque division des directions pour former un approvisionnement de dix jours de vivres, indépendamment des consommations journalières ».

Ney à Murat, 4 heures du soir, Lïozna (AN) :

« Je reçois à l'instant la lettre que Votre Majesté m'a fait l'honneur de m'écrire ce matin, pour me faire connaître l'intention où elle est d'établir son quartier général à Maluzzevo et me demander la position de mon corps d'armée. Votre Majesté trouvera à Roudnïa le général Sebastiani avec cinq brigades de cavalerie légère et une d'infanterie, occupant aussi Liouvavitschi. Vous disposerez, Sire, de l'infanterie pour votre garde personnelle comme vous le jugerez à propos, et si vous donnez au général Sebastiani des ordres de mouvement pour la cavalerie, je vous prie d'en excepter les 9e et 14e brigades que l'Empereur m'a dit provisoirement de garder près de moi, et qui cependant seront à la disposition de Votre Majesté, en cas de nécessité, ainsi que mes trois divisions d'infanterie et mon artillerie qui restent ici.

J'ai laissé un fort poste à Falkovitschi pour la correspondance avec le quartier impérial à Vitebsk.

J'aurai beaucoup d'obligations à Votre Majesté si elle veut bien me faire part des renseignements qui lui parviendront, car il est probable, que maintenant, je n'apprendrai d'autres nouvelles de l'ennemi que celles que vous voudrez bien me donner ».

Ier Corps. — En recevant les dépêches du major général du 30, où l'on parlait de l'abandon de Babinovitschi, Grouchy rendait compte que ce point n'avait jamais été abandonné; une brigade y était demeurée pendant son mouvement sur Dobrino.

Dans la journée, une brigade se rendrait à Liouvavitschi se liant vers Téolino avec la brigade Pajol.

Grouchy à Berthier, Babinovitschi, 1 heure après midi (AN) :

« J'ai l'honneur d'accuser réception à Votre Altesse de ses dépêches du 30 juillet.

Babinovitschi n'a point été évacué un instant ; j'y avais laissé une brigade, quand je me suis porté sur Dobrino et Vouïdreï.

Je suis de nouveau à Babinovitschi et j'envoie une brigade légère à Liouvavitschi, ayant un échelon entre elle et moi.

La brigade Pajol du corps du prince d'Eckmühl est à Téolino.

Il serait à désirer qu'il y eût de l'infanterie avec les troupes à cheval, quand elles se trouvent dans des pays aussi boisés et aussi difficiles que ceux où sont et ont été, depuis quelque temps, celles que je commande.

On va s'occuper des états de pertes éprouvées par les deux divisions du 3e corps ; ils seront envoyés de suite à Votre Majesté.

Si les circonstances rendent possible que Sa Majesté réunisse au 3e corps la division de cuirassiers du général Doumerc, qui est destinée à en faire partie, permettez, Monseigneur, que j'en adresse le vœu à Sa Majesté, et que j'ose lui rappeler que des réserves de cavalerie le IIIe est la plus faible. La division de dragons n'a ses régiments qu'à 300 chevaux, et venant, ainsi que la cavalerie légère française, du fond de l'Italie, ses chevaux sont les plus fatigués de l'armée.

Le général Colbert se rendant à Koïnki, je présume, Monseigneur, qu'il cesse d'être sous mon commandement ; s'il en était autrement, soyez assez bon pour me le faire savoir. Je ne puis assez me louer du zèle et de l'activité de cet officier général pendant qu'il a été avec moi.

J'ai transmis au prince d'Eckmühl la dépêche que vous m'avez adressée pour lui ».

Tandis que les lettres de l'Empereur prescrivaient d'occuper Babinovitschi ; au contraire, un premier ordre du prince d'Eckmühl dirigeait le 3e corps sur Liouvavitschi, où le Ier corps en se portant sur Téolino pourrait l'appuyer de ce point, il établirait plus facilement la liaison avec le général Sebastiani et le maréchal Ney.

Un pont serait jeté à la hauteur de Liadouï, afin de pouvoir communiquer par les deux rives.

Davout à Grouchy, 7 heures du matin, Orcha (AN) :

« Je reçois à l'instant, au moment de monter à cheval, votre lettre du 30, à 9 heures du soir.

Voici ma direction : l'avant-garde du corps d'armée était hier soir à Téolino ; il n'y avait rien de nouveau. Je me porte aujourd'hui à l'embranchement de la route de Liadouï à Liouvavitschi. Si vous eussiez été instruit de ma direction, votre marche sur Mordachevitschi n'eût pas eu lieu; par ce moyen, vous auriez établi la communication entre le corps d'armée du duc d'Elchingen et celui que je commande.

Vous verrez par le rapport ci-joint du général Hammerstein que Platof s'est retiré sur Roudnïa, où il ne doit plus être, puisque c'est le général Sebastiani qui s'y trouve. Mon mouvement sur Lïadouï fera évacuer tout le pays et établira parfaitement ma communication avec le général Sebastiani et le duc d'Elchingen. En outre, il empêchera le prince Bagration de penser à attaquer le corps du prince Poniatowski qui est à Mohilev.

Je compte faire jeter demain un pont sur le Dnieper à la hauteur de Lïadouï, que j'occuperai par mon avant-garde ; je ferai faire quelques retranchements pour le pont ; je crois que ces dispositions rempliront parfaitement les intentions de l'Empereur ; elles mettront à ma disposition un pays assez considérable pour y faire des subsistances.

Le VIIIe corps est à Orcha et le Ve à Mohilev. Faites passer, je vous prie, ces renseignements à Sa Majesté, en annonçant que j'ai reçu la lettre du major général du 29 juillet ».

Une demi-heure plus tard, le Maréchal recevait la dépêche du major général du 30 à 5 heures du matin. Davout faisait part de son contenu au général Grouchy ; craignant que les Russes dans leur retraite, ne tombassent sur lui, il l'invitait à se replier sur le Ier corps, tout en continuant à tenir un corps à Babinovitschi.

Davout à Grouchy, Orcha, 7 heures 1/2 du matin (AN) :

« A l'instant, je reçois une lettre du major général du 30 juillet à 5 heures du matin qui m'annonce que l'armée ennemie était le 29 à Lïozna ; elle est suivie par le duc d'Elchingen et le général Sebastiani ; on supposait que le 30 l'ennemi était à Roudnïa. Il est possible qu'il se retire en deux colonnes, l'une par Lïouvavitschi, et l'autre par Elizevo. Vous ne seriez pas assez fort pour arrêter sa marche, n'ayant pas d'infanterie avec vous ; aussi la meilleure mesure à prendre est de venir vous joindre à moi en laissant toutefois des troupes à Babinovitschi. pour entretenir la communication avec Vitebsk et avec le duc d'Elchingen.

Informez ce dernier que je marche aujourd'hui sur Pokelina à l'embranchement de la route de Lïadouï et de Lïouvavitschi et que demain je me porterai sur la route de retraite de l'ennemi, si je

(1) Voir page 350.

trouve une circonstance favorable ; aussi s'il entend le canon, cela voudra dire que je les ai joints et qu'ils sont entre lui et moi ».

En apprenant le mouvement du Ier corps, le général Grouchy se décidait à gagner Lïouvavitschi avec tout son corps ; sachant le roi de Naples à Roudnïa, le maréchal Ney à Lïozna, il se jugeait en sûreté dans cette position.

Grouchy à l'Empereur, Bivouac de Babinovitschi (AN) :

« J'ai l'honneur de transmettre à Votre Majesté divers renseignements que le prince d'Eckmühl m'adresse à cet effet (1) et de lui envoyer les deux lettres qu'il m'écrit, et que je reçois à l'instant.

J'ai déjà mis en mouvement une brigade légère qui est en marche pour Lïouvavitschi, je m'y porterai demain avec le reste de la cavalerie que je commande, à moins que je ne reçoive des ordres contraires du prince d'Eckmühl ou du Votre Majesté. Ceux qui m'avaient été envoyés par le prince de Neufchâtel, me faisaient croire que je devais laisser une partie de ma cavalerie à Babinovitschi et n'occuper Lïouvavitschi que comme avant-poste. La marche du prince d'Eckmühl, dont il ne m'avait donné aucune connaissance, m'induit maintenant à penser que le mieux est de me porter avec tout ce que j'ai à Lïouvavitschi

Le roi de Naples étant à Roudnïa, le duc d'Elchingen à Lïozna, et le prince d'Eckmühl à Pokelnia, je ne saurais être compromis à Lïouvavitschi même sans infanterie. D'ailleurs je ne m'engagerais pas si je ne me vois pas en état de le faire, et je pourrais, ce me semble, être plus utile par un tel mouvement qu'en me bornant à aller joindre le prince d'Eckmühl auquel je serai toujours à même de me réunir de Lïouvavitschi, s'il m'appelle. D'ailleurs, il n'existe que des chemins à peu près impraticables pour aller de Babinovitschi sur le Dniéper, tandis que d'ici à Babinovitschi, la route est passable.

Si Votre Majesté improuve le parti que je prends, je la prie de me renvoyer en hâte mon aide de camp qui me reviendra assez à temps pour me faire changer de direction.

J'ai envoyé des partis pour communiquer avec le duc d'Elchingen à Lïozna ; ils ne sont point encore de retour ».

A cette dépêche était jointe une feuille de renseignements concernant les mouvements de Platof.

Renseignements envoyés par le maréchal Davout le 30 (AN) :

« Le corps de Platof a été reconnu pour la première fois venant de Biekhov, mardi 28 ; le même jour, à midi, il était à Doubrovna,

(1) Lettres de 7 heures et 7 heures et demie.

le soir il est arrivé à Lïouvavitschi, d'où il a dit que sa destination était pour Vitebsk.

Le général Olenin commandant deux régiments d'infanterie, un régiment de dragons, un régiment de Cosaques et douze pièces est parti de Smolensk et est arrivé à la maison de poste de Rasasna. Il voulait aller jusqu'à Doubrovna, mais ils ont rebroussé chemin hier et sont aujourd'hui à Krasnoï. »

Ve Corps. — Le Ve corps demeurait immobile ; la brigade Tyskiewicz explorait vers Tschaouzouï. Tout contact avait été perdu avec Bagration qu'il signalait en retraite vers Kiew.

Rapport du général Tyskiewicz, (AN) :

« J'ai l'honneur de vous informer, général, qu'une de nos patrouilles s'est avancée hier jusqu'aux vedettes russes, postées devant le village de Herbovicze (?) situé sur la petite rivière de Aesto, distant de cinq verstes de Tschaouzouï.

On prétend qu'entre les petites rivières de Basia et de Pranie il y a un régiment de Cosaques et un de Baskirs qui communiquent avec Tschaouzouï, où doivent se trouver plusieurs autres régiments de Cosaques.

Quelques heures avant l'arrivée de nos patrouilles à Pétrovitschi (?), un détachement de Cosaques s'est emparé des magasins de blé qui s'y trouvaient ; le sieur Jauczina, fils du propriétaire de Pétrovitschi (?) et de Weyna, qui accompagnait ce détachement, a fait distribuer parmi les paysans du village le reste du grain. Cette distribution donna lieu au plus grand désordre, et les paysans ont fini par piller la maison de la ferme.

En général, la désobéissance des paysans de ces lieux est au comble ; ils ne reconnaissent plus de pouvoirs, ils trahissent leurs seigneurs et sont tous animés d'un esprit de révolte.

Un des Russes du 18e régiment des chasseurs à pied, qui se trouve au nombre de plusieurs autres qui ont quitté leurs corps lors du passage du Dnieper près de Nov Biehkov, a déclaré que le corps du général Doctorof a fait sa jonction avec celui du général Platof à Bobrouisk, d'où ils sont repartis à Nov Biekhov pour y passer le Dniéper ; quant au corps du prince Bagration, tous s'accordent à dire qu'il s'est dirigé par Mozouïr à Kiew, et que celui de Doctorof a pris la direction de Smolensk par Tscherikov. »

De Minsk, le général Bromkowki envoyait un rapport assez important d'où il résultait que les Russes avaient encore des troupes à Mozouïr.

Bronikowski à Berthier, Minsk (AN) :

« J'ai l'honneur d'annoncer à Votre Altesse Sérénissime que

l'homme que j'ai envoyé du côté de Kiev n'a pas pu revenir, parce que quelques légers soupçons planaient contre lui ; mais il m'a envoyé quelqu'un qui me rend compte que le district de Mozouïr est encore occupé par les troupes russes.

Il a vu cinq officiers passer de notre côté et obligés de se battre avec les Cosaques pour parvenir à se sauver; aucun d'eux n'a été blessé. Les Cosaques ont eu deux hommes tués.

Les Russes sont toujours à Bobrouisk, ils travaillent dit-on à faire des mines.

Il paraît certain que Bagration a sacrifié la division Raeffskoï qui vient d'être détruite par Son Altesse le prince d'Eckmühl ; on dit que pendant l'affaire il a pris par Mtsislav avec le reste de son corps d'armée pour continuer sa route sur Smolensk. On ajoute que celui qui dirige toutes les opérations du prince Bagration, est un officier français nommé Saint-Priest.

On dit que les Russes ont reçu ordre de ne pas se battre contre les Autrichiens, et de ne pas brûler les magasins pour qu'ils trouvent des vivres.

Les avant-postes du général Reynier ayant été poussés par l'ennemi à Kobrin jusqu'à Proujanouï, les Autrichiens ont fait un mouvement rétrograde pour appuyer le général Reynier dans le cas où Tormassof voudrait livrer bataille.

On dit que le maréchal Victor est à Lublin et qu'il dirige sa marche par Wlodowa sur Brest. Le général Latour-Maubourg suit le mouvement du prince Poniatowski de manière que le district de Sloutsk est à découvert et que l'ennemi qui est à Bobrouisk pourrait y pénétrer.

Le peu de forces que j'ai est constamment employé au dehors pour y maintenir la police, et il serait difficile, en cas d'événements de réunir 1.200 à 1.500 hommes.

L'évêque de Minsk est de retour de sa tournée.

Il paraît que son voyage a eu beaucoup d'influence sur l'esprit des habitants et sur la rentrée des paysans pour travailler à la récolte »

Il a fait répandre partout les proclamations qui rappellent les Polonais du service de Russie.

4e Corps de cavalerie. — Le 4e corps de cavalerie recevait enfin un ordre du 25 envoyé par le prince Poniatowski de Iakchitsouï et se portait sur Mohilev. A ce moment le général Latour-Maubourg ignorait encore le mouvement des Autrichiens vers Slonim.

Latour-Maubourg à Poniatowski (AN) :

« La lettre que Votre Altesse m'a fait l'honneur de m'écrire le 25 du courant, au moment de son départ de Iakchitsouï, m'a été remise par un officier du 4e régiment de chasseurs à Ghlousk. Je suis parti le même jour pour Svislotsch, et il a fallu faire des ponts sur la Talenka (?), près de Raduszya (?) et à Viasy (?); ce dernier n'est pas encore achevé, mais il le sera dans la nuit, et de toute manière je compte réunir tout mon monde demain au soir 1er août à Bérézino.

La brigade Turno se rendra directement de Ghorbatschévitschi à Svislotsch.

J'ai eu l'honneur de mander à Votre Altesse la manière dont j'avais reçu une de ses lettres trouvée sur le chemin par un soldat du 17e régiment. J'ai vu par celle de Votre Altesse que mes lettres ne lui étaient pas toutes parvenues.

M. le chef d'escadron Solojeski m'a trouvé ce matin près de Viasy; je n'ai rien de nouveau à rendre compte à Votre Altesse.

J'ai un grand désir d'arriver le plus tôt possible à Mohilev, et je ferai de fortes marches pour me trouver en ligne le plus tôt possible.

Le général Reynier m'écrit qu'il se rend sur les frontières de Volhynie; M. le prince de Schwarzenberg m'écrit qu'il se rend à Minsk. »

VIIe Corps. — Le général Reynier croyant, d'après les renseignements, que les Russes s'avançaient par Proujanouï et Khomsk, craignit d'être tourné ; il arrêtait alors de se porter sur Slonim le 1er août.

Reynier au duc de Bassano (AN) :

« D'après les rapports que je reçois, les ennemis sont en marche et me précèdent sur le chemin que je voulais prendre pour me rapprocher de Varsovie ; comme ils ont beaucoup de cavalerie et moi fort peu, je ne peux m'éclairer au loin et avoir des renseignements certains sur la marche et les dispositions des ennemis. Une reconnaissance que j'avais fait partir hier matin de Selets pour Proujanouï a été enlevée. Je vais me rapprocher de l'armée autrichienne; le prince Schwarzenberg a fait à ma première la réponse dont je joins copie (1) ; réponse que d'après ma seconde, et si Votre Excellence lui a écrit, il se déterminera à marcher au-devant de moi.

Je vous prie de faire passer le rapport ci-joint au Major Général. »

(1) Voir page 324.

Rapport (AN) :

« Le corps séjourne à Roujana, la cavalerie légère arrive à Voronilovtsouï et Kosow.

On ne reçoit aucune nouvelle sur les mouvements de l'ennemi ; la reconnaissance envoyée la veille sur Proujanouï n'étant pas rentrée, est définitivement prise ; on sait par un convoi d'effets d'habillement arrivé la veille de Bialystock à Proujanouï où les Russes n'étaient pas encore venus, que, parti dans la nuit, il rencontra la reconnaissance à deux lieues de Proujanouï, qu'elle marchait avec beaucoup d'ordre et de précaution, ayant des éclaireurs à 1/4 de lieue en avant d'elle et sur les flancs.

On soupçonne que la reconnaissance aura été attaquée par un corps de cavalerie que les habitants de Proujanouï ont envoyé chercher, pour enlever le convoi qui devait coucher à Proujanouï, et qui a attaqué par le flanc de la route, la tête et la queue de la reconnaissance, et que l'officier ayant rencontré le convoi d'effets d'hôpital et d'habillement aura voulu arrêter un peu l'ennemi pour le sauver et se sera trop engagé contre des forces supérieures.

Les patrouilles voient à Kosow des avant-postes de cavalerie russe.

De nouveau, le général s'adressait au prince de Schwarzenberg, et lui faisait part de son appréhension d'être tourné sur les deux flancs. »

Reynier au prince de Schwarzenberg, Roujana (AN) :

« Tous les rapports m'annoncent, que les ennemis marchent sur mon flanc droit, pour intercepter ma communication avec Varsovie. Une colonne de cavalerie se dirige vers Volkowisk, d'après les rapports des gens du pays et d'une reconnaissance envoyée hier à Selets vers Proujanouï pour avoir des nouvelles d'une autre reconnaissance dirigée la matinée sur Proujanouï et qui, d'après les rapports des hommes qui s'étaient sauvés, avait été attaquée par un gros corps de cavalerie venu de la gauche. On n'a pas eu des nouvelles de cette reconnaissance, qui a été enlevée, quoiqu'on aît bien recommandé à l'officier de marcher avec beaucoup de précaution. Un poste qui était resté au pont vers Kartouzka-Bériouza, a vu venir de Khomsk de la cavalerie, qu'on a estimée à deux régiments et s'est retiré. Je n'ai pas assez de cavalerie pour pouvoir m'étendre et avoir des nouvelles et je suis à la veille d'être entouré par la cavalerie ennemie et ma communication perdue, jusqu'à ce que nous soyons plus rapprochés. J'irai demain à Slonim, et j'espère y apprendre que vous marchez pour m'aider à renvoyer en Volhynie ces Russes, qui depuis quelques jours font des courses dans le Grand-Duché et sur les derrières de l'armée et qui pourraient marcher sur Varsovie, si nous ne les forçons pas promptement à se retirer. Il est très certain que le général Tormassof était à Kobrin encore avant-hier matin avec le général Kamenski ; le général Tzaplitz, le général Siewers, commandant l'artillerie, et les généraux Bahilow et Dembowski, que le général Lambert n'était pas éloigné avec une division d'infanterie, la cavalerie étant déjà en avant. »

Corps autrichien. — Le corps autrichien se mettait dans la soirée en marche sur Slonim, deux bataillons restaient à Siniavka pour couper la route de Pinsk. N'étant pas sur les lieux, le prince invitait le général Reynier à lui faire part de ses déterminations. »

Schwarzenberg à Berthier (AN) :

« Votre Altesse verra par la copie ci-jointe de la lettre du général Reynier qu'il se croit attaqué par des forces bien supérieures en nombre, que sa communication avec Varsovie est entièrement interrompue, et qu'il ne sera guère en état de m'attendre derrière la Iasiolda. Je me mets en marche ce soir même sur Slonim avec tout le corps, je ne laisse que deux bataillons avec du canon et 100 chevaux à Siniavka où je ferai couper le chemin qui conduit à Pinsk ; c'est un défilé qu'il est impossible de passer à côté tellement les marais sont impraticables. Je mande au général Reynier, lui, étant en mesure de juger de la force et des intentions de l'ennemi, qu'il me fasse connaître au plus tôt la direction que prendra le VIIe corps et le point où nous pourrons opérer notre jonction, si étant réunis, nous avons des forces suffisantes à opposer à l'ennemi, s'il croit qu'il serait plus avantageux de le laisser déboucher pour le jeter sur les défilés ou d'aller à sa rencontre. C'est d'après les renseignements que le général me donnera, que je dirigerai ma marche. Quoique je sois bien peiné de me voir ainsi retardé dans le mouvement qui devait me rapprocher du centre de la Grande Armée, je crois cependant ne pas pouvoir me refuser à marcher au secours du VIIe corps qui, comme Votre Altesse le verra par la lettre du général, est très fort dans l'embarras.

Je fais connaître le mouvement de mon corps au général Latour-Maubourg qui était hier encore à Ghlousk, en l'invitant à m'assurer, au moins pendant cette expédition, les avenues de Bobrouisk, Mozouir et Piétrikov sur Nesvïj ».

Le duc de Bassano était averti du mouvement des Autrichiens.

Schwarzenberg à Bassano (AN) :

« Le général Reynier me mande qu'il a l'armée de Tormassof et Kamenski vis-à-vis de lui, qu'il est obligé de se retirer, et qu'il a besoin d'être soutenu par moi. Je me mets ce soir en marche sur

Slonim, et je l'invite à m'indiquer la manière de laquelle je peux lui être utile. Il doit connaître les forces de l'ennemi, et juger si nous sommes en mesure de le combattre avec succès, et si nous devons le laisser avancer pour l'obliger à s'affaiblir par des détachements, et garder ainsi le moment favorable.

Veuillez faire passer cette lettre au prince de Neufchatel. »

Xe Corps. — Dans la journée, la brigade Radzivil entrait dans Dinabourg évacué par les Russes.

Macdonald au duc de Bassano, Jakobstadt (AN) :

« J'ai reçu, hier soir, les deux lettres que Votre Excellence m'a fait l'honneur de m'écrire le 27 de ce mois avec les duplicata du 20, 22, 24 et ce matin celle du 28.

Les imprimés allemands auront la destination que l'Empereur prescrit, et je vais m'assurer si à Mittau il y a des moyens de réimprimer ces pièces.

J'attendrai les nouvelles ultérieures que Votre Excellence m'annonce m'envoyer prochainement, avant de publier les avantages dont elle m'informe.

Les officiers que vous m'expédiez se plaignent qu'ils n'ont aucun moyen d'avancer rapidement de Vilna à Vilkomir, et même jusqu'à Poneviej. Ils ne trouvent ni chevaux ni voitures, puisque les habitants ont pris la fuite.

On échange des coups de canon devant la tête de pont de Riga et à l'île de Dahlen où l'ennemi a embossé neuf chaloupes canonnières, les rapports de ce côté mentionnent toujours que les Anglais débarquent dans la place.

J'ai envoyé l'ordre au général Dandels de porter sa première brigade à Tilsit, en le priant de faire escorter l'équipage de siège auquel j'ai également envoyé l'ordre de débarquer à Georgenbourg, Tilsit et Mémel, et de marcher en trois colonnes pour se réunir à Bauske par Telch, Chavli, Rossiena et Poneviej. »

Macdonald au duc de Bassano, midi (AN) :

« Je m'empresse de réexpédier à Votre Excellence, M. de Romer porteur de ses dépêches en date du 28, et pour la prier d'informer Sa Majesté que nous nous sommes emparés de Dinabourg. On y a pris huit pièces de canon ; après une vive fusillade, on a pénétré dans les ouvrages, l'ennemi paraît suivre la route de Drissa, des détachements de cavalerie l'observent, la sienne paraît nombreuse. Veuillez, Monsieur le Duc, en faire donner avis au duc de Reggio pour qu'il se garantisse sur sa gauche.

Je n'ai fait passer sur ce point qu'une brigade, et je m'y rends demain, persuadé que Sa Majesté m'enverra l'ordre de redescendre la Dvina pour me porter sur Riga.

Je reçois de ces environs par émissaire l'avis que trois régiments d'infanterie venant de l'intérieur, sont arrivés à Vinden, pour continuer leur route sur Riga. »

Macdonald à Berthier (AN) :

« J'ai l'honneur de rendre compte à Votre Altesse que la brigade devant Dinabourg s'étant aperçue de quelques mouvements d'évacuation, que des partis jetés sur la rive droite par Kreutzbourg ont très inquiétée a reçu ordre de faire passer par toute sorte de moyens des détachements d'infanterie dans la nuit, et à l'issue d'une vive fusillade ces détachements ont pénétré dans les ouvrages d'où l'arrière-garde ennemie s'est précipitamment retirée, abandonnant huit pièces de canon.

L'ennemi a paru prendre la route de Drissa des partis de cavalerie l'observent et le suivent, il paraît en montrer beaucoup. Cette brigade m'a paru suffisante pour le moment sur ce point. Je m'y rends demain, tandis que l'on continue à réunir tous les matériaux pour jeter un pont.

J'ai envoyé l'ordre au général Dandels d'après l'autorisation de Sa Majesté de faire marcher une brigade sur Tilsit, en priant ce général de faire escorter l'équipage de siège acquel, j'ai également envoyé l'ordre de débarquer à Georgenbourg, Tilsit et Mémel et de marcher sur trois colonnes au point de réunion de Bauske.

Cette division donnera plus de facilité pour les transports. Les généraux Campredon et d'Arancey ont ordre de se concerter ensemble pour les détails d'exécution.

Les troupes prussiennes devant la tête de pont de Riga se maintiennent et échangent des coups de canon, surtout à la hauteur de l'île de Dalben où les Russes ont embossé neuf chaloupes canonnières. On assure toujours qu'il y a des Anglais dans la ville.

Des avis particuliers m'informent que trois régiments d'infanterie russes ont passé à Vinden, se rendant en poste à Riga.

On continue toujours avec la plus grande activité à mettre en œuvre toutes les ressources pour établir un bon point de communication entre les deux rives de la Dvina ».

En conséquence de l'évacuation de Dinabourg, le maréchal donnait ordre à la brigade Radzivil de passer la Dvina sur ce point et se décidait à y porter son quartier général.

Le général de Grawert était averti de ce succès.

Macdonald au général Grandjean (AG) :

« Envoyez l'ordre au général Radzivil de réunir sa brigade, et de passer à Dinabourg avec les moyens qu'il a trouvés sur ce point, d'envoyer sa cavalerie aux nouvelles et sur les traces de l'ennemi ;

mais de passer avec prudence et précaution au cas que l'ennemi, plus fort que lui, ne soit point éloigné, et pour éviter tout accident fâcheux, jusqu'à ce que nous soyons en force sur ce point.

Donnez l'ordre à votre première brigade de se tenir prête à marcher.

Faites partir demain le régiment westphalien pour se rendre en trois marches devant Dinabourg. La première à Poddunaï, la seconde à Illoutks et la troisième à destination. »

Macdonald à Grandjean (AG) :

« J'ai l'honneur de vous prévenir que je me rends demain à la droite de votre division, pour être plus à portée de recevoir les ordres de l'Empereur, et pour juger par moi-même de l'état des choses sur ce point. Je laisse M. le chef de bataillon Marion, pour hâter autant que possible la construction des radeaux.

L'évacuation de Dinabourg garantit Kreutzbourg par sa droite vous ferez soutenir ce point au besoin.

Faites relever tous les détachements du régiment westphalien pour qu'ils rejoignent et informez-moi promptement de ce qui pourra survenir. »

Macdonald à Grawert (AG) :

« Je m'empresse d'informer Votre Excellence que nous occupons Dinabourg.

Le général Radzivil s'étant aperçu que l'ennemi faisait des dispositions, a fait traverser le fleuve pendant la nuit par des voltigeurs qui ont engagé une fusillade avec les Russes, à la suite de laquelle, ces derniers se sont retirés abandonnant huit pièces de canon. Ils paraissent avoir pris la route de Drissa ; on les observe et on les suit.

Je me rends sur ce point, et je laisse le général Grandjean à Jakobstadt avec partie de sa division dont un détachement occupe toujours Kreutzbourg. »

Corps prussien. — Le général de Grawert, mandait qu'il avait l'intention de fortifier Mittau pour le cas où il serait forcé d'appuyer sur la droite vers Bauske.

Général de Grawert à Macdonald (AG).

« Hier au soir, arrivaient ici de Riga trois seigneurs courlandais qui, ayant été chargés d'accompagner des transports de vivres à l'armée russe à Dinabourg et Drissa, avaient obtenu la permission de s'en retourner chez eux.

Il les fit examiner, mais n'ayant passé qu'un jour à Riga, ils ne pouvaient donner beaucoup de renseignements. Ils évaluèrent la garnison de Riga de 18 à 20.000 hommes et leurs domestiques que je fis jaser, disent qu'il y avait beaucoup de troupes à Riga et que des Anglais et Suédois y étaient arrivés depuis peu sur un grand nombre de bâtiments de façon que les bourgeois logeaient en partie 600 hommes. Le colonel de Jeanneret me mande aussi qu'on distingue devant Dunamunde des vaisseaux de guerre anglais et dans le port un grand nombre de bâtiments.

Si je suis aussi porté à croire que ces gens sont instigués de répandre le bruit de l'arrivée des Anglais et Suédois, et que l'on a évacué les bâtiments pour évacuer les marchandises anglaises et denrées coloniales, je ne puis me dispenser d'informer votre Excellence des avis que je viens de recevoir.

Dans la guerre, il ne faut pas négliger de calculer toutes les probabilités. J'ai donc songé aux aventures qui pourraient résulter pour l'ennemi, s'il était assez en force, d'entreprendre quelque chose sur notre base, c'est-à-dire sur l'Aa, et le point de Mittau, l'on ne peut être douteux sur cela. La facilité qu'il a de débarquer au village d'Augern près du lac de ce nom lui est très avantageuse, prenant de là en dos l'Aa à Mittau tandis qu'il fait des démonstrations sur mon front et mes flancs. Ces réflexions me décident de donner des moyens de résistance au point de Mittau pour être en état d'aller à la rencontre de ennemi, et de pouvoir abandonner Mittau et la tête de pont sans inquiétude de sa propre défense.

Pour cet effet, je compte profiter des avantages que trois bastions de la fortification de Mittau m'offrent par lesquels les avenues et le cours de l'Aa sont flanqués, également la tête de pont à construire. Le seul inconvénient est le défaut d'artillerie nécessaire. Je ne peux y employer celle que j'ai avec moi, ne disposant sur les lieux que d'une batterie et demie à pied. Je placerai en attendant les quatre bouches à feu qui arriveront de Tilsit dans les fortifications du château, mais toujours ce sera insuffisant, et il ne m'en restera pas pour garantir les trois têtes de pont que je fais construire sur l'Eckau et l'Aa.

Je prie donc Votre Excellence, de faire passer directement l'ordre à l'artillerie qui se trouve à Tilsit et à Memel et aux troupes de me joindre. La première me paraît être entièrement superflue à Tilsit et les renforts qu'amène M. le duc de Bellune et M. le général Dandels pourront occuper les points abandonnés par les Russes. Me trouvant alors en possession de toutes nos forces, je serai en état de m'opposer et de prévenir tout ce que la garnison de Riga et les secours qui peuvent lui être arrivés par eau pourraient entreprendre.

Prévoyant en plus, qu'il sera de ma destination de serrer de plus près Riga et d'empêcher la communication avec Dunamunde, je ne puis trop insister auprès de Votre Excellence et de me mettre en état de disposer de toute mon artillerie et surtout de mes pièces de gros calibre ».

OPÉRATIONS RUSSES DU 27 AU 31

Armée de Barclay de Tolly

La première armée russe continuait son mouvement de retraite sur Smolensk.

Le 28, la colonne de gauche arrivait à Janovitschi ; le centre, à Kolouïchki ; la droite à Lïozna.

Le 29, les colonnes de gauche et du centre se réunirent à Poriétsche; le corps de Doktorof reçut ordre de marcher directement sur Smolensk et atteignit Roudnïa. Le 1er corps de cavalerie fut renforcé par le 2me et chargé de couvrir la retraite sur la route de Poriétsche.

Afin de faciliter la liaison avec la deuxième armée, le général Wolzogen avait détaché sur la route d'Orcha vers Krasnoï et Liadouï le général Olenin avec une avant-garde de quelques bataillons. Comme nous l'avons vu, ce mouvement n'avait pas échappé à Davout, et dès le 30, il en avait averti Grouchy (1).

Le 30, les II, III et IVme corps vinrent à Kholm ; l'arrière-garde de Pahlen à Poriétsche, Doktorof avec les V et VIme corps à Wolokavna.

Le 31, Barclay arrivait à Motchinki ; Pahlen demeurait à Poriétsche, Doktorof à Smolensk, son arrière-garde à Roudnïa.

Armée de Bagration

Le 27, l'armée de Bagration atteignait Tschérikov;

Le 28, Kritschev;

Le 29, Mstislavl;

Le 31, elle se portait de Mstislavl à Khislavitschi.

Cette marche avait été couverte sur la gauche par une colonne qui passa par Tschaouzouï, Drouïbino, Gorki et Doubrovna. Les Cosaques de Platof, après avoir franchi le Dniéper à Vorkalabov, se rendirent à Lïouvavitschi par Tchaouzouï et Gorki.

(1) Voir page 377.

Armée de Tormassof

Comme le fait très justement remarquer Bogdanovitsch, le général Tormassof n'utilisa pas ses succès pour tenter de couper le corps saxon de Slonim. Nous avons peu de renseignements sur ce corps. Le 29, deux escadrons détachés sur Proujanouï y enlevèrent quelques cavaliers saxons. Cet incident eut l'avantage de faire croire au général Reyner que le gros des forces russes marchait sur ce point.

Le 31, le général russe marchait sur Malets, ayant appris la retraite de l'armée russe sur Smolensk, il y restait. Sa cavalerie poussait vers Selets et Kartouza, Bériouza. Tschaplitz occupait Khomsk ; le gros restait à Antopol. Jusque vers le 9 août, l'armée russe gardait cette position.

Corps de Vittgenstein

Le 27, le général Hamen avait évacué Dinabourg.

Dans la journée du 28, et la nuit du 28 au 29, ayant appris que le corps d'Oudinot marchait sur Saint-Pétersbourg, Vittgenstein se décidait à l'attaquer(1).

Le général Hamen reçut ordre d'arrêter Macdonald aussi longtemps que possible. Le 29, les troupes concentrées à Rasizi furent mises en mouvement sur le chemin conduisant de Kochanovitschi à Kliastitsouï. Le détachement du général Helfreich dut envoyer de forts détachements sur la rive droite de la Drissa pour protéger le corps jusqu'à l'arrivée de l'avant-garde. Celle-ci avait ordre de partir à deux heures de Valeintsoui et de se diriger sur Sakolichtchi ; au cas où elle serait prévenue, l'avant-garde s'unirait au gros à Kliastitsouï.

Les Russes étaient déjà en marche sur Kochanovitschi, lorsqu'on apprit par un rapport du major Neidhardt que les Français, après avoir passé la Dvina à Sivochina, étaient en marche sur Kliastitsouï, et que l'on ne pouvait le précéder sur ce dernier point.

Il ne restait donc au Ier corps russe qu'à prendre un chemin de traverse ou à tomber sur le flanc du corps d'Oudinot. En cas de malheur, il lui était facile de se replier par Ljuzin sur Ostrov, route que tenait le détachement du général Hamen. Admettant qu'en prenant un chemin détourné, Oudinot aurait le temps de le prévenir à Sebej, Wittgenstein se décidait à adopter ce dernier parti. En consé-

(1) J'ai pris la résolution de marcher sur Khastitsoui et d'attaquer Oudinot avec toutes mes forces le 31 (Rapport du 29).

quence, dans la nuit du 29 au 30, le 1er corps russe marchait sur Katerinovo ; le même jour on reçut avis que Barclay était forcé de se replier.

Le général russe n'en décidait pas moins de prendre l'offensive.

Le 30 à la pointe du jour, l'avant-garde russe forte de 3.730 hommes composée des Cosaques du Don, du régiment de hussards de Grodno, des 25 et 26e régiments de chasseurs et de la batterie à cheval n° 1, sous les ordres du général Kulnef, se rassemblait à Katerinovo. A 3 heures après-midi, elle avait franchi en entier la Swolna et se portait sur Kliastitsouï.

Le gros, 22 bataillons, 8 escadrons et 6 compagnies d'artillerie suivit ; sa force s'élevait à 13.089 hommes et 72 pièces.

La réserve, 10 bataillons, 8 escadrons et 2 compagnies d'artillerie, soit 6.165 hommes et 34 pièces, restait à Katerinovo.

A 11 heures du matin, le maréchal Oudinot (1) prenait position à Jakoubovo avec le 28e léger, le 56e de ligne et le 24e chasseurs à cheval ; le 23e était sur la route de Sebej. D'après Bogdanowitsch, un autre régiment d'infanterie y aurait été également porté ce qui est peu vraisemblable. La division Merle avait été laissée à Sivochina.

Vers 2 heures, deux escadrons de hussards de Grodno, qui formaient l'avant-garde, vinrent se heurter à Jakoubovo aux premières troupes françaises. Wittgenstein envoya alors au général Kulnef, afin de le renforcer, les 23e et 24e régiments de chasseurs avec la compagnie d'artillerie n° 14 ; en même temps, il lui prescrivait d'attaquer.

La route d'Olchova à Kliastitsouï traversait une épaisse forêt ; en avant du village de Jakoubovo s'étendait un espace découvert. Après avoir chassé les tirailleurs français de la forêt, l'avant-garde russe prit la position suivante : à gauche de la route, la 1re batterie à cheval ; à la gauche de la batterie, le 25e chasseurs ; à droite, le 26e ; en réserve, à gauche de la batterie, les hussards de Grodno.

D'après les Russes, Legrand aurait attaqué ; au contraire, le maréchal Oudinot mande dans son rapport que nos troupes se seraient bornées à garder le village contre les Russes, qui tentaient de le déborder vers la gauche où se porta le 56e.

A leur arrivée, les 23e et 24e de chasseurs, avec les hussards de Grodno, se dirigèrent sur la droite et essayèrent, sans y parvenir, d'entrer à Jakoubovo.

(1) Dans tout le récit des opérations de Kliastitsouï, j'ai résumé presque littéralement Bogdanowitsch.

Dans la soirée, la division Verdier étant arrivée, fut placée en réserve; Oudinot tenta alors de percer le centre russe.

La position française étant réserrée à droite par une épaisse forêt; à gauche, par le village de Jakoubovo, le maréchal ne pouvait mettre en action que 12 pièces auxquelles les Russes en opposèrent 24. Devant le feu de l'artillerie russe, les colonnes françaises furent contraintes de se replier derrière Jakoubovo; le village demeura occupé par des fractions d'infanterie française. A 11 heures, la canonnade finissait, la batterie à cheval russe Suchosanet avait perdu 83 hommes sur un effectif de 216 hommes.

Le lendemain, le comte Wittgenstein se décidait à renouveler l'attaque. A cet effet, il concentrait toutes ses forces à Jokoubovo, à l'exception de la cavalerie du comte Repnin; celle-ci, à cause du terrain de Jakoubovo, qui lui était défavorable, resta à Katerinovo.

Les Russes étaient disposés de la façon suivante :

A l'aile droite, les régiments 24e, 25e et 23e, la batterie n° 5 et une section de la campagne n° 9, 6 bataillons et 14 pièces.

Au centre, les régiments de Kalouga, Sewsk, et le 26e de chasseurs, 6 bataillons.

A l'aile gauche, les régiments de Perm et Mohilev, la batterie d'artillerie légère n° 24, 4 bataillons et 12 pièces.

Les bataillons étaient en colonne de bataillon. Le terrain ne permettant pas de former une seconde ligne immédiatement derrière la première, les autres troupes demeurèrent à Olchova en réserve. Aussitôt que l'on gagnerait du terrain en se portant en avant, elles devaient suivre le mouvement.

Les troupes françaises occupaient les mêmes emplacements que la veille. Merle restait à Sivochina, mesure fâcheuse, qui privait le maréchal d'une division.

A 3 heures du matin, l'attaque recommençait.

Le 23e de chasseurs, ayant voulu enlever Jakoubovo, fut repoussé avec perte par le 26e de ligne.

D'après Bogdanowitsch, le maréchal aurait tenté un grand mouvement offensif ayant pour objet de percer le centre russe, le feu croisé de la 5e batterie de position et de la 27e légère le fit échouer. Le maréchal fit alors avancer une partie de sa réserve, tandis que quelques bataillons essayaient de tourner l'aile gauche russe. Cette attaque ne réussit pas.

Remarquant de l'hésitation dans les colonnes françaises, Wittgenstein passait à son tour à l'offensive. Les régiments de Kalovga et de Sewsch, appuyés par les hussards de Grodno, se jetèrent sur le centre français; les régiments de Perm et de Mohilev sur l'aile droite, entre les régiments de Perm et de Mohilev, le 26e chasseurs suivait en échelons ; contre l'aile gauche française s'avançaient les trois autres régiments de chasseurs.

Le deuxième échelon venait alors appuyer le premier.

Rejetées de leurs positions, nos troupes tentèrent vainement de tenir sur la rive droite de la Nischtscha. Afin de se procurer le temps nécessaire au passage, Oudinot se porta de nouveau en avant avec sa réserve, mais il fut rejeté.

A 8 heures, les Russes avaient enlevé les hauteurs de la rive droite. Le pont de Kliastitsouï étant sous le feu de l'artillerie française, il leur était presque impossible de l'enlever de vive force. Afin de tourner la droite de la position française, Wittgenstein dirigea alors sur Gwosdova une partie de sa cavalerie (régiments de Riga, hussards de Grodno, dragons de Jambourg).

Les marécages du terrain firent échouer cette tentative. Le colonel Siewers reçut alors ordre de jeter un pont au sud de Gwosdova. Cette menace détermina Oudinot à évacuer sa position, après avoir brûlé le pont.

Le bataillon de grenadiers Pawlosk réussit à le sauver ; il fut suivi par les régiments de Perm et de Mohilev qui occupèrent les premières maisons de Kliastitsouï.

La fatigue des troupes détermina Wittgenstein à s'arrêter. Le général Kulnef, avec le régiment de Grodno, celui de Jambourg, une partie des dragons de Riga, un bataillon de la 14e division, quatre pièces de la 1re batterie à cheval suivirent les Français. Les régiments de Perm et de Mohilev s'arrêtèrent à 6 kilomètres de Kliastitsouï; les autres troupes russes bivouaquèrent, le premier échelon en avant du village, le deuxième en arrière.

La réserve alla appuyer l'avant-garde, celle-ci atteignit Golowszczina.

Le prince Repnin avait ordre de se rendre de Katerinovo à Sokolischtschi par des chemins de traverse ; n'ayant pu l'exécuter, vu leur mauvais état, il se rendait directement à Kliastitsouï.

Le maréchal Oudinot concentrait alors ses trois divisions, les cuirassiers et la cavalerie légère à Oboiarszina.

ADDENDA

Ajouter à la page 323. — Le Ve corps demeurait immobile ; la 16e division n'avait pas encore rejoint.

Poniatowski à Berthier, 29 juillet. (AN) :

« J'espérais pouvoir mettre aujourd'hui sous les yeux de Votre Altesse Sérénissime la situation du Ve corps, mais les régiments qui en font partie, ayant marché sans s'arrêter sur Mohilev où la 16e division n'est point encore arrivée, ce n'est guère que dans deux jours que je me trouverai à même de la lui faire parvenir.

Votre Altesse Sérénissime trouvera les régiments très affaiblis, et j'avouerai que j'en suis moi-même effrayé, en comparant les effectifs actuels, avec celui dans lequel ils ont quitté le pays. Cependant l'étonnement qu'une telle diminution occasionne, doit cesser lorsqu'on sait les ravages que le scorbut engendre, par les travaux forcés auxquels l'armée du Duché a été employée jusque dans l'arrière saison de l'année dernière y a exercés.

Si l'on joint à cette circonstance qu'un tiers de la force des régiments était composé de conscrits nouveaux, qui n'étaient au service que depuis quelques semaines, n'avaient encore aucune habitude de la fatigue, on se convaincra alors que l'armée polonaise, continuellement en mouvement, depuis environ deux mois, et souvent au milieu d'une disette presqu'entière, a dû l'affaiblir successivement d'une manière très rapide, surtout dans les marches forcées qu'elle a faites dans les derniers jours qui ont précédé son arrivée à Mohilev. L'effectif du Ve corps est par là tellement réduit, que si les circonstances ne permettent pas de faire rentrer bientôt les détachements qui se trouvent tant à Grodno qu'avec le général Latour-Maubourg et sur d'autres points plus rapprochés de Mohilev, je crains qu'un jour d'affaire le Ve corps ne soit malgré sa bonne volonté bien moins utile qu'on aurait pu s'en flatter.

J'espère qu'une partie des hommes restés en arrière par manque de forces, rentrera encore aux régiments ; mais en tous cas, il était de mon devoir de mettre sous les yeux de Votre Altesse les détails ci-dessus.

Je n'ai rien à porter aujourd'hui à la connaissance de Votre Altesse Sérénissime relativement aux autres corps qui composaient l'aile droite. Malgré les demandes réitérées que j'ai adressées successivement à M. le général Latour-Maubourg, et tout ce que j'ai fait pour demeurer en communication avec lui, il ne m'a encore donné aucun rapport sur ses opérations depuis le 22 de ce mois. Le Ier corps se trouve actuellement entre le Ve et le VIIIe et dans cette position, Son Excellence le maréchal prince d'Eckmühl qui se porte à Orcha, étant plus rapproché et plus à même de juger de la direction qu'il convient de lui donner, je l'ai prié de lui faire passer directement les dispositions qu'il jugerait nécessaires.

Je n'ai également point de nouvelles du général Reynier ; mais la destination du corps sous ses ordres ne me donne aucune inquiétude sur son mouvement qui d'ailleurs est tracé jusqu'à Nesvïj.

Son Excellence le prince d'Eckmühl m'ayant chargé d'établir provisoirement un gouverneur et un commandant de place à Mohilev, jusqu'à l'époque où Sa Majesté l'Empereur aurait nommé des officiers pour remplir ces fonctions, j'ai désigné pour la première de ces places le général de brigade Pakosz, et pour la seconde le major Stazyziewski.

Laval. — Imprimerie parisienne L. BARNÉOUD & Cie.

EN VENTE A LA MÊME LIBRAIRIE :

Bibliothèque de la Tradition nationale, honorée d'une souscription du Ministère de l'Instruction publique ; publiée sous les auspices de la Société d'Ethnographie nationale et d'Art populaire, sous la direction de M. Gustave Boucher :

La Tradition en Poitou et Charentes ; art populaire, ethnographie, folk-lore, hagiographie, histoire. Ouvrage orné de 14 gravures hors texte. Gr. in-8 de 600 page broché, couverture illustrée. Prix. **10** fr.

La Tradition au Pays basque ; art populaire, ethnographie, folk-lore, hagiographie, histoire. Ouvrage orné de 14 photogravures, d'après les photographies de MM. Ducoureau et Lemaire. Gr. in-8 de 600 pages, broché, couverture illustrée. Prix........................ **10** fr.

EN PRÉPARATION :

La Tradition au Pays normand (Normandie et Canada). — En souscription au prix de.................................... **10** fr.

[Tirage limité à 1000 exemplaires pour chaque ouvrage de cette collection]

PARAISSANT MENSUELLEMENT :

Souvenirs et Mémoires ; recueil de documents autobiographiques, souvenirs, mémoires, correspondances, sous la direction de M. Paul Bonnefon, bibliothécaire à l'Arsenal.

Abonnements annuels partant du 15 Juillet. — Paris, **20** francs ; Départements, **22** francs ; Etranger, **24** francs.

La première année de ce Recueil formant deux beaux volumes in-8 est en vente au prix de **20** francs (les **2** volumes).

Laval. — Imprimerie parisienne, L. BARNÉOUD & Cie.

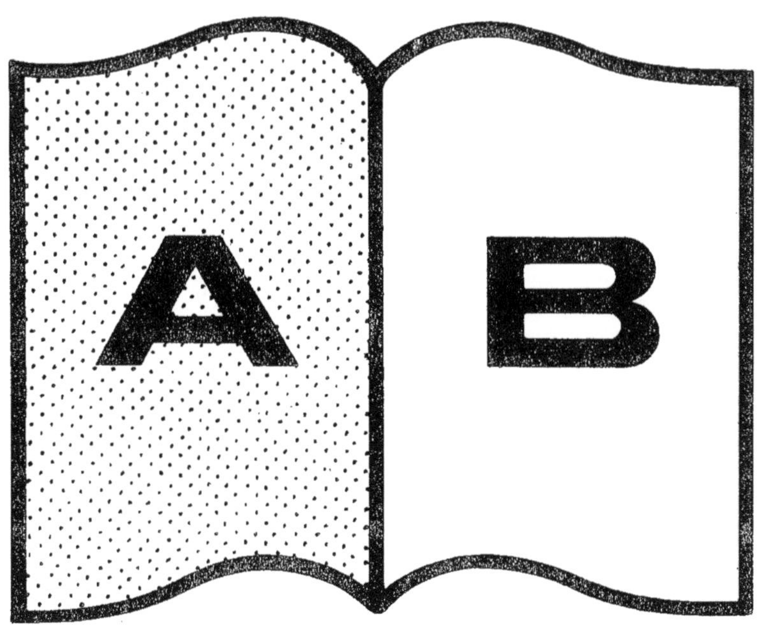

Contraste insuffisant

NF Z 43-120-14

www.ingramcontent.com/pod-product-compliance
Ingram Content Group UK Ltd.
Pitfield, Milton Keynes, MK11 3LW, UK
UKHW020154250726
13967UKWH00003B/1053